Mathilde Köhler:
Maria Ward
Ein Frauenschicksal des 17. Jahrhunderts

Mit 20 Schwarzweißabbildungen

Deutscher
Taschenbuch
Verlag

dtv

Ungekürzte Ausgabe
1. Auflage März 1989
Deutscher Taschenbuch Verlag GmbH & Co. KG,
München

ISBN 3-466-11048-3
Umschlaggestaltung: Celestino Piatti
Umschlagabbildung (Titelseite): Werner Neumeister,
München (Porträt Maria Wards, etwa um 1621 entstanden)
Umschlagfoto (Rückseite): Werner Neumeister, München
esamtherstellung: Kösel, Kempten
ted in Germany · ISBN 3-423-11041-4
3 4 5 6 · 94 93 92 91 90 89

Das Buch

Sie war eine der berühmtesten Frauen des 17. Jahrhunderts: Maria Ward, die Ordensgründerin der »Englischen Fräulein«, von geistlichen und weltlichen Fürstlichkeiten umworben und bekämpft. Geboren wird Maria Ward als Sproß des rebellischen, katholischen Landadels unter dem harten Regime der protestantischen Königin Elisabeth. Als Dissidentin flieht sie zunächst nach Flandern, später dann wird sie die Gesprächspartnerin zweier Barock-Päpste in Rom und Schutzbefohlene zweier Wittelsbacher Kurfürsten und eines Habsburger Kaisers. Die junge, attraktive Frau weist ihre aristokratischen Bewerber zurück und kämpft statt dessen für ein damals ungeheuerliches Ziel: Klöster ohne Klausur für geistig mündige Frauen und unentgeltliche Schulbildung für Mädchen aller Stände. Sie hat das Zeug, eine Heilige zu werden, und wird doch wochenlang von der Inquisition gefangengehalten. 15000 Kilometer legt sie zurück durch das vom Dreißigjährigen Krieg erschütterte Europa und gründet mit größtem Weitblick Schulen in London und Rom, Lüttich und Neapel, in München, Wien und Preßburg. Für die Kirche freilich ist diese selbstbewußte und eigenständige Frau eine Herausforderung. Sie erklärt sie zur »Unperson« und löscht ihren Namen in den Archiven. Doch ihr Bildungskonzept überlebt dank der Treue ihrer Anhängerinnen. Mathilde Köhler hat diesen außergewöhnlichen Lebensweg einer großen Frau mit Sorgfalt, Sensibilität und Lebendigkeit nachgezeichnet.

Die Autorin

Mathilde Köhler, geboren und aufgewachsen in Westfalen, studierte neue Sprachen und Vergleichende Literaturwissenschaft in München, Leipzig, Berlin und promovierte in Münster. Sie war Lektorin in Helsinki und Bukarest, freie Journalistin in Hamburg und elf Jahre Korrespondentin für das ›Hamburger Abendblatt‹ in New York. Heute lebt sie in München.

Inhalt

Vorwort

Davon spricht man:

Limonenbriefe, Gefängnisbriefe, mit unsichtbarer Tinte geschrieben, werden im Institut der Englischen Fräulein in München-Nymphenburg ehrfurchtsvoll seit 300 Jahren aufbewahrt.

Dort gibt es auch ein Gemälde: vier zierliche, züchtige Fräulein reisen durch eine heroische Landschaft. Die schwarze Kastenkutsche wird von sechs Schimmeln gezogen, von robusten Pferdeknechten und berittenen Wächtern begleitet ... Ein Fräulein in der Kutsche ist die Schreiberin der Limonenbriefe: Maria Ward. Im neunten Jahr des Dreißigjährigen Krieges ist sie mit großen Hoffnungen und allerhöchsten Empfehlungen nach München, zum Kurfürsten Maximilian I., gekommen. Vier Jahre später ist sie Gefangene im Münchener Angerkloster.

Die Engländerin aus Yorkshire-Landadel, Oberstvorsteherin der Englischen Fräulein, einer noch nicht von Rom bestätigten Ordensgemeinschaft, unermüdliche Schulgründerin zwischen London und Rom, Lüttich und Neapel, zwischen München und Wien, Preßburg und Prag, wird am 7. Februar 1631 auf Anordnung der Römischen Inquisition als »Ketzerin, Abtrünnige und Rebellin« im Münchener Klarissen-Kloster am Anger gefangen gesetzt.

Die Verfolgte um des Glaubens willen – eine Gefangene des Glaubensgerichts! Die 46jährige Frau ist in den Abgrund ihres Lebens geworfen, und 350 Jahre können den Eiseshauch dieser Verfemung nicht wegschmelzen.

Der Urteilsspruch ohne Anklage, Verhör und Verteidigung wäre dazu angetan, ihre Person und ihr Lebenswerk zu zerstören. Aber Maria Ward überlebte doch!

Sie überlebte vor allem in der Treue ihrer Gefährtinnen und Nachfolgerinnen. Sie überlebte in ihrer Vision: klausurloses, apostolisches

Ordensleben für Frauen und Schulbildung für Mädchen aller Schichten. Sogar ihr Name überlebte, obwohl es hundert Jahre nach ihrem Tod verboten wurde, Maria Ward als Stifterin der Englischen Fräulein zu bezeichnen. Ein Verbot, das 160 Jahre lang gültig blieb – bis 1909.

Dies Leben voller Widersprüche: Dissidentin in ihrer Heimat, dem England Elisabeths I. *(merry old England)* – Flüchtling im damals wohlhabenden Flandern – Bittstellerin in Rom und Verleumdete – Erzieherin in München, Wien und Preßburg, von Wittelsbachern und Habsburgern verehrt – Haftentlassene in Rom und dennoch bedrückt – Eine Fremde zuletzt in der alten Heimat . . . Dies Leben voller Widersprüche – wie millionenfaches Schicksal unserer Zeit mutet es an.

Die Erdenwege dieser Frau, die das Zeug zur Heiligkeit hatte, und niemals heilig gesprochen wurde, waren nachzugehen: Sie führten vom Instituts-Archiv in München-Nymphenburg zum Generalat in Rom und zur ersten Bleibe der damaligen Bittstellerin in der schattig-schmalen Via Monserrato nahe dem Campo Fiori. Das Eckhaus steht noch. – Maria Ward und ihre Gefährtinnen waren nach über 1000 Meilen und 64 Tagen in der ewigen Stadt angekommen und hatten sich zu Dankgebeten in Sankt Peter und noch am selben Tage zu Stunden währendem Gebet in der Kirche des Begründers des Jesuitenordens, Ignatius von Loyala, hingekniet.

Il Gesù: ein 80jähriger Pater zeigt mir die kargen Kammern des Mannes, der zu seiner Zeit die Welt in geistlichen Aufruhr versetzte. Aus verschlossenem Sakristei-Schrank holt er die Totenmaske: im bräunlichen Antlitz mattrote Flecken wie von Blut. Die Totenmaske ist lebendig, scheint jünger als das Porträt des einstigen Hofmannes an der Wand gegenüber.

Von Rom führt die Forschung nach London, in die Prachtstraßen zwischen Westminster und dem Tower, dort, wo Maria Ward in oft gewechselten Wohnungen sich vor den Agenten der Geheimdienste versteckte. Führt ins Institut nach Ascot, wo noch immer Töchter aus ehemaligen europäischen Herrscherhäusern einige Jahre in der Internats-Schule verbringen. Führt schließlich zu adeligen Landsitzen in Yorkshire mit ihren *priestholes,* zu den sichtbaren und verwehten Spuren Maria Wards und ihrer Anverwandten, und zur kühnen Gründung aus dem Jahre 1686, dem Bar Convent in York.

In der Kathedral-Bibliothek von York, ehrfurchtgebietend und anheimelnd zugleich in ihrer jahrhundertealten Dämmerung, las ich an einem feuchtkalten Sommertag die Worte:

»Der keusche, demütige, standhafte Mönch – oder eine Nonne mit diesen Eigenschaften – ist des Biographen schwierigste Aufgabe.«

Mit klammen Fingern schrieb ich den Satz in mein Notizheft. Und die Biographie Maria Wards: Trotzdem . . .

Mathilde Köhler

Kindheit bis zur Emigration: Wie sie wurde, was sie war

> »Um Deine Fehler zu verbessern und Deinen geistlichen Nutzen zu mehren, sollst Du Tinte und Feder in Deinem Zimmer haben, um Dich selbst zu beschreiben – im Bösen wie im Guten.«
>
> *Maria Ward*

Als Schwester, als Tochter oder auch als Enkelin möchte man das liebreizende Mädchen in die Arme schließen, das da auf den naiv gemalten Bildern vor uns steht. Ein Kind in Erwachsenen-Kleidung: bodenlanger Rock und enges Mieder in silbrig schimmerndem Brokat, die geschlitzten Flügelärmel rot gefüttert. Das Köpfchen erhebt sich aus zierlich gefältelter Halskrause wie ein Blumenbukett. Das artig zurückgekämmte Haar leuchtet rötlich.

Nahebei stehen noble Eltern, auch betuliche Kinderfrauen und Zofen. Es wimmelt von ranken, schlanken Rittern. Sind sie bereits Bewerber um die Hand dieses Kindes? Wohl schon – denn das Leben ist kurz und es wird früh geheiratet. Eltern und Kinder handeln im Bewußtsein ihrer Verantwortung, fühlen sich den Familiengesetzen verpflichtet.

Eine vornehme Kindheit schildert der Zyklus dieses »Gemalten Lebens«. Kindheit im 16. Jahrhundert, gelebt auf den Herrensitzen des englischen Landadels in Yorkshire.

Das anmutige Kind heißt Johanna Ward. Am 23. Januar 1585 ist es auf Old Mulwith bei Ripon geboren worden. Die Mutter, Ursula geborene Wright, ist vierzehn oder fünfzehn Jahre alt zu dieser Zeit. Ihre erste, allzu kurze Ehe war kinderlos geblieben. Diese Tochter ist das erste Kind von sechs. Der Vater, Marmaduke Ward, etwa dreißig Jahre alt, darf sein Geschlecht bis zu den Rittern vom Goldenen Sporn zurückverfolgen, die mit Wilhelm dem Eroberer, dem ungestümen Normannen, im 11. Jahrhundert nach England kamen. Nach verheerenden Kriegszügen wurden die Grenzmarken im Norden vor allem mit Burgen und Kirchen stark befestigt. Als Wächter dieser Grenze (Wardens) fühlen sich die Wards, damals im 11. Jahrhundert und auch jetzt, fünfhundert Jahre später, da England sich von Rom losgesagt hat. Die Wards halten am angestammten Glauben fest, wollen daran festhalten.

Ihr Wappen in der Kathedrale des nahen Ripon zeugt noch heute davon: auf himmelblauem Grund ein schwarzes Kreuz mit vier französischen Lilien.

Die erstgeborene Tochter wird nicht in dieser Kirche getauft. Zu gefährlich ist der öffentliche Empfang der Sakramente – gefährlich vor allem für die Priester. Königin Elisabeth I. hat die Gesetze der Priesterverfolgung verschärft, seit der Papst in Rom, Pius V., sie 1570 exkommuniziert hat.

Als Hochverräter gelten Jesuiten und alle in Rom ausgebildeten katholischen Priester. Todesstrafe ist ihnen gewiß. Bestraft werden aber auch alle, die Priester in ihren Häusern beherbergen. Oder die, die zweimal den Supremats-Eid verweigern, den Eid, der auf die Königin als Oberstes Haupt der Kirche zu schwören ist. Folter droht allen, die aus Gründen ihrer Religionsausübung verhaftet werden. Wer dem Staats-Gottesdienst fernbleibt, hat 20 Pfund Buße zu zahlen.

Die Spitzel sind überall, denn ein Drittel der Geld- oder Güter-Bußen fällt an den Denunzianten, ein Drittel an das Königliche Schatzamt und das letzte Drittel an die Armen der Gemeinden. Schon der Vater der Königin Elisabeth I., Heinrich VIII., der wie alle Herrscher dieser Zeit machthungrig war, hat Güter konfisziert und für die dickschädeligen Barone im Norden eigens ein Gremium eingesetzt, den Council of the North, der von York aus die festgesetzten Strafen hart durchführen soll.

Marmaduke Ward besitzt wie viele seiner Standesgenossen hier oben zwischen den melancholischen Mooren und den felsübersäten Dales vonYorkshire mehr als ein Gut: außer Old Mulwith, das mit Weiden und Feldern an den flachgebetteten Ure-Fluß grenzt, gehört ihm noch Newby und wohl auch Givendale. Er kann also seinen Wohnsitz oft wechseln, um der sonntäglichen Kontrolle der Sheriffs zu entgehen. Seine Häuser sind auch weitläufig genug, um Priester zu beherbergen, selbst dann, wenn die zahlreichen Diener und die Landarbeiter nicht verschwiegen sein sollten. Dennoch gerät sein Name auf die Listen der Rekusanten, wie die Dissidenten der elisabethanischen Zeit hießen. Trotz aller Vorsicht.

Die Erstgeborene der Wards erhält in der Taufe den Namen Johanna, denn so hat eine berühmte Vorfahrin geheißen, die als Priorin einem jener mittelalterlichen Doppelklöster vorgestanden hatte, die in England noch höheres Ansehen als auf dem Kontinent genossen.

Und der Landadel in Yorkshire hält auf besonders zähe Weise am Althergebrachten fest, verteidigt es mit heroischer Tapferkeit.

Das anmutige Mädchen des »Gemalten Lebens« hat später den Namen Johanna abgelegt, um Maria zu heißen, wahrscheinlich bei der Firmung. Allerdings ist nicht bekannt, wann oder wo diese stattfand. Je heftiger die Reformatoren sich gegen Maria und Marienverehrung wandten, um so freudiger wurde die Mutter Jesu von Katholiken gefeiert. Wenig wissen wir über die früheste Kindheit, viel weniger noch über ihre Geschwister und am allerwenigsten über die Mutter. In den Biographien jener Zeit werden Mütter nur als religiöse Erzieherinnen erwähnt oder eben als Gebärerinnen des Nachwuchses, mitunter auch als Verwalterinnen jener ausgedehnten Besitzungen, die ihren Herren durch Haftstrafen zeitweilig genommen worden waren.

Als Maria Ward ein Jahr alt war, konnte sie den Namen »Jesus« aussprechen, wie die Biographen stolz erzählen. So wollte es auch die Sitte der Zeit: Erziehung war auf die Bibel ausgerichtet, in erster Linie auf den Glauben, auf Gott. Eltern waren glücklich, wenn ihre Kinder als erstes den Namen Gottes aussprachen. Oder aber, wenn sie schon Sätze bildeten, lehrte man sie sagen: »Gott allein rettet mich«, oder »Christus hat mich erlöst«, »Verabscheue Stolz«, »Alle Menschen sind Brüder« oder sogar »Lerne zu sterben« (*Schücking* 1964, S. 84). Es ging darum, dem Teufel zuvorzukommen.

Als 33jährige hat Maria Ward auf ihre Kindheit zurückgeblickt, aber in ihren autobiographischen Skizzen nehmen Eltern oder Geschwister keine Gestalt an. Es heißt da nur ganz allgemein: »Meine Eltern waren beide reich an Tugenden und litten viel für die katholische Sache« (Nymphenburger Schriften; im folgenden abgekürzt als: N.S.).

Sie rühmt des Vaters Liebe zu den Armen und sein Mitleid mit den Notleidenden. (Es gab zu der Zeit auf dem Land ein wachsendes Proletariat, obwohl es versuchte, in die Städte abzuwandern.)

Sie schildert ihren Vater als streng, insbesondere war ihm das Fluchen zuwider – ein Abscheu, der in jener Zeit ein für unsere Begriffe überstiegenes Maß annahm. Als Maria einmal eine kleine Freundin nachahmte, die den Namen Christi und seine heiligen Wunden wie zum Scherz ausgesprochen hatte, versetzte der Vater ihr eine Ohrfeige. Das einzige Mal, so sagt Maria Ward, daß er sie oder eines seiner Kinder so mit eigener Hand gezüchtigt habe. In einer Zeit, da Körperstrafen für Kinder, Schüler, ja selbst für Studenten und Diener ohnehin an der Tagesordnung waren, ein erstaunlich positives Zeugnis.

Sehr streng achtete der Vater darauf, daß keine »sinnlichen Bücher« oder Schriften, die der Zerstreuung dienten, im Hause aufbewahrt und gelesen würden. Die Mutter hatte darüber zu wachen. Dienstboten, die gegen das Gebot verstießen, sollten unnachsichtig entlassen werden.

Sehr genau waren seine Anweisungen – so schreibt die Tochter später auf –, wenn die Kinder zu Verwandten gingen, die Schismatiker waren (Protestanten). Der Vater schärfte ihnen vor jedem solchen Besuche ein, daß sie das ewige Heil nur in der katholischen Religion zu finden vermöchten und daß es sein heißester Wunsch sei, daß alle Glieder seines Hauses als Kinder der Kirche Gottes leben und sterben möchten (N.S.).

Leider sind ihre Erinnerungen Fragmente geblieben. Doch so viel läßt sich auch aus diesen Notizen entnehmen: das Verhältnis zum Vater war aus Bewunderung, Scheu und Furcht gemischt. Wie oft sie auch betonen mag, daß sie ihren Vater zärtlich liebte oder daß ihr Vater sie zärtlich geliebt hätte – die Beteuerungen klingen eher wie Wunschgedanken. Sehnsucht nach Nähe, Melancholie schwingt da mit. Sie spricht da von etwas, was sie nie erlebte und was sie durch Achtung, Respekt auszugleichen versucht.

Im Nachhinein hat die sich erinnernde Autobiographin das Gefühl, daß sie bereits »mit vier Jahren urteilen und die Dinge unterscheiden« konnte (N.S.). War sie so frühreif? War sie ein Ausnahmekind? In den Großhaushalten der damaligen Zeit gab es keine Trennung zwischen Erwachsenen und Kindern. Auf kindliche Entwicklungsrhythmen wurde weder Rücksicht genommen noch hemmender Einfluß ausgeübt. Ein Kind lernte so viel und so schnell wie es vermochte. Mit fünf Jahren kamen die meisten Kinder dieser Gesellschaftsschicht aus dem elterlichen Haus zu Verwandten oder Freunden. Außerhäusliche Erziehung sei nützlich für die Heranwachsenden, war die allgemeine Auffassung: sie lernten andere Gebräuche kennen, lernten vor allem auch Pflichten zu übernehmen, vor denen sie zu Hause auswichen.

»Indem man frühzeitig die seelische Nabelschnur zwischen Eltern und Kind zerschneidet, fördert man seine Unabhängigkeit, zwingt es aber auch, unendlich Vieles an weichen Seelenregungen zu unterdrükken. Die Eltern bringen Opfer, lassen aber auch Opfer bringen – im Dienste eines rationalen Lebensideals« (*Schücking* 1964, S. 72).

Ist Maria Wards Sachlichkeit, die Präzision ihrer Gedanken und Formulierungen durch solche Erziehung geformt worden? Als empfindsames Kind hat sie wohl unter dem Mangel an Gefühlsüberschwang gelitten. Denn allzuoft beteuert sie, daß ihre Eltern sie so lieb gehabt hätten und daß auch sie ihre Eltern so sehr liebe. Doch hat sie manche heute selbstverständliche Zärtlichkeit entbehren müssen. Elterliche Nachgiebigkeit und Weichheit galt damals als nachteilig für die Erziehung. Eltern würden die eigenen Kinder verzärteln, deshalb sei es besser, fremde Kinder ins Haus zu nehmen. Diese würden auch der älteren Generation mehr Ehrfurcht und Aufmerksamkeit, mehr dienende Hilfe entgegenbringen als die eigenen Kinder! Ganz gewiß aber sei die außerhäusliche Erziehung nützlich für Mädchen, weil sie in höhergestellten Familien bessere Heiratschancen fänden und musische Talente ausbilden könnten, wie das im Mittelalter in den Klöstern möglich gewesen war.

Mit fünf Jahren kommt Maria Ward zum erstenmal in eine andere Familie: zu ihrer Großmutter Ursula Wright auf Ploughland Hall bei Welwick. Das ist ein befestigter Landsitz mit tiefem Wassergraben ringsum und einer Zugbrücke, zwischen der Mündung des Humber und der Nordseeküste. Es muß ein düsteres, von schwerem Schicksal belastetes Haus gewesen sein. Die Großmutter hat vierzehn Jahre im Gefängnis gesessen, in den besonders verrufenen Gefängnissen des Grafen Huntingdon, der für seinen Katholiken-Haß berüchtigt ist. Die aus religiösen oder politischen Gründen Verurteilten mußten mit Kriminellen in den Zellen hausen. An Essen gab es fast nur das, was Privatleute brachten und selbst das wurde oft von den Wärtern unterschlagen und verkauft. Die Großmutter bewahrte noch einen Stock auf, mit dem sie die Ratten verscheucht hatte und der angenagt war. Marias Großmutter war eingesperrt worden, weil sie die Gottesdienste in der Staatskirche verabsäumt hatte und weil sie jene Adligen unterstützte, die Maria Stuart befreien wollten.

Maria Stuart, Gesalbte Königin der Schotten, Hoffnung der katholischen Fürsten in Frankreich und Hoffnung des englischen Adels! Wie sie hofften auch die Päpste in Rom, daß sie das Inselreich in den Schoß der Kirche zurückführen könne! Als Maria Stuart, in Frankreich erzogen, nach kurzer Ehe mit dem kränklichen König Franz II. in die schottische Heimat zurückkehrte – 1561 –, wurde sie vom schottischen protestantischen Adel befehdet und der eifernde Kalvinist John Knox stieß *The First Blast of the trumpet against the monstrous regiment of women* aus. Als sie sieben Jahre später nach England floh, setzte ihre herrschgewohnte Cousine Elisabeth I. sie gefangen: auf den Schlössern Tutbury, Sheffield und Fotheringhay – zwischen Yorkshire und Lancashire. Denn Maria Stuart hatte als Urenkelin Heinrich VII. auch Anrechte auf den englischen Thron geltend gemacht.

Gentry und Aristokratie Englands schlugen ihr Leben für Maria Stuart in die Schanze: aber schon der erste Aufstand von 1569, der Aufstand der nördlichen Barone, schlug fehl. Der Enthauptungen, von Elisabeth I. angeordnet, waren kein Ende. Aber der wiederholten Befreiungsversuche auch nicht, bis hin zum letzten von 1586, als der 25jährige ehemalige Page Anthony Babington die immer noch schöne, mutige und leidenschaftliche Frau befreien wollte. Elisabeth ließ die Rivalin hinrichten – und die Katholiken feierten sie als Märtyrerin, verehrten sie fast als Heilige (1587).

Das ist die Stimmung dieser Zeit, als Maria Ward nach Ploughland kommt – eine Zeit, die bis in die Grundfesten erschüttert ist, deren Ängste und Unberechenbarkeiten auch einem Kind nicht verborgen bleiben können. Gewalt und tödliche Gefahren bedrohen das Leben, das so weit entfernt ist von der trauten Idylle des »Gemalten Lebens«.

Fünf Jahre bleibt das Kind bei der Großmutter und muß mit der leiderfahrenen Frau in einem Zimmer wohnen.

»Die Großmutter war eine so große Beterin, daß ich mich in der ganzen Zeit von fünf Jahren nicht erinnere, sie je schlafen gesehen zu haben; auch wachte ich nie auf, ohne sie ins Gebet vertieft zu finden. Obwohl mein Großvater noch lebte, wohnten beide jedoch aus heiliger Ehrfurcht voreinander in getrennten Zimmern« (N.S.).

Daran erinnert sich die 33jährige Autobiographin und durchlebt noch einmal die Bedrückung, die sie als Kind unter den Augen dieser wortkargen Frau fühlte.

Das Kind gibt sich viel Mühe, die Liebe und Aufmerksamkeit ihrer Großmutter zu erringen. Beim gemeinschaftlichen Familiengebet zeigt es sich eifrig, es schenkt sogar seine kleinen Geldmünzen her, wenn Großmutter für die Gefangenen sammelt und trennt sich von den Hühnern, die die Großmutter ihr einmal geschenkt hat. Die ernste Frau bemerkt die Gesten des Kindes kaum.

Deshalb schließt sich Maria Ward um so lieber einer jungen Verwandten an, einer jüngeren Schwester ihrer Mutter, der Tante Martha. »Sie liebte mich sehr, und ich hatte eine große Zuneigung zu ihr gefaßt« (N.S.).

Endlich begegnet die viel zu ernsthafte Maria einem Mädchen, das nur wenig älter ist als sie selbst, aber viel unbekümmerter, wenn nicht sogar leichtsinniger, denn wie Maria bald bemerkt, hatte sie sogar eine

Dienerin angestellt, die ein geradezu lockeres Leben führte. Doch was auch immer das frühreife Kind beobachtet – es schweigt dazu. Auch als sie einmal einen Mann in das Zimmer der Anverwandten gehen sieht – was die Großmutter natürlich verboten hatte – sagt sie nichts!

Eine unbeschwerte Jugendfreundschaft entwickelt sich. Sie lassen sich ihre Zukunft und ihr Glück voraussagen. Sie halten zusammen das Agnes-Fasten: sie üben einen Volksbrauch, der bis in unsere Zeit hinein geübt wurde: die beiden Mädchen fasten am Agnestag (21. Januar), damit ihnen nachts im Traum ihr zukünftiger Ehemann erscheine. Wie frühreif sie sind ...

Dann aber ereignet sich etwas, was das vertrauensvolle Kind, das sich zum erstenmal einer Freundschaft geöffnet hat, tief erschüttert. Die Tante besucht ihre Schwester, Marias Mutter. Dabei trifft sie den Mann, den Marmaduke Ward für seine Tochter bestimmt hat, falls diese einmal darin einwillige. Das Kind nimmt dieses vom Vater gegebene Versprechen sehr ernst. Vielleicht ist es nur scherzhaft gemeint gewesen, denn dieser Mann, Thomas Percy, ist viele Jahre älter als Maria. Doch Martha Wright heiratet diesen Mann, bevor sie nach Ploughland Hall zurückkehrt.

Welche Enttäuschung, welcher Schmerz! Maria Ward durchlebt die Traurigkeiten dieser Zeit noch einmal bei der Niederschrift ihrer Erinnerungen – zwanzig Jahre später: sie fragt sich noch dann, wie es möglich gewesen ist, von der besten Freundin hintergangen worden zu sein. Sie wägt ab: sie, die Freundin und Tante, hatte wohl die besseren Gaben der Natur, war ihr überlegen. Schmerzen der Kindheit sind nicht vergessen, werden auch nicht vertuscht. Das ist insofern besonders bemerkenswert, als die Skizzen ja zu einer Zeit geschrieben wurden (1617), als Maria Ward sich mit ihren Gefährtinnen auf ein Klosterleben vorbereitete. Sie trennt das bittere Erlebnis der Kindheit von den Einsichten, die sie nunmehr hat: daß ihre Tante durch diesen Mann ins Elend gekommen ist, öffentliches Ärgernis erregt hat und wohl dem ewigen Verderben ausgeliefert sein mag. Im Nachhinein dankt sie Gott, daß sie, Maria Ward, behütet wurde vor solch einem Sündenfall – einzig durch Seine Gnade, nicht durch ihr Verdienst.

Der Mann, um den sich alles dreht, ist eine schillernde Persönlichkeit: Thomas Percy, Vetter zweiten Grades des siebenten Grafen von Northumberland, Steuerverwalter und Pachteintreiber dieser Familie, wohnhaft auf Alnwick Castle, wo auch Maria Wards Eltern sich oft aufhalten. Er wird in die grauenhafte Pulververschwörung verwickelt werden, die König und Parlament in die Luft sprengen sollte (1605). Der Anschlag auf das Leben so vieler Menschen wurde zwar nie ausgeführt, wurde vereitelt, doch machte er das religiöse Leben der Katholiken noch schwieriger und brachte Unglück über die Familien der nördlichen Grafschaften. Die Familie Wright wurde im männlichen Stamm ausgelöscht.

Fünf Jahre bleibt Maria Ward, das Kind in Erwachsenen-Kleidern, bei der Großmutter. Dann läßt der Vater sie heimkommen. Um diese Zeit bricht in Old Mulwith ein Feuer aus. Maria Ward zieht ihre jüngeren Schwestern in ein Zimmer, wo eine Truhe voll mit Leinendamast stand. Maria weiß, daß ihre Mutter die Dinge für sie beiseite gelegt hatte. Dann beten sie, bestürmen die Muttergottes um ihre Hilfe, Gottes Beistand ihnen zu schicken, denn es sei ja heute ihr Fest: »Ich wiederholte oft mit großem Vertrauen, daß ich, wäre nicht gerade ihr Fest, das Schlimmste befürchten würde, da aber dieser Tag ihr geweiht sei, zweifelte ich nicht daran, daß sie mir helfen werde« (N.S.).

Maria Ward, das zehnjährige Kind, betet mit einer Inbrunst, die an Beschwörung grenzt. Später in ihrem beruflichen Leben wird sie so mit Päpsten und Kaiser und Kurfürst verhandeln. Und an ihren Erfolg glauben. Denn der kurze Bericht fährt fort: »Während dieses Betens hätten wir alle drei verbrennen können; das verhütete unser Herr durch die Fürsprache seiner gebenedeiten Mutter, *wie ich fest glaube*.« Der Vater, dessen Liebe zu seinen Kindern keine Grenzen kannte, rettete die Kinder, als das Haus schon in einem Flammenmeer stand und verloren war mit allem was sich darin befand (N.S.).

Marmaduke hat Mulwith nicht wieder aufgebaut – 450 Jahre blieben die Mauerreste am friedlichen Ure-Fluß liegen. Teile einer Scheune mit Außentreppe standen noch –, ehe vor einigen Jahren eine Familie, deren Name einen guten Klang in der englischen Geschichte und Diplomatie hat, auf den Grundmauern einen Bungalow errichtete. Im Wohnzimmer in die Decke eingemauert ist ein Balken von dem Haus, in dem Maria Ward geboren wurde. Einige Steine aus der alten Grundmauer werden ehrfürchtig hergezeigt.

Die Familie Ward zog auf ihre zweite Besitzung, Newby, nur einen Spaziergang weit von Mulwith entfernt. Dazwischen Weiden und Felder und prächtige Einzelbäume, Platanen, Kastanien. Das Herrenhaus steht heute noch, wenn es auch in den folgenden Jahrhunderten vergrößert wurde.

Die nunmehr zehnjährige Maria aber geht in ihre zweite Gastfamilie.

Wieder ist es eine Frau, deren Charakter und deren Schicksal den Stil des Lebens bestimmt: Katharina Ardington auf Harewell. Auch sie hat eine mehrjährige Gefängnisstrafe hinter sich, auch sie ist mit Sinnen und Trachten auf das Jenseitige, auf religiöse Pflichterfüllung gerichtet.

Ihr Haus, aus grauem Granit die Wände, sieht von der heutigen Hauptstraße fast wie verwunschen und vergessen aus. Mit vielen Kaminen, verwinkelten Korridoren und Zimmern hatte es mehrere Priesterverstecke zu jener Zeit – *priestholes* – wie man sie nannte. (Heute gehören sie in einigen Landschlössern zu den touristischen Sehenswürdigkeiten.)

Maria will sich hier auf ihre erste Kommunion vorbereiten. Ein großes Unterfangen in jener Zeit. Bis zur Reformation war häufiger Sakramenten-Empfang nicht üblich gewesen, aber jetzt nach der Trennung der Konfessionen, mit der neuen Frömmigkeit, die auf die Seele des Einzelnen zielt, mit den Zielen und Wegen, die Ignatius von Loyola durch seine Exerzitien und praktischen Übungen empfiehlt, begnügen sich die Gläubigen nicht mehr mit der bloßen Zugehörigkeit zu einer Institution, Kirche genannt. Die Einzelseele will den Weg zum Heil selbst suchen. Über den Weg der Sakramente, von denen die Protestanten alle bis auf zwei abgeschafft hatten.

Das durch den neuerlichen Abschied von Elternhaus und Geschwistern auf sich selbst gestellte und so frühreife Kind greift die Themen und Inhalte der Zeit hellwach auf.

Da geschieht etwas, worüber die Biographen viel gerätselt haben: Eines Abends erscheint ein Bote vor dem Parktor und wünscht Maria Ward zu sprechen, weil er ihr einen Brief vom Vater vorzulesen habe. Er weigert sich, vom Pferd zu steigen – so heißt es. Maria Ward eilt freudig hinaus, wird aber von dem vorgelesenen Brief tief enttäuscht: der Vater verbietet ihr, sich auf das Sakrament vorzubereiten und außerdem habe er einen Bewerber für ihre Hand, den Grafen Talbot.

Alle diese Dinge klingen befremdlich. Maria Ward ist verwirrt über das väterliche Verbot und natürlich enttäuscht, daß sie dieses Schreiben nicht selbst lesen und behalten darf.

(Ein namenloser Bote mit einem geheimnisvollen, wenn nicht unverständlichen Brief. Das wird es in ähnlicher Form wieder geben – einige Jahre später, 1605, wenn es zu dem bis heute unaufgeklärten Verbrechensplan der Pulververschwörung kommt.)

Die Identität des Boten ist nie geklärt worden. Die frühen Biographen haben aus der Stimmung der Zeit heraus, aus der überanstrengten

Erregtheit ihrer Vorstellungen, die stets aufs Schlimmste gefaßt sein mußte, niemand anders als den Teufel selbst in dieser unheimlichen Begebenheit gesehen, zumal da sich ja herausstellte, daß Marmaduke Ward niemals einen Boten abgeschickt hatte, niemals seiner Tochter die Vorbereitung auf die erste Kommunion verboten hatte. Die Menschen dieser Zeit sind dem Magischen verbunden. Faust-Sage und Shakespeares Dramen gründen darin. Während man die Heiligen andächtig verehrte, weiß man um die Macht des Bösen – die sich in Hexen und Kobolden verkörpert. Die Zeit des Umbruchs erschüttert die Menschen, die nach neuen Inhalten suchen, da die Reformation alles in Frage gestellt hatte, was Jahrhunderte hindurch gläubig akzeptiert und geübt wurde. Der namenlose Bote am Gartengitter, teuflich in seiner Anonymität, war wohl nur ein Spitzel, der das einsame Haus auskundschaften wollte, der versteckte Priester in dem Haus vermutete, die das Kind in seinem Schrecken vielleicht unfreiwillig verraten hätte? Auch das wäre ja teuflich genug, da ja auf das Beherbergen von Priestern die Todesstrafe stand. Außerdem war Katharina Ardington längere Zeit verhaftet gewesen, weil sie gegen die Gesetze der Staatskirche verstoßen hatte und wurde wohl noch überwacht.

Nach innen gekehrt, aufs Jenseitige gerichtet sucht sich das Mädchen, fern von Eltern und Geschwistern, den eigenen Weg. Maria Ward wird so schüchtern, daß sie errötet, wenn sie gelobt oder auch nur angeredet wird. Diese Schüchternheit ist es, die ihr noch Jahre später als der schmerzlichste Beweis ihrer inneren Unsicherheit in der Erinnerung ist. Doch einmal gefaßte Vorsätze gibt sie nie auf. Und so empfängt sie im Hause Harewell am 8. September die Erste Heilige Kommunion.

Wann hört in diesem Jahrhundert, da nur ein Drittel der Menschen älter wird als 60, oder auch nur das 60. Lebensjahr erreicht, die Kindheit auf? Wann für die Mädchen? Mit den ersten Heiratsanträgen? Maria Ward war zehn, als die Familie die erste Bewerbung bekam. (Shakespeare schreibt zu dieser Zeit *Romeo und Julia,* die unsterbliche Liebestragödie der zwei ganz kindlich Liebenden.) Der Jüngling hieß Redshaw und entstammte der weitverbreiteten Sippe der Northumberlands. Es war ein ehrenvoller Antrag, und die Eltern waren nicht wenig stolz auf ihre schöne, anmutige Tochter. Es scheint, daß auch Maria erfreut war über diesen Jüngling, dem sie verlobt werden sollte. Hatte sie das schmerzliche Erlebnis mit ihrer Tante Martha schon vergessen oder wollte sie es auf diese Weise vergessen? Von den wenigen

Bemerkungen, die ihre Biographen über diesen und die ihm nachfolgenden Bewerber verlieren, kann man es nicht erfahren. Es wird nur berichtet – und das lautet fast wieder wie eine Legende –, daß der junge schöne Mensch auf einer Reise, die er nach London unternehmen mußte, tödlich verunglückte. Es folgten noch zwei Heiratsanträge – im 12. und im 13. Lebensjahr der Ward-Tochter.

Maria wehrte sich so heftig dagegen, daß sie ernstlich krank wurde und der Vater es aufgab, in sie zu dringen. Frühe Verlöbnisse waren bis in diese Zeit hinein Sache der Eltern gewesen. Jetzt, da die Konfessionen der Partner verschieden waren und die Konfessionen der ungeborenen Kinder vor der Heirat festgelegt werden mußten, änderten sich die Zustimmungs-Gewalten. Bei der Eheschließung sind die individuellen und religiösen Neigungen der Partner wichtiger geworden als die Wünsche der Eltern. Doch Maria Ward wehrt sich nicht aus religiösen Gründen, sie kann einfach keine Zuneigung empfinden, bei dem zweiten Bewerber Shafto nicht und auch beim dritten, Eldrington, nicht. Sie weiß, daß diese beiden Bewerber wie der erste auch aus den hervorragenden Adelsfamilien des Nordens stammen. Aber sie folgt ihrem Gefühl. Als 33jährige hat sie sich die Frage vorgelegt, warum sie die Anträge ablehnte und ist immer wieder zu der Einsicht gelangt, daß es »das Fehlen einer persönlichen Zuneigung« war.

Keinesfalls ist es schon das Verlangen nach dem Klosterleben. Das setzt erst später bei ihr ein. Das wird erst erweckt in dem dritten Hause, das ihr das Elternhaus ersetzen sollte.

Wieder ein Abschied von Eltern und Geschwistern! Ihre Schwester und zwei Brüder sind um diese Zeit ja schon geboren. Aber die Schreiberin nennt nicht einmal ihre Namen in den Erinnerungen. Die Erstgeborene muß sich mit den Eltern auseinandersetzen; dies ist eine Welt der Erwachsenen und erwachsen zu sein ist das Ziel der Entwicklung von allerkleinsten Kindesbeinen an. In den Häusern der Reichen sind die Erwachsenen ja auch in erdrückender Überzahl vorhanden: Großsippen, die in einem Herrenhaus wohnen, von zahlreichen Dienern und Dienerinnen betreut, unter deren Obhut und Macht die Kinder die meiste Zeit verbringen.

Zum drittenmal ein Abschied von den Eltern, die in ein kälteres Klima ziehen, das der Tochter nicht bekommen könnte. Sie gehen nach Alnwick Castle, dem Besitz der Northumberlands, wo auch Thomas Percy wohnt. Als Autobiographin vermutet Maria Ward: »Die Eltern hofften, daß ich, fern dem eigenen Heim rascher eine Zuneigung fassen könnte, obwohl das Klima als Grund vorgeschoben wurde.« (Und der Refrain:) »Denn sie liebten mich zärtlich« (N.S.).

Maria Ward ist jetzt ungefähr fünfzehn Jahre alt – ein Alter, in dem die meisten ihrer Zeitgenossinnen schon verheiratet sind. Man schreibt das Jahr 1600. Noch immer regiert Elisabeth I., die ihrem Land großen Wohlstand gebracht hat. Seit dem Sieg über die Spanische Armada (1588) steigt es unaufhaltsam der Weltgeltung zu, erwirbt mit den Handels-Kompanien, die die Erdteile umgreifen, unvorstellbare Reichtümer, aber auch neue Kenntnisse der Realität. Wer sich der Staatskirche anschließt, deren Oberster Gouverneur die Königin ist, hat in den neuen Industrien, die sich vor allem im Süden des Landes entwickeln, ungeahnte Aufstiegsmöglichkeiten. Der Adel beschäftigt sich mit dieser Entwicklung, und reichgewordene Kaufleute oder auch Handwerker können Landbesitz erwerben. Gentry und Aristokratie lassen ihre Söhne in den Londoner Inns of Court die Rechte studieren, in jenen vornehmen Backsteingebäuden, die noch heute den exklusiven Geist von einst auszuatmen scheinen. Elisabeth I., die seit 42 Jahren regiert, behandelt die Andersdenkenden hart oder geschmeidig, je nach Nutzen. Läßt die Rebellen aus der sozialen Unterschicht, die Puritaner, überwachen und auch die Rebellen der Oberschicht, die katholisch bleiben wollen. Zwar hat sie Jakob I., dem Sohn ihrer verhaßten und von ihr hingerichteten katholischen Cousine Maria Stuart, die Nachfolge zugedacht, doch sie bestraft alle, die vorzeitig zum Thronerben nach Schottland eilen. Es ist gefährlich, unangepaßt zu sein, der Staatskirche nicht anzugehören.

Auch als Jakob I. aus dem sehr kargen Schottland in das wohlhabende England kommt (1603) bleiben Unruhe und Angst. Er, der sich als Theologe vorkommt, und der von allen Religionen Gebrauch machen will, die sich brauchen lassen, mildert die Strafgesetze nicht ab. Er besteht vor allem auf Güter-Konfiskationen. Der rote Terror der Galgen wird abgelöst durch den weißen Terror der Enteignungen. Der Landadel, die Gentry, im Norden schließt sich noch enger zusammen. Man lebt fast wie im Kloster in diesen Familien. Man versteckt die Priester, besucht ihre Messen in Heimlichkeit, schickt Söhne und Töchter zum Studium ins Ausland. Oder die Eltern gehen selbst ins Ausland, um den Konfiskationen der Güter zu entgehen. Ein Beispiel für viele in dieser Zeit: die Familie Babthorpe auf Babthorpe, Osgodby und Beverley. Maria Ward kommt zu ihnen, als sie 15 Jahre alt ist, um die Jahrhundertwende.

Grace Babthorpe, tief religiös und sehr wohlhabend, ist Mittelpunkt im katholischen Untergrund. Nicht einmal der eisern strenge Gouverneur vom Rate des Nordens, der Oberaufseher aller verkommenen Gefängnisse, der Graf von Huntington, konnte Grace Babthorpe schrecken! Zwei Jahre Einzelhaft vermochten ihre Schlagfertigkeit nicht zu zügeln. Sie wußte, wie man Aufseher besticht und wie man Gitterstäbe durchfeilen kann, um Besuch von außerhalb zu bekommen oder Priestern zu ermöglichen, gefangenen Frauen die Sakramente zu spenden.

Grace Babthorpe (1567–1635) verbrachte zwei Jahre Einzelhaft im selben Gefängnis wie Maria Wards Großmutter und dennoch hat sie ihrem Mann, Ralph Babthorpe, neun Kinder geboren, von denen fast alle Nonnen, Mönche oder Priester wurden.

Sie war eine Cousine ersten Grades von Maria Wards Mutter. Aber so stumm und gesichtslos diese in allen Biographien bleibt, um so deutlicher prägt Grace Babthorpe ihre Zeit und Umgebung. Ralph Babthorpe konnte sein Geschlecht durch 18 Generationen bis zu Wilhelm dem Eroberer zurückverfolgen. In den Londoner Inns of Court hatte er seine Rechts-Studien betrieben. Er war bei seiner Verheiratung Anglikaner, Protestant. Erst durch seine Frau trat er zum katholischen Glauben über, und als die Schikanen der Geldbußen begannen, ging er mit seiner Frau zunächst nach London, in die Hauptstadt, dann aber nach Flandern. Das war im zweiten Jahrzehnt des Jahrhunderts.

Doch so weit ist die Zeit noch nicht. Die Familie Babthorpe ist heimlicher Mittelpunkt für die Männer, die diesen Jahren das religiöse Gepräge geben. Hier lernt Maria Ward im geselligen Umgang die Ideen kennen, die in Rom oder Madrid, in Flandern geprägt werden. Nach Osgodby oder Babthorpe kommen die Missionare, die den Dissidenten im ländlichen Yorkshire den Anschluß an die weite Welt bringen, ihnen erklären, daß das, was der Christ zu glauben hat, viel weniger ist als das, was er zu tun hat. Hier werden Gottesdienste gehalten, wie sie vorbildlich werden.

Die unerschrockene Grace Babthorpe richtet *pristholes* ein und lädt die Nachbarn zu gemeinsamen Gottesdiensten. Hierher kommt der Weltpriester John Mush, Beichtvater und Biograph der von den Henkern zu Tode gepreßten Bekennerin Margaret Clitherow, und der Jesuiten-Superior Garnet hält seine Organisations-Besprechungen hier ab. Pater Richard Holtby, der jahrzehntelang die heimlichen Landemöglichkeiten an den Küsten für die aus Rom kommenden Missionare einrichtet, hat bei den Babthorpes eine Bleibe und wird Maria Wards Beichtvater – ein sehr strenger Mann. – Streng und fern wie der Vater?

Im Hause Babthorpe führt Pater John Gerard, nach seiner tollkühnen Flucht aus dem Tower der meistgesuchte Jesuiten-Missionar, seine brillanten Tischgepräche. Er ist als Edelmann in Samt und Leder gekleidet – so als ob er einem sportlichen Jagdvergnügen nachginge. Er kennt sich aus im Zeitvertreib der Müßigen und in den wirtschaftlichen Sorgen der Mächtigen und Reichen. Ihm fällt es leicht, das Gespräch auf religiöse Fragen zu lenken und die Scheu vor geistlichen Dingen auszuräumen. Es geht um die Praxis des religiösen Lebens, um Sakramenten-Empfang, Gebet und tatkräftige Hilfe für Gefährdete.

Die Missionare im englischen Untergrund führen Buch über ihre Bekehrungen, über die Familien, die ihnen Unterkunft gewähren, über die Wohnungen und Pferde, die sie den Missionaren zur Verfügung stellen. Pater John Gerard hat in der heimlichen Hierarchie der Jesuiten-Missionare niemals ein Amt bekleidet und doch sind die Agenten des königlichen Geheimdienstes ihm auf der Spur: Der höchste Ankläger der Sternkammer, Topcliffe, der das Privileg einer eigenen Folterkammer in seinem Keller besaß, hatte sich Gerard zum Verhör ausbedungen! So oder ähnlich lauteten die Steckbriefe: »John Gerard, der Jesuit – groß von Statur – aufrechte Haltung – etwas starrer Blick – naturgewelltes dunkles Haar – starker Bartwuchs – breite nach obengerichtete Nase – aufgeworfene Blaubartlippen – kuriose Art zu reden ...« (*Gerard* 1954, S. 80). Und Topcliffe hatte ihn »verhört« – 1594 – und so »verhört«, daß er nur noch auf allen vieren ins berüchtigte Clink-Gefängnis kriechen konnte. Er sollte über Briefe aus Spanien und die Mission in England Auskunft geben. Später wurde Gerard in den Tower gebracht, fünfmal an Daumenschrauben aufgezogen und gefoltert. Doch er blieb stumm unter allen Qualen. Als seine zerquetschten Hände später wieder die Feder halten konnten, schrieb er Briefe mit Orangensaft – der unsichtbaren »Tinte«, die erst über der Kerzenflamme sichtbar wird. – Er schreibt Briefe an seine Getreuen und er schreibt Briefe, die zu seiner Befreiung führen. Seine Flucht aus dem Tower, drei Jahre später, wird zu einer Legende.

Aufgewachsen war John Gerard in Lancashire. Die elterlichen Besitzungen lagen nicht weit entfernt von Tutbury Castle, wo Maria Stuart gefangen gehalten wurde. Sein Vater hatte sich zweimal an den Befreiungsversuchen für Maria Stuart beteiligt, hatte dafür zweimal im Gefängnis gesessen. So wie Grace Babthorpe, so wie die Großmutter von Maria Ward.

Lebensgefahr und Todesnähe – davon sind die Generationen, die auf Osgodby und Babthorpe zusammenleben, überschattet.

In dieser aufs Jenseitige gerichteten Welt vertiefen sich die religiösen Neigungen der 15jährigen Maria Ward. Sie verstärkt ihren Eifer in den Gebets- und Tugendübungen. Sie bekämpft ihren Adelsstolz, indem sie im Kleid der Dienstmädchen Hausarbeit verrichtet und wird von den noblen Besuchern für eine Dienstmagd gehalten. Manchmal wird ihr da die Verwechslung gezeigt haben, wie menschliche Eitelkeit und Hochmut handeln. Sie legt sich sogar eines Tages zu einer Magd ins Bett, die Krätze hat, um auf diese Weise ihren Mut auf die Probe zu stellen. Der Vater reist herbei als er dieses hört – wohl ahnend, daß solcher religiöser Überschwang einer baldigen Verlobung oder überhaupt nur Werbung abträglich sein muß. Aber Maria Ward, die, wie so viele junge Menschen dieser Zeit, sich das Martyrium wünscht, und die schon anfängt, sich bei Tische die einfachsten Genüsse selbst zu versagen um der Heiligung willen, lebt auch in der Schar der Gleichaltrigen zunächst noch sehr nach innen, verbringt die Nächte damit, Heiligengeschichten zu lesen und das Pensum ihrer Gebete zu erweitern.

Dann hört sie eines Tages die Geschichte, die ihr zum entscheidenden Berufshinweis wird. Eine betagte Magd erzählt in der Nähstube diese Geschichte: »Eine Klosterfrau, welche ihre Keuschheit verletzt hatte und schwanger geworden war, mußte sich, gemäß den Ordenssatzungen einige Jahre lang täglich außerhalb der Kapellen- oder Chortür ihres Klosters auf die Erde hinstrecken, damit die anderen Klosterfrauen, die des Weges kamen, sie mit Füßen treten sollten . . .« (N.S.). Ist das eine Geschichte, wie sie halb erfunden, halb geschehen, bei Näharbeiten und in Spinnstuben erzählt und weitergegeben wurden? Oder ist sie abgeleitet von der einstigen, in sehr strengen Orden üblichen Strafe, daß Mönche oder Nonnen, auf dem Boden sitzend, eine Strafsuppe auslöffeln müssen? Die Schilderung dieser grausamen Erniedrigung erinnert uns an Menschenquälerei in unserer Zeit und ihren dunklen Untergrund.

Aber in der jugendlichen Maria Ward, deren Sinnen und Trachten auf das Unbedingte, auf das Vollkommene geht, erweckt diese Geschichte ganz andere Gedanken: Die schwere Strafe ist ein Zeichen für die Größe der Schuld. Und sie denkt daran, daß solche Verfehlungen auch bei Weltleuten vorkommen, die aber dafür nicht so schwer bestraft werden.

»Daher faßte ich sogleich eine besondere Hochschätzung und Liebe für das Ordensleben, das mir wie ein Heiligtum erschien, wo alle heilig sein konnten und mußten« (N.S.). Und sie ist überzeugt, daß sie sich nie mehr für einen Mann entscheiden können wird, auch »wenn er mit den Vorzügen aller Menschen begabt wäre«. Die Wahl eines so kleinen Gutes könne sie nie mehr zufrieden stellen.

Mit 15 oder 16 weiß sie also nun, daß sie sich für das Ordensleben entschieden hat, kann sich aber keinen Orden vorstellen, in seinen Satzungen genau vorstellen, denn in England sind die Klöster aufgelöst. Sich mit anderen darüber zu beraten, wagt sie noch nicht. Nur sich selbst gegenüber beteuert sie, daß diese Dienerin sie mit der makabren Geschichte auf den rechten Weg gebracht hat und daß sie, Maria Ward, ja ohnehin dem irdischen Glück nicht trauen mag: »Ich sah manchmal, wie unsicher, unzuverlässig und kurzfristig solche Freuden waren« (N.S.).

Sind es die hohen Geldstrafen und Güter-Konfiskationen, die sie erlebt hat im Verwandten- und Bekanntenkreis? Wer nicht zu den Allerreichsten gehörte, hatte ja oft nur die Wahl zwischen Unterwerfung und bitterer Not. Oder ist es die Vergänglichkeit der Gefühle, die Unzuverlässigkeit menschlicher Beziehungen, die sie in ihrer Umwelt beobachtet hat? Zu schüchtern, sich den altersgleichen Babthorpe-Cousinen und -Vettern aufzuschließen, zu scheu, um selbst mit ihrem Beichtvater zu sprechen, geht ihr ganzes Sinnen und Trachten auf den Ordensstand. »Ich liebte den Ordensstand im allgemeinen; doch fühlte ich keine Vorliebe für einen bestimmten Orden. Nur hatte ich mich innerlich entschlossen, den *strengsten* und *abgeschlossensten* zu wählen ... da Frauen nur sich selbst Gutes tun könnten« (N.S.).

Diese merkwürdige Formulierung soll besagen: daß es in Frauenklöstern nur ein einziges Ziel geben darf: ein Leben der Selbstheiligung, ein Leben hinter hohen Mauern, in strenger Klausur, wie es das Tridentiner Konzil (1545–1563) vorschrieb, das Konzil, das mit seinen Gesetzen vor allem auf jene Mißstände zielte, die die Reformation herbeigeführt hatten.

Da Maria Ward mit niemandem zunächst über ihre Klosterpläne spricht, und da es Klöster auch nur auf dem Kontinent gibt, in jenem *cordon religieux* von Kollegs und Priesterseminaren, aus denen die Missionare für die englische Diaspora kamen, steigert sie sich schon jetzt in strenge Übungen hinein, sehnt sich nach dem Martyrium als der höchsten Vollendung. »Die Leiden der Märtyrer schienen mir Freude zu sein, meine liebsten Gedanken waren: wie nur und wann einmal?« (N.S.). Diese Intensität läßt an Teresa von Avila denken, die sich als Kind mit ihrem fünfjährigen Brüderchen aufmachte, um die Märtyrerkrone zu erringen: sie liefen von daheim fort, aus diesem reichen und angesehenen Haus, um zu den Morisken, den Sarazenen, zu gehen, die ihnen die Köpfe abschlagen möchten, damit sie stracks in den Himmel gelangten. Sie kamen nur bis an eine nahe Brücke, dann wurden sie von den Onkeln wieder eingefangen. Maria Ward denkt schon daran, das Gelübde der Keuschheit abzulegen, fürchtet aber wiederum, daß dann der Teufel sie ja sehr versuchen könnte. Sie will die Generalbeichte ablegen, doch ihr Beichtvater ist auf wichtiger Dienstreise in Rom. Da begegnet ihr der Mann, der entscheidenden Einfluß auf ihr Leben nehmen wird: Pater John Gerard. Er sieht ihre quälerische Skrupelhaftigkeit und gibt ihr den *Geistlichen Kampf,* ein Buch, das ihr »bester Lehrer und Meister« wurde.

Dieses Buch eines Theatiner-Paters aus Neapel gehört zu den Bestsellern jener Zeit, die an Büchern zu praktischer Lebenshilfe allergrößtes Interesse hatte, einer Zeit, die nach den zerbrochenen Institutionen des Mittelalters dem Individuum Aufgaben stellte, die neu und schwierig waren. Es galt nun, den Weg des Heils nicht nur innerhalb der Institutionen, sondern in eigener Verantwortung zu finden. Lorenzo Scupoli (1530–1610), der erst mit 40 Jahren Priester wurde und dem Theatinerorden beitrat, der vor allem Bildung und Ausbildung des Klerus bewirken wollte, war Beichtvater in Mailand, Genua und Rom, ehe er sich nach Venedig zurückzog, von Verleumdungen getrieben. Schon in den ersten 20 Jahren erlebte sein Büchlein 50 Auflagen, die letzte deutsche kam 1925 (vor knapp 60 Jahren!) in Regensburg heraus. Pater John Gerard, der Seelsorge-Praktiker, hatte es 1598 schon ins Englische übersetzt und in London heimlich drucken lassen. Scupoli verbannt den finsteren Fanatismus, verbannt die zerstörerische Bußfreudigkeit. Er schreibt:

»Nicht mit äußeren Übungen, nicht mit Bußhemden, Gürteln, nicht in Geißelung und Nachtwachen, im Fasten und in anderen Abtötungen des Leibes erreicht man das vollkommene geistliche Leben. Auch *Frauen* nicht, wenn sie viele mündliche Gebete verrichten, häufig Messe hören, oft Kirchen besuchen und zu den Sakramenten gehen. Die Ordensleute nicht durch regelmäßigen Besuch des Chores, Stillschweigen, Zurückgezogenheit und geregelte Lebensführung. Wer die

Höhe der Vollkommenheit erreichen will muß kämpfen. Kämpfen mit *Willen* und *Verstand*« (*Scupoli* 1925, S. 210).

Wille und Verstand – da klingen schon die Töne auf, die Ignatius von Loyola, der zielbewußte Streiter für eine erneuerte Kirche, angeschlagen hat. Das führt aus der Bedrohung, unter der diese Dissidenten auch unter Jakob I. noch lebten, hinaus. Eine Sprache, die auch Maria Ward ihrer ganzen Veranlagung nach versteht.

»Wir müssen erkennen, daß die Beschimpfungen und Schmähungen, womit die Welt uns verfolgt, wahre Ehre, und die Drangsale, die wir zu erdulden haben, wahre Zufriedenheit hervorbringen« (*Scupoli* 1925, S. 30). Vielleicht ist dieser Satz, der so oder ähnlich auch in einem modernen Buch der Lebenshilfe stehen könnte, in das Unterbewußtsein der einsam Lesenden eingegangen. Denn später, als sie und ihre Anhängerinnen mit Verleumdungen überschüttet werden, da erfindet sie für diese oft anonymen Verleumder den Begriff »Jerusalemer« – Wegbereiter zum himmlischen Jersualem!

»Rede so wenig wie möglich von Deinem Nächsten, es sei denn, Du hättest Gutes von ihm zu berichten.« Das mutet geradezu schon amerikanisch an! (*Scupoli* 1925, S. 123).

Durch Lorenzo Scupolis *Geistlichen Kampf* begreift sie das »innere Gebet«, jenes fortwährende Gespräch mit Gott, das seit den Tagen des Gert Groote, des Thomas a Kempis und der anderen rheinisch-niederländischen Mystiker, der Brüder vom Gemeinsamen Leben, den Laien der Kirche Trost und Auftrieb gab, aber auch der offiziellen Kirche so verdächtig schien, daß die Ausübenden in den Ruch der Häresie kamen. Maria Ward, geübt in der lebenswichtigen Kunst des Schweigens, bekennt: »Ich oblag fast immer dem inneren Gebet, besprach das aber mit keinem Menschen« (N.S.).

Die Generalbeichte hat sie im Laufe dieser Jahre abgelegt, nach monatelanger Vorbereitung: die Strenge sich selbst gegenüber bei einem so jungen Mädchen, das zudem noch in einer sehr behüteten Umwelt lebt, macht schaudern!

Ihr Ordenswunsch, den sie fast nicht zu gestehen wagt (ihr Beichtvater hat es nur an ihren Tränenausbrüchen gemerkt), dringt zu den Eltern durch. Und ausgerechnet in einem Augenblick, da der ehrenvollste von allen ihren Heiratsanträgen eingeht: Der Graf von Westmoreland (43) begehrt Maria Ward (20) zur Frau. Die Eltern sind entzückt, die Verwandten alle fühlen sich geehrt, und auch der strenge Beichtvater sieht hier eine Chance über alle irdischen Chancen hinaus: ist doch der

Besitz der Grafen von Westmoreland so ausgedehnt, daß viele Stationen des katholischen Untergrunds auf seinen Gütern eingerichtet werden könnten. Und sein Einfluß reicht auch noch weit darüber hinaus. Hart war diese Familie eine Generation zuvor bestraft worden, weil sie für die Thronrechte Maria Stuarts eingetreten war und gekämpft hatte. Erst Neville Westmoreland hatte sich mit 50000 Pfund eine gewisse Straffreiheit erkaufen können und war nun für die Erbfolge vorgesehen. Mit Maria Ward hätte er ein neues Geschlecht im Dienst des angestammten Glaubens gründen können. Eltern, Verwandte, Freunde, Missionare des Untergrunds und Beichtvater Richard Holtby dachten so. Nicht aber Maria Ward, die wieder einmal »nein« sagte, weil sie »nichts empfinden konnte«, was zu einer Ehe hätte führen können. Viele Monate lang hoffte Neville Graf Westmoreland auf das »Ja« der erstgeborenen Ward-Tochter. Er beschwor sie: daß er niemals heiraten würde, wenn er nicht sie als Braut heimführen könne. Ein Schwur, der in unseren Ohren pathetisch klingen mag, aber auf wörtliche Weise erfüllt wurde: Graf Westmoreland verließ England, gab alle seine Erbrechte auf, wurde Priester, trat in Rom der Societas Jesu bei und kehrte Jahrzehnte später nach England in die Mission zurück. Da waren es die fanatischen Anhänger des puritanischen Diktators Oliver Cromwell, die sich vorgenommen hatten, alle Papisten auszurotten. Pater Neville Westmoreland wurde als über Achtzigjähriger in ein Yorker Gefängnis geworfen und schwer gefoltert. Er starb, bevor es zur Hinrichtung kam.

Maria Ward unterwirft sich ganz dem Bann ihres einmal gefaßten Vorsatzes, ins Kloster zu gehen. Sie ist von diesem Ruf versehrt worden, der ihr alle Kraft und allen Lebenswillen abverlangt und den ihr ganz auf das Absolute gerichtetes Wesen bejaht. Sie wird dabei von niemandem unterstützt: »Meine Verwandten und Freunde, weltliche wie geistliche, alle ohne Ausnahme, suchten mich, soweit ich mich erinnere, mehr oder minder von der Wahl dieses Berufes abzuhalten. Unter anderem führten sie meine zarte Gesundheit an, die dem Leben im Kloster, und vor allem in einem strengen, dem ich, wie sie wußten, zustrebte, nicht entsprechen würde« (N.S.).

Berufung zum Ordensleben löst auch heute noch in Familien meistens große Bestürzung aus. Es erscheint den Angehörigen fast immer wie eine Torheit, wie eine unbegreifliche Entscheidung. Und meist sind es die Kinder, die zu den schönsten Hoffnungen berechtigt haben, die begabten und schönen, die Vater und Mutter verlassen, um Christus anzuhangen. Sie tun den Schritt im Banne ihrer Berufung und wissen doch um den Schmerz, den sie ihren Eltern zufügen. Ganz im Gegensatz zur landläufigen Meinung reicht ja der Wunsch nach lebenslanger Versorgung nicht aus, um ein Ordensleben durchzustehen, und es bietet sich schon gar nicht als Verlegenheitslösung nach enttäuschter Liebe an. In unserer Zeit hat Edith Stein, die zum Katholizismus übergetretene Jüdin, die als Theologie-Professorin dann Karmeliterin wurde, diese Entscheidung in ihrer ganzen Härte durchlebt und die Erschütterung ihrer verwitweten Mutter und ihrer zahlreichen Geschwister mitempfunden und in ihren Briefen überliefert.

Bei Maria Ward ist es wieder der Vater, der sich zum Sprecher der Familie macht. Es ist erstaunlich, daß auch in dieser Situation von der Mutter kein Wort durchdringt: »Sehr entschieden verbot mir mein Vater, ohne seine Zustimmung und Anordnung England zu verlassen. Ich widerstrebte seinem Gebot weder in Worten noch im Benehmen; denn ich liebte ihn innig.« Die Beteuerung klingt wie eine Pflichtübung, wie eine Floskel der Wohlerzogenheit, denn trotz solcher Beteuerung ist sie »fest entschlossen, sein Gebot nicht zu befolgen und möglichst bald zu reisen, ohne ihn je noch einmal zu sehen« (N.S.).

Doch dann wird ihr das Entschließen auf eine überraschende Weise abgenommen: Ende Oktober 1605 bittet Marmaduke Ward seine Tochter, ihn auf eine Reise nach London zu begleiten. Die Tochter sieht darin eine Erfüllung ihrer Wünsche, die Erlaubnis, England zu verlassen und in Flandern Nonne werden zu dürfen. Noch braucht sie ja des Vaters Erlaubnis, wenn sie England verlassen will, denn sie ist ja noch nicht volljährig. Erst am 23. Januar, am Tag der Heiligen Emerentia, wird sie einundzwanzig. Bis dahin kann sie ohne die väterliche Erlaubnis den Schleier nicht nehmen. Und Marmaduke Ward? Hofft er darauf, in London Marias Beichtvater, Pater Richard Holtby, zu treffen und andere Freunde der Familie, denen es gelingen könne, seine starrköpfige Tochter von ihrem Klosterwunsch abzubringen? Er wünscht sich sehnlichst, seine Tochter mit dem Grafen von Westmoreland zu vermählen. Anlaß und Zweck dieser Reise bleiben in undurchdringliches Dunkel gehüllt. Noch nach fast 400 Jahren streiten sich die Historiker über die revolutionären Ereignisse dieses Herbstes 1605. War Marmaduke Ward zu einer Jagdpartie in Worcestershire eingeladen oder aber zu einer Hochzeit, auf der seine Tochter vielleicht einem Bewerber begegnen könne, der ihr Gefallen finden würde? Einladungen zu Festlichkeiten solcher Art ergingen in diesem Spätherbst an manche

Landadelige. Denn: Aufruhr lag in der Luft. Gerüchte schwirrten von London herauf in die nördlichen Grafschaften. Es war von Bewaffnung und Loyalität die Rede, von der Absetzung des Königs, der den Katholiken nicht zugetan war. Es sind die Tage vor der Pulververschwörung, deren Hintergründe und Drahtzieher bis heute nicht einwandfrei erforscht sind. Die Katholiken waren enttäuscht über König Jakob I., den Nachfolger der langlebigen Elisabeth I. Er hatte den Katholiken nicht die erwünschte Erleichterung gebracht, hatte die elisabethanischen Strafgesetze beibehalten – und war doch der Sohn der katholischen Maria Stuart. Ohnmächtig in ihrer Enttäuschung planten die Katholiken nun eine grauenvolle Rache: bei der ersten Herbst-Sitzung des Parlaments, am 5. November 1605, sollte das Parlament samt seinem König und dessen beiden Söhnen in die Luft gesprengt werden. Der Adel solle sich dann gesammelt und bewaffnet nach London begeben. Wußte Marmaduke davon? War er einer von denen, an die ein solcher Aufruf ergangen war? Scheinbar ganz friedlich ritt er mit seiner Tochter von Newby fort und machte Besuch bei den Verwandten Throgmorton auf Coughton/Warwickshire. Dort hielt sich auch der Superior der Jesuiten auf, Pater Henry Garnet, der am 1. November mit zahlreichen prominenten Gästen das Allerheiligenfest mit Messe und Sakramentenspendung feiern wollte. Maria Ward lernt hier die einflußreichen Schwestern Vaux kennen, die auf ihren Landsitzen viele Priesterverstecke eingerichtet haben und später eine ihrer Nichten zu ihr nach Italien senden werden. Sie begegnet Winefrid Wigmore hier zum erstenmal, Gefährtin und Mitarbeiterin ihrer beruflichen Unternehmungen und Freundin bis in die Todesstunde hinein.

Vater und Tochter reiten von hier weiter nach Lepworth. Hier sieht Maria Ward nahe Verwandte, Freunde aus den Kindertagen bei der Großmutter wieder: John Wright, den Bruder ihrer Mutter, und deren Schwester Martha, die Tante, mit der sie eine erste herzliche Freundschaft schloß und die dann den Mann heiratete, den der Vater eigentlich ihr, Maria, bestimmt hatte: Thomas Percy. Daß dieser Thomas Percy der Drahtzieher im geplanten Attentat auf Parlament und König ist, weiß im Augenblick ihrer Ankunft auf Lepworth wohl noch niemand ganz genau. Und am 5. November wissen sie auch nicht, ob dieser Anschlag geglückt ist. Sie können auf diesem Landsitz hoch oben in Worcestershire auch nicht wissen, daß der König durch einen geheimen Brief, den Lord Mounteagle empfangen hat, gewarnt wurde und daß im Parlamentskeller vorzeitig die 36 Fässer mit Pulver entdeckt wurden und daß der Mann, der sie zur Explosion bringen sollte, schon an diesem Abend ein Gefangener im Tower ist: Guy Fawkes, der Handlanger von Thomas Percy. Gespannt warten die Landadeligen auf Nachrichten aus der Hauptstadt, auf verabredete Zeichen. John Wright reitet nach Holbeach, wo Percy and Catesby, der *agent provocateur* in diesem Komplott, und viele Nachbarn ihn schon erwarten. Die Häscher des Königs umzingeln wenig später das Herrenhaus. Die Verschwörer ergeben sich am nächsten Morgen, John und Christopher Wright werden erschossen, Thomas Percy wird verwundet und stirbt zwei Tage später im Tower. Am 6. November hat Martha Percy ihren Schwager, Marmaduke Ward, nach Huddington entsandt. Doch der Sheriff von Worcestershire schneidet ihm den Weg ab und führt ihn zu tagelangem Verhör.

Warum ist er unterwegs zu dieser Zeit? Ist er von dem geplanten Anschlag unterrichtet worden? Ist er ein Bruder oder ein Vetter jenes Thomas Ward, der als Privatsekretär des Lord Mounteagle den geheimen Brief des namenlosen Boten verlesen und gekannt hat? Marmaduke Ward: Er sei ein Vetter des Thomas Ward, sei auf dem Weg nach London, um seine Tochter dorthin zu begleiten. Er habe nahe und entfernte Verwandte in dieser Gegend besucht. Indessen bleibt Maria Ward auf Lepworth ohne Nachricht von ihrem Vater. Die Unglücksbotschaften aber sickern durch: John und Christopher Wright erschossen, Percy verwundet, zwei Tage später im Tower – tot. Das Mädchen, das sich nach dem beschaulichen Klosterleben sehnt, wird noch einmal grausam in die von Gefahren durchbebte Wirklichkeit gerissen. Sie bangt um den Vater, sie erschrickt wieder einmal vor der Unsicherheit des Lebens, der Gefährdung alles Bestehenden. Die Frauen der Erschossenen werden verhaftet. Im ganzen Land füllen sich die Gefängnisse. Die Wut gegen die Katholiken oder vielmehr gegen die Jesuiten, die dieses Attentat geplant haben sollen, bricht wieder aus. Und doch: auch jetzt schon vermuten die Beobachter, daß es nicht die Jesuiten waren und nicht die von Jakob enttäuschten Katholiken, sondern daß es der König selbst war, der das Komplott ausgedacht hat. Er wünschte ein Verbrechen, um eine Handhabe gegen die Jesuiten zu haben, gegen die Katholiken. Einige sprachen sogar offen aus, daß Thomas Percy ein Agent in Diensten des ränkereichen Staatsministers Robert Cecil gewesen sei, daß er auf zwei Schultern getragen habe. Daß er den Staatsstreich vorbereitet habe mit seinem Handlanger Guy Fawkes, ja, daß er auch den Verfasser des geheimnisvollen Enthüllungsbriefes gekannt habe und daß Cecil ihm versprochen habe, ihrer aller Leben zu schonen. Aber auch der andere Ausspruch des Ministers wurde flüsternd weitergegeben: daß er nach vollzogener Entdeckung keinen Mitwisser mehr lebend sehen wolle.

Wie lange Maria Ward in Lepworth blieb und auf welchen Wegen sie nach London kam, ob der Vater sie begleitete, darüber gibt es keine Auskünfte. In London war sie bei Freunden in Holborn zu Gast, in Baldwins Garden. (Heute eine schmale Gasse hinter der Sunday Times.) Mit seinen Gärten und Parks war dieser Londoner Stadtteil Wohnsitz wohlhabender Familien. Aber hier führte auch der Weg der zum Tode am Galgen Verurteilten vorbei. In Holborn wurde ihnen eine letzte Stärkung, ein Glas Wein gereicht, ehe die Pferde das Holzgestell mit den darauf gebundenen Todeskandidaten durch den Staub und Kot der Straßen nach Tyburn (heute Marble Arch) schleppten.

Pater Richard Holtby kommt öfters in das Haus der Gastgeber, um in der verborgenen Hauskapelle die Messe zu lesen. Maria Ward ist die andächtigste Beterin. Trotzdem hofft er, daß es ihm gelingen könnte, die willensstarke junge Frau von ihrem Klosterwunsch abzubringen. Dann geschieht eines Tages etwas, was seit dem Mittelalter von den Gläubigen als ein Zeichen Gottes verstanden wird, eine Warnung. Fast wie ein Urteilsspruch wird es empfunden. Als Pater Richard Holtby die Messe las, stieß er den Kelch mit dem konsekrierten Wein um – eine Ungeschicklichkeit, ein Versehen – gewiß. Doch der Priester war tief erschrocken, von Unruhe und Vorwürfen überwältigt. Nur unter Tränen vermochte er die Danksagungsgebete zu verrichten. Maria sah das und war bestürzt. Pater Richard Holtby deutete dieses ihm widerfahrene Unglück als ein Zeichen dafür, daß er sich falsch verhalte, daß er im Unrecht sei. Ihm sei ein Zeichen dafür gegeben worden, daß ihr Klosterwunsch Gottes Wille sei!

Maria Ward konnte beginnen, ihre Reise nach Flandern vorzubereiten.

Flandern: 1606–1609. Maria Ward findet sich zurecht

»Alle Krankheiten und Leiden, die ich durchgemacht habe, sind nichts im Vergleich zu der Qual meines Suchens.«
Maria Ward

Hanged! Drawn! And quartered!
Aufhängen! Runterziehen! Und vierteilen!

Das ist das Urteil, das die Sternenkammer, der Königliche Gerichtshof, über den Superior der Jesuiten, Pater Henry Garnet, gefällt hat und das am 3. Mai 1606, in der Woche vor Pfingsten vollzogen wird.

Pater Henry Garnet war es, der in zwei Jahrzehnten die Arbeit der Jesuiten-Missionare im englischen Untergrund organisiert hatte. Nach der Pulververschwörung und ihren gefälschten Verhören, nach den Erschießungen und Verdächtigungen wollte er die Gerüchte nicht länger hinnehmen, daß die Jesuiten als Anstifter des Attentats hingestellt wurden. Er schrieb einen Brief an den Geheimen Staatsrat – und wurde von der Zeit an gejagt! Aufgegriffen wurde er im Januar, in den Tower gebracht, zunächst gut behandelt, denn man wollte von ihm auch die Namen der Personen wissen, die die Verbindungen nach Brüssel, Madrid und Rom aufrecht hielten. Nach 22 Verhören und mehreren Folterungen gab Pater Henry Garnet nur dieses preis: daß er unter dem Siegel des Beichtgeheimnisses erfahren habe, was geplant worden war. Denn der *agent provocateur,* Robert Catesby, hatte bei Pater Tesimond gebeichtet und Pater Tesimond wiederum habe ihm, Garnet, in der Beichte gestanden . . . Bei manchen Verhören befand sich König Jakob I. hinter einem Paravent, er wollte mithören. Incognito. Das Urteil, das gefällt wurde, überzeugte niemand. Die Menge, die sich am 3. Mai 1606 unter dem Galgen von Tyburn drängte, um der Hinrichtung beizuwohnen, war aufgebracht. Die einen wollten nicht mehr einsehen, daß man Männer für ein Glaubensbekenntnis tötete, das ein Jahrhundert zuvor noch alle Länder Europas geeinigt hatte. Die anderen glaubten, daß aus Spanien und aus Rom alles Übel komme.

Jeder Todgeweihte hat das Recht der letzten Worte: Pater Henry Garnet bekennt sich zu seinem König und seinem Vaterland, sagt, daß er nicht als Verräter sterbe, sondern als Priester, Jesuit, dem Beichtgeheimnis unterworfen.

Johlende Stimmen schreien: wie er, der zölibatäre Priester, es denn mit den Frauen gehalten habe, mit den aristokratischen Schwestern Vaux, insbesondere Anne, die ihm jahrelang Versteck und Mitarbeit gewährt hätten. (Anne Vaux ist zu dieser Zeit Gefangene im Tower, hat aber vermocht, dem Verurteilten an diesem Morgen letzte Trostworte im Gefängnishof zuzusprechen.) Laute Stimmen schreien: *No! No!* als der Priester entkleidet wird. Ein Unbekannter stürzt zum Galgen, hängt sich an die Beine des noch Lebenden, damit sein Rückgrat bricht, der Tod ihn erlöst, ehe der Henker seine blutige Schlächterei beginnt: Garnet sollte nicht fühlen, wie ihm der Leib aufgeschlitzt wurde, ihm – wie es bei Priestern üblich war – die Geschlechtsteile zerquetscht wurden. Später stürzte sich die aufgebrachte Menge auf die Leichenteile, die aus dem Kessel mit dem siedenden Wasser kamen – Reliquien, die im englischen Untergrund und auf dem Kontinent hochbegehrt waren. Letzte Worte hingerichteter Priester sammelten selbst die Protestanten. Eine Frau nimmt den Korb an sich, in den Garnets ausgekochter Schädel geworfen worden war, ehe er auf der London Bridge aufgespießt wurde. Einige Tage später erkennt sie auf den Strohhalmen die Gesichtszüge des Toten. Eine Legende entsteht, tröstet die Frommen in ihrer quälenden Verwirrung. Die Hinrichtung von Pater Henry Garnet ist ein Fanal:

In den englischen Häfen drängen sich die Verdächtigen und Gesuchten: sie wollen den Hinrichtungstumult ausnutzen, um ins Ausland zu fliehen. Sie wollen den anhaltenden Denunziationen entgehen, denn wer verdächtigt wird, kann schon bald schuldig befunden werden. Die Kunst der gefälschten Urkunden, der gekauften Falschaussagen ist weit gediehen. Auf den Fahndungslisten des Innenministers Robert Cecil, Lord Salisbury, steht »der Mann mit den Blaubartlippen, John Gerard, der Jesuit« ganz oben. Er soll den Pulver-Verschwörern die letzte Kommunion gereicht haben.

Pater John Gerard reist am Tag der Hinrichtung seines langjährigen Freundes Pater Henry Garnet nach Flandern ab und fühlt sich durch ihn wunderbar beschützt. Er segelt unter fremdem Namen und in der Livrée eines Dieners: die Botschafter aus Holland und Spanien, die dem König zu seiner Errettung gratuliert hatten, nehmen den Gesuchten in ihr Gefolge auf. Gerard wird seine Heimat, das

Land, in dem 16 Generationen seiner Familie gelebt haben, nie wiedersehen. In die Livrée sind 1000 Pfund eingenäht: Spende der Schwestern Vaux.

Maria Ward verbringt das Pfingstfest in Canterbury, im Hause der Familie Roper-Bentley. Margaret Roper (1505–1544) – das war die Lieblingstochter des Bekenners Thomas Morus – war immer noch hochgeehrt ob ihres Mutes und unvergessen im Volke. Als der Staatsrat Thomas Morus sich weigerte, die Ehescheidung des Königs Heinrich VIII. gutzuheißen und den Bruch mit Rom verhindern wollte, wurde er in den Tower geworfen. Täglich besuchte ihn dort Margaret, die im Freundeskreis des Vaters als hochgebildete, sprachbegabte Übersetzerin und Schriftstellerin verehrt wurde. Ihr übergab der Vater Thomas Morus sein geistiges Vermächtnis. Sie verfaßte seine erste Biographie zusammen mit ihrem Mann, William Roper, der auch zeitweilig von einem Todesurteil bedroht war. Die Familien, zu denen Maria Ward kraft ihrer Herkunft und auch kraft ihres beweglichen Geistes Zutritt hat, sind fast alle von Tod und Gefahr gezeichnet. Mrs. Catharina Bentley, die Enkelin Margaret Ropers, hatte schon vielen Frauen die rettende Überfahrt nach Flandern ermöglicht, sie trägt nun Maria Ward als Tochter in ihren Paß ein. Selbst wenn Maria Ward ein eigenes Reise-Permit erworben hätte, so hätte sie niemals das Reiseziel angeben dürfen: denn St. Omer, wohin sie strebte, stand wie Douai und Rom auf der staatlichen Verbotsliste.

Am Donnerstag nach Pfingsten verlassen sie England.

Fünf Stunden dauert die Überfahrt von Dover nach Calais. Maria Ward reitet von dort unverzüglich nach St. Omer weiter, der Bischofsstadt auf dem Weg nach Lille.

»Alsbald nach der Ankunft, bevor ich noch meinen Reitmantel abgelegt hatte, ging ich zum Colleg der Gesellschaft Jesu, das in der Stadt gewöhnlich das Englische Seminar genannt wird, um dort die Empfehlungsbriefe abzugeben, die mir Pater Holtby für Pater William Flacke mitgegeben hatte« (N.S.).

Aus diesen autobiographischen Sätzen, die Maria Ward zehn Jahre später niederschrieb, hört man noch förmlich die freudige Erregung, die atemlose Spannung heraus, mit der die Emigrantin im fremden Land ihren Landsleuten den ersten Besuch abstattet. Doch schon in der ersten Stunde auf fremdem Boden erleidet Maria Ward das Schicksal von Millionen Flüchtlingen aller Zeiten und Zonen: sie wird übertölpelt! Ob mit Absicht oder ohne, mag zunächst auf sich beruhen bleiben.

Für die hochgestimmte junge Frau, die sich nun endlich in dem Land ihrer Sehnsucht, in der Nähe von Klöstern befindet, werden Weichen gestellt, die sie erst nach mühseligen und schmerzlichen Erkenntnissen umbiegen kann. Jahre werden darüber vergehen. Die Angst vor Spionen im heimatlichen England darf sie nach der Reise abschütteln. Aber kann sie den neuen, ihr noch unbekannten Gesinnungsfreuden vertrauen?

Der Pater, der ihren Empfehlungsbrief entgegennimmt, ist nicht Pater Flacke, sondern ein anderer, Pater Keynes. Er weiß, daß bei den wallonischen Klarissen dringend Laienschwestern gesucht werden für die Bettelgänge. Da wäre diese begeisterte Bewerberin für das asketische Leben sicher eine gute Stütze. Er kennt zwar ihren Namen nicht, denn Namen wurden aus Spionenfurcht niemals in solche Schreiben eingesetzt. Der Pater weiß auch nichts über ihre Herkunft, er fragt auch gar nicht danach, sondern: »Er lobte ja sehr das Haus, wo mehrere unserer Nation noch lebten und gelebt hatten; er lobte die Regeltreue dieser (englischen) Klosterfrauen und besonders die Bildung, die vornehme Abstammung, den Geist und ihr vollkommenes Leben. Das Kloster sei aber so überfüllt, daß der Orden sich entschlossen habe, keine Engländerinnen mehr in die Klausur oder als Chorfrau aufzunehmen«, berichtet Maria Ward. Und noch: »Der Pater fügte noch hinzu, daß die Äbtissin und einige Schwestern unserer Nation meine Ankunft seit vielen Monaten erwartet hätten und daß sie mir bereits einen Platz unter den *Laienschwestern* zugestanden hätten, mehr könnte ich durch die Vermittlung der Engländer nicht erreichen« (N.S.).

So beschreibt es Maria Ward ein Jahrzehnt später. (An dieser Stelle muß die Schreiberin sich allerdings wundern, wie denn Frauen, die nie etwas von ihr gehört, sie nie gesehen haben konnten, auf ihr Kommen so sehnlichst hatten warten können. Maria Ward versteht es, sarkastisch zu sein, so ganz lässig und wie im Vorübergehen.)

»Der Pater sagte auch, daß der Stand der Laienschwester in den Augen der Welt zwar verächtlicher erscheine und weniger angesehen sei als der Stand der Chorschwestern, aber alle bildeten ein und denselben Orden und hätten vor Gott die gleichen Verdienste. Beide Gruppen befolgten die gleiche Tagesordnung und dieselbe Ordensregel; den Laienschwestern obliege nur noch der Liebesdienst, mit ihrer Hände Arbeit (gemeint sind die Bettelgänge) die Chorfrauen zu ernähren ...« (N.S.).

Die Autobiographin erinnert sich, daß während dieses Gespräches der Pater Flacke hinzukam, ihren Empfehlungsbrief las und zweifellos auch Zeichen von wenig begeisterter Zustimmung im Gesicht der Besucherin wahrgenommen haben mußte. Doch der wortreiche Pater Keynes fuhr fort: »Ich halte es für den Willen Gottes, daß Sie dort leben und als Laienschwester eintreten ...« Dazu Maria Ward in bedrückender Vorahnung: »Das Wort – Wille Gottes – traf mich so ins Herz, daß ich dagegen nichts zu sagen oder auch nur zu denken wagte. Ich schwieg eine Weile und verspürte in mir einen *heftigen Widerwillen* gegen das Angebot der Ordensfrauen« (N.S.).

Der Wille Gottes! Das klingt wie eine beglückende Verheißung, gewiß, kann aber auch wie eine unerfüllbare Verpflichtung sein, die Versagensangst und Verzweiflung mit sich bringt.

Kannte der wortreiche Pater Keynes wirklich die Ordensregeln, oder sagte er nur, was er gehört hatte? Maria Ward will Letzteres später zur Ehrenrettung des Übereifrigen annehmen.

Sie hatte sich ja seit den Tagen auf Osgodby nach dem strengsten asketischen Orden gesehnt. Und so verhält es sich mit den Klarissen, den Nachfolgerinnen der Heiligen Klara Favarone aus Assisi: Sie halten stetes Stillschweigen, stetes Fasten (nur an Weihnachten wird zweimal am Tag gegessen), unaufhebbare Klausur. Diese Regel hatte Franziskus seinem adeligen Nachbarskind 1215 gegeben und Klara selbst, die das Kloster Damiano nie mehr verließ, hatte vom Papst noch das »Privileg der Armut« erstritten – das heißt, besitzlos wollten sie sein und allein vom Betteln leben. Dieses Privileg wurde ihr aber erst bestätigt, als sich die Heilige schon auf Reisigbündel zum Sterben niedergelegt hatte!

Es gibt Chorfrauen und die Laienschwestern. Die Chorfrauen rezitieren achtmal am Tag die lateinischen Stundengebete, die Laienschwestern nehmen daran nicht teil. Sie beten statt dessen 76 Vaterunser, da sie des Lateins nicht kundig zu sein brauchen. Auf ihren Bettelgängen sollen sie möglichst wenig sprechen, nichts ausplaudern und von draußen auch keine Neuigkeiten mit ins Kloster bringen. Bei Verfehlungen müssen die Ordensfrauen ihre Vorgesetzten und Mitschwestern kniefällig um Verzeihung bitten (eine Sitte des Mittelalters, wie sie auch zwischen Kindern und Eltern in den Familien geübt wurde). Als Strafe wurde bei den Klarissen – wie in anderen klösterlichen Gemeinschaften – angeordnet, daß die Strafmahlzeiten aus Wasser und Brot auf dem Boden im Refektorium im Angesicht aller eingenommen werden mußten.

Arm sein mit den Armen, nichts besitzen wie das land- und arbeitslose Proletariat, das zur Zeit des Franziskus von Assisi in die schnell wachsenden, hochmittelalterlichen Städte strömte (um 1200) – eine Lebensform, die den Bedürfnissen und sozialen Problemen jener Zeit entsprach. Das war den viel älteren beschaulichen Orden, den Benediktinern und Augustinern gegenüber eine kühne Neuerung, die auch die Päpste zunächst erschreckte. Doch die Anziehungskraft gerade dieser Bettelorden nahm nicht ab. Bis ins 19. Jahrhundert hinein haben allein 150 Prinzessinnen aus europäischen Fürstenhäusern das graue Kleid der Heiligen Klara angelegt!

Einen Monat lang wohnt Maria Ward – als weltlicher Gast – bei den wallonischen Klarissen von St. Omer, ehe sie das Habit anlegt. Sie wird Laienschwester, und der wortreiche Pater Keynes beteuert abermals: »Es sei Gottes Wille und mein wahrer Beruf! Wenn ein Engel vom Himmel mir das Gegenteil sage, dürfe ich es ihm nicht glauben . . . Ich folgte ihm zwar willig, aber doch mit solchem Widerstreben und Herzeleid, daß mir nur jede vorstellbare Todesqual leicht erschienen wäre, wenn ich damit aus dieser Lage hätte fliehen können« (N.S.). Wenn die Schreiberin zwanzig Jahre danach die Verwundungen dieser Übergangszeit noch so klar analysieren kann – welche Qualen muß dann erst die junge geflüchtete Frau, die alle Brücken hinter sich abgebrochen hatte, damals durchlitten haben. Vergebens noch klagt sie sich selbst des Stolzes an (ihren Adelsstolz versuchte sie ja schon im heimatlichen England zu bekämpfen), ehe sie dann Vorgesetzten und Beichtvater gesteht, wie schwer es ihr falle, Laienschwester zu werden.

Erst allmählich erfährt sie den wahren Grund für die lebhaften Empfehlungen des Pater Keynes: Einige Bettelschwestern hatten sich der irdischen Liebe und Lust ergeben, hatten sich gegen die Keuschheit versündigt. Namen und Umstände dieser Begebenheit mögen zwar in der Stadt ausführlich besprochen, aber im Kloster selbst mit asketischem Schweigen übergangen worden sein. Nur das Allgemeine sickert in Gemeinschaften durch, die das Schweigen zum Lebensprinzip machen. Maria Ward aber begreift, daß man einen Ersatz suchte: »Die Klosterfrauen dachten, daß eine, die Gott mit natürlichen Gaben ausgezeichnet und ermutigt hatte, dem Glück und einer ehrenvollen Laufbahn in der Welt zu entsagen, die er bewogen hatte, Heimat und Eltern in den besten Jahren zu verlassen, die er berufen hatte, sich in Stille und Einsamkeit ganz seinem Dienst zu weihen, ein Vorbild aller Tugenden und namentlich der Keuschheit sein müsse.« Sie unterbricht die Rückerinnerung mit der humorigen Feststellung – oder ist auch ein bißchen Koketterie darin enthalten?: »Um die Wahrheit zu sagen: Der Ruf meiner Bescheidenheit ging weit über das gewöhnliche Maß hinaus.« »Aufgrund dieser Meinung kamen die Nonnen zu dem Entschluß, mir nach Beendigung meines Noviziats die Leitung der Laienschwestern zu übertragen. Hätte ich das gewußt, wäre ich gewiß nie eingetreten« (N.S.).

In ihren biographischen Skizzen, die leider Fragment geblieben sind, läßt Maria Ward die äußeren Umstände ihres Lebens aus. Sie zergliedert Gefühle und Gedanken, sie mißt Fortschritte und Rückschritte auf dem Wege zu Gott nach.

Das äußere Leben einer Bettelschwester im behäbigen St. Omer, einer 10000-Einwohner-Stadt in den spanischen Niederlanden war so: »Sie mußte mit einem Korb und Sack am Arm sich sehr früh auf den Weg machen, und nicht allein die Straßen der Stadt durchwandern, sondern auch weit hinaus aufs Land gehen und an jeder Tür anklopfen und betteln. Da aber St. Omer damals eine Bevölkerung von ungefähr zehntausend Seelen und als befestigte Stadt zwei große Vorstädte hatte, mußte sie einen weiten Weg zurücklegen. Nun ist aber die Hälfte der Stadt von ausgedehnten Sümpfen umgeben, und die Einwohner der Vorstädte Hautpont und Lyzel, die sich in früheren Zeiten da niedergelassen haben, besitzen dort unzählige Küchengärten, die, von dreihundert Kanälen durchschnitten, so ziemlich schwimmenden Vorgärten ähnelnd, außerhalb der Stadttore eine Art ländliches Venedig bildeten. Sie gewinnen da ihren Unterhalt und versorgen mit ihrem Gemüse die Märkte von Dünkirchen, Lille und St. Omer. Hier nun mag Marias Bettelsack reichliche Beiträge für die tägliche Fastenkost der in der Klausur lebenden Schwestern (für die Chorfrauen also) erhalten haben. Hatte Maria auf der Kollektur so viel zusammengebracht, daß sie vollbeladen war, so kehrte sie damit ins Kloster zurück, leerte den Korb aus und mußte nun, wenn es noch Tag war und die Not es erforderte, sich von neuem auf den Weg machen. Gar häufig konnte sie nicht einmal daheim im Kloster speisen, sondern mußte sehen, ob sie nicht irgendwo in der Stadt eingeladen würde.

Anfänglich wurde sie öfter von einer französischen Laienschwester, die längst an dieses Geschäft gewöhnt war, begleitet. Da Marias persönliche Erscheinung in Haltung und Manieren etwas Ungewöhnliches verriet, so war es für viele, die tiefer blickten, ein seltsames Schauspiel, daß ein zartes Edelfräulein einer Laienschwester, die längst an das Geschäft gewöhnt war und für die es sich auch besser geeignet hätte, den Bettelsack nachtragen mußte. Zudem besaß Maria noch keine Kenntnis der französischen Sprache, so daß jeder sie sofort als Ausländerin erkannte. In der Tat, die Übung der Armut, wie sie dermalen von ihr verlangt wurde, war nicht minder streng als die freiwillige Armut, von der wir im Leben heiliger Bettler lesen. Sie mußte ja nicht allein betteln, sondern sich auch verachten und verspotten lassen; denn abgesehen von dem Spott und Hohn, welcher der heiligen Armut überhaupt begegnet, übte sie dies Geschäft ja auch noch im Verein mit Laienschwestern aus, die damals durchaus keinen guten Ruf in der Stadt hatten. Nicht selten mußte sie deshalb anstatt des Almosens nicht nur verächtliche, sondern auch entehrende und beschimpfende Reden hinnehmen.

Das Härteste an der Sache aber war der Umstand, daß dieses unaufhörliche Betteln sie ihrer vielgeliebten Einsamkeit und der Zeit für das Gebet und die Betrachtung beraubte . . . »Als der große Weltverächter Ignatius von Loyola zu Manresa ein Stück Brot gebettelt hatte, reichte ihm dies für drei Tage hin, während welcher Zeit er zum Nutzen für seine eigene Seele und die ganze christliche Welt Betrachtungen anstellen konnte. Während aber Maria Ward bettelte, konnte sie wegen tausenderlei beständiger Störungen nicht zur Sammlung kommen« (*Chambers* 1888, I, S. 105).

Von der vornehmen Abgeschlossenheit englischer Landsitze war sie in das betriebsame Gewimmel flandrischer Straßen geraten!

Die Bürger und Adligen machten sich Gedanken über diese zarte Frau, die so offensichtlich in diesem Kloster falsch eingesetzt worden war. Briefe aus England meldeten Zweifel an. Doch Maria Ward gab sich um so größere Mühe, alle Regeln zu erfüllen, je unsicherer sie wurde.

Zwei Monate nach ihrem Eintritt sah selbst Pater Keynes ein, daß er diese Engländerin unterschätzt hatte. Er riet ihr zur Chorschwester. Doch nichts geschah. Sie mußte ihren Beichtvater wechseln und bei einem französischen Franziskaner beichten. Obwohl – wie sie meinte – sie sich nicht sehr gut in dieser Sprache über ihre Probleme ausdrücken konnte, empfand sie doch eine gewisse Beruhigung. Sie wollte sich ihrer Novizenmeisterin, einer Landsmännin, Mary Stephana Goudge, anvertrauen, doch diese erkrankte. So begann die Bettelschwester Maria, alle ihre seelischen Regungen, ihre Bedenken, ihre Gebetsübungen genau aufzuschreiben, um sie dieser Frau später, nach deren Genesung zu zeigen.

Bei Wind und Wetter betteln gehen, schwere Lasten tragen, schlecht essen, noch schlechter schlafen und über die dunkle Zukunft grübeln – das waren harte Belastungen. Maria Ward muß für kurze Zeit das Bett hüten, als sich ein schmerzhaftes Geschwür am Knie bildet. Doch ihr tyrannischer Wille verlangt ihr schon bald wieder die gewohnte, wenn auch ungeliebte Arbeit ab.

Im März des Jahres 1607 kommt der Franziskaner-General Andreas de Soto zur Visitation in das Klarissen-Kloster. Ausgerechnet am Tag des Heiligen Gregor (12. März), der als besonderer Schutzpatron Englands gilt und zu dem Maria Ward besonderes Zutrauen hatte. Sie wird dem Ordensgeneral, diesem erfahrenen Mann, dem übrigens auch die Ordensprovinzen in Flandern, Niederdeutschland, England, Irland, Köln und Straßburg unterstanden, vorgestellt – zu ihrer Überraschung. Aber die wird noch maßloser, als dieser Mann zu ihr sagt:

»Mein Kind, diese Lebensweise ist nicht für Sie. Wählen Sie eine andere, ich werde Ihnen nach Kräften behilflich sein« (*Chambers* 1888, I, S. 116). Als einzige Engländerin unter den Laienschwestern ist sie dem Ordensgeneral vorgestellt worden, ganz unvorbereitet, und ausgerechnet zu einer stillen Zeit, wo sie dem Gebet für die Bekehrung Englands hingegeben war. Verwirrt bleibt sie zurück, und dann kommt ihr der Gedanke, daß es möglicherweise das Beste wäre, alle englischen Klarissen in einem eigenen Kloster zusammenzufassen. (Es gab zwei verschiedene Klöster dieser Regel im damaligen St. Omer: die wallonischen Klarissen und die Klarissen nach der milderen Regel.) Als sie dem Visitator den Vorschlag unterbreiten will, hat der Vielbeschäftigte schon das Haus verlassen.

Sie hat niemand, an den sie sich mit ihrer Idee, ein Kloster für Engländerinnen zu gründen, wenden kann. Ihr bleibt nur Gott allein, wie sie später niederschreibt, und sie opfert sich seinem Willen ganz auf. Erst als die Novizenmeisterin von ihrer Krankheit genesen ist, kommt es zu einer entscheidenden Aussprache: auch diese Frau gibt nun zu, daß Maria Ward nicht zur Bettelschwester berufen sein kann, daß sie um Aufnahme in die Klausur bitten soll. Die Novizenmeisterin Mary Stephana Goudge und der Beichtvater Keynes widersprechen sich, widerrufen jetzt die Beschwörungen, die sie vor Maria Wards Eintritt in den Orden gemacht haben. Vom Willen Gottes und vom Engel, dem nicht einmal zu glauben sei, ist überhaupt keine Rede mehr. Andere Erklärungen über die Regeln innerhalb und außerhalb der Klausur haben sich als falsch erwiesen. Briefe aus England mahnen zum Standes-Wechsel. Im Widerstreit ihrer Gefühle und Beobachtungen ringt sich die verunsicherte Novizin zu einem Entschluß durch: »Einige Tage später verließ ich das Kloster« (N.S.).

So lapidar, so ohne alles Mitleid mit sich selbst schreibt sie das nieder. Dabei gehörte zu jener Zeit zu einem Kloster-Austritt ein ungeheurer Mut! Gesellschaftliche Ächtung, wenn nicht Verachtung konnte das nach sich ziehen; genauso wie bei Ehescheidungen, die es damals zwar nur in Fürstenhäusern gab, die Frauen alles Ansehen verloren. Aber Maria Ward hat einen Entschluß gefaßt und weder jetzt noch später scheut sie die Konsequenzen, noch fürchtet sie das Risiko.

Die junge Engländerin lebt allein in der Stadt, trägt weltliche Kleidung und denkt mit keinem einzigen Gedanken daran, in ihre Heimat zurückzukehren. Sie hat genug von Flandern gesehen und gehört, um zu wissen, daß, wenn es eine Rekatholisierung Englands geben soll, diese am besten von diesem Territorium aus vorbereitet werden kann. Nach Flandern waren schon in den Tagen Elisabeths I. hundert Professoren aus Oxford und Cambridge geflohen, die hier Universitäten und Colleges gegründet hatten. Hier hatte Kardinal William Allen, der Yorshire-Mann, das berühmte Seminar in Douai gegründet (1568), das Weltpriester ausbildete und nach England in die Mission schickte, aber auch Verbindung zwischen Rom und Madrid und dem übrigen Habsburger-Reich hielt. Hierher flossen die Stipendien für die Studierenden aus englischen Elternhäusern und aus flandrischen frommen Stiftungen. In St. Omer gab es ein Haus für die französischen Jesuiten und eins für die englischen. Es gab viele englische Nonnen, aber sie waren auf verschiedene Klöster verteilt. Wäre es nicht nützlich, für die zahlreichen Asylantinnen, die aus dem Untergrund in England kamen, ein eigenes Kloster zu gründen?

Maria Ward hält an der Eingebung fest, die ihr am Gregor-Tag gekommen war: *ein* Haus, *ein* Kloster für englische Flüchtlingsfrauen zu gründen. Umsichtig geht sie dabei zu Werke: Sie bespricht sich mit dem Bischof Blaise, mit dem Benediktinerabt und anderen Ordensäbten dieser Stadt und weiß, daß die Erlaubnis zu einer solchen Gründung nur in Brüssel eingeholt werden kann, bei den Erzherzögen Isabella und Albrecht.

Bevor Maria Ward sich auf den Weg nach Brüssel macht, hinterlegt sie zehntausend Gulden beim Gouverneur von Gravelingen (*Chambers* 1888, I, S. 127). Das war der größte Teil ihres eigenen Erbes und sie wollte damit ein Grundstück erwerben, das sie schon bei ihren Bettelgängen für eine Klostergründung ausgewählt hatte. Sie schickt niemand vor, der ihr die Verhandlung am Hofe der Statthalter abnehmen könnte! Als Engländerin ist sie daran gewöhnt, in eigener, geschäftlicher Sache zu entscheiden und auch in den niederländischen Handelsstaaten ist man längst an kaufmännisch denkende Frauen gewöhnt. Deshalb läßt uns ein Satz aus der englischen Biographie, die Poyntz und Wigmore verfaßt haben, lächeln:

»Wer vermag den Mut zu schildern, womit diese heilige Amazone den zweiten Waffengang unternahm? Voll Vertrauen auf Gott begab sich diese junge, ausnehmend schöne Jungfrau an den Hof des Erzherzogs, um wegen Gründung eines Klarissenklosters für englische Frauen zu verhandeln.«

Maria Ward wohnt nicht bei Hofe, sondern im Kloster der Englischen Benediktinerinnen, das einzige Kloster in Flandern bis jetzt, das nur Engländerinnern aufnahm. Die Äbtissin war ihr dem Namen nach keine Unbekannte, stammte sie doch aus nächster Nähe der Yorkshire-Heimat: ihr Vater Graf von Northumberland hatte sich 1569 am Aufstand der nördlichen Barone zur Befreiung Maria Stuarts beteiligt und war hingerichtet worden. Witwe und Tochter des Verurteilten flohen nach Flandern, gingen ins Kloster – und zogen andere nach.

Aber auch am Brüsseler Hof hätte Maria Ward sicher keine Gelegenheit gehabt, durch Versuchungen umzukommen. Das Regentenpaar Albrecht (1559–1621) und Isabella Klara Eugenia (1566–1633) lebte dem Volk die Frömmigkeit vor. Sie waren ja vom strengen Philipp II. in die Niederlande entsandt worden, damit sie die blutigen Ketzerverfolgungen ihrer Vorgänger, insbesondere des Grafen Alba, vergessen machten sollten. Albrecht und Isabella gründeten Klöster für die Orden, die Jesuiten und Kapuziner, beauftragten Maler wie Peter Paul Rubens und Anton van Dyck mit der Ausschmückung der Kirchen. Nie wieder in Europa wurde auf so kleinem Raum ein solcher Reichtum der bildenden Kunst erreicht wie in den Niederlanden zu dieser Zeit. Albrecht und Isabella machten Wallfahrten, manchmal sogar barfuß – so daß der englische Gesandte seinem König Jakob I. über »solchen Götzendienst« spöttischen Bericht geben konnte. Das Volk liebte dieses Paar aber auch deshalb, weil es einander zugetan war, die dynastische Pflichtehe war eine Herzens- und Liebesverbindung geworden: die anmutige Isabella war fast 20 Jahre lang mit Albrechts Bruder Rudolf verlobt gewesen. Aber dieser Eigenbrötler im Prager Hradschin, der Kunst, den Wissenschaften und der Magie ergeben, wollte seine Einsamkeit gegen nichts eintauschen, auch nicht gegen

Isabellas Morgengabe, die reichen, wirtschaftlich blühenden Niederlande. So legte Albrecht, der mit 18 Jahren Kardinal und mit 20 Jahren Erzbischof von Toledo geworden war, seine kirchlich-geistlichen Würden ab und wurde Regent an der Seite Isabellas. Das Paar bescherte dem Land einen 12jährigen Waffenstillstand (1609–1621) und vor allem den religiösen Frieden.

Vier Monate hält sich Maria Ward in Brüssel auf und verhandelt. Dann kehrt sie mit der Gründungsurkunde nach St. Omer zurück. Drei Bedingungen muß das geplante Kloster erfüllen: Es muß innerhalb einer befestigten Stadt liegen (wie es die Gesetze des Tridentiner Konzils vorschreiben); die Nonnen dürfen nicht betteln gehen (es gibt schon vier Häuser mit Bettel-Genehmigung in St. Omer); das Kloster muß dem Ordinariat (also dem Bischof) unterworfen sein.

Die erste Verhandlung, die Maria Ward mit einer staatlichen hohen Behörde geführt hat, schlägt ihr zum Vorteil aus. Auch dies wird zu einem Muster ihres Lebens. Auf Empfehlungsschreiben einflußreicher Freunde gestützt, bereitet sie wichtige Besprechungen sorgfältig vor! Aber ihre ersten Biographinnen wissen auch, daß sie in solchen Zeiten und bei solchen Gelegenheiten viel zu beten, zu fasten und schwere Bußwerke zu verrichten pflegte.

Die Erlaubnis ist gegeben – doch jetzt beginnt eine langwierige organisatorische Arbeit. Das Grundstück in Eckelsbecke muß getauscht werden gegen ein Grundstück innerhalb der Stadtmauern von Gravelingen. Die Jesuiten helfen ihr dabei. Sie hat auch die Erlaubnis erwirkt – trotz vielen Widerstandes in den anderen Orden –, daß die Jesuiten in ihrem zukünftigen Kloster die Beichte hören dürfen. Aus dem Klarissenkloster, in dem Maria Ward gelebt hatte, werden fünf Schwestern in das beginnende Kloster geholt, Exerzitien werden gehalten – einen ganzen Monat lang und unter der Leitung eines Jesuiten aus dem Colleg in St. Omer. Es ist Pater Roger Lee – ein Mann, dem die Lenkung der Seelen besonders leicht fällt, der viele junge Menschen zum geistlichen Leben führt. Er war selbst durch die ignatianischen Exerzitien zum Priesterberuf gekommen. Pater John Gerard hatte sie ihm, dem sehr weltlich eingestellten Adligen, gegeben. Roger Lee hatte Gerard im Gefängnis – bei dessen erster Haft 1584 im Clink besucht. Lee, dessen verwandtschaftliche Beziehungen bis in den Kronrat reichten, und der ein mußevolles, dem Sport und insbesondere der Falkenbeize hingegebenes Leben in England geführt hatte, gab alles auf. »Er kann mehr als Vögel fangen, er kann Menschen fangen«, hatte

Gerard erkannt und ihn mit diesen Worten auf die neue Bahn gelenkt. Lee ging nach Rom und wurde Priester, Mitglied der Societas Jesu. Da das römische Klima ihm nicht gut bekam, wurde er nach Flandern geschickt, in ein Klima, das dem heimatlichen ähnlich war. Der Jesuiten-General wollte ihn nach all den Hinrichtungen von Jesuiten, die auf die Pulver-Verschwörung folgten, wieder nach England schikken. Aber Pater John Gerard, inzwischen in Rom an seinen Berichten schreibend, hatte abgeraten. Man müsse die Dinge auf der Insel erst zur Ruhe kommen lassen. So war Pater Roger Lee noch in St. Omer, als Maria Ward anfing, die geistigen Linien ihres Klosters auszuarbeiten.

An den Exerzititen nehmen auch andere junge Frauen, Neuankömmlinge aus England, teil. Eine Äbtissin wird gewählt: es ist jene Mary Stephana Goudge, die im Klarissenkloster Maria Wards Novizenmeisterin gewesen ist. Will Maria sich demütigen, indem sie sich noch einmal dieser Frau unterwirft, die ihr zweimal so schlecht geraten hat? Sie widersetzt sich auch jetzt Marias Wunsch, ohne Noviziat gleich die Profeß ablegen zu dürfen. Jedenfalls gerät die Gründung so weit vorwärts, daß man in St. Omer über die Arbeit der jungen Engländerinnen spricht. Vor allem wird der englische Gesandte in Brüssel unruhig. Sir Thomas Edmondes schreibt an den allmächtigen Innenminister und Oberschatzmeister Robert Cecil, Lord Salisbury, in London: »Die Jesuiten haben erst kürzlich eine gewisse Mrs. Ward aufgehetzt, um die Gründung eines armen Klarissenklosters in der Nähe von Gravelines nachzusuchen . . . Wenn es diesen Leuten freigestellt bleibt, täglich auf diese Weise neue Häuser zu errichten, so werden sie dadurch mehr und mehr in den Stand gesetzt und ermächtigt, ihre Praktiken gegen die Staaten seiner Majestät fortzusetzen. Die meisten der an der Pulververschwörung Beteiligten sind, wie Euer Gnaden bereits wissen, hier wohnhaft!« (*Chambers* 1888, I, S. 139).

Und in einem späteren Brief schreibt derselbe Gesandte nach London: »Es ist mir zu Ohren gekommen, daß Mrs. Ward . . . bereits Antwort erhalten hat, daß ihnen die erbetene Erlaubnis erteilt würde, wenn sie sich innerhalb einer Stadt niederlassen usw. . . . Mögen Euer Gnaden aus dem Gesagten ersehen, wie wohlgeneigt man hier im Land jenen Leuten ist, indem man ihnen Pflanzschulen für die verschiedensten Orden errichtet« (*Chambers* 1888, I, S. 140).

Die Jesuiten wie auch die anderen Orden erregen das Interesse der Politiker. Klostergründungen sind – in den Augen der weltlichen und geistlichen Behörden – Machtzentren. Mag auch der Jesuiten-General in Rom seinen Ordensleuten immer wieder einschärfen, sich »nicht in die Politik zu mischen« – in diesem Zeitalter (die Historiker nennen es heute das konfessionelle) sind die Konfessionen der Inhalt der Politik geworden. Klostergründungen sind Teil des öffentlichen Lebens, sind politisch relevante Ereignisse, sind den Laien wichtig: denn Ordensleute, Mönche und Nonnen, leisten Gott jene Dienste, zu denen die Weltleute im Drange ihrer Geschäfte und Sorgen nicht fähig sind. Ordensleute sind ihre Fürsprecher bei Gott. In einer Zeit, da das Jenseitige noch lebendig empfunden wird, erfüllen diejenigen, die zurückgezogen der Betrachtung und dem Gebet sich widmen, eine soziale Aufgabe im Gemeinde-Ganzen. Die Klöster sind auch Zufluchtsstätten. So war es bei den frühen kontemplativen Orden. Die Bettelorden seit dem 13. Jahrhundert kümmerten sich rein praktisch um die sozialen Probleme der Menschen, um das rasch anwachsende Proletariat der Städte. Sie pflegten Kranke und sorgten für Hilflose. Das war der praktische Teil. Ihr geistiger Anteil: durch ihre freiwillig gewählte Armut gaben die Patres den Ausgestoßenen aus der Gesellschaft, den Armen, eine menschliche Würde zurück.

Nach der Reformation, die die Klöster auflöste, nach den Religionskriegen in Frankreich, die die Klöster verwüsteten, nach den mannigfaltigen Ketzer-Verfolgungen in den Niederlanden (wobei jede Konfession ihre eigenen Ketzer-Begriffe grausam anwendete), war das Bedürfnis nach neuen Mittelpunkten der geistlichen Besinnung erwacht, nach Klöstern eben.

Was das Tridentiner Konzil (1545 bis 1563) in strenge Gesetze geschrieben hatte, erfüllten begabte Persönlichkeiten mit Leben: spanische Mystik, die aus den von Teresa von Avila und Johannes vom Kreuz erneuerten Karmeliter-Klöstern kam, beeinflußte das Denken dieser Jahrhundertwende. In Frankreich erneuerte sich nach den wütenden Hugenottenkriegen das kontemplative und insbesondere das tätig-soziale Leben. Vinzenz von Paul, Begründer der modernen Caritas, kümmerte sich um die Randgruppen der Gesellschaft, um die Galeerensklaven (er war selbst einer gewesen) und um die Prostituierten, um die psychisch Kranken sogar, für die es zu jener Zeit nur Ketten und Verliese gab, und die er heilen wollte, nicht nur verwahren. Schon damals warf er die Frage auf, ob diese vermeintlich Unheilbaren oder Besessenen nicht doch an der Grenze von Gesundheit und Krankheit lebten. Allein in Paris wurden im ersten Jahrzehnt des 17. Jahrhunderts 30 neue Klöster gebaut. Mit der jugendlichen Äbtissin in Port Royal,

Angélique Arnauld, und dem Ordensgründer Franz von Sales, der auf der Devotio moderna und der »Nachfolge Christi« fußend, das kontemplative Leben befruchtete, wird diese Zeit in Frankreich das Jahrhundert der Heiligen genannt.

Im reichen Flandern, dem Umschlagplatz der Wirtschaftsgüter aus aller Welt, aber auch dem Umschlagplatz der Ideen einer aufgewühlten Zeit, konzentrieren sich im starken, ruhenden Licht der spanischen und niederländischen Mystik die Bemühungen, das nahe England dem Katholizismus zurückzugewinnen, den Glauben von innen her zu beleben. Dabei war das Wort von William Allen, Begründer des Priesterseminars in Douai, richtungweisend: Das was der Mensch zu *glauben* hat, ist viel weniger als das, was der Mensch zu *tun* hat.

In diesem Klima der religiösen Aktivität lebt nun Maria Ward. Der Bau des Klosters in Gravelingen geht voran. Maria Wards 10000 Gulden reichen aber nicht ganz aus. Der Vater einer Novizin, Anne Gage, Edward Gage von Bentley, stiftet eine beachtliche Summe und wahrscheinlich auch die Statthalter in Brüssel. Aber wie gesagt: über die äußeren Entwicklungen informiert Maria Ward nur unzureichend. Das innere Leben ist ihr wichtig: »Da der Erfolg über alles Erwarten groß war, wurde mir von allen Seiten nur allzuviel Lob gespendet.«

Und trotzdem: »Während jener zwei Jahre litt ich dauernd an großer innerer Trockenheit« (N.S.). Eine Klage, die alle Mystiker erhoben haben, Meister Eckehart und Teresa von Avila und fast alle anderen kennen diese Bedrückung und Ungewißheit, die Unfähigkeit, beten zu können. Es bewegt Maria Ward auch die Furcht, ob sie überhaupt gerettet werde oder nicht.

Eine Furcht, die die Individuen nach dem Zerbrechen der äußeren christlichen Hierarchien immer wieder überfällt. Sie wendet sich noch einmal als Beichtende an Pater Keynes. »Aber er leitete meine Seele auf den Weg der Furcht. Ich sollte zum Beispiel mich selbst hassen, die Gerichte Gottes fürchten und vor den Qualen der Hölle zittern; zu alledem war ich unfähig. Ich konnte weder den Feind alles Guten, noch viel weniger mein eigenes Ich, das ich viel zu sehr liebte, fühlbar hassen« (N.S.).

Die negative Einstellung zum Ich, Heiligung, zur Verwirklichung ihrer guten Eigenschaften ist ihr durch die Lektüre des positiv eingestellten Lorenzo Scupoli, den sie seit den Osgodby-Tagen liest und wieder liest, fremd. Sie verläßt sich auf Gott als alleinigen Führer und Lehrmeister, zumal da ja auch die neugewählte Äbtissin ihr jede nur mögliche Schwierigkeit bereitet.

Innere Unruhe, Trockenheit der Seele, Gebet und Fasten – dieses einsame und unablässige Suchen einer auf sich gestellten Frau von 24 Jahren, die die Großen Exerzitien, die vierwöchigen des Ignatius von Loyola hinter sich hat, gipfeln eines Tages, am Tag des Heiligen Athanasius, am 2. Mai 1609, in einer Vision: Am hellichten Vormittag, um zehn Uhr, geschieht etwas, was auch nach vielen Jahren Maria Ward »nicht zu erklären und niemals zu deuten vermöchte«. Und doch steht der Engländerin in der Beschreibung übernatürlicher Vorgänge eine Sachlichkeit zur Verfügung, wie sie wohl eben nur die englische Sprache hervorbringen kann.

»Das Erlebnis schien von Gott auszugehen und ergriff mich mit solcher Gewalt, daß es mich ganz vernichtete. Meine Kraft war erloschen und ich fühlte in mir keine andere Tätigkeit als die, welche Gott wirkte. Was mir zu tun verblieb, war nur dies: geistig zu schauen, was geschehen war und was in mir vollbracht werden sollte, ob ich wollte oder nicht. Ich litt sehr; denn diese Macht ging weit über meine Kräfte; mein größter Trost war es, daß ich sehen konnte, Gott wollte sich meiner nach seinem göttlichen Wohlgefallen bedienen. Es wurde mir dabei gezeigt, daß ich nicht im Orden der Heiligen Klara verbleiben sollte; ich sollte etwas anderes tun, doch was und welcher Art das wäre, das sah ich nicht, und ich konnte es auch nicht erraten. Ich verstand nur, daß es etwas Gutes und der Wille Gottes sein werde« (N.S.).

Diese Weise des Erkennens erinnert an den plötzlichen Entschluß – oder soll man sagen: Eingebung –, die sie beim Besuch des Visitators im wallonischen Klarissenkloster als Bettelschwester hatte. Ihr starker Verstand hatte blitzartig damals die Vorstellung, daß sie, wenn vielleicht auch nicht in den falschen Orden, so doch in den falschen Stand eingetreten sei. Sie hatte gehandelt und war ausgetreten, als der Visitator ihr bestätigt hatte, daß sie falsch am Platze war. Dieses Erlebnis jetzt jedoch ist stärkerer Natur. Sie ist beunruhigt, vielleicht sogar entsetzt. Sie weiß, was es bedeuten kann, Visionen zu haben: Es hebt sie aus dem Rahmen des Alltäglichen. Es rückt sie in die Nähe des Häretischen. Aber nicht das nur. Schlimmeres kann ihr unterstellt werden. Denn: dies ist auch das Jahrhundert der Hexen. Dieser Wahn überläuft Europa und verschont nur Italien. Überall brennen die Scheiterhaufen, Hexenverfolgung ist zu einer Art Volkssport geworden.

Selbst Jakob I., der so gern Philosoph sein wollte, hat ein Buch über Hexen geschrieben, *Demonology* (1594) betitelt. Maria Ward ist zu welterfahren, um nicht zu wissen, wie schnell aus einem Verdacht, aus einer Verleumdung eine Anklage und aus einer Anklage ein Schuldspruch werden kann. Wer unter Verfolgungen aufwächst, ist auch ohne Worte klug in seinem Verhalten.

Überwältigt wie sie ist von dem Erlebnis, möchte sie sich dennoch mitteilen. Aber nur unter dem Siegel der Verschwiegenheit, unter dem Siegel des Beichtgeheimnisses eben. Sie bittet Pater Roger Lee darum. Sie will ihn davor bewahren, daß er dieses Ereignis, diese Vision, seinen Oberen erzählen muß und daß dann auch die Öffentlichkeit alles erfahren wird. »Sobald die Sache bekannt würde, würde mir dort, wo ich bisher geliebt und allgemein gelobt wurde, innerhalb einer halben Stunde kein einziger Freund mehr verbleiben. Es würde keine Person mehr geben, die mich nicht verurteilte und verachtete ... er selbst würde darunter leiden müssen, was später ganz genau so eintraf« (N.S.).

Maria Ward erzählt das Ereignis auch der neugewählten Äbtissin, der ehemaligen Novizenmeisterin Mary Stephana Goudge. Diese sagt, daß es eine Versuchung und Täuschung des Teufels sei, es sei jetzt nicht mehr die Zeit, daß junge Mädchen Visionen hätten. Derartige Personen stünden in keiner Achtung und kraft des heiligen Gehorsams solle sie den Gedanken oder die Einbildung ausschlagen.

Auch die Äbtissin ist eine weltkluge Frau und weiß genau, was dem Kloster geschehen kann, wenn eine Nonne in den Ruf kommt, Visionen zu haben. Die Öffentlichkeit würde sie entweder verehren, als Heilige verehren womöglich, oder aber als Hexe verdammen.

Die Äbtissin befiehlt: Sooft ihr die Sache in den Sinn komme, solle sie die Arbeit, welche auch immer es sei, unterbrechen und die Disziplin vornehmen – das heißt sich geißeln – sei es auch noch so oft am Tage.

So steht es in der englischen Vita. Der Augustiner Chorherr Dominikus Bissl, der danach viel später in Augsburg eine Ward-Biographie schreibt, schmückt diese Geschichte dann in barocker Manier aus: »Infolge des pünktlichen Gehorsams, den Maria Ward ihrer Oberin leistete, und der strengen Disziplin, womit sie ihren zarten Leib zerfleischte, glich sie eher einem vertrockneten Leichnam als einem lebenden Wesen« (*Chambers* 1888, I, S. 151). Mag der Überschwang der Barockzeit auf sich beruhen, uns Heutige fesselt die Genauigkeit, mit der Maria Ward den Ablauf ihrer Vision schildert. So deutlich

Maria Ward ihre inneren Gesichte aber auch sezieren mag, über ihren äußeren Weg ist sie sich noch immer nicht klar. Hatte Gott sie verstoßen, wie es die Straßenrüpel ihr zuschrien? War sie trotz dieser Gesichte eine Verworfene?

Nur eins weiß sie, daß sie nicht Klarissin werden soll und kann. Sie sucht nach einem Halt und legt Pater Roger Lee das Gelübde ab, Karmeliterin zu werden, wenn er das zu gegebener Zeit befehlen sollte. Das erste Kloster des von Teresa von Avila reformierten Karmels war 1604, also kurze Zeit vor diesem Gelübde, in Frankreich gegründet worden – ein Ereignis, das in der damaligen Welt großes Aufsehen erregte, weil nunmehr der Karmel über die spanischen Grenzen hinausging. Maria Ward verspricht ihrem Seelenführer und Beichtvater aber auch noch, daß sie nach England reisen wolle. Er gibt ihr keine Weisungen, denn es gehört ja zur Methode der ignatianischen Exerzitienmeister, daß sie die Übenden ihre eigenen Wege finden lassen, daß sie ihnen keine Entscheidungen aufdrängen. Maria Ward empfindet das zu dieser Zeit noch als sehr schwer, denn in ihrem tiefschürfenden Bekenntnisbrief an Nuntius Albergati schreibt sie selbst viele Jahre später: »Beim Abschied sagte mein Beichtvater nur, ich könnte gerettet werden, ob ich ginge oder bliebe. Das war der ganze Trost und Beistand, den mir zu dieser Zeit ein Sterblicher gab« (N.S.). Bevor sie nach England segelt, trifft sie noch eine ganz praktische Anordnung: das Kloster in Gravelingen soll den von ihr gestifteten Anteil des Gründungskapitals, 10000 Gulden, behalten.

Gefährtinnen . . . Gemeinsame Suche nach zeitgemäßer Lebensform

»O Wurm, Du bist meine Mutter und meine Schwester. Wenn mein Mund voll Staub sein wird, wird der Wurm sich friedlich von mir nähren.«

John Donne (1573–1631)

»Aus einer reichen englischen Dame war eine verbannte, arme Frau geworden.« So klagen die Biographinnen in der englischen Vita über die Maria Ward, die von Visionen beunruhigt und von beruflichen Erfahrungen enttäuscht, in das von ihr gestiftete Klarissen-Kloster zu Gravelingen nicht eintreten kann und nicht will. Die Schimpfworte der Gasse klingen in ihren Ohren wieder: Entlaufene Nonne, falsche Prophetin. Dagegen gibt es keine Verteidigung, die Sinn hätte.

Maria Ward segelt nach England, in die Heimat zurück, die sie drei Jahre zuvor mit so hohen geistlichen Erwartungen verlassen hatte. Ihr Traum, von einem strengen asketisch-kontemplativen Leben ist durch bittere Erfahrungen zerstört worden. Wenn die Möglichkeiten der beschaulichen Orden und die der Bettelorden nicht ihre Möglichkeiten sind oder sein sollen, so muß es doch einen anderen, einen dritten Weg geben, der ihr offen steht. So hat es ihr doch die Vision am Athanasius-Tag angedeutet. Sie will den dritten Weg suchen. Maria segelt nach England – und wieder gibt es keine Belege für die äußeren Umstände dieser Reise: wer besorgte den Paß, wer zahlte die Kosten, wer erwartete sie in der großen, lebhaften Stadt London? Daß sie in der vornehmsten Gegend, zwischen der Themse und der Straße der Diplomaten, The Strand, Wohnung nahm und diese öfter wechselte, entspricht der klugen Vorsicht aller Personen, die überwacht werden. Katholiken, die sich auszeichnen, stehen ebenso wie Puritaner, die sich ausdrücklich zu ihren reformerischen Grundsätzen bekennen, unter Beobachtung der königlichen Geheimdienste. Jakob I. sagte, er habe zwei Esel in seinem Königreich, einen geduldigen, der sich alles aufladen läßt, und einen ungeduldigen, der bei der geringsten Belastung ausschlägt. Er meinte die Katholiken, er meinte die Puritaner. Beiden religiösen Überzeugungen mißtraut er, wenngleich er die Absicht hatte, sich jeglicher Religion zu bedienen, sowie sie seinem Königreich nutzbar gemacht werden könne. Aus der vereitelten Pulver-Verschwörung entwickelte er die Berechtigung für diese Ansicht, die seiner launischen Überängstlichkeit entsprungen war.

Und doch sickerten die Gerüchte durch, daß die Hinrichtungen und Konfiskationen 1605 und 1606 nicht rechtens gewesen seien. Insbesondere sei Ambrose Rookwood unschuldig gewesen. Seine Witwe bekam auch den Besitz Coldham Hall wieder zurück. In Coldham Hall macht Maria Ward einen ihrer ersten Besuche, und es gelingt ihr in dieser Großfamilie eine Frau zum alten Glauben zurückzugewinnen. Und sie wird an andere empfohlen, die in ihren Überzeugungen schwankend oder in ihrer Religionsausübung lau geworden sind. Manchmal legt Maria Ward bei solchen Besuchen die Kleidung von Dienstmägden an. In Coldham Hall lebt auch die Stiefschwester des Verschwörers Ambrose Rookwood, Cordell, die nur zwei Jahre älter ist als Maria Ward. Eine Freundschaft ensteht, die bis in den Tod währen wird. Susanna Rookwood (so nannte sie sich später) gehört zu den ersten fünf Gefährtinnen. Ob Maria Ward bei ihrem Englandaufenthalt bis ins heimatliche Yorkshire hinaufreiste, ist nicht belegt. Maria Ward war ja auch schon in der bewußten Loslösung von Vater und Mutter so weit vorgeschritten und würde solche Loslösung bald darauf ihren Gefährtinnen als Grundlage eines geistlichen Lebens so konsequent abverlangen, daß sie sich jetzt wohl kaum die Freude eines Wiedersehens mit ihrer Familie gestattete. Vielleicht wollte sie auch nicht noch einmal den bitteren Abschiedsschmerz erleben oder neue Auseinandersetzungen heraufbeschwören, wie sie sie vor ihrer Abreise nach Flandern zu bewältigen hatte. Das war eine Epoche, die hinter ihr lag.

Und jetzt war sie auf dem Wege zu einem neuen Ziel. Dieses Ziel zu finden – das war der Auftrag ihrer Vision. Ihre Beredsamkeit, ihre Überzeugungskraft und ihr geschmeidiger Wille gaben ihr Macht über die Menschen. Eine wohltönende Alt-Stimme, eine schlanke hohe Gestalt und angenehme Umgangsformen öffneten ihr viele Türen der Londoner Gesellschaft. In der englischen Vita heißt es über diese sechs oder sieben Monate, die Maria Ward in England zubrachte:

»Maria besaß noch immer ihre frühere Schönheit und kleidete sich standesgemäß, trug jedoch unter den weltlichen Kleidern ein äußerst rauhes, härenes Hemd, das mit der Zeit in das Fleisch eindrang. Die täglichen Disziplinen (Geißelungen), das häufige Fasten und die langen Nachtwachen setzte sie aber wie gewöhnlich fort... Wenn die

Umstände es erforderten, legte sie selbst die Kleider von Dienstboten und gemeinen Weibern an. Vor keinem Gefängnis schauderte sie zurück, keine Gefahr, der sie sich auf diese Weise aussetzte, hielt sie ab, so daß es manchmal schwer wurde zu entscheiden, welche Tugend in ihr vorherrschte, ihre Bescheidenheit (die, wie sie zu sagen pflegte, ihr manchmal Verdruß machte, weil sie so leicht errötete) oder ihr Mut...« (*Chambers* 1888, I, S. 172ff.).

Das härene Hemd – seit den Tagen der Wüstenväter haben die Frommen sich damit gekleidet, um durch die Unbequemlichkeit des Körpers den Gedanken an den Himmel, das Jenseits um so herrlicher leuchten zu lassen. Mönche und Fürsten, Priester und Feldherren haben sich das härene Hemd angelegt, um in Demut an die Zerbrechlichkeit des Irdischen erinnert zu sein. Fürstinnen auf dem Thron, wie Elisabeth von Thüringen, und Büßerinnen, die sich in ihren Klausen einmauern ließen, trugen dieses härene Hemd. Auch Luther, als er schon gar nicht mehr Mönch war, und der Puritaner, Feldherr und Diktator Oliver Cromwell, als er die Papisten in seinem Lande ausrotten wollte. Aber zu dieser Bußübung gehörte es auch, daß niemand es merken sollte. Das Antlitz mußte heiter bleiben und das Äußere gepflegt.

Zur Bußgesinnung in äußerer Schönheit paßt dann auch die Begebenheit, die das »Gemalte Leben« darstellt: drei junge Herren überbringen Maria Ward »eine stattliche Collation von einem vornehmen Herrn: kostbarste Erfrischungsspeisen und Schleckerbißlein«. Die überraschte Maria Ward weist dieses verführerische Kompliment an ihre Schönheit zurück, schließt sich in ihr Zimmer ein, betet kniend die ganze Nacht hindurch. Im geteilten Bild sieht man die Geißel auf dem Boden liegen.

Beten, fasten, kasteien: der Heimataufenthalt gipfelt in einer neuerlichen Vision. Diese überfällt sie in einer ganz alltäglichen Situation: »Während ich vor dem Spiegel mein Haar kämmte, kam plötzlich etwas ganz Übernatürliches über mich. Es handelte sich um ein Erlebnis, das dem schon beschriebenen vom Tag des Heiligen Athanasius ähnlich war, aber bestimmter und wie mir schien, wenn das noch möglich war, in heftigerem Ansturm mich überfiel. Mein ganzes Wesen wurde davon ergriffen, und ich erkannte klar und mit unsagbarer Sicherheit, daß ich *nicht* zur *Karmeliterin,* sondern für etwas anderes bestimmt sei, was der Ehre Gottes ungleich mehr dienen würde, als mein Eintritt in jenen Orden. Ich konnte nicht erkennen, worin das mir *zugesicherte Gut* bestände, aber die Ehre, die Gott daraus zukommen sollte, erschien mir so unaussprechlich und überfließend, daß meine ganze Seele davon erfüllt wurde und ich geraume Zeit nichts anderes fühlen oder hören konnte als den Klang der Worte: Gloria! Gloria! Gloria!« (N.S.).

Gloria – die Ehre Gottes! Alles zur größten Ehre und Herrlichkeit Gottes, das ist das Stichwort, das Ignatius von Loyola in die Welt geworfen hat. *Ad Maiorem Gloriam Dei* –das ist die Losung des Jesuitenordens. Christus und seine Kirche mit großer Prachtentfaltung – mit Gloria – zu feiern, das war auch der Entschluß, auf den sich das Tridentiner Konzil einigte, das den Bruch, das Auseinanderfallen der Christenheit heilen wollte.

Seit ihrer Kindheit war Maria Ward mit dem Geist des baskischen Ordensgründers Ignatius von Loyola, mit seiner Lebens- und Gottesauffassung vertraut gewesen. Gloria, Gloria war die Quintessenz ihrer Verkündung in der Missionsarbeit. Das ebenso jubelnde wie geheimnisvolle Wort dieser Stunde hat Maria Ward später immer als einen Schritt auf dem Weg zu ihrer eigenen Ordensgründung empfunden.

Die Darstellung liest sich wie eine moderne Reportage. Es ist nicht die überschwengliche Sprache der Heiligen Teresa von Avila, die in den nächtlichen Stunden zwischen zwei und vier Uhr den Aufbau ihrer »Seelenburg« beschrieb. Es ist die faktuelle Sprache der Angelsachsen.

»Zufällig war ich damals allein. Ich kann daher nicht sagen, was für äußere Zeichen diese und ähnliche Erlebnisse hervorrufen. Aber nach dem inneren Empfinden und den körperlichen Veränderungen zu schließen, müssen sie beachtlich sein. Über die Dauer derselben weiß ich noch weniger; sie scheinen nur einen Augenblick zu währen; wenn ich aber später die Zeit berechnet habe, fand ich, daß etwa zwei Stunden vorübergegangen waren. Bei diesem Erlebnis verfloß geraume Zeit, bis ich wieder zu mir kam. Als ich mich wieder zurechtgefunden hatte, war mein Herz voll von Liebe für die Sache, die mit soviel Ehre Gottes verbunden sein sollte, deren Wesen ich aber noch nicht erkennen konnte. Ich sah nur klar, daß ich nicht in den Orden der Heiligen Teresa eintreten sollte, erinnerte mich aber auch meines Gelübdes, jenen Orden zu wählen, wenn mein Beichtvater es verlangen würde. Innerlich noch gespalten, ob ich mich zum einen oder anderen gegensätzlichen Ziel entscheiden sollte, fürchtete ich sehr, Gott zu beleidigen. Ich vermochte dem Willen Gottes in mir nicht zu widerstehen und durfte auch nichts gegen das Gelübde erstreben. In diesem inneren Widerstreit begab ich mich zum Gebet und beteuerte Gott, der so freigebig ist, daß ich in dieser Sache keinen anderen als seinen Willen umfassen wollte, und ich legte ein Bußkleid an. Ich weiß nicht mehr wie lange ich es trug, ich glaube aber für längere Zeit, denn ich erinnere mich wohl, daß ich meiner Gesundheit ziemlich geschadet habe durch jene Abtötung wie auch durch andere körperliche Bußübungen, die ich zum gleichen Ziel in den Monaten meines England-Aufenthaltes unternommen habe – namentlich auch weil ich alle meine Kräfte damals einsetzte, um andere zu gewinnen und zu unterstützen« (N.S.).

Bei diesem ersten Heimatbesuch gewinnt Maria Ward jene Gefährtinnen, die ihr in allen zukünftigen Schwierigkeiten, Anfeindungen und Verfolgungen in vielen Ländern die Treue halten. Sie stammen aus den durch Glaubensverfolgung und Existenzbedrohung eng miteinander verbundenen Sippen. Sie haben über den Tod hinaus das von der Inquisition später verfemte Werk der Maria Ward am Leben gehalten.

Da ist Mary Poyntz: die Sechzehnjährige, die mit fünf Jahren ihre Mutter verloren hatte. Die Grafen Poyntz waren bis zur Regierung Elisabeths I. hin immer wieder bei Hofe in Diensten. Aber Edward Poyntz, der Vater, stand bereits auf den Listen der Geheimpolizei, weil er Priester beherbergt hatte. So lebte er zurückgezogen auf seinen Gütern. Tobington Park war eines davon; und dort war Maria Ward zu Besuch. Mary Poyntz sah den Gast mit ihrem Vater im Garten spazieren gehen. Von diesem Augenblick ist der dramatische Ausruf überliefert: »Seht da, meine Mutter, durch deren Unterweisung mich Gott retten will.« Das hört sich an wie eine schöne Legende. Im Nymphenburger Institut wird ein Porträt von Mary Poyntz aufbewahrt, handgroß nur, aber von niederschmetternder Wucht. Es ist das ganz sorgfältig in bleichen Farben gemalte Porträt eines Mädchens. Die eine Gesichtshälfte ist edles Gleichmaß, schulterlange Locken setzen hoch über der gewölbten Stirn an. Das Braunauge schaut seelenvoll und unendlich wehmütig auf den Betrachter. Die andere Gesichtshälfte ist von Würmern zerfressen, in knöcherner Augenhöhle ein Abgrund gespenstischer Leere. Noch jetzt, nach 400 Jahren, erschüttert dieses kleine Porträt den Betrachter, es prägt sich unvergeßlich ein, denn es faßt die extremen Gegensätze damaliger Existenz zusammen: Die Prachtentfaltung der Höfe und der Reichen stand im schreienden Gegensatz zur ausweglosen Armut der vielen, die in dieser Zeit der ersten frühen industriellen Revolution ihre Existenz verloren, sei es die handwerkliche der Zünfte in den Städten oder die bäuerliche auf dem Lande. Poesie und Predigt wandten sich dem Metaphysischen zu. Die Naturgewalten wurden noch als magisch und unbezähmbar empfunden, und Krankheiten und ihre Schmerzen konnten meist nur mit noch größeren

Qualen geheilt werden. Das Leben war kurz, nur wenige Menschen wurden älter als dreißig Jahre. Und Mary Poyntz hatte den Tod in ihrer Nähe sehr früh erlebt, den Tod ihrer Mutter. Die ständige Bedrohung im Religiösen wie im Wirtschaftlichen durchbebte diese Zeit des Barock, das uns solche Bildnisse hinterlassen hat.

Mary Poyntz hat dieses Porträt einem adligen Mann bringen lassen, der um ihre Hand anhielt. Das gespenstische Bild war ihre Absage. Der junge Mann schickte es zurück. Sein Name ist vergessen, das Bild behielt Mary Poyntz bis zu ihrem Tode in Augsburg 1667. Sie hat es den Schwestern dort noch gezeigt und auch den Namen dessen genannt, dem es gewidmet war und dem es zum Schicksal wurde: Aber die Schwester, die seinen Namen noch kannte, hat ihn dann nicht weiter überliefert. So ist es denn kein Wunder, daß man den Ungenannten zu einem Ordensmann erklärte. Fantasie und Mitgefühl wollten es so! Mary Poyntz war für das geistliche Leben schon bereit, bevor Maria Ward auf dem väterlichen Schloß Tobington ankam. Aus der spontanen Zuneigung wurde eine unverbrüchliche Freundschaft, eine Arbeitsgemeinschaft, die viele geographische und noch mehr geistige Stationen hatte. Mary Poyntz hat die frühe Biographie Maria Wards geschrieben, die englische Vita. Diese schrieb sie gemeinschaftlich mit Winefrid Wigmore, die sich ebenfalls in diesen Tagen der zukunftsweisenden Maria Ward anschloß. Alle drei sind miteinander verwandt, sind Cousinen ersten oder zweiten Grades. Sie sind einander auch ähnlich durch die bedrückenden Jugenderlebnisse der Glaubensverfolgung, der drohenden Güterkonfiskation. Maria Ward hatte Winefrid Wigmore wohl schon 1605 bei ihrer ersten Reise von Newby nach London kennengelernt, als sie mit ihrem Vater die Throgmortons auf dem Schloß Coughton in Warwickshire besuchte, wo Pater Henry Garnet mit ihnen den Allerheiligentag feierte. Vielleicht sprachen die Gleichaltrigen damals schon vom Klosterleben. Maria Ward war bereits entschlossen nach Flandern zu gehen, um in einem strengen, ganz strengen Orden Nonne zu werden. Winefrid schwankte da wohl noch. In ihrer großen Familie ging der Riß der Überzeugungen quer durch die Generationen: Großvater Throgmorton, Vater Wigmore und Winefrids ältester Bruder pflegten den Gottesdienst der Staatskirche zu besuchen, wenigstens zweimal im Jahr. Auf diese Weise genügten sie dem Augenschein der Gesetzesbeobachtung und retteten die Besitzungen, retteten das Erbe ihrer ausgedehnten Güter für die Nachkommen. Winefrid aber war für das Unbedingte, sie wollte keine Kompromisse.

Ihre Zuneigung lag bei den Brüdern, von denen drei Jesuiten wurden, in St. Omer und Löwen studierten und später in die englische Mission wollten. Sie nannten sich dann nach dem mitreißenden Redner und Märtyrer Edmund Campion (gestorben 1581) und legten den Familiennamen ab. Winefrid tat später das Gleiche. Später – als sie Maria Wards verläßliche Stütze und Mit-Organisatorin wurde. Winefrid besaß erstaunliches Sprachtalent, beherrschte fünf Sprachen schon in ihrer Jugend und als Fünfjährige betete sie bereits das lateinische Brevier. In der Familie hieß sie scherzhaft die Kleine Heilige.

Diese beiden Frauen, Mary Poyntz und Winefrid Wigmore, die späteren Biographinnen der Ordensgründerin, haben ihr eigenes Leben nie sehr wichtig genommen. Über ihre inneren Entwicklungen, ihre Meinungen, ja selbst ihre Schicksale wird nur ganz wenig bekannt. Man weiß zum Beispiel bis heute nichts Genaues über die Gefangensetzung der Wigmore in Lüttich 1631. Bei der Abfassung der Maria-Ward-Vita bleiben Poyntz und Wigmore ganz im Hintergrund. Nur ihre Leistungen für Gründung, Bestand und Überleben des Ordens lassen sie gelten. Doch die Briefe Maria Wards setzen diesen Lebensläufen klärende Lichter auf.

Noch viel weniger wissen wir über Catherine Smith und Jane Brown, außer, daß erstere später Oberin in Köln oder Trier wurde, die Aufhebung und Enteignung dieser Häuser erlebte (1631) und viel später wieder am Sterbebett der Stifterin war – hoch oben in Yorkshire. Jane Brown, eine Verwandte der so rührigen Schwestern Vaux, war einmal Hofdame gewesen, ehe sie sich für das klösterliche Leben entschloß. Ein gräflicher Vorfahr, ihr Onkel Viscount Montagu, war berühmt geworden, weil er sich im Parlament offen gegen die Religionsgesetze aussprach. Als Mitarbeiterin im Haus von Neapel erkrankte sie so schwer, daß Maria Ward sie mit einer Sänfte nach München bringen ließ – das war Ende der zwanziger Jahre. Wie Susanna Rookwood, ebenfalls eine Cousine von Maria Ward, sind diese beiden Frauen zwei Jahre älter als Maria Ward.

Es erhebt sich die Frage: was veranlaßt diese Töchter aus angesehenen Familien die Heimat, das Elternhaus zu verlassen, um Maria Ward nach Flandern zu folgen? Zweimal war sie doch aus einem Kloster ausgetreten, zweimal in drei Jahren. Sie konnte ihnen keine Sicherheit bieten, keinerlei Versorgung – oder was immer man darunter versteht. Maria Ward ließ sie auch nicht im Zweifel darüber, daß der rechte und der eigentliche Weg zu einem klösterlichen Leben noch gefunden werden müßte.

Und trotzdem entscheiden sich die jungen Frauen für dieses Wagnis. Ihre Familien brauchten keine Erfolgsgarantie: ihre Eltern, die durch die Gründung der anglikanischen Staatskirche zunächst und durch das Anwachsen der puritanischen Lehre dann in ihren Traditionen beunruhigt, wenn nicht bedroht gewesen waren, besaßen ein starkes Gottvertrauen, hofften vielleicht auch, daß ihre Überlieferungen nur von außen her, vom christlichen Kontinent gerettet werden konnten.

Ihnen allen sind die Stammbäume gemeinsam, die sie sorgfältig bis hin zur Schlacht von Hastings, bis zum Normannen Wilhelm dem Eroberer zurückverfolgen können. Das Jahr 1066 ist die Zäsur in der Geschichte Englands. Damals wurde das Land an die Geschlechter verteilt, die es bis zur gewaltsamen Enteignung von Kloster- und Adelsbesitz unter Heinrich VIII. und Elisabeth I. als Besitz wahrten.

Die sorgfältige Aufblätterung der Stammbäume in den Biographien, die über Maria Ward verfaßt wurden, weist den Frauen kaum einen anderen Platz zu als den, das Geschlecht durch zahlreiche Geburten zu verewigen. Bei manchen der erwähnten Frauen scheinen ihre Verwandtschaftsbeziehungen die einzige Eigenschaft zu sein, die sie besitzen, aber auch eine Art Leistung, für die sie nichts können. (Bei den Zisterziensern war der Adelsnachweis bis in die fünfte Generation hinauf Voraussetzung für die Klosteraufnahme.)

Die unruhigen jungen Frauen, die sich Maria Ward anvertrauten und es mit ihr wagten, die Heimat zu verlassen, wollten wohl nicht länger untätig unter ihren Stammbäumen sitzen. Mit Ausnahme von Mary Poyntz hatten sie auch schon das frühe Heiratsalter überschritten und möglicherweise die Partien ausgeschlagen, die ihnen nicht passend erschienen.

Das Klosterleben war außerdem gerade in England Jahrhunderte hindurch sehr angesehen und hochgeschätzt. Es gab eine Literatur, die das jungfräuliche Leben hochlobte, weil es mehr Freiräume biete, als das Leben in einer Großfamilie unter einem Dach. Es gab ein vielzitiertes Epos, *Haili Maidenhead,* das sogar die Ehe herabsetzte im Vergleich zum Klosterleben. Da hieß es: Mißhelligkeiten stören die Ehe, die Schwangerschaft macht die Frau häßlich, der eheliche Verkehr ist ekelhaft, die Geburt schmerzhaft, das Aufziehen der Kinder lästig, und vor allem das Stillen um Mitternacht! Der tägliche Ärger wird beschrieben: das Kind oder die Kinder schreien, die Katze frißt den Speck, der

Hund kaut sein Fell, die Milch kocht über, das Essen brennt an, der Ehemann schilt...

Selbst Elisabeth I., die sich doch Gouverneur der anglikanischen Kirche nannte, kokettierte vor den Botschaftern aus katholischen Ländern gern damit, daß sie eigentlich am liebsten Nonne geworden wäre oder gar noch werden möchte. Die hohe Meinung über Klöster bestand noch im 17. Jahrhundert, wenn auch Erasmus von Rotterdam, der vielgelesene Humanist, wenn auch Thomas Morus, der Verfasser der *Utopia,* und dann auch die Jesuiten ihre Auffassung dagegen setzten, daß das Klosterleben für eine Frau keineswegs die besseren Chancen für ein sinnvolles, heiligmäßiges Leben böte. Man könne in der Welt ebensogut die eigene Heiligkeit erstreben und erreichen. Die Jesuiten in der englischen Mission mußten sich ja – genau wie die Apostel der Urkirche – auf die Mithilfe der Frauen stützen, die Mithilfe begüterter Frauen, deren Häuser groß genug waren, um Priester zu verbergen und andere Gläubige zu den Gottesdiensten einzuladen. Hatte Pater Henry Garnet nicht in diesem Sinne seinen Abschiedsbrief an Anne Vaux verfaßt? Sie könne der katholischen Sache und ihrer Vervollkommnung durch ein Leben in der Welt mehr nützen als im Kloster.

Diese jungen Frauen aber hatten wohl schon mehr im Sinne als nur Teil eines Stammbaums zu sein oder Hilfestellung für Missionare zu leisten. Die Gefährtinnen, die Maria Ward gewann, wollten selbst etwas tun. Die Eltern gaben einer jeden eine Dienerin mit – wie es sich für adlige Damen gehörte. In zwei Schiffen segelten sie Ende des Jahres nach Calais. Mary Poyntz, die soviel Jüngere, reiste in der Obhut von Maria Ward. Mit fünf Gefährtinnen und deren Dienerinnen, der Sicherheit halber in zwei Schiffen, segelt Maria Ward über den Ärmelkanal. Unbehelligt kommen sie in St. Omer an. Schlicht und selbstverständlich heißt es in den Biographien, daß sie ein Haus in der Grosse Rue kauften, und sehr bald schon ein zweites dazu. Man ist versucht zu sagen: Geld spielt keine Rolle, weil die äußeren materiellen Umstände wieder einmal vornehm übergangen werden. Aber einerseits kannte man einen Sieur Licques und andere Wohltäter und andererseits werden die Töchter aus wohlhabendem Landadel ihr Erbe mit in dieses Haus eingebracht haben. Ein Erbe, das ja verwirkt worden war in der Heimat durch diese Reise, beziehungsweise diese Umsiedlung ins Ausland.

Schon bald suchten andere junge Flüchtlinge aus England bei diesen Frauen Zuflucht. Sie wurden beköstigt und unterrichtet, lernten Dinge die sie sowohl für ein Leben im Kloster wie auch in der Ehe tauglich machen sollten. Später wurde eine Werktagsschule für die Mädchen in der Stadt eingerichtet. Fächer, wie auch die Knaben sie hatten, wurden unentgeltlich unterrichtet. Daß Frauen in einer nicht klösterlichen Gemeinschaft zusammen wohnten, war in Flandern wie am Niederrhein nicht ungewöhnlich. Es gab seit dem 13. Jahrhundert die Beginenhöfe, wo Töchter der wohlhabenden Kaufleute sich zusammentaten, sich der Armen- und Krankenpflege widmeten und Schüler oder Schülerinnen in kleinen Gruppen unterrichteten. In Flandern bestanden zu dieser Zeit noch hundert Beginenhöfe, in Lüttich allein zwanzig. Die Frauen legten die Gelübde des Gehorsams und der Keuschheit ab, aber nicht das Gelübde der Armut. Im Gegenteil: ihr Vermögen war die Voraussetzung, daß sie unabhängig, also ohne Ehemann, leben konnten. Diese Gemeinschaften hatten ihren religiösen Ursprung in den mystischen Bewegungen des Hochmittelalters und sie waren auch deshalb von der Kirche nur mit Mißtrauen geduldet. Wagten doch diese Frauen die Bibel zu lesen und das Wort Gottes für sich und andere auszudeuten. Eine Anmaßung, die die männliche Priesterschaft nicht dulden wollte. Diese Beginen waren natürlich auch eine Antwort auf das Bestreben der Zünfte, Mitgliedschaften in der Zahl zu beschränken, Witwen und Angehörige eines verstorbenen Meisters nicht mehr zuzulassen. Auch die Orden ließen im Mittelalter nur adlige Frauen, nicht aber bürgerliche Frauen in den oberen Rängen zu.

Im Hause der Maria Ward aber entstand nun etwas Neues, etwas für die Umgebung Befremdliches und Staunenswertes: es waren Ausländerinnen, die hier ein klosterähnliches Leben führten, und sie waren adelig. Sie wurden beobachtet. Die Jesuiten berichteten in ihren Monatsbriefen nach Rom über diese Entwicklung, die erstaunlich rasch an Mitgliedern zunahm. Sogar die Botschafter Jakobs I. behielten diese Damen mit den wohlbekannten Familiennamen im Auge. Und die Bevölkerung von St. Omer war ebenfalls verblüfft – freute sich aber über die Ausbildungsmöglichkeiten für ihre kleinen Töchter. Sie alle nannten diese Damen in der Grosse Rue: die *Englischen Fräulein*.

Und so heißen sie bis auf den heutigen Tag – mag auch das offizielle Siegel an ihren Häusern in aller Welt von Kalkutta und Nepal bis nach Korea und Chile, von München bis Rom die würdige Abkürzung tragen: IBMV – Institut der Heiligen Jungfrau Maria *(Institutum Beatae Mariae Virginis)*, was in süddeutscher Verkürzung wiederum bei den Mädchen, die in ein Gymnasium dieser Schwestern gehen oder in ihren

Internaten eine Zeitlang verbringen, entweder heißt: »Ich war bei den Englischen« oder »Ich war im Institut«.

Persönlich bedeutete für Maria Ward diese Zeit in Flandern eine allmähliche Hinwendung zu einem aktiven Leben. Hatte sie bisher gemeint, man könne das Heiligwerden – und das war *das* Lebensziel, das Anliegen in dieser Zeit nicht nur bei den Katholiken, sondern es wurde ebenso ernsthaft als Lebensziel von den Protestanten und Calvinisten verfolgt – nur durch Abkehr von der Welt in einsamer Kontemplation verwirklichen, so war ihr jetzt die tätige Erziehung junger Menschen, das Glaubensgespräch mit Erwachsenen eine willkommene, sinnvolle Ausweitung ihrer Existenz. Das Zusammensein mit Heranwachsenden, mit Kindern und Jugendlichen der Stadt, was sie früher als eine zu große Ablenkung vom geistlichen Leben empfunden hatte, sah sie – vor allem auch nach ihrer apostolischen Arbeit in England – aus einem ganz neuen Blickwinkel. Das kontemplative Leben der Chorschwestern, das ihr bei den Klarissen in St. Omer verwehrt wurde, das Armutsleben der Bettelschwestern, das sie geteilt hatte mit ihnen, erschienen ihr nicht mehr der Zeit und ihren Erfordernissen zu entsprechen. Gewissensnot und Glaubenssehnsucht, wie Maria Ward sie gerade auch bei ihrem letzten Besuch in der englischen Heimat kennengelernt hatte, verlangten nach etwas anderem. Die Frömmigkeitsformen der mittelalterlichen Orden, ehrwürdig wie sie waren, mußten ergänzt werden durch neue, zeitgemäße Lebensformen.

Wie diese neue Lebensweise aussehen sollte – das wollte Maria Ward zusammen mit diesen Frauen suchen, die aus dem gleichen Milieu kamen wie sie selbst, die die Auseinandersetzungen im religiösen Bereich als Gefahr, ja selbst als Gefährdung des Lebens bis zu Hinrichtung oder Tod seit frühester Kindheit erfahren hatten. In Gemeinschaft mit ihnen, in der Gruppe, wollte Maria Ward selbstbewußt und willensstark das Ziel suchen. Mit ihren gleichaltrigen Landsmänninnen unterzog sie sich den geistlichen Übungen, die seit Jahrhunderten erprobt waren, die seit Jahrhunderten zur Erlangung geistiger Erkenntnisse beobachtet wurden und werden:

»Sie aßen nur einmal am Tage, sie schliefen auf Strohbetten und nahmen noch andere große Strengheiten (Kasteiungen) auf sich« (*Chambers* 1888, I, S. 211). Maria Ward betont aber in allen ihren Ansprachen, daß diese Lebensweise nur als Weg zur Erkenntnis eingeschlagen werde, sie sollte nicht zur zukünftigen Regel werden. Daß solches Bemühen, daß diese innere und äußer Konzentration dann eines Tages zu einer visionären Erleuchtung führte, ist beinahe keine Überraschung mehr.

Im Jahre 1611 brachen die Masern unter den Schülerinnen und Pensionärinnen aus und Maria Ward wurde davon angesteckt. Diese Erkrankung brachte sie an den Rand des Todes. Sie wurde mit den Sterbesakramenten versehen. Bekanntlich sind Masern für Kinder leicht zu überstehen, aber für Erwachsene sind sie auch heute noch lebensgefährlich. Die Gefährtinnen waren so verzweifelt, daß sie keinen anderen Ausweg mehr wußten, als eine Wallfahrt zu geloben: Sie wollten vor dem Gnadenbild Unserer Lieben Frau von Montagu, in Sichem, für die Genesung der Todkranken beten. Alle Hoffnung legten sie in ihre inständigen Gebete. Was waren sie, die Ausgewanderten, die Flüchtlinge in diesem fremden Land ohne Maria Ward? Was könnten sie tun ohne sie? Zwar gab es schon die tatkräftige Winefrid Wigmore und die aufmerksam-sensible Mary Poyntz. Und wahrscheinlich hatten auch schon die umsichtige Barbara Babthorpe und Barbara Ward sich ihnen angeschlossen.

Barbara Babthorpe, Maria Wards Jugendfreundin aus der glücklichen Zeit auf Osgodby und Babthorpe, war nach Flandern gekommen, um Benediktinerin zu werden. Herkunft, Bildung und Charakter verschafften ihr die Aufnahme ins Noviziat der Chorschwestern. Doch dann stellte sich bei ihr ein Stimmleiden ein, so daß sie den vorgeschriebenen Chorgesang, der siebenmal am Tage gehalten wurde, nicht mehr leisten konnte. Nach England wollte sie nicht zurück, zumal da ja ihr Vater sich schon nach London zurückgezogen hatte, um den ständigen Verfolgungen und der Überwachung zu entgehen und auch schon plante, England überhaupt zu verlassen und nach Flandern zu gehen. Ihr Bruder, der Osgodby und Babthorpe erbte, verkaufte die Besitzungen dann aus eben diesem Grunde und nahm Dienst in der spanischen Armee, die in Flandern stand. Barbara Babthorpe, nur ein Jahr älter als Mary Poyntz, sechs Jahre jünger als Maria Ward, fand zu dieser Gruppe so wie wenig später auch Maria Wards leibliche Schwester Barbara. Sie alle hatten sich auf die Wallfahrt nach Sichem begeben. Nur Winefrid Wigmore war bei der Kranken zurückgeblieben. Dann ereignete sich das, was für sie alle, was für das zukünftige Leben der Englischen Fräulein entscheidend werden sollte: Maria Ward wird ihrer Berufung inne. In der Einsamkeit und Stille ihres Krankenzimmers steigen diese Worte in ihr Bewußtsein:

»Nimm das Gleiche von der Gesellschaft (Jesu).
Pater General wird es nie erlauben. Geh zu ihm« (N.S.).
Sie vernimmt diese Worte nicht im Ton einer Stimme, sondern intellektuell – nach den Definitionen der Teresa von Avila, die dritte und höchste Stufe mystischer Erfahrung. Diese Worte werden ihr Lebensprogramm. In ihrem Bekenntnisbrief an den Kölner Nuntius Albergati von 1621 erklärt sie: »Diese wenigen Worte verschafften mir soviel Licht über dieses eigentümliche Institut, soviel Trost und Kraft, brachten eine so gänzliche Umwandlung in meiner Seele hervor, daß ich unmöglich daran zweifeln konnte, daß er, dessen Wort zugleich Tat ist, sie mir eingegeben habe« (N.S.).

Sie erkennt in dieser Stunde, was ihr abverlangt wird: ein tätiges Leben mitten in der Welt aus der Kraft klösterlicher Abgeschlossenheit heraus, ein tätiges Leben, so wie es Ignatius von Loyola sieben Jahrzehnte vor ihr in seinen Konstitutionen niedergelegt hatte, in diesen damals so beunruhigend neuartigen Konstitutionen. Ohne den Schutz von Klausurmauern frei in der Welt apostolisch zu arbeiten – in diesem Paradox lag die schöpferische Kraft des Jesuitenordens. Zu solchem Wirken fühlt sich Maria Ward durch das intellektuell vernommene Wort im Krankenzimmer von St. Omer aufgerufen. Ihre Gefährtinnen, die die religiösen Auseinandersetzungen in der Heimat so unmittelbar erlebt haben, die unter der Anleitung von Jesuiten lernten, sich nicht zu fürchten, sind schon in einer Gestimmtheit aufgewachsen, die solcher weltoffenen Lebensweise entspricht.

Für Maria Ward ist die Botschaft, die sie in der Stille ihres klösterlichen Zimmers in St. Omer empfangen hat, das unumstößliche Gotteswort, in dessen Namen sie vor Beichtväter, Papst, vor Kurfürst und Kaiser hintreten wird und das sie vor allem ihren Gefährtinnen einprägt. Nicht einmal die Inquisition wird sie davon abbringen.

Unwiderruflich ist dies die Geburtsstunde des Ordens, der nie ein Orden werden sollte. Die Gefährtinnen waren bereit, mit Maria Ward dieses Lebenswagnis einzugehen – selbständig, gebildet und unabhängig wie sie durch ihre Lebenserfahrungen bereits geworden waren. Mit 26 Jahren erhält Maria Ward ihren Auftrag, dem sie ihr ganzes Leben widmet. Es ist das einzige Ereignis ihres Lebens, von dem sie wünschte, daß es im Zyklus ihres »Gemalten Lebens« festgehalten werden sollte. Und wieder später bittet sie Mary Poyntz, man möge doch dieses Bild gut aufheben, denn es würden einmal wieder bessere Zeiten kommen.

Dieser Auftrag, der blitzartig aus ihrem Bewußtsein emporsteigt, ist gleichzeitig das Ende einer qualvollen Suche. Sie sagt später, daß alle ihre Krankheiten, Verfolgungen und Mühseligkeiten als nichts zu erachten seien im Vergleich zu dem, was sie zehn Jahre durchgemacht und gelitten habe, um zur Kenntnis des Willen Gottes zu gelangen.

Flandern: 1611–1621. Das glückliche Jahrzehnt, doch vor Maria wird gewarnt

»In unserm Stande ist ein heiteres Gemüt, ein klarer Verstand und ein großes Verlangen nach der Tugend notwendig; das heitere Gemüt ist aber aus allen dreien das Notwendigste.«

Maria Ward

Mit dem intellektuell vernommenen Wort »Nimm die Regel der Gesellschaft« beginnt für Maria Ward ein neues Leben. Wenn auch die Ärzte der 26jährigen nur noch eine Lebenserwartung von fünf Jahren geben, so fühlt sie sich doch stark genug, den Weg zu wagen, trotz Abzehrung, Masern und Anzeichen von Schwindsucht. In Gebet und Buße sucht sie mit ihren Gefährtinnen nach einer geeigneten Lebensweise für ihre Gemeinschaft. Sie geben sich eine feste Tagesordnung. Darin sind die geistlichen Übungen harmonisch mit den Tagesaufgaben abgestimmt:

Um vier Uhr morgens stehen sie auf und halten von halb fünf bis halb sechs Betrachtung; dann feiern sie die Heilige Messe, auf die mündliches Gebet und geistliche Lesung folgen. Um acht Uhr beginnen Unterricht, Haus- und Amtsgeschäfte. Zehn Uhr wird die erste Mahlzeit des Tages eingenommen. Die Erholung danach wird mit einer geistlichen Lesung beendet. Die Stunden von eins bis fünf gehören wiederum der Tagesarbeit. Die zweite Mahlzeit des Tages wird um sechs Uhr eingenommen und die darauf folgende Erholung mit Gebet und Gewissenserforschung beschlossen. Die Themen, die in der Betrachtung am nächsten Morgen bedacht werden sollen, werden laut verlesen. Um neun Uhr gehen alle zur Ruhe.

Diese Tagesordnung ähnelt sehr der jesuitischen. Die zweimalige Gewissenserforschung am Tag wird bis in unsere Zeit hinein von den Englischen Fräulein eingehalten. Sie ist ein Weg zur individuellen Vollkommenheit, aber auch eine Übung des Verstandes.

Die anderen Klöster in St. Omer werden auf die jungen Frauen aufmerksam, die so selbständig ihren Tag gestalten. Man bringt ihnen Ordensregeln aus französischen und italienischen Orden. Auch die der Ursulinen, die sich zu dieser Zeit in Frankreich sehr schnell ausbreiteten und sich dem Mädchen-Unterricht widmeten. Ihre Gründerin, Angela von Merici, hatte vor einem Jahrhundert ebenfalls in einer freien Lebensgemeinschaft angefangen. Maria Ward lehnt sanft aber bestimmt ab. Rückblickend meinte sie später: »Sie scheinen nicht das zu sein, was wir haben sollten.« Ist ein Anflug von Snobismus dabei? Oder ist es die unumstößliche Treue, mit der sie an ihre Vision denkt? Viele mächtige Männer der kirchlichen Hierarchie werden ihr später diese Standfestigkeit als Arroganz auslegen und sie dafür bestrafen. Auch daß diese Gruppe religiöser Frauen nur Engländerinnen aufnahm, war für die anderen Klöster etwas Ungewohntes. Schon im wallonischen Klarissenkloster hatte Maria Ward das Gefühl, daß selbst das religiöse Leben sich besser gestalten ließe, wenn alle Klosterfrauen dieselbe Herkunft hätten. Unausgesprochen mag da auch der Speisezettel mitbestimmend gewesen sein. Eine Chronik jener Zeit aus dem St. Monika-Kloster in Löwen verrät:

»Ungewohnt für Ordensleute aus England war in flandrischen Klöstern das schlechte Roggenbrot und noch schlechtere Halbbier. Die gewöhnliche Speise bestand aus einer Kräutersuppe, die Warremus genannt wurde, und dazu gab es ein Stückchen schwarzes Rindfleisch, ungefähr zwei Finger dick. In der Fastenzeit gab es diese Suppe und dazu einen halben Hering oder etwas dergleichen und eine kleine Portion Erbsen, die mit Lampenöl zubereitet war. Um diese Kost etwas erträglicher zu machen, bekamen die Engländerinnen in einigen Klöstern wöchentlich einen kleinen Laib Weizenbrot und etwas Haferbrei« (*Chambers* 1888, I, S. 122).

Man könnte sich vorstellen, daß diese Suppe samt schwarzem Rindfleisch oder Hering ähnliche Probleme hervorrief, wie bei den an Spaghetti und Reis gewöhnten Südländern heute die Kartoffelkost in Deutschland. Außerdem war bei so spärlichen Mahlzeiten, wie sie Klarissen verabreicht wurden, die Zusammensetzung doppelt wichtig. Aber es war nicht nur das Essen, das den Frauen von jenseits des Kanals schwer im Magen lag. »Das Waschen von halbwollenen Kleidungsstücken war für die Edelfrauen beschwerlich, denn die Sachen mußten derart geklopft werden, das manche Klosterfrau nach dem Waschen solche Schmerzen in allen Gliedern verspürte, als wären sie ausgerenkt gewesen. Das Leinenzeug mußte in einer Lauge, die die Haut von den Fingern wegätzte, gereinigt werden. Die gepflasterten Klostergänge mußten ebenfalls von Frauen ausgebessert werden. Sie mußten auch beim Weben der Leinwand mithelfen, eine Arbeit für Männer, die für zarte, schwächliche Frauen sehr beschwerlich war« (*Chambers* 1888, I, S. 122).

Personen, die von außerhalb in eine Kommunität oder Gruppe hineinkommen, und statt sich anzupassen auch noch Extra-Behandlung verlangen, sind nirgendwo gern gesehen. So begeistert Eltern in St. Omer über die Schulmöglichkeiten für ihre Töchter bei den Englischen Fräulein waren, so mochten doch in der Bevölkerung Ressentiments auftauchen. Es wurde nicht ganz übersehen, daß ja nur reiche, wohlhabende Engländer sich Pässe fürs Ausland besorgen konnten. Die Einwanderung der hundert Oxford-Professoren zur Zeit Elisabeths I. konnte mit einer akuten Notlage erklärt und somit hingenommen werden. Die Frauen der Oberschicht, die jetzt, fünfzig Jahre später, kamen, wurden nicht mit der gleichen Selbstverständlichkeit aufgenommen. Der englische Gesandte in Brüssel wird schon bald auf sie aufmerksam. Er schreibt im Mai 1613 seinem König Jakob I., daß »gewisse *verrückte* englische Edelfrauen in St. Omer, die man *Expectatives* nennt, den Hof in Brüssel über ihre Gründerpläne unterrichtet und vom Erzherzoglichen Paar einen wohlwollenden Antwortbrief bekommen haben«, und er fügt gleich eine Abschrift des abgefangenen Briefes bei, damit der ohnehin schon so mißtrauische König sehen kann, »welche Gunst man seinen übelgesinnten Untertanen im Asylland Flandern erweist, wie man sie in diesen Gegenden hegt und pflegt« (*Chambers* 1888, I, S. 242).

Man sieht: Frauen, die überraschende Dinge tun, werden zunächst einmal als »verrückt« bezeichnet – auch im 17. Jahrhundert! *Expectatives* – das soll soviel heißen wie Frauen, die etwas erwarten (*expect* = erwarten): ihre Bestätigung als Ordensfrauen nämlich. Dies ist nur eine der vielen mehr oder weniger gehässigen Bezeichnungen, die man für die Frauen aus England erfand. Man nannte sie auch Galopp-Mädchen, Renn-Nonnen, Wardistinnen (selbst für Außenstehende war Maria Ward schon ein Begriff geworden!).

Die unruhigen, fremden Frauen paßten nicht in das gewohnte Bild klausurierter Nonnen. Sie begleiteten selbst ihre Zöglinge in die Kirche außerhalb ihres Hauses, und die Zahl der Schülerinnen wuchs bald auf 60. Ein zweites Haus mußte gekauft werden. Unterrichtsfächer waren: Sprachen, Literatur und schöne Künste. Dazu Gesang, Handarbeit, Sticken und Nähen.

Maria Ward denkt viel über den Orden nach, zu dessen Gründung sie sich berufen fühlt. In diesem flandrischen Jahrzehnt entstehen drei Pläne, alle in Latein, der Sprache der Kirche und der gelehrten Welt. Der erste Plan (1611/12) ist noch zaghaft *Schola Beatae Mariae* überschrieben, Schule der Seligen Maria. Es klingen schon die tragenden Ideen an: Eine Oberin *(Principalis)* für mehrere Ordenshäuser; keine Klausur, aber dennoch sollen die Mitglieder vor unnötiger Berührung mit der Welt bewahrt werden; das Brevier wird privat, nicht gemeinsam gebetet; die Ordensfrauen sind in verschiedene Grade eingeteilt; Mädchenerziehung innerhalb wie außerhalb Englands und zeitgemäßes Apostolat sollen die Arbeitsaufgabe sein.

Vorstellungen vom Ordensleben wie Ignatius von Loyola sie im Jahrhundert zuvor unter gefahrvollen Schwierigkeiten durchgesetzt hatte, mögen auch der *Schola Beatae Mariae* der Engländerin vorgeschwebt haben. Sie kannte Jesuiten und deren Seelsorgsmethoden seit ihrer Kindheit. Sie hatte vor allem bei den Babthorpes die brillantesten Missionare kennengelernt. Viele ihrer Verwandten gehörten dem Orden an, der Engländer in besonderem Maße anzog, verlangte er doch von den Mitgliedern strengste Disziplin bei größtmöglicher persönlicher Freiheit. Die Ideen des Ignatius von Loyola durchdringen und prägen diese Zeit. In ihren Exerzitien bei Pater Roger Lee hat Maria Ward sie noch besser als in ihrer englischen Jugend kennengelernt. Schon gibt es vor allem in den flämischen Gebieten und am Niederrhein zahlreiche – alles in allem an die zwanzig – Frauengemeinschaften, die Jesuitinnen oder Jesuitessen genannt werden. Eine durchaus ehrenwerte Bezeichnung, wenn sie auch von manchen Zeitgenossen spöttisch oder herabsetzend angewandt wird. Der Zusammenhang mit der Societas Jesu war aber nicht schriftlich oder kanonistisch festgelegt: Jesuiten lasen in solchen Häusern die Messe, hörten Beichte. Häufige, wenn nicht tägliche Beichte war ebenfalls eine Neuerung in der Kirche – im Mittelalter wurde höchstens einmal oder zweimal im Jahr gebeichtet. Diese »Jesuitinnen« hatten die Frage der Klausur, die Maria Ward so stürmisch angehen will, auf sich beruhen lassen.

Ignatius von Loyola hatte mit seiner Gründung einen Orden für die neue, für seine Zeit und Zukunft geschaffen. Das beeindruckte auch die religiös leben wollenden Frauen. Ignatius hatte im christlichen Ordensleben eine entscheidende Wende herbeigeführt: vom klösterlichen asketischen Ideal der Selbstheiligung durch Kontemplation und stellvertretender Buße für diejenigen, die sich dem religiösen Leben nicht so ausschließlich widmen wollten oder konnten, hatte er den Schritt getan zu einem aktiven Leben, zum apostolischen Wirken in der Welt. Die Kirche brauchte nach seiner Meinung Seelenführer für die Einzelnen, Praktiker der Menschenbehandlung, die dem Leben der Geführten möglichst nahe stehen sollten. Die in der Reformation sich aufspaltende Kirche – zunächst in zwei, dann in immer mehr Konfessionen – hatte ihre äußere Geschlossenheit verloren, war eine Kirche der Einzelnen, derer, die sich individuell entschieden, geworden und damit eine Seelsorgskirche.

Ein solches Arbeitsprogramm wünscht sich auch Maria Ward für ihren noch zu gründenden Orden und meint, da der Papst in Rom einen Männerorden dieser Art erlaubt und gesegnet hatte, müsse es ein Leichtes sein, die päpstliche Bestätigung auch für ihre Frauengemeinschaft zu bekommen. Sie übersieht dabei oder kennt vielleicht überhaupt nicht die jahrelangen Selbsterforschungen in Manresa, in der Höhle von Cardoner und in Barcelona, denen der geniale Baske sich unterzogen hatte. Kennt vielleicht nicht seine mühevollen Pilgerschaften und das späte Theologiestudium, dem der bereits 37jährige sich unterzog. Ignatius von Loyola war 43 Jahre alt, als er seine ersten drei Gefährten 1535 auf dem Montmartre in Paris auf die Treue zu ihren Idealen schwören ließ. Die lebensgefährlichen Jahre als Wanderprediger zwischen Paris, seinem heimatlichen Baskenlande und Venedig waren erst ein Vorspiel für die außerordentlich zähen Verhandlungen mit dem Papst, ehe die Societas Jesu sich als gegründet ansehen durfte. Jetzt, 70 Jahre später sieht man überall nur den Erfolg dieses Männerordens, der sich nicht nur über die europäischen Länder verbreitet hat, sondern schon bis Indien, China und Japan vorgedrungen ist. 1556, im Todesjahr des Gründers, hat die Societas Jesu bereits 1000 Mitglieder.

Maria Ward ist 26, als sie nach ihrer intellektuell vernommenen Berufung anfängt, die *Schola Beatae Mariae* zu entwerfen. Bischof Jakob Blaise von St. Omer, der Franziskaner, ist zu Aussprachen und Hinweisen bereit. Beichtvater Pater Roger Lee hält sich anfangs noch zurück. Er bemerkt als erster auch den Widerstand seiner Ordensbrüder, als Gerüchte durchsickern von dem, was Maria Ward plant. Die Jesuiten berichten darüber ihrem General Claudius Aquaviva in Rom. In den ihnen vorgeschriebenen Monatsbriefen steht viel Beunruhigendes, wenn auch Ungenaues über die Englischen Fräulein. Aus Rom kommen Mahnungen zur Vorsicht, man solle sich fernhalten. Noch sind es keine Warnungen.

Auch in München macht man sich schon Gedanken über die Engländerinnen in St. Omer. Ein Mann, der sich ganz der Welt und ihren Geschäften entzogen hat, der sich in romantisch verwinkelter Klause dem Gebet, der Meditation und der Buße hingibt, Herzog Wilhelm V., der seinem Sohn Maximilian I. schon längst im besten Mannesalter die Führung der Staats- und Geldgeschäfte überlassen hat, fragt aus seiner Zurückgezogenheit an, wer denn die Englischen Fräulein seien. Jesuitengeneral Claudius Aquaviva antwortet umgehend, es bilde sich da zwar eine religiöse Frauengemeinschaft in St. Omer, aber die Jesuiten würden deren Seelenführung nicht übernehmen.

In dieser Zeit der Entwürfe schreibt Maria Ward auch ihre 35 Vorsätze nieder; es sind Grundsätze und Lebensregeln, die sie für sich aufgestellt hat und die ganz nach ignatianischer Seelenhaltung klingen: stets in der Gegenwart Gottes wandeln, alles zur größeren Ehre Gottes verrichten *(Ad Maiorem Gloriam Dei* – Wahlspruch des Jesuitenordens), täglich das Gewissen erforschen, bei jedem Stundenschlag an die Erbärmlichkeit des eigenen Zustandes denken und den Vorsatz erneuern, sich zu bessern, zweimal im Jahr eine Generalbeichte ablegen. Erleuchtungen, die ihr hinsichtlich des Instituts gegeben werden, will sie ergeben annehmen; sich also nicht dagegen sträuben, wie sie es später versucht (*Fridl,* Nr. 618).

Ratio Instituti heißt ihr zweiter Entwurf. Institutum war bei den Jesuiten alles, was zu ihrer Regel und zu ihren Konstitutionen gehörte, ihre Gründung als umfassendes Ganzes. Als *Institutum pium,* als Frommes Institut – so möge der Papst sie bestätigen – meint Maria Ward am Ende ihres weitsichtig und verstandesklar ausgearbeiteten Entwurfs, wenn er ihnen nicht den »Lorbeerkranz eines echten Ordenslebens aufsetzen« wolle.

Pater Roger Lee ist der aufgeschlossene Helfer in dieser schweren Arbeit. Maria Ward empfindet das Vertrauen und das mithelfende Verständnis dieses erfahrenen Ordensmannes so wohltuend, daß sie manchmal skeptisch in ihrer Seele forscht, ob diese Arbeits-Harmonie nicht doch gefährlich nah an irdische Liebe heranreiche. Sie erforscht ihr Gewissen so lange, bis sie die innere Gewißheit erlangt, Gott selbst habe ihr diesen Helfer gesandt.

Der zweite Entwurf, die *Ratio Instituti,* ist mit Roger Lees Hilfe um 1615 fertig und wird dann von Thomas Sackville, einem einflußreichen Aristokraten und entfernten Verwandten der Familie Ward, nach Rom gebracht. Die Ratio Instituti beginnt mit der sehr selbstbewußten Feststellung, daß auch »Frauen in dieser Zeit der Drangsal zu Außergewöhnlichem berufen sind«. Um sich der Aufgabe der Mädchenerziehung widmen zu können, soll es keine Klausur geben. Diese Forderung war zu jener Zeit auch deshalb so unerhört und galt als aufrühérisch, weil das Konzil von Trient (1545–1563) ja gerade die Mauern der Frauenklöster noch höher und dicker machen wollte, als sie es schon vor der Reformation gewesen waren. Um in der Tageseinteilung freier zu sein, sollte das gemeinsame Brevier wegfallen, damit eine Ordensfrau ihre Erziehungsarbeit nicht unterbrechen müsse. Die Generaloberin (hier wird die Bezeichnung erstmals gebraucht) kann über mehrere Niederlassungen, auch in verschiedenen Städten, verfügen. Ein viertes Gelübde bindet den Orden an den Papst, dem sie unmittelbar unterstehen wollen. Kein Bischof, kein männlicher Visitator aus irgendeinem Orden soll die Jurisdiktion über sie haben. Dieses vierte Gelübde, das Gehorsams-Gelübde, das erstmals Ignatius eingeführt hatte, sollte aber den Frauen nicht zustehen. Das fanden die Jesuiten als anmaßend! Ein einheitliches Habit wird abgelehnt: sie wollen nach Art rechtschaffener Frauen gekleidet sein, wie immer das in den Ländern ihres jeweiligen Wohnsitzes üblich ist. Innerhalb der Gemeinschaft soll es vier Grade geben: Novizinnen, Assistentinnen, Lehrerinnen und Professinnen, wobei der Generaloberin das Recht zusteht, den Mitgliedern die Höhe des Grades, den sie erreichen können, zuzuteilen. Wer sich als untauglich erweist, kann entlassen werden. Die Begründung lautet ziemlich harsch: »Wir haben weder Strafanstalten zum Einsperren, noch körperliche Bußen zur Besserung der Unbotmäßigen« (*Chambers* 1888, I, S. 411ff.).

Bis zur endgültigen Bestätigung des Ordens durch den Papst sollte für die Englischen Fräulein der sogenannte Zivilkontrakt gelten. Auch das eine Neuerung, eine Einrichtung, die es bei anderen Gemeinschaften dieser Art nicht gab. Der Zivilkontrakt beinhaltete das Versprechen, daß man zusammenhalten und zusammenbleiben solle. Er bot den Eingetretenen einen gewissen Rückhalt, kam dem Sicherheitsbedürfnis entgegen, das ja bei Emigrantinnen natürlich besonders stark sein mußte. Immer wieder überrascht bei Maria Ward, die so sehr aufs Ganze des hochgespannten religiösen Lebens geht, der praktische Sinn, das Fingerspitzengefühl für die Dinge des Alltags.

Erstaunlich ist auch, wie sie die grundlegenden Gelübde aller Orden: Armut, Keuschheit und Gehorsam interpretiert. Aus den fünfunddreißig Vorsätzen, die sie schon einige Jahre vorher zu Papier brachte, nehmen die Überlegungen in bezug auf den Gehorsam einen breiten Platz ein. Der ist ihr, der selbstbewußten Engländerin, die Verfolgung in der Heimat, Demütigungen als Bettelschwester in St. Omer, durchgestanden hatte, besonders wichtig. Es heißt in ihrer Definition zum

Gehorsam: *Gehorsam* ist nicht nur der Generaloberin, sondern auch ihren Amtsverweserinnen zu erweisen. In der Generaloberin sollen die Mitglieder »hauptsächlich Christum den Herrn anerkennen und gleichsam gegenwärtig sehen«. Die göttliche Gestalt Christi als ein männliches Prinzip überstrahlt und überhöht die Machtbefugnisse der weiblichen Generaloberin.

Zur *Keuschheit* vermerkt sie knapp: Die muß eine engelgleiche sein. Im ehelosen Leben der Ordensleute versteht sich seit altersher das Prinzip der Keuschheit von selbst – mag sie meinen. Und über die Keuschheit von Frauen haben hauptsächlich Männer geschrieben: für alle, die in der Frau den Inbegriff der Verführung und Fleischeslust sahen, war die Überwindung dieser – angeblich – naturgewollten Schwäche, die Erreichung der Keuschheit, die höchste Stufe der Vollkommenheit! Keuschheit wurde als ein für Frauen unerreichbares Ziel angesehen. Die Stifterin, die einen apostolischen Orden gründen will, hat sich erst viele Jahrzehnte später ausführlicher über die Keuschheit, als einer Gnade Gottes, nicht der Natur, geäußert.

Die *Armut* wird von den Mitgliedern gefordert, sie sollen persönlich nichts besitzen dürfen und die Dinge, die ihnen zur Verfügung stehen, nur benutzen. Der Orden als Ganzes muß zwar sein materielles Auskommen haben, aber nichts darüber hinaus – so meinte Maria Ward zu dieser Zeit noch. Nur die Noviziatshäuser und Erziehungshäuser sollen mit einem bestimmten Einkommen rechnen dürfen.

Umfangreich ist diese *Ratio Instituti* angelegt. Manches davon sickert durch, noch ehe Thomas Sackville nach Rom aufbricht. Briefe gehen an den Ordensgeneral Vitelleschi in Rom. Die Patres in St. Omer sind beunruhigt über diese Frau, deren Anhängerinnen immer mehr werden. Sie sind beunruhigt auch über ihren Ordensbruder Pater Roger Lee, der sich so unumwunden für die modernen Forderungen eingesetzt hat. So ordnet der General in Rom Pater Lees Versetzung an: er soll zunächst nach Löwen gehen, in das dortige Kolleg, und dann nach England, um in der heimatlichen Luft von seiner Krankheit zu genesen. Offensichtlich sorgt sich General Vitelleschi väterlich um die Gesundheit des Priesters. Es ist übrigens erstaunlich, wie oft in diesem Jahrhundert Ärzte oder auch medizinische Laien von der Heimat Heilkraft für Körper und Seele erwarten. Das heimatliche Klima ist Rettung, wenn alle anderen Mittel versagt haben!

Lees Versetzung ist Tagesgespräch in St. Omer. In seinen Abschiedspredigten schreckt er nicht davor zurück, den wahren Grund dafür zu nennen: »Es geschieht zum Teil wegen des Geredes und der Ansichten einzelner Personen« (*Chambers* 1888, I, S. 249). Natürlich enthält er sich des Wortes »Strafversetzung« in gewohnter Diskretion. Aus Brüssel und Löwen richtet er noch fürsorgliche Briefe an die Englischen Fräulein und ermahnt sie vor allem, Maria Ward immer die Treue zu halten. Es ist, als ob er schon eine Krise voraussieht, die erst viel später in dieser Schar ausbricht.

Maria Ward bittet den scheidenden Pater Lee um den Vorzug, bei ihm noch einmal achttägige Exerzitien machen zu dürfen. In dieser Zeit des tiefen Schweigens und Betens wird ihr wieder eine Schau zuteil, die sie ihrem Beichtvater offenbart. Unter dem Begriff der »Gerechten Seele« ist sie in die Geschichte des Instituts eingegangen. Sie schildert ihrem Seelenführer das Geschaute:

»Gerechte Seelen – das sind Menschen im Zustand der reinsten Gnade, in einem Seelenzustand, wie ihn Adam und Eva vor dem Sündenfall gehabt haben und der wieder zu erreichen sein muß, wenn sich die Menschen darum bemühen« (*Chambers* 1888, I, S. 280). Gerechte Seelen – das sind, so darf man im Nachhinein wohl sagen, jene Elite-Frauen, die den hohen Ansprüchen genügen können, die Maria Ward an ihre Gefährtinnen stellt. Sie formuliert in einem Brief an ihren Beichtvater und Seelenführer so: »Es scheint ein gewisser reiner und vollkommener Zustand zu sein, den man auch in diesem Leben erreichen kann, und ein solcher, wie er überhaupt für diejenigen notwendig ist, welche die Pflichten dieses Instituts in würdiger Weise erfüllen sollen . . . Die Glückseligkeit dieses Zustandes beruhte, insoweit ich mich erklären kann, in einer eigentümlichen Freiheit von allem, was eine Seele an irdische Dinge fesseln kann, verbunden mit einer lebhaften Neigung zu allen guten Werken. Ich sah gleichsam mit dem Verstande eine solche Seele, aber ungleich schöner als ich es auszusprechen vermag« (*Chambers* 1888, I, S. 280).

Ihre Gefährtinnen sollen innerlich frei sein von allen irdischen Bindungen, um sich in Wahrheit und Gerechtigkeit der Ehre Gottes zu widmen. »Überdies dachte ich mir bei dieser Gelegenheit, vielleicht dauert diese unsere Lebensweise bis zum Ende der Welt fort, auf daß sie jene Stufe erreiche, auf der wir ursprünglich (bei der Taufe) begannen« (N.S.). In einem Abschiedsbrief, den sie der Darstellung ihrer Vision folgen läßt, bittet sie Pater Lee: »So lange wir beide leben, hören Sie doch nie auf, mich in der Weise und in dem Maße zu leiten, wie es Ihnen am besten scheint« (*Chambers* 1888, I, S. 287). Hat ihr Beichtvater, Berater und Exerzitienmeister diesen Brief noch empfangen? Hat er ihn noch lesen können? Eine Antwort darauf findet sich in keinem Archiv mehr.

Er war schon auf dem Weg nach Dünkirchen. Die Schwindsucht verschlimmerte sich so schnell, daß er dort starb, noch ehe das Schiff gekommen war, das ihn in die Heimat bringen sollte. Das war im Dezember 1615.

Maria Wards Bitte um Beistand in ihrer Berufsausformung verhallt ins Leere. Weil Pater Roger Lee so viel Interesse für die Englischen Fräulein aufbrachte, wurde er von ihnen entfernt. Vor Maria Ward wird gewarnt! Mögen ihre Biographen später auch immer wieder beteuern, daß, wenn ihr ein Berater aus der Heimat zur Seite gestanden hätte, ihr das Scheitern erspart geblieben wäre. Aber an den Stationen ihres Lebens, wo sie der Beratung am dringendsten bedurft hätte, wurden die verstehenden und helfenden Freunde entfernt. Pater Roger Lee ist einer der ersten.

Ende 1615. Die *Ratio Instituti,* der Entwurf, der in den letzten beiden Jahren entstanden ist, wird nach Rom gebracht. Thomas Sackville hat sich auf den Weg begeben. Sackville – ein Mann zwischen allen Ständen und Stellungen. Kein Geistlicher, kein Ordensmann. Ein Emigrant, wie so viele in diesem Asylland, das dem König in Madrid und dem Kaiser in Wien, den Päpsten in Rom und nun auch schon den Münchner Wittelsbachern sehr wichtig ist. Sackville, aus dem gräflichen Hause Dorset, ein Mann mit unabhängigem Einkommen, hatte einige Jahre zuvor, 1611, das Arras-Colleg gegründet: eine Schriftsteller-Werkstatt, in der Pamphlete und Schriften hergestellt wurden, die den englischen Katholiken Material in die Hand gaben bei dem heftigen Kampf der Meinungen. Dies ist das Jahrhundert der Pamphlete. Die erbitterte Auseinandersetzung um theologische Grundsätze, die subtil und nur den Gelehrten ganz verständlich war, hatte mit den letzten Jahren des vergangenen Jahrhunderts aufgehört. Jetzt hatten die Praktiker des Alltags das Wort, es ging um die Verwirklichung religiöser Grundsätze; man wollte Ernst machen mit der Frömmigkeit im Alltag, mit der Re-formation des Glaubens. Im Englischen Colleg von Rom, in der Via Monserrato, ist die Ankunft von Thomas Sackville ehrfurchtsvoll unter dem Datum des 3. Januar 1616 verzeichnet. Und noch: Er verließ das Hospiz am 22. April.

Er hat die umfangreiche Denkschrift, die *Ratio Instituti* übergeben. Sicher nicht dem regierenden Papst, Paul V., persönlich. Für den bürokratischen Weg ist die Konzils-Kongregation zuständig. Ob sie das Memorandum der verstandesklaren, zielstrebigen Engländerin gelesen haben und es in allen Punkten dem päpstlichen Sekretariat unterbreitet haben? Oder haben sie Klausurlosigkeit und Unabhängigkeit von Frauen als so ungeheuerlich aufgefaßt, daß sie diese Neuerungen nur in einer abgeschwächten Zusammenfassung an ihre nächst höhere Behörde weitergeleitet haben? Die Meinungen darüber gehen nach 350 Jahren noch auseinander: Im Nymphenburger Archiv liegt nur das bedeutungsvolle Schreiben des Kardinals Orazio Lancelotti, worin er dem Bischof von St. Omer, Jakob Blaise, mitteilt: »Da die Hocherlauchten Väter in Rom (das sind die Kardinäle aus der Konzils-Kongregation) die Bitte der aus England Vertriebenen sehr billig gefunden hätten, so möge er, Bischof Blaise, vorläufig den Hauptschutz und die Hauptsorge für die genannten Jungfrauen übernehmen, damit die Englischen Fräulein mit Hilfe der Gnade täglich reichere Früchte von ihrer Mühewaltung ernten möchten. Und sollte es eines Tages dahin kommen, werde auch der Apostolische Stuhl die Bestätigung ihres Instituts in Erwägung ziehen« (N.S.).

Gewunden und verklausuliert wie die Formulierungen sein mögen, Maria Ward liest aus diesem Briefe die Erfüllung ihrer Wünsche heraus, sie liest ihn mit den Augen einer Bittstellerin und auch mit der Überzeugung, daß sich doch eigentlich niemand diesem ihrem wohlausgewogenen Plan widersetzen könne. Am liebsten hätte sie ja die *Ratio Instituti* persönlich dem Heiligen Vater vorgelegt. So hatte es ihr auch Pater Roger Lee vorgeschlagen. Aber verwandtschaftliche Pflichten riefen sie 1614 nach England: Marmaduke Ward war wohl gestorben und Ursula Ward wollte als Witwe nicht länger auf Newby leben – das ohnehin um diese Zeit verkauft wurde. Maria Wards ältester Bruder war schon tot, in einem Duell gefallen, und so mußte Maria als das älteste der sechs Kinder sich um die Familie kümmern. In ihren autobiographischen Fragmenten finden sich keine Bemerkungen über dieses doch für die Familie umwälzende Ereignis. Mit der Mutter kamen auch die Schwestern Elisabeth und Teresa nach Flandern und der jüngste Bruder, George, der später in St. Omer und Rom studierte und der Societas Jesu beitrat. Teresa schloß sich in Mons dem Karmel an, wurde schon 1615 nach Polen entsandt, um dort ein neues Kloster des Karmel zu gründen. Sie hat offensichtlich den zielstrebigen Charakter und das Organisationstalent ihrer Schwester Maria. Später war sie Subpriorin und Priorin in Antwerpen. Sie starb 1649. Elisabeth scheint sich den Gefährtinnen Marias angeschlossen zu haben, aber ohne jemals sich den Führungsaufgaben, die Maria ihr übertragen wollte, unterzogen zu haben. Barbara, ein Jahr jünger als Maria, war schon in Flandern, denn sie begleitete Maria wohl zu den nächsten großen Unternehmungen: einer Gründung in Lüttich. Ein neues Haus ist das Gebot der Stunde. Das Doppelhaus in St. Omer kann die zahlreichen Engländerinnen, die nach Flandern kommen, nicht mehr aufnehmen. Zweimal schon ist es vergrößert worden. Aber mehr als sechzig können darin nicht untergebracht werden und doch kommen immer noch mehr junge Frauen über die Londoner Anlaufstelle, die von Anna Gage geleitet wird.

Maria Ward ist von den Ereignissen der letzten Monate so erschöpft, daß sie die heilenden Wasser von Spa trinken will und muß. Auf dem Wege dorthin, in Begleitung ihrer Schwester Barbara, besucht sie die Statthalter Albert und Isabella Klara Eugenia in Brüssel und spricht über ihren Plan, in Lüttich ein neues Institut zu errichten. Schließlich und endlich ist ja die *Ratio Instituti* in Rom gnädig aufgenommen worden und es muß eine baldige Bestätigung bevorstehen, wie sie der Brief des Kardinals Lancelotti angekündigt hat.

Auch in Spa in diesen Erholungswochen weiß Maria Ward sehr geschickt für ihr Vorhaben zu werben. Ihre Schwester Barbara beschreibt das so: »Ihrer Gewohnheit und gewöhnlichen Verfahrensweise in solchen Angelegenheiten gemäß brachte sie einige Frauen aus den Höheren Ständen der Stadt klugerweise dahin, bei ihr und den angesehenen Patres (ohne daß ihnen selbst etwas auffiel) um die Erfüllung ihrer Wünsche anzuhalten« (*Chambers* 1888, I, S. 311).

Lüttich hat hundert Klöster, und doch hat Maria Ward die Erlaubnis, auf dem Mont St. Martin ein Haus zu kaufen und einzurichten, erhalten. Man schreibt das Jahr 1616, und sie ist 31 Jahre alt. Der aus England stammende Jesuit Pater John Gerard hat von seinen Ordensoberen in Rom den Auftrag bekommen, in Lüttich ein Colleg zu gründen, das es in Theologie und Philosophie mit dem berühmten Colleg in Löwen aufnehmen kann. Auch Löwen vermag die Novizen, die sich dort bewerben, nicht mehr zu fassen. Seit sieben Jahren hat Pater John Gerard dort als Novizenmeister den Nachwuchs seines Ordens betreut. Er ist jetzt 52 Jahre alt. Achtzehn gefährliche, todesnahe Jahre seines Lebens hat er in der Englischen Mission verbracht (1588–1606), von den Tagen der Armada-Schlacht bis zu den Verfolgungen der Pulver-Verschwörer. Hinter ihm liegt ein Leben, das Maria

Ward für sich und die Frauen ihrer Generation erstrebt: sie sollen ihres Glaubens so bewußt sein, daß sie ihn auch nach außen hin überzeugend verteidigen können – sei es als Ordensfrauen oder als Ehefrauen. In Lüttich oder überhaupt in Flandern zu jener Zeit gab es wohl niemanden, der besser als Pater John Gerard verstehen, nein *wissen* konnte, was Maria Ward vollbringen wollte.

Als Maria Ward und Pater John Gerard sich in Lüttich begegnen und mit ihrer Arbeit beginnen, entsteht eine Freundschaft, die bis in den Tod dauert. Sie erinnert an jene Seelengemeinschaften, die es in der abendländischen Ordensgeschichte immer wieder gegeben hat; erinnert an die begnadeten Nachbarskinder von Assisi, Klara und Franz, an die spanischen Reformer des Karmel, Teresa von Avila und Johannes vom Kreuz, erinnert an den charismatischen Bischof Franz von Sales und Franziska von Chantal.

Diese Freundschaft zwischen Maria Ward und John Gerard überdauert Verleumdungen und Argwohn, Sprech- und Schreibverbote seitens der Oberen, geographische Trennungen. Sie währt bis in den Tod.

Maria Ward kannte Gerard schon seit den Tagen auf Osgodby, bei den Babthorpes. Damals als sie von Skrupeln gequält in ängstlicher Verschlossenheit nach dem rechten Weg suchte, sich auf eine Generalbeichte vorbereiten wollte, gab ihr Pater John Gerard das Buch des italienischen Theatiner-Paters Lorenzo Scuopoli in die Hand. Er hatte es übersetzt und heimlich in England drucken lassen. *Der geistliche Kampf,* dieses Buch mit seinen lebensbejahenden, menschenfreundlichen und gottvertrauenden Maximen wurde für Maria Ward zur Lebenshilfe. Eine rein äußerliche Gemeinsamkeit ihres Lebens, die nur im Nachhinein in die Augen sticht: beide, der in Lancashire geborene Mann und die in Yorkshire geborene Frau verließen das heimatliche England um dieselbe Zeit, Anfang Mai 1606, als der Superior der Jesuiten, Henry Garnet, unter dem Galgen von Tyburn gevierteilt und verbrannt wurde. Für Maria Ward war es der erste Abschied von England, für John Gerard der letzte. Er hat dann das Land seiner Väter nie mehr betreten dürfen.

John Gerards Name hatte ja ganz hoch auf den Fahndungslisten gestanden, als die unselige Pulver-Verschwörung (1605) aufgedeckt wurde. Er galt als Mitwisser und als der ungenannte Priester, der den Verschwörern am Vorabend des geplanten Verbrechens die Kommunion gereicht haben sollte. Er entkam der Verhaftung auf eine fast lässig-elegant zu nennende Weise: in Diener-Livrée begleitete er ausländische Botschafter, die König Jakob I. zu seiner Errettung beglückwünscht hatten und wieder auf den Kontinent segelten.

Kaum war Pater John Gerard in Brüssel angekommen, als der englische Botschafter seinem König berichtete, daß Gerard, der Strolch, bei hellem Tageslicht in der Stadt herumstolziere und sich rühme, die Erlaubnis der Statthalter zu haben... Wo immer John Gerard auftaucht, fesselt er die Aufmerksamkeit von Freund wie Feind. Damals wurde er nach Rom berufen, damit er vor unliebsamen Übergriffen geschützt sei. In tiefster Abgeschiedenheit des römischen Ordenshauses schrieb er den Bericht der Pulververschwörung, in dem er sich auf jenes rätselhafte *Buch des Königs* stützte, das Jakob I. oder wohl sein fintenreicher Innenminister auf dem Kontinent verbreiten ließ, bevor noch die Verschwörung entdeckt war. (Gerards Bericht wurde 1773 bei Aufhebung des Jesuiten-Ordens intensiv gesucht, blieb aber verschollen bis ins 19. Jahrhundert, als eine englische Übersetzung angefertigt wurde.)

Pater Gerard war dann drei Jahre später nach Löwen geschickt worden, um den Ordensnachwuchs für die Missionsarbeit in England vorzubereiten. Wieder hatte er dann zur Feder gegriffen und seine Autobiographie verfaßt: schließlich hatte er ja 18 Jahre lang die Gefahren und den Aufbau dieser apostolischen Arbeit erlebt. Er war einer der Ersten gewesen, der in den Wochen der Armada-Schlacht an einem nebligen Herbstmorgen an der englischen Küste abgesetzt worden war. Damals, als die 130 schweren mit 3000 Kanonen bestückten und 30000 Soldaten besetzten Galeonen des spanischen Königs, von den moderneren leichten englischen Schiffen zerschlagen wurden, hatte Philipp II., der gottesfürchtige und machtbewußte König im Escorial, einsehen müssen, daß England mit militärischer Macht nicht für den Katholizismus zu gewinnen war – ebensowenig wie mit abenteuerlichen Ehebündnissen. Der dritte Weg blieb nur noch offen: Bekehrung durch Überzeugung, Bekehrung der Einzelnen. Befehl von oben für ein ganzes Volk – dafür war es in England zu spät.

So entstanden im *cordon religieux* an der England gegenüberliegenden Küste die Priesterseminare und die Ordensschulen.

John Gerard war dort schon ausgebildet worden, als dafür Eltern noch 100 Pfund Strafe zahlen mußten und Studenten ihres Erbteils verlustig gingen. Und doch gab es zu jener elisabethanischen Zeit mehr junge katholische Engländer, die im Ausland studierten, als in England. Bei einem Ferienaufenthalt in der Heimat war der 20jährige verhaftet worden und hatte die Folter und Hinrichtung eines Priesters erlebt. Dessen Name: William Tomson. Tomson war das Pseudonym fortan für John Gerard. Das grauenvolle Erlebnis hatte ihn nicht abbringen können von seiner wegweisenden Erkenntnis, die er in seiner Autobiographie so beschreibt: »Im Alter von 15 Jahren vernahm ich zum erstenmal die Stimme Gottes: er rief mich fort von den gewundenen Pfaden der Welt, auf den geraden Weg zur Nachfolge Christi in seiner Ordensgemeinschaft« (*Gerard* 1954, S. 16). Dieses Erlebnis trug ihn durch sein ganzes Leben: auch als er 1588 an Land ging, wohl wissend, daß hier für Jesuiten die Todesstrafe ausgeschrieben war.

Achtzehn Jahre am Rande der Todesgefahr – das Buch wurde ein Bestseller auf Jahrzehnte hin. Aber dann wurden die Spuren dieses Lebens verwischt, Verleumdungen und unbegründete Anschuldigungen haben Gerards Andenken verdunkelt. Heute steht keins seiner Bücher zwischen den Pandekten des Englischen Collegs in der kühlen Via Monserrato. Kein Grabstein verzeichnet seinen Tod (1637) in der Ewigen Stadt, kein Denkmal rühmt den Mut dieses kühnen Einzelgängers zwischen den Fronten der damaligen Glaubensauseinandersetzungen. Keine Erinnerung auch in der Colleg-Kapelle, wo doch sogar die Namen der vier dort (zwischen 1623 und 1697) bestatteten Englischen Fräulein eingraviert wurden, – wenn auch erst im Jahre 1979.

Es ist 1616, als Gerard den ehrenvollen Auftrag erhält, das Colleg in Lüttich zu gründen, das die überfüllte Löwener Universität entlasten kann und es im geistigen Rang mit ihr aufnehmen soll. Immer sind es außergewöhnliche Aufgaben, die Gerard gestellt werden. Und außergewöhnlich ist auch das, was Maria Ward für die Frauen ihrer und zukünftiger Generationen erstrebt.

Als Maria Ward nach Lüttich kam, um dort ein Haus für ihre Gemeinschaft zu erwerben und Schulen für Mädchen aller Schichten zu gründen, traf sie in Pater John Gerard den erfahrenen Berater für ihre angestrebte Arbeit. Außerdem stammte er aus ihrer Heimat und vor allem kannte er auch die Familie Babthorpe, der sie ihre geistige Ausformung verdankte.

Albrecht und Isabella Klara Eugenia, die Statthalter der Niederlande, in deren Vorstellung Kirche und Staat, Laien und Priester, Diesseits und Jenseits eine einzige Einheit bilden, sind hilfreich. Gerard geht am erzherzoglichen Hof ein und aus, sieht sich in Lüttich nach Grundstücken um, verhandelt und kauft. Da ist es nur selbstverständlich, daß er auch seiner Landsmännin Maria Ward praktische Ratschläge für die eigenen Unternehmungen geben kann. Sie erwirbt ein Haus auf dem Mont St. Martin in der Nähe der gleichnamigen Kirche. Und schon zwei Jahre später kauft sie auch das Haus auf der Pierreuse, das ausschließlich für die Ausbildung der Novizinnen gedacht ist. Maria Ward vertraut auf die Zukunft, auf die Notwendigkeit eines wachsenden, aufgeschlossenen Frauenordens, denn sie sieht überall neue Aufgaben, die nur von gut ausgebildeten Frauen wahrgenommen werden können. Zwar haben der bayerische Kurfürst Maximilian I. und sein geistlicher Bruder Ferdinand, Erzbischof von Köln, Bischof von Lüttich, Trier und Münster, Zusagen gemacht und gehalten, zwar fährt Maria Ward immer wieder in die Heimat, um fällige Beträge selbst abzuholen– doch die kriegsbedingte Teuerung und das zu schnelle Wachstum der Gemeinschaft, die gewollte Ausdehnung ihrer Tätigkeiten, bringt die Englischen Fräulein in finanzielle Schwierigkeiten. Aber auch die Jesuiten übernehmen sich. John Gerard erwirbt das Bauerngut Condroz in der Hoffnung, durch dessen Bewirtschaftung dem Haus in Lüttich Erleichterung zu verschaffen: doch die Erträge sind nicht so, wie er sie erhofft hatte. Die Angestellten des Gutes und die Arbeiter wollen nicht für Ausländer, wie es alle diese Exilierten sind, tätig sein. Gelder, die man aus England erwartet hatte, bleiben aus. Das Gut Condroz hat dem Grafen Sackville gehört – eben demselben, der die *Ratio Instituti* der Englischen Fräulein nach Rom gebracht hat. Es werden komplizierte Umschreibungen und Überschreibungen vorgenommen. Barbara Babthorpe springt ein und will die Besitzungen mit ihrer Bürgschaft retten. Doch nach einiger Zeit sind die finanziellen Verhältnisse so unübersichtlich geworden, daß schon gar nicht mehr die Juristen allein, sondern auch schon die Theologen, die Beichtväter um Rat angegangen werden. Sie werden gefragt: ab wann ist es unmoralisch, zu alten Schulden neue Schulden aufzunehmen? Die Beichtväter entscheiden die ökonomische Frage dahingehend, daß Anleihen unmoralisch werden, wenn man ihre Rückzahlung nicht garantieren kann. Mit anderen Worten: zu diesem Zeitpunkt sollte man tunlichst neue Anleihen vermeiden. Die Überlegungen ziehen sich über Jahre hin, selbst noch ein Jahrzehnt später, als Pater John Gerard von seinen Oberen in Flandern zur Rechenschaft gezogen wird, bleiben die Konten von Soll und Haben unüberschaubar. Unermüdlich reist Maria Ward zwischen Lüttich, St. Omer und England hin und her, um Erbschaften und Renten ihrer Anhängerinnen beizubringen, über den Kanal zu schaffen. Ihr Selbstvertrauen ist gewachsen. Das stets errötende Mädchen aus den Tagen von Osgodby ist eine verantwortungsbewußte, mündige Frau geworden!

Um es gleich vorwegzunehmen: sie gründet 1620/1621 auch noch in Köln ein Haus für die ihren und eins in Trier. Wenn auch die Gelder nur das unabdingbar vorgeschriebene Volumen dafür haben: die Vorschrift verlangt, daß für die ersten drei Monate Geld vorhanden sein muß. In Köln, das dem geistlichen Kurfürsten aus dem Hause Wittelsbach untersteht, verläßt sie sich ganz auf dessen Wohlwollen. Ferdinand besucht oft die von den Englischen Fräulein gestalteten Gottesdienste und schätzt ihre Musikalität.

Ganz verstummt ist zu dieser Zeit auch noch nicht die juristische Frage, ob Maria Ward berechtigt ist, mit ihrer Arbeit, mit ihren Gründungen fortzufahren. Zwischen dem fernen Coimbra in Portugal und dem nahen Löwen erörtern die damals maßgeblichen Juristen Lessius und Suarez das Für und Wider. Lessius meint, da die Bestätigung einer Ordensregel, der *Ratio Instituti,* in Aussicht gestellt worden sei, könne Maria Ward bis dahin ohne Einschränkung ihr Vorhaben in Angriff nehmen. Suarez von Coimbra verneint die Frage.

Maria Ward – eine Fremde in Flandern, hineingeworfen in diese die Ländergrenzen übergreifenden Auseinandersetzungen, fühlt sich ermutigt. Sie fürchtet sich nicht – auch nicht, als sie auf einer ihrer Englandreisen den Ausspruch des anglikanischen Bischofs George Abbott erfährt. Er sagte: »Diese Frau richtet mehr Schaden an als sechs Jesuiten.« Er meinte damit, daß Maria Ward, die ihre Wohnungen zwischen Whitehall und Spitalsfield immer wieder wechselte, wenn sie in London war, so viele Landsleute zu bekehren, zu überzeugen vermochte, daß sie mehr Erfolg hatte, als die anderen Priester im Untergrund. Aus dieser Zeit erzählt die englische Vita eine Geschichte, die uns heute kaum glaubhaft erscheint: kaum glaubhaft in Anbetracht der zahlreichen Dienerschaft, die für Denunziation belohnt wurde, und angesichts der dicken Backsteinmauern, mit denen Lambeth Palace, der Sitz des anglikanischen Erzbischofs, bis auf den heutigen Tag umgürtet ist, und angesichts auch der winzigen Einlaßpforten dort. Doch die Vita berichtet:

Maria Ward macht sich eines schönen Nachmittags mit den engsten ihrer Gefährtinnen auf den Weg zu diesem Palast. Sie gehen die Themse entlang, setzen mit einer Fähre über den Fluß und begehren Einlaß am Tor von Lambeth Palace. Das Auftreten und die vornehme

Kleidung verschafft den Frauen Zutritt. Der Diener bedeutet ihr, daß der Erzbischof Abbott nicht zu Hause sei. Da ritzte Maria mit dem Brillantring ihren Namen und die Uhrzeit in eins der Fenster. Zwar war es in jenen Jahrzehnten nicht ungewöhnlich, mit Brillanten in Fensterscheiben zu schreiben. In der Zeit der allgegenwärtigen Geheimdienst-Spione wäre es aber für eine Frau, dic gesucht wurde, unmöglich gewesen, zu entkommen. Man kann selbstverständlich nicht erwarten, daß eine solche Fensterscheibe sich bis auf den heutigen Tag erhalten hätte. Aber auch in den Inventaren und Folianten der noblen, dämmerigen Bibliothek von Lambeth Palace weist nichts auf einen solchen Besuch hin.

Im Halbdunkel mündlicher Überlieferung bleibt auch der bedrohliche Vorfall aus dem Jahr 1619: Wurde Maria Ward zum Tode verurteilt oder wurde ihr der Tod angedroht? Als ihr Schiff nach Flandern ausgelaufen war, aber dann von widrigen Winden wieder an die Küste verschlagen wurde, wurden alle Passagiere ohne gültige Ausweispapiere festgenommen. Maria Ward wurde ins Guildhouse gebracht, in das Untersuchungsgefängnis von Westminster. Später wurde sie zur Verurteilung ins Gatehouse überführt. Sie trug über ihrem Kleid einen dickperligen Rosenkranz und betete. Die Wärter machten sich darüber lustig, sie verwies es ihnen mutig. Ein Todesurteil wurde über sie verhängt – doch Freunden gelang es, sie freizukaufen. Maria Ward hat das in keinem ihrer Briefe später erwähnt, wohl aber hat es 1627 der Beichtvater des bayerischen Kurfürsten, Pater Adam Contzen, in einem Empfehlungsbrief festgehalten, den er an seine Mitbrüder in Passau und Linz richtete.

Viel tiefer eingeprägt, ja, schneidend tief eingekerbt hat sich die Erinnerung an ein anderes Ereignis dieser Jahre: an eine Zerreißprobe besonderer Art. In Lüttich hatte sich ein Bauernmädchen aus den Ardennen – Praxedes mit Namen – der jungen Gemeinschaft angeschlossen. Es konnte sich aber wohl mit dieser Lebensweise, die nach ignatianischen Vorschriften gestaltet war, nicht vertraut machen. Vielleicht hatte Praxedes sich eine gefühlsbetontere, eine weniger aufs Aktive gerichtete Lebensweise gewünscht. Ihre Enttäuschung und Unzufriedenheit schlugen sich in Traumgesichten nieder. Ausführlich berichtete sie darüber, wenn sie mit ihren Gefährtinnen allein war. Sie behauptete, daß ihre Träume, ihre Offenbarungen von Gott seien, daß aber Maria Wards Konzeption des Teufels wäre. Praxedes schildert ihre Gesichte so anschaulich, daß sie Anhänger gewinnen kann: Mary

Alcock, die stellvertretende Oberin, und auch den Beichtvater Burton und noch andere. Visionen haben zu dieser Zeit noch immer Überzeugungskraft. Maria Ward wendet sich hilfesuchend an ihren Beichtvater Pater John Gerard. In einem ihrer anrührendsten Briefe schreibt sie ihm: »Hochwürdiger Vater! Als ich mich heute in einem Meer von Ungewißheiten befand und voller Befürchtungen war ob meines Unvermögens, etwas noch so Geringes ohne mächtige und außerordentliche Hilfe zustande zu bringen, und darum Gott als meine letzte und beste Zuflucht anrief und zu diesem Ende den Leib des Herrn empfing, kam mir folgender Plan in den Sinn ... Dürfte nicht Schwester Praxedes alles niederschreiben in Form eines Institutsplans was sie gesehen, samt allem, was sie noch von Gott über die Sache erfahren kann?« (N.S.).

Es ist typisch für Maria Ward: zwar wendet sie sich an John Gerard, unter dessen Leitung sie in diesen Tagen Einzel-Exerzitien macht, aber sie hat in der Meditation, in der Aussprache mit Gott, schon selbst den höchst praktischen Weg gefunden, wie man mit Praxedes, der Unruhestifterin, ins Reine kommen könne. Aufschreiben lassen! Die Technik, die Ignatius durch seine Exerzitien der Nachwelt vermacht hat. Aufschreiben, Abstand gewinnen durch Nachdenken und Selbstprüfung! Zur Bekräftigung ihrer eigenen Vision fügt sie aber noch die Beschreibung dieses Erlebnisses bei: »Sie, Praxedes, darf auch wissen, welchen Auftrag ich von Gott empfangen habe, wenn ihr damit gedient ist. Er lautet, wie folgt (buchstäblich zu nehmen, ohne eine Silbe zu ändern oder hinzuzufügen): ›Nimm die der Gesellschaft. Der Pater General wird es nie zugeben. Geh zu ihm.‹ Das sind die Worte von unschätzbarem Werte, deren kostbaren Inhalt man nicht teuer genug bezahlen kann« (N.S.).

Es geschieht, wie Maria Ward angeregt hat: Praxedes willigt ein, ihre Traumgesichte niederzuschreiben, zieht Parallelen zwischen ihren Offenbarungen und denen ihrer Vorsteherin und ist sich ihrer Sache sicher. Allerdings ergriff sie eine leichte Unpäßlichkeit, die schnell zunahm. Der Arzt befürchtete Schlimmes. Praxedes aber scherzte: wenn sie von dieser Krankheit nicht genese, so sei sie die Getäuschte und Betrogene – Maria Ward aber sei dann im Recht. Ohne weiteren Umstand vermelden die frühen Chroniken: »So ging sie des Abends zur Ruhe. Mit Anbruch des Morgens jedoch brachte man Maria Ward die Nachricht, Praxedes sei eine Leiche« (*Chambers* 1888, I, S. 363).

Der plötzliche Tod! In diesem Jahrhundert der Gewalt, der langdauernden Kriege, der unerklärlichen, verheerenden Seuchen, der Kurzlebigkeit der Menschen überhaupt war der überraschende Tod immer nah, immer möglich – und als eine Fügung oder auch als Fingerzeig Gottes wurde er angesehen. Oft als gerechte Strafe für mutwilliges Treiben. Der Aufruhr, den Praxedes angestiftet hatte, wurde als Warnung immer wieder in der Erinnerung beschworen, wenn in den folgenden Jahren die Entwicklung gefährdet schien. Der Schrecken blieb unvergessen. Die Aufzeichnungen ihrer Selbstbeobachtung, die Maria Ward während dieser Exerzitien macht, sind in einer Sprache verfaßt, die an hochmittelalterliche Mystik heranreicht.

Es sind Jahre des Aufbaus, und die Entwicklung dieser neuen Frauengemeinschaft erregt die Aufmerksamkeit der Umwelt – wie könnte es anders sein. Berichte gehen auch nach Rom an den Ordensgeneral der Jesuiten, Mutius Vitelleschi. Man beklagt sich über diese zielstrebigen Frauen, die sich mit ungewöhnlichen religiösen Aufgaben beschäftigen, die anders sind als die anderen Ordensfrauen.

Mutius Vitelleschi, der in seiner weltweit ausgedehnten Ordensschar Frieden und Harmonie möchte, empfängt aus sieben Ordensprovinzen in den vorgeschriebenen Monatsbriefen viele unerhörte Meldungen. Er fängt an, immer wieder brieflich vor Maria Ward zu warnen. In vier Jahren schreibt er 50 Briefe, die sich mit den Englischen Fräulein befassen, 21 davon beschäftigen sich ausführlich mit Maria Ward.

Strenger aber als alle Warnungen war der *Befehl* des Ordensgenerals aus Rom, Maria Ward die Konstitutionen des Ignatius von Loyola wieder abzunehmen. John Gerard hatte sie ihr wohl gegeben – zur Empörung aller patriarchalisch eingestellten Ordensbrüder. Pater John Gerard, der in den Jahren seiner Missionstätigkeit die Hilfe aufgeschlossener Frauen erfahren, ihren religiösen Eifer und ihre Aufopferungsfähigkeit samt Organisationstalent erlebt hatte, wußte, wie wichtig Frauen schon seit den Tagen der Apostel und der Urkirche für die Ausbreitung des Glaubens im Untergrund gewesen waren. Ihm erschien es nur folgerichtig und zeitgemäß, wenn diese englischen Frauen im flandrischen Asyl sich auf apostolische Arbeit in der Heimat vorbereiteten.

Die Männerorden, die Franziskaner und Kapuziner, schicken um diese Zeit ihre Patres schon längst über die Meere. Ignatius hat seinen ersten und besten Mitarbeiter, Franziskus Xaverius, 1542 nach Indien geschickt, noch ehe der Jesuitenorden richtig heimisch geworden ist in Rom. Seit 1583 hat der geniale Matteo Ricci schon Zutritt zum Kaiser von China und ist im Gespräch mit den Mandarinen seines Hofes. In Paraguay haben die Jesuiten – in Flandern ausgebildet! – schon ihren Indianer- und Sonnenstaat gegründet, der von den geldgierigen spanischen Kolonisatoren nicht betreten werden darf. In Lüttich spricht auch schon Pater Andrew White von seinen Plänen: er wird nach Baltimore/Maryland fahren, und später die Indianersprache schriftlich niederlegen, ihnen den Katechismus übersetzen und eine Grammatik entwickeln. Andrew White setzte Maria Ward in seinem Testament als Erbin ein – allerdings überlebte er sie.

Inzwischen (1608) ist auch aus Südfrankreich eine Ordensfrau, Marguerite Bourjeoys, nach Kanada aufgebrochen. Papst Johannes Paul II. hat sie unlängst heilig gesprochen, bevor er nach Fatima weiterreiste. Die Prälaten und Kardinäle in Rom, die Nepoten im Vatikan, halten solche weltweiten Unternehmungen ganz ungeeignet für Frauen. Maria Ward aber hatte in der Vision von 1611 den Befehl erhalten, ›das Gleiche von der Gesellschaft (Jesu) zu nehmen‹. Im Gehorsam gegen diesen Aufruf war sie doch geradezu gezwungen, die Konstitutionen des modernsten Männerordens zum Vorbild zu nehmen. Ihr dritter Ordensplan, das *Institutum,* ist danach geformt worden, zu vier Fünfteln, wie die Forscher wissen: »Maria Ward sah kein unübersteigliches Hindernis darin, wenn Frauen um die gleiche Anerkennung nachsuchten, die früher einem männlichen Orden gewährt worden war« (Mater Immolata Wetter in N.S.).

In diesem ihrem aktivsten und hoffnungsvollsten Jahrzehnt entwirft sie auch ihren dritten Plan. Das *Institutum* beginnt mit einem Paukenschlag: die neue Frauengemeinschaft will sich »Societas Jesu« nennen. Das hatte Roger Lee 1615 gerade noch mit Mühe verhindern können, weil schon damals die Empörung der Jesuiten heftig aufloderte. Die Männer der Gesellschaft Jesu fühlten sich lächerlich gemacht – so tief wurzelten also die unausgesprochenen Vorurteile gegen die Frauen, die eben als menschliche Wesen minderer Klasse eingestuft wurden. Kein Wunder, daß die Jesuiten, die so viele Elite-Überzeugungen pflegten, sich hier dem altmodischen Vorurteil angeschlossen hatten. Ungewöhnlich – und damit Anstoß erregend – das Gehorsamsgelübde, das sie dem Papst gegenüber leisten wollen: »In dem besonderen Gelübde versprechen wir, ohne Zögern und irgendwelche Ausflüchte das auszuführen, was immer der jetzige Papst und alle zukünftigen Römischen Päpste für die

Hilfe der Menschen und die Ausbreitung des Glaubens befehlen werden, und dorthin zu gehen, wohin immer diese uns senden wollen« (N.S.).

Die Generaloberin soll ihren Sitz in Rom haben. So ist es heute noch! Ausführlich ist von der Ausbildung der Novizinnen die Rede: Sie sollen in Kollegienhäusern gemäß ihren Talenten ausgebildet werden. Diese Kollegien dürfen festes Einkommen haben, während die eigentlichen Ordenshäuser der klösterlichen Armut verpflichtet sein sollen. Wovon diese ihren Unterhalt bestreiten müssen, wird souverän übergangen. Noch hat Maria Ward ihren Optimismus, ihr Vertrauen in Wohltäter ist noch nicht erschüttert, obwohl die Armut schon drohend an die Pforte geklopft hat, aber noch nicht jene bittere Armut, wie sie später in Trier und fast allen anderen Häusern außer Neapel geherrscht hat. Der Plan sieht Katechismus-Unterricht für Mädchen vor und für arme Leute jeden Alters. Die Ausgebildeten sollen sogar Frauen in den Geistlichen Übungen, den Exerzitien des Ignatius also, unterweisen. Sie sollen Frauen von zweifelhaftem Lebenswandel aufsuchen, Gefangene und Kranke. Alle diese Besuche sollen unentgeltlich gemacht werden!

Der dritte Plan, das *Institutum,* gipfelt in dieser Charakterisierung: »In Wahrheit verlangt dieses Institut Menschen, die ganz demütig sind, weise in Christus, lauter in ihrem christlichen Leben und die in dem, was sie erlernt haben, *über dem Durchschnitt stehen*« (N.S.).

Mit diesen außergewöhnlichen, kühnen Entwürfen entsteht aber nun noch ein Vorsatz, der alle ihre bisherigen Unternehmungen an Verwegenheit übersteigt: Maria Ward will diesen Plan, dieses *Institutum,* selbst nach Rom bringen, es dem Papst persönlich überreichen. John Gerard hat sie zu einem solchen Schritt ermutigt, er kennt die römischen Verhältnisse, er weiß, wie wichtig persönliche Kontakte sind in jener nun schon beeindruckenden Bürokratie, die das Lehrgut der Kirche verwaltet.

Eine Frau geht nach Rom, um mit dem Papst zu sprechen – nicht als reuige Sünderin, nicht als Büßerin, die Vergebung ihrer Sünden erfleht – eher wie eine Organisatorin, die etwas zu besprechen, die etwas Zukunftsträchtiges zu bieten hat und klären will. Das Erschrekken darüber ist in Lüttich, in der von Klöstern durchsetzten Stadt, riesengroß. Berichte gehen nach Rom – vor Maria Ward wird gewarnt. Vor allem auch, als noch bekannt wird, daß Pater John Gerard den Englischen Fräulein ein Pferd für die Reise leihen will. Pater Gerard, der sich immer in seinem Leben mutige Aufgaben zugetraut hat, verspielt die letzte Nachsicht: Ordensgeneral Mutius Vitelleschi enthebt ihn seines Rektoren-Amtes. Und sein Nachfolger hat darüber zu wachen, daß Gerard nicht mehr mit den Englischen Fräulein zusammenkommt. Und nach Rom begleiten darf er sie schon gar nicht: Wieder ein Wendepunkt im Leben des nunmehr 57jährigen Exerzitienmeisters, Rektors und ehemaligen Missionars.

Er geht von Lüttich nach Bordeaux. Dorthin schickt Mutius Vitelleschi ihm zwei Briefe: er solle bleiben wo er sei. Gerard aber zieht weiter nach Valladolid, Madrid und Barcelona. Später geht er nach Genua und Florenz – über ein Jahr ist er unterwegs.

Roger Lee wurde versetzt und ist schon Weihnachten 1615 gestorben. Der hilfreiche Bischof Jakob Blaise, der Maria Ward bei dem ersten Ordensentwurf Mut gemacht hat, ist tot. Jetzt wurde Pater John Gerard von ihr entfernt, dessen Beratung in diesem Jahrzehnt, das voller Hoffnung war und so viel Tatenglück versprach, den Weg in die Zukunft wies. Maria Ward hat im Rückblick auf ihr Leben einmal geschrieben, daß der Umgang mit geistvollen, mit frommen Männern eine der Gnadengaben gewesen sei, die Gott ihr in ihrem Leben gewährt habe.

»Nur Frauen . . .«
Das neue Bewußtsein: Aktivität

> »Seht nur, wie gut sie regiert: sie ist nur eine Frau, nur Herrin über die Hälfte einer Insel, dennoch fürchten sie alle: Spanien, Frankreich und das Reich.«
>
> *Papst Sixtus V.* (1585–1590)

Gemeint mit diesem wie atemlosen Lob ist Elisabeth I. von England, genannt die Jungfräuliche Königin, die 45 Jahre lang über ihr Land geherrscht hat, das Wunder und die Bewunderung ihrer Zeit – aber auch ihr Schrecken und der Abscheu vieler!

Gespendet hat ihr dieses Lob Papst Sixtus V., der in seiner Jugend Schafhirt war, Minorit wurde und in solchem strengsten aller Mönchsorden jene Unbestechlichkeit und Tatkraft erwarb, die ihn zu gewaltigen organisatorischen Leistungen befähigten, nachdem er auf den Goldenen Stuhl von St. Peter erhoben worden war. Er erkannte als erster den unaufhaltsamen Aufstieg Englands zur Weltmacht nach der vernichtenden Niederlage der spanischen Armada.

Sein Vorgänger, Gregor XIII. (1572–1585) nannte die Herrin der Insel die »Jezabel des Nordens« und ließ keinen Zweifel daran, daß derjenige, der sie umbringen würde, keine Sünde begehe – habe sie doch Millionen von Seelen dem wahren Glauben entfremdet und der Hölle übergeben. Gregors Vorgänger, Pius V., hatte 1570 sogar die Exkommunikation über diese beängstigende Frau verhängt, doch niemand wagte es in London, diese Bulle öffentlich anzuschlagen, wie es die mittelalterliche Vorschrift verlangte. Auch die regierenden Häupter auf dem Kontinent unterließen es, durch einen Anschlag der Bulle den Zorn der Königin zu reizen. Das unbeschädigte, unbenutzte Dokument ruht noch immer im Britischen Museum.

Wieviel tröstlicher klingt dagegen die Betrachtung des Dorfpfarrers, Kirchenbauers und Schriftstellers Marcus Fridl: »Die Königin Elisabetha in Engelland hette treffliche Gaaben und Gnaden von GOTT. Hat aber diselben aus ihrer Schuld verlohren, und es läßt sich sagen, GOTT habe dise Gnaden der Maria Ward gegeben« (*Fridl,* Nr. 432).

»Nur eine Frau . . .«, doch das mächtige, damals fast noch allmächtige Rom mißtraut ihr, fürchtet sie. Dabei ist sie keineswegs die einzige weibliche Herrscherin in diesem zu Ende gehenden, so männlich harten 16. Jahrhundert. Im Norden der britischen Insel hat Maria Stuart, die junge Witwe des französischen Königs Franz II., mit großem katholischen Gefolge von ihrer Heimat Besitz ergriffen. Ihrer Schönheit und ihrem Charme können die Männer nicht widerstehen. Das empört den wortgewaltigen Kalvinisten, den schroffen Reformator John Knox: er wettert gegen das abscheuliche Regiment der Frauen.

Frauen geben den Ton an in diesem Jahrhundert. In Frankreich ist es Katharina von Medici (1519–1589), die drei Söhne überleben und als Regentin vertreten muß. Sie führt in der grausigen Bartholomäus-Nacht (24. August 1572) den Sieg der eigenen Macht und des alten Glaubens herbei, indem sie Tausende von Hugenotten, kalvinistische Feudalherren, umbringen läßt und sich auch zu dieser Entscheidung bekennt.

Eine zweite Frau aus dem Geschlecht der Medici, Katharinas Nichte Maria, wurde die Gemahlin des fortschrittlichen Heinrich IV., dem Paris eine Messe wert gewesen war. Als er unter den Dolchstößen des Fanatikers Ravaillac 1610 verröchelt war, mußte Maria von Medici jahrelang die Regentschaft für ihren unmündigen Sohn Ludwig XIII. führen. Ihre Tochter Henrietta Maria, die 16jährig an den englischen König Karl I. verheiratet wurde (1624), den glücklosen Herrscher, der auf Verlangen des puritanischen Parlaments und des Diktators Cromwell 1649 öffentlich hingerichtet wurde, hielt allen Widerständen von englischem Parlament und Puritanern zum Trotz an ihrem angestammten Glauben fest und wußte auch die Erbansprüche ihrer Söhne über Jahre hinweg aufrecht zu erhalten. Maria Ward wurde ihr 1639 anempfohlen.

In den Spanischen Niederlanden, dem reichsten Land des damaligen Europa, hielten 60 Jahre lang Frauen die Macht in Händen – Prinzessinnen aus dem Hause Habsburg. Frauen in Herrscherhäusern – eigentlich werden sie zwischen den Dynastien immer nur als Heiratsgut gehandelt, sind Figuren auf dem Schachbrett der Immobilien. Aber wenn außergewöhnliche Situationen eintreten, müssen sie sich profilieren. Daß ihnen das meistens auch gelingt, wird im Nachhinein als selbstverständlich angesehen und möglichst nicht weiter erwähnt oder vergessen.

Frauen zu Beginn und Ausklang von Maria Wards Lebenszeit. Frauen aber auch an sehr einflußgebietender Stelle im englischen Untergrund: »Um 1600 hatten viele Protestanten katholische Frauen, und diese bestimmten die Konfession. Ehemänner hatten in dieser Zeit oft nicht mehr zu vermelden, als Kinder zu zeugen. Die Ehefrauen konzentrierten sich nicht so sehr auf ihre Hausfrauenpflichten, sondern sie bekehrten auf häuslicher Ebene Mann, Kinder und Dienerschaft« (*Bossy* 1976, S. 149 ff.). Frauen spielten in dieser matriarchalischen Epoche eine ungewöhnlich große Rolle, was wieder zu bestätigen scheint, daß geistiger Nonkonformismus für Frauen eine große Anziehungskraft hat. Frauen waren im England dieser Zeit zum Bekennen aufgefordert, und im Hinblick auf jene Gesetze, die die wirtschaftliche Existenz bedrohten, waren sie zum Überleben aufgerufen. Zu einer aktiven Rolle. Die Missionare, die Untergrund-Priester waren ein Gegengewicht zum Pater Familias, dem autoritären Patriarchen von einst. Sie waren für Frauen der Oberschicht, auf deren Gütern sie eine Bleibe fanden, Persönlichkeiten, durch die sie sich bestärkt fühlten. Die Reformation hatte den Frauen Rechte genommen, Möglichkeiten beschnitten: da die Klöster aufgehoben worden waren, konnten sie außerhalb und unabhängig von Familie ihr religiöses Leben nicht mehr gestalten und auch die damit einstmals verbundene wirtschaftliche Unabhängigkeit nicht mehr finden. Mit den für sinnlos und ungültig erklärten Fest- und Fastenvorschriften fielen in den Familien manche Rituale fort, deren Ausgestaltung bis dahin den Hausfrauen obgelegen hatte. Wichtig wurde die Lektüre der Bibel, die Kenntnis der Heiligen Schrift und auf ganz persönlicher Ebene der Mut zur eigenen Gewissensentscheidung. In dieser Welt, in solcher Stimmung ist Maria Ward aufgewachsen. Und sie hat diese Welt zweifellos noch klarer durchschaut, nachdem sie von Flandern aus mehrmals nach England gereist war, dort Religionsgespräche führte, ein Haus für Gleichgesinnte und als Anlaufstelle für Asylsuchende in London gründete, vielerlei Seelennot und vielerlei Tapferkeit kennen lernte.

Als sie 1617 von einer Reise in die Heimat nach Flandern zurückkehrte, machte in den Häusern von St. Omer und Lüttich ein Wort die Runde, das die Gefährtinnen beunruhigte und sehr verletzte. Maria Ward setzte sich in drei Ansprachen ausführlich mit dem kränkenden Vorwurf auseinander; ihre zeitgemäßen Gedanken sind uns unter dem Titel »Nur Frauen ...« erhalten geblieben und zum Glück nicht verloren gegangen, wie so viele ihrer Briefe und Notizen. Es ist ein Dokument, das es bis dahin in der Klosterliteratur nicht gegeben hat. Sie sagt: »Als Mr. Sackville uns und unsere Lebensweise rühmte und beifügte, wie sehr sie von urteilsfähigen Männern und von den Kardinälen im Rom geachtet würde, sagte ein Pater Minister, der zugegen war: ›Das ist wohl wahr, so lange der erste Eifer dauert. Aber der Eifer vergeht, und alles in allem, sie sind doch nur Frauen!‹ Was wollte er mit dem Ausdruck ›Nur Frauen‹ sagen, und was ist denn ›Eifer‹. Eifer ist der Wille, Gutes zu tun, das heißt eine zuvorkommende Gnade und eine freie Gabe Gottes, die wir nicht verdienen konnten. Es ist wahr, der Eifer erkaltet manchmal; was ist jedoch Ursache davon? Etwa dies, daß wir Frauen sind? Nein, sondern dies, daß wir *unvollkommene* Frauen sind. Es gibt keinen solchen Unterschied zwischen Männern und Frauen..« (dieses und die übrigen Zitate dieses Kapitels entstammen dem Buch von *Chambers* 1888, I, S. 323ff.).

Hier setzt sich Maria Ward kühn hinweg über alles, was seit Tertullian und Thomas von Aquin, seit Albertus Magnus und Bernhard von Clairvaux über weibliche Unzulänglichkeit gedacht, nachdrücklich gelehrt und von den Christen akzeptiert worden ist. Das Weib, das in der Versammlung schweigen soll, wie Paulus es wünscht, dafür hat die Organisatorin auf dem Weg zu ihrer Klostergründung kein Verständnis mehr – zumal sie in England die Gefährdung von Mann *und* Frau, sofern sie dem staatlichen Establishment nicht angehören, mit eigenen Augen gesehen hat. Sie kennt den Ausspruch des Bischofs von Canterbury über sie: »Diese Frau ist gefährlicher als sechs Jesuiten.« Sie ist selbst der Lebens- oder Todesgefahr ausgesetzt, sooft sie nach England fährt. Sie weiß, daß sie auf der Liste der Häscher, auf der Liste der verdächtigen Personen steht.

Sie fährt fort: »Nicht darum geschieht es, weil wir Frauen sind, sondern, wie ich vorhin schon sagte, weil wir *unvollkommene* Frauen sind und nicht die Wahrheit lieben, sondern der Lüge nachgehen. Veritas Domini manet in aeternum – die Wahrheit des Herrn bleibt in Ewigkeit. Es heißt nicht Veritas hominis, die Wahrheit der Männer oder die der Frauen, sondern Veritas Domini, die Wahrheit Gottes, des Herrn, und diese Wahrheit können die Frauen ebensogut besitzen wie die Männer. Mißlingt es uns, so geschieht es aus Mangel an dieser Wahrheit, aber nicht weil wir Frauen sind.«

Die Erkenntnis der Wahrheit – darum können Frauen sich genau so intensiv bemühen wie Männer, die Wahrheit steht ihnen ebenso zu wie jenen! So direkt und ohne Umschweife denkt diese Managerin und so direkt und unverkrampft wird sie um die Rechte ihrer Gefährtinnen auf ein Klosterleben ohne die Bevormundung durch Visitatoren, Bischöfe oder männliche Ordensleute kämpfen. Sie bezieht sich dann in ihrer

Ansprache auf Frauen, wie sie sie ja möglicherweise auch gerade im englischen Untergrund erlebt hatte, Frauen, die so lange religiös eifrig und aktiv waren, wie Priester in ihrem Hause weilten, dann aber lau oder gleichgültig geworden waren: solche Frauen hätten wohl mehr auf den Glaubensverkünder als auf die Wahrheiten, die er verkündet habe, geachtet.

Dagegen setzt sie: »Aber der Eifer besteht *nicht in Gefühlen,* sondern in dem *Willen,* recht zu tun. Und diesen mögen Frauen ebenso gut wie Männer besitzen. Es besteht kein derartiger Unterschied zwischen Männern und Frauen, als ob letztere nicht Großes leisten könnten, wie wir aus dem Beispiel vieler Heiligen, die große Dinge vollbrachten, sehen können. Und ich hoffe zu Gott, daß man auch in Zukunft Frauen Großes vollbringen sehen wird.«

Der *Wille* zum rechten Tun ist wichtiger als *Gefühle* – das ist die Lehre, die sie aus den Exerzitien nach den Vorschriften des Ignatius von Loyola gezogen hat! Das hat sie in den Exerzitien geübt: Wille, Gefühl, Verstand methodisch aufeinander beziehen. Darauf hat sie ihre Ordenskonzeption aufgebaut, das ist das Prinzip, dem sie seit 1611 bewußt anhängt. Das ist ihre Spiritualität: asketische Selbstheiligung, Klarheit des Denkens, Stärkung des Willens. Danach will sie ihre Gefährtinnen erziehen.

»Ich beschwöre euch alle, um der Liebe Gottes willen, doch die Wahrheit und die wirkliche Abhängigkeit zu lieben, und eure Neigung nicht so sehr auf diese Oberin, auf jenen Pater oder dieses und jenes Geschöpf zu richten, als ginge mit ihnen alles verloren. Anhänglichkeit an sie und Abhängigkeit von ihnen ist allerdings gut: aber nicht aus rein natürlicher Neigung, so daß man, wenn man diese Menschen verliert, alles für verloren hält.«

Freiheit des Individuums, Gerechtigkeit und Wahrheit – dies ist die Dreiheit aus ihrer Schau von der »Gerechten Seele«. Hier klingt schon an, bei aller Sorge für das Seelenheil der anderen, daß die Loslösung von Personen, so wie sie jede geistliche Person vollziehen muß, wesentlich ist.

»Das aber ist Wahrheit: das, was wir *tun* müßten, recht zu tun. Viele halten die Verrichtung gewöhnlicher Dinge für nichts. Bei uns aber ist es nicht so. Gewöhnliche Dinge recht zu tun, unsere Konstitutionen zu beobachten, und alle anderen zu einem Amte oder zu einer Beschäftigung gehörenden Pflichten, seien es welche nur immer, recht zu erfüllen, das steht uns zu und das wird auch mit Gottes Gnade zur

Erhaltung des Eifers dienen.« Dies ist die Interpretation von Askese, wie Ignatius von Loyola sie erkannt und gelehrt hat: Fit sein für den Beruf, die Lebensarbeit, nicht körperliche Bußübungen!

»Bisher sagte man uns, wir müßten *glauben*. Das müssen wir allerdings; allein seien wir weise und unterscheiden wir zwischen dem, was wir glauben müssen und was nicht, auf daß man uns nicht glauben mache, wir könnten nichts tun. Wenn die Frauen den Männern in allen Dingen so sehr untergeordnet (unterlegen?) sein sollen, warum sind sie dann nicht von allen Dingen ausgenommen, sondern nur von einigen? Ich gestehe zu, verheiratete Frauen müssen ihren Männern unterwürfig sein; Männer regieren die Kirche. Die Frauen haben weder die Sakramente zu spenden, noch in der Kirche zu predigen; allein, inwiefern stehen wir in allen anderen Dingen so sehr hinter anderen Geschöpfen zurück, daß man sagen dürfte ›nur Frauen‹. Denn was soll der Ausdruck anderes bedeuten, als daß wir in allen Dingen einem anderen Geschöpfe, dem Mann, wie ich annehme, nachstehen! Das ist, wie ich zu sagen wage, eine Lüge; und in Rücksicht auf den guten Pater will ich's einen Irrtum nennen.«

Auf eine ganz praktische Weise verbietet Maria Ward hier, daß Wichtiges mit Unwichtigem verwechselt wird. Daß vermeintliche Unzulänglichkeit im Geistlichen im Sozialen geahndet werde. Die Frauen selbst sollen sich nicht durch oberflächliche Arroganz verunsichern lassen. Daß den Männern die sakramentalen Dienste in der Kirche vorbehalten sind, greift sie nicht an. Eine Absicht, die ihr später ja fälschlicherweise immer wieder unterstellt werden wird, daß sie und ihre Gefährtinnen es auf priesterliche Rechte abgesehen hätten, auch auf das Predigen. Aber selbst ohne priesterliche Funktionen, das geht ganz klar aus ihren Sätzen hervor, sind Männer und Frauen gleichwertig. »Wollte Gott, alle Männer verstünden diese Wahrheit, daß wir Frauen, wenn wir vollkommen werden wollen, Großes leisten können, und sie uns nicht glauben machten, wir könnten nichts und seien nur Frauen.«

Die Emigrantin aus England führt eine kühne Sprache! Doch wenn man ihr Leben überblickt, weiß man, wie oft sie sich gegen diesen gedankenlosen Begriff »nur Frauen« wehren muß: der Nuntius Palotta, Sonderbotschafter beim Kaiser Ferdinand in Wien, wird zehn Jahre nach diesen Ausführungen in St. Omer diese nicht tot zu kriegende Formel in seinem Bericht nach Rom gebrauchen, wenn er dann seine Bewunderung für Marias Unternehmungen damit abschwächt und zur langsamen Auflösung der Gründungen beiträgt. Bei dieser zündenden Philippika in St. Omer steht ihr noch der Zusammenstoß mit der patriarchalisch-autoritären Männerwelt der römischen Kongregationen bevor! »Vor kurzem kam ein Pater nach England, den hörte ich sagen, er möchte nicht um tausend Welten eine Frau sein, weil er dafür halte, eine Frau könne Gott nicht begreifen. Ich erwiderte nichts, lächelte nur, obwohl ich ihm aus eigener Erfahrung hätte das Gegenteil beweisen können. Ich bedauerte seinen Mangel – ich meine nicht an Verstand –, noch will ich damit seine Urteilskraft heruntersetzen, denn er ist ein Mann von sehr gesundem Urteil; ich bedauerte seinen Mangel an Erfahrung.«

Dann bezieht sie sich auf jene Spanier, die nach einem Besuch in reformierten spanischen Karmeliterinnen-Klöstern enttäuscht waren und von der Königin belehrt wurden: »›Suchen Sie Heilige, werden Sie nur Frauen finden; suchen Sie aber Frauen, dann werden Sie Heilige finden.‹ Ein Gleiches dürfen wir von den Männern sagen: stellen wir sie uns als Propheten vor, werden wir ihre Unvollkommenheiten sehen; betrachten wir sie aber als Männer, werden sie uns ganz anders erscheinen.«

Es fehlt den frauenrechtlerischen Wendungen zum Glück die männerfeindliche Einstellung, wie es so häufig zusammenklingt! Männerhaß ist Maria Ward genau so fern und fremd wie Menschenhaß. Ihr geht es um das ausgeglichene Selbstbewußtsein ihrer Gefährtinnen, das möchte sie stärken.

»Was soll es nützen euch zu sagen, ihr seiet nur Frauen, schwach und unfähig etwas zu tun, und daß der Eifer vergehen werden? Ich frage, was soll das nützen, wenn anders nicht dazu, als euch niedergeschlagen zu machen und euch die Hoffnung, vollkommen zu werden, zu rauben.«

Sie, die so oft die »Trockenheit« ihrer Seele, die tiefe Niedergeschlagenheit des Gemüts durchlitten hat, will ihren Gefährtinnen die Ursachen von außen, die solche Depressionen hervorrufen können, erspart wissen! Sie erinnert an den Beichtvater Roger Lee, dessen Todestag sich bei dieser Anrede zum zweitenmal jährte, und an seine Methode, alle Beichtenden mit Hoffnung zu entlassen, mit der Zuversicht, daß die eigene Vollkommenheit erreicht werden könne.

»Ihr seid ein Schauspiel geworden für Gott, Engel und Menschen: es ist gewiß, Gott hat auf euch geschaut, wie auf niemand. Ich sage nicht besser; noch in reicherem Maße oder in vorzüglicher Weise oder mit größerer Liebe: denn es ist nicht meine Absicht, Vergleiche anzustellen... Die Menschen sehen euch mit besonderen Augen an; alle schauen in euch die Anfängerinnen einer bisher unerhörten Lebensweise und fragen sich verwundert, was wir denn wollen und was denn daraus werden soll. Einige, die da glauben, wir wären nur Frauen und strebten Dinge an, die über die Befähigung von Frauen hinausgingen, sind der Meinung, wir würden fehlschlagen oder doch in manchen Dingen weit hinter unserm Ziel zurückbleiben. Andere sehen in uns nur die Frau; und mit einer Art Eifersucht, daß wir Dinge durchsetzen und zustande bringen sollten, die außer dem Bereich solch schwacher Geschöpfe, wofür man Frauen stets gehalten hat, liegen, hoffen sie unseren Eifer verschwinden, uns selbst aber mit Scham und Verwirrung bedeckt zu sehen. Wieder andere, dessen bin ich gewiß, schauen uns mit ganz anderen Augen an, und glauben, durch uns würde die ganze Welt bekehrt werden.«

Sehr klar sieht Maria Ward die Situation, in der sich ihre kleine Gemeinschaft, die einmal die Keimzelle aller ihrer Gründungen werden soll, befindet, ihre Existenz zwischen Verachtung, Mißtrauen und Übererwartung! Aber aus ihren Worten spricht auch eine unüberwindliche Sicherheit: sie ist sich des rechten Weges ganz bewußt! Sie warnt vor Übereifer, vor dem übertriebenen Durst nach der Vollkommenheit. Nicht um der Selbstgerechtigkeit willen sollen ihre Gefährtinnen nach der Vollkommenheit streben, sondern um das Ziel: Gott! zu erreichen. »Liebet die Wahrheit, suchet die Wissenschaft (= Erkenntnis?) nicht um der Erkenntnis willen, sondern um des Zieles willen, zu dem sie führt; das da Gott ist, dann werdet ihr glücklich sein und fähig, euch selbst und andern zu nützen. Sonst werdet ihr nie zu etwas taugen...«

Mit rhetorischem Schwung kommt sie auf den Anfang ihrer Rede, auf den Pater und seine These zurück und schließt dann: »Ich muß und werde stets für diese Wahrheit einstehen, daß *Frauen vollkommen* werden können, und daß der Eifer nicht notwendig erkalten muß, weil wir Frauen sind.«

Eine herzhafte, schwungvolle Predigt. Bei aller Sachlichkeit auch Freude am treffenden Wort! Alles andere als Salon-Geplauder! Wieviel mutiger spricht diese Engländerin des 17. Jahrhunderts im Vergleich mit der ebenfalls so sprachbegabten, beredten spanischen Mystikerin Teresa von Avila (sie wurde 1970 – neunzehnhundertsiebzig! – zur Kirchenlehrerin, der ersten weiblichen Kirchenlehrerin erhoben). Sie hatte zwei Generationen vor Maria Wards Ansprachen geseufzt:

»Das Leben ist hart gerade für die frommen Frauen, denn alle Richter in dieser Welt (und das heißt bei Teresa von Avila auch: Richter der Inquisition, von denen sie 14 Jahre lang beobachtet wurde!) sind Söhne Adams, für die es auch nicht eine Tugend einer Frau gibt, die ihnen nicht verdächtig ist.«

Die geniale Mystikerin, die in den letzten 20 Jahren ihres Lebens 15 Klöster des Karmels neugründete, reformierte und sogar für den männlichen Zweig, der Johannes vom Kreuz unterstehen sollte, drei Häuser errichtete, und als über Sechzigjährige noch lebenssprühende Briefe mit dem 27jährigen Ordenspriester García tauschte, seufzte in ihrer Biographie: »Es genügt eine Frau zu sein, um die Flügel sinken zu lassen.« Wie Maria Ward hatte auch sie ihre Autobiographie auf Geheiß des Beichtvaters schreiben müssen, aber als sie gestorben war, wollte er das Manuskript vernichten, weil ja nichts, was Frauen geschrieben haben, der Veröffentlichung wert sei; es könne nur giftig sein und gefährlich.

So tief wurzelte das negative Urteil über die Frauen! Wenn es solch eine Auffassung gab, wieviel an Schrifttum mag vernichtet worden sein im Strom der Jahrhunderte?

Die Reformation, das erschreckende geistige Erdbeben des 16. Jahrhunderts, hatte auch die Rolle der Frau verändert; Maria Ward bejahte diese Zeit, ihre Zeit und die neuen Möglichkeiten für Frauen.

»Dieses Zeitalter, das konfessionelle, war in erster Linie an Glaubensfragen interessiert. Es genügte nicht mehr, mittelalterlich fromm zu sein, in einem gemüthaften Sinn. Das Zeitalter war konfessionell aktiv, dogmatisch hart, religiös leidenschaftlich und in der Behandlung Andersgläubiger barbarisch« (*Zeeden* 1977, Propyläen Weltgeschichte, S. 179).

Es wurde jetzt von Frauen erwartet, daß sie die Bibel lasen und mitreden konnten. Aber in der Öffentlichkeit sollten sie religiöse Einsichten nicht äußern dürfen: darin waren sich Richter, Priester und Theologen in allen Konfessionen einig! Selbst in den amerikanischen Kolonien, in Neuengland, das auf praktische Religiosität so großen Wert legte, wurden Frauen verfolgt, bestraft und eingesperrt, wenn sie Bibelstunden gaben, die Aufsehen erregenden Erfolg hatten.

Die Grausamkeit der Verfolgung nahm auf Frauen nur wenig Rücksicht: Da war die brutale Hinrichtung der jungen Metzgersfrau aus York, Margaret Clitherow. Sie hatte Priester in ihrem Haus beherbergt, in den so gemütlichen Shambles am Marktplatz, die es heute noch gibt, die in ihrem schwarz-weißen Tudor-Fachwerk so romantisch und idyllisch aussehen. In ihrem Haus wurde die Messe gelesen und ihren jüngsten Sohn hatte sie nach Douai ins Colleg geschickt. Ihr Mann war zur Staatskirche übergetreten, doch duldete er ihr Treiben. Der Lehrjunge denunzierte sie. Nach Folter und Verhör wurde sie hingerichtet auf die für Frauen bestimmte Weise: zwischen zwei zentnerschweren Steinplatten, mit einem spitzen Stein unterm Rücken wurde sie zerquetscht. In der vor Entsetzen stummen Menge stand auch ihr Mann: sie gab ihm als Zeichen unverletzter ehelicher Treue ihre Haarhaube. Sechs Wochen blieb ihre Leiche auf einem Misthaufen liegen, ehe es Rekusanten wagten, sie heimlich zu bestatten.

Das war 1584, ein Jahr vor der Geburt Maria Wards auf Mulwith, das nicht weit von dieser Hinrichtungsstätte im Schatten der gotischen Kathedrale von York entfernt ist. In den Nähstuben und Wohnsälen der Landsitze zwischen Mulwith und Osgodby und Harewell, wo Maria aufwuchs, gehörte Margaret Clitherow zu den inbrünstig verehrten Märtyrern. Über Ländergrenzen hinweg war das Martyrium für junge Menschen oft höchstes Lebensziel.

Tragisch angezogen von Märtyrertum und Glaubensverfolgung in der englischen Mission wurde die spanische Aristokratin Luisa de Caravajal (1568–1614), eine Zeitgenossin der ersten Englischen Fräulein. Ihr Lebensweg ist vom gleichen apostolischen Eifer erfüllt, wie der vieler Frauen der Gegenreformation. Diese Dichterin von Rang war nach dem Tod ihrer Eltern bei einem Onkel aufgewachsen, der zu den Beratern Philipps II. gehörte. Luisa hatte sich viel mit Theologie und fremden Sprachen beschäftigt. Eines Tages fiel ihr eine Biographie des englischen Märtyrers Edmund Campion in die Hände und fortan hatte sie keinen Gefallen mehr an den Bestsellern ihrer Zeit, den berühmten Amadis-Romanen, in denen tapfere Ritter mit schönen Frauen, mit Feen und Geistern Abenteuer erlebten, die von den Problemen des Tages aufs allerentzückendste ablenken sollten – und deshalb in ganz Europa von der gebildeten Welt verschlungen wurden! Luisa de Caravajal hatte nur noch Interesse an dem Leben dieses Oxford-Professors, der um des Glaubens willen England verließ, nach Rom pilgerte, um sich zum Priester weihen zu lassen, von dort nach Prag geschickt wurde und dann, als erster Sendbote Roms, in die englische Mission zurückkehrte. Elisabeth I., Gouverneurin der Staatskirche, die sich einige Jahre zuvor an seinen blendenden Disputationen in Oxford erfreut hatte, bot ihm hohe und höchste Staatsstellen, wenn er dem Katholizismus abschwören würde. Schon bald wurde er aufgegriffen und in den Tower geworfen. Sein Vater und seine Schwester bestürmten ihn, den aussichtslosen Kampf aufzugeben. Weder Folterungen, die von Verhören begleitet waren, noch die dreijährige Einzelhaft vermochten seinen Willen zu brechen. Campion, als katholischer Priester in England nach den Gesetzen also ein Hochverräter, ein Mann von nur 40 Jahren, verkündete unter dem Galgen von Tyburn jenes Programm, das neue Märtyrer auf den Plan rief. Als »Campion's Brag« ist es in die Geschichte (und Literatur!) eingegangen:

»Die Sache ist begonnen. Es ist die Sache Gottes! Niemand kann ihr widerstehen. Wo immer ihr einen von uns (Jesuiten) tötet, wird ein anderer auferstehen.«

Diesen Ruf hatte eben auch Luisa de Caravajal in Spanien vernommen. Und sie wollte ihm folgen. Als 17jährige schon hatte sie das Haus ihres reichen und frommen, gelehrten Onkels verlassen und mit einfachen Frauen eine geistliche Lebensweise begonnen, ehe sie nach England aufbrach. In Löwen machte sie halt und überschrieb ihr Vermögen, 20000 Dukaten, dem Jesuiten-Colleg. Dann setzte sie nach England über und widmete sich apostolischer Arbeit. Sie wohnte im Gesandtschaftsviertel von London und lebte von Almosen, die sie hauptsächlich aus Spanien geschickt bekam. Zweimal wurde sie trotz diplomatischem Status gefangen gesetzt und der spanische Botschafter bat sie mehrmals im Namen des Königs, England zu verlassen, damit die prekären politischen Beziehungen zwischen den beiden Ländern nicht gestört würden. Aber sie blieb bei ihrer missionarischen Arbeit. Diesen Einsatz mit todesverachtendem Mut wird man kaum als weiblich-aristokratische Marotte bezeichnen können. Doch eine Nichtaristokratin hätte kaum die materiellen Mittel gehabt und sicher auch nicht die innere Selbständigkeit, sich von landläufigen Vorurteilen und ihrer Heimat zu lösen. Luisa de Caravajal starb (um 1614), ehe sie ihre »Society of the Sovereign Lady« gründen konnte, eine Gemeinschaft mit den drei traditionellen Gelübden und einem Gehorsams-Eid dem Papst gegenüber. Sie erlebte die Anfeindungen nicht mehr, denen Maria Ward ausgesetzt war.

Ähnlich selbständig arbeitete »Schwester Dorothy«, aber in engster Fühlung mit Maria Ward. In Suffolk, also außerhalb Londons, pflegte sie Kranke, besorgte heimlichen Katholiken priesterlichen Beistand in der Sterbestunde oder bei Bekehrungen. Sie hatte alle ihre äußeren Würden abgelegt und bestand bei ihren seltenen Besuchen in London darauf, daß die Freunde ihr Inkognito respektierten. Sie war das, was man heute eine Aussteigerin nennt: sie tauchte in ein charismatisches Leben unter und wenn sie in London Frauen und Männer aus ihrem ehemaligen Leben traf, das offensichtlich ein aufwendiges gewesen war, freute sie sich, wenn man sie nicht erkannte. Eine Eremitin unter lauter Weltleuten – ohne Ordens-Habit, eine der frühen Gefährtinnen Maria Wards.

An Frauen wie Luisa und Dorothy muß Maria Ward gedacht haben, als sie ihre zündenden Ausführungen über »Nur Frauen . . .« machte. Frauen wie diese sind von der vorwiegend männlichen Geschichtsschreibung übergangen worden; zu Unrecht übergangen worden. Schlachtenlenker, und selbst wenn sie Verlierer waren, bleiben für die sogenannte Geschichtsschreibung wichtiger als Menschen, die das soziale Leben zu erhalten suchten – in allen Zeiten.

Maria Ward war keine Einzelne: sie ist von ihren Widersachern zu einer Ausnahme, zu einer gefährlichen Einzelgängerin gemacht worden, der man das Handwerk legen mußte. Sie hatte ihresgleichen, wenn sie auch durch Charisma, Willenskraft, Talent und rhetorische Überzeugungskraft hervorragte. Sie, die dem englischen Landadel entstammte, der in diesem konfessionellen Zeitalter große religiöse Entscheidungen traf und beträchtliche soziale und wirtschaftliche Umwälzungen erlebte, erkannte klarsichtig die Aufgaben ihrer Zeit: sie bejahte ihr Jahrhundert und die Möglichkeiten, die es den Frauen bot. Hatte die Reformation, zurückgehend auf die alt-testamentlich-hebräische Tradition, die Frau streng ins Haus, in die Familie verwiesen, hatte sie die Klöster aufgelöst und damit Frauen individuelle Berufsentscheidungen auf diesem Gebiet, dem religiösen, entzogen und damit Alleinstehenden auch die wirtschaftliche Versorgung, wie sie seit Jahrhunderten möglich gewesen war, so bot die Gegenreformation den Frauen viele Aufgaben, an der geistigen Erneuerung mitzuwirken.

Maria Ward hatte Gleichgesinnte allüberall.

Zu dieser Zeit ihrer begeisterten Ansprachen in Lüttich wirkte im Zisterzienserinnenkloster Port Royal, Paris, Jaqueline Arnauld, Mère Angélique (1591–1661). Mit 17 Jahren war sie Äbtissin geworden, und sie machte ihr Kloster zu einem religiösen Zentrum. Mit ihrer eigenen rigorosen Kehrtwendung im Geistigen wurde sie Mittelpunkt religiöser Erneuerung. Damals gab es das in Frankreich, daß Eltern mit ihrer ganzen Kinderschar sich geschlossen dem Ordensleben widmeten. In Port Royal schrieb auch der geniale Mathematiker und Philosoph

Pascal seine *Lettres provençales*, hier wurde der Jahrhundertstreit um Gnadenwahl und Willensfreiheit am intensivsten durchlebt.

Zu dieser Zeit hatte Madame de Rambouillet schon längst angefangen, ihren Salon für alle zu öffnen, die Geist besaßen und Einsicht in die Weltläufe hatten (1614). Hier entschied nicht mehr Geburtsadel oder materieller Reichtum, sondern das, was alle Welt noch heute »esprit« nennt. Die Marquise de Rambouillet entstammte dem italienischen Adel. In ihrem Pariser Salon trafen sich *auch Frauen* und alle jene Männer, die sich nicht wie die Höflinge ausschließlich nach den Launen der absolutistischen Herrscher richten wollten, die ihre geistige Selbständigkeit bewahren und beweisen wollten. Teilnehmen an der Welt – das Wort wagen – das will Maria Ward auch. Schon gehen die ersten französischen Nonnen nach Kanada, um die Indianer zu missionieren. Die verfolgten englischen Puritaner rüsten die »Mayflower« aus, um nach Amerika zu segeln, damit sie dort nach ihrer Religionsauffassung leben können und von diesen 102 Auswanderern ist jede dritte Person eine Frau.

Dies ist die Zeit der wortgewaltigen, saftigen Pamphlete noch immer, aber schon erstehen ihr Heilige, die soziale Aufgaben in dieser durch Kriege bedrohten und durch Armut zermürbten Welt sehen, die Taten setzen wollen; Vorbilder werden: Vinzenz von Paul, Sekretär beim größten Galeerenhalter jener Zeit (dem Freiherrn von Gondi) wird zum Seelsorger dieser Sklaven, dieser Verurteilten, die nicht einmal Wortlaut und Zeitdauer ihrer Urteile kennen. Er schult Mädchen vom Lande für die Krankenpflege, und die Helferinnen strömen ihm zu. Franz von Sales gibt Franziska von Chantal soziale Aufgaben, schreibt in Fortentwicklung der Devotio Moderna seine »Philothea« – ein Bestseller der Lebenshilfe bis in unser Jahrhundert.

Die Welt ist realistisch geworden: so hat der Maler mit der Kraftpranke, Lorenzo Caravaggio, das Leiden und die Erniedrigung Christi und seiner Heiligen dargestellt, in Rom für den Papst, in Neapel für die spanischen Vizekönige und in Malta für die Johanniter. In seinem Geiste malen großartige Künstlerinnen, wie die Florentinerin Artemisia Gentilleschi (1590–1652), die an den Hof von Neapel und auch an den Hof Karls I. in London berufen wird, Gemälde apokalyptischer Bedrohungen und biblischer Kraft. Die Italienerin Sofonisba Anguisciola (1535–1627) wurde vom asketischen Philipp II. an den Madrider Hof geholt, wo sie Porträts und Heiligenbilder von großer Klugheit schuf. Später gründete sie eine Malschule in Genua, die selbst Van Dyck bewunderte. Lavinia Fontana (1552–1614) malte Miniaturen am Englischen Hof, so wie es Holbein vor ihr getan hatte. Sie alle waren Frauen, deren Werk mehr oder weniger schnell »vergessen« wurde – es waren eben »Nur Frauen«. Heute tauchen diese Gemälde in internationalen Ausstellungen wieder auf, Museen von Weltrang streiten sich um den Besitz. Ob Nonnen oder Malerinnen, Pilgerinnen oder Schreibende oder Sozialhelferinnen, sie alle haben Heimathäuser, Stadtmauern hinter sich gelassen und Ländergrenzen überquert, um Gottes, um einer Aufgabe, um anderer Menschen willen. Von wenigen nur kennt man ihre Geschichte. Wie viele mögen es in Wirklichkeit gewesen sein? Damals.

Es war einfach nicht mehr die Zeit, eingesperrt und mundtot zu sein. Die Reformation hatte die Frauen beredt gemacht, wenn auch die Reformatoren wie Luther und Calvin die Frauen ins Haus zurückwiesen und nur die Familie als die Tugendschule anerkennen mochten. Wenn auch Heinrich VIII. seine Frau deshalb verstieß, weil sie ihm »nur« Töchter geboren hatte und Anne Boleyn aus dem gleichen Grunde hinrichten ließ. Diese Nur-Tochter, deren Geburt den alternden König so enttäuschte, regierte dann aber ihrerseits 45 Jahre lang und das Zeitalter wurde nach ihr benannt.

Daß die Gnaden, die sie verschmähte, eine Frau, die Nonne werden wollte, in Demut annahm und mit dieser Gnade wirken wollte, das erkannte die Zeit nicht. »Maria Ward hätte der Ermutigung und Hilfe von seiten der Kirche und der Gesellschaft Jesu bedurft. Die Unterstützung wurde ihr nicht zuteil« (Mater Immolata Wetter).

Ignatius und die Frauen. Ein Vorbild und seine Wirkungen

»Wir müssen sozusagen immer mit einem Fuß erhoben dastehen, um frei von einem Ort zum anderen laufen zu können.«
Ignatius von Loyola

Warum aber treten die Söhne des Ignatius von Loyola nicht für die Englischen Fräulein ein, die doch in ihrem Jahrhundert ebenso fortschrittlich sind, wie Ignatius es in seinem Jahrhundert gewesen war?

»Der Vater hat es verboten«, sagen sie. Der Societas Jesu soll kein weiblicher Zweig angegliedert werden, so wie es bei den alten Orden üblich war. Das ist eine ausweichende Antwort. Man spürt es. Welchen Grund mag Ignatius dafür gehabt haben? Ihm waren die Frauen, die einflußreichen und die verlorenen, die frommen und die büßenden zugetan – nicht nur während seiner Pagen- und Soldatenzeit am Hofe von Arevole, viel, viel mehr noch später, nach seiner Bekehrung, da er als heimatloser Pilger, als abgerissener Bettler den Weg der Erlösung suchte. »Erfinder der Frauenseelsorge« nennt ihn Pater Hugo Rahner, der Loyolas Briefe an Frauen herausgegeben hat.

Frauen waren es, mit denen Ignatius in Manresa zunächst die geistlichen Übungen, die Anfänge seiner Exerzitien erprobte. Frauen sammelten sich um sein Krankenlager in Barcelona, wo die Kaufmannsfrau Ines Pascal dem Barfuß-Prediger eine Dachkammer überlassen hatte. Sie besorgte Geld für ihn, als er sich zur Wallfahrt nach Jerusalem rüstete. An den Universitäten von Alcala und Salamanca brachten die Studenten auch ihre Freundinnen mit, wenn sie seinen Unterweisungen lauschten. Als einige von ihnen sich in der Meditation zu Hysterien steigerten, mischte sich die Inquisition ein, prüfte die Zusammenhänge und fand keine Schuld bei ihm. Als der Siebenunddreißigjährige 1529 beschloß, sieben Jahre in Paris Theologie zu studieren, da waren es wieder Frauen aus Barcelona, die ihm Geld zuschickten und ihn mit ihren Briefen ermutigten. Im damals reichen Brügge, der Hanse-Hauptstadt, und selbst in London erbettelte der späte Student sich während der Ferien das Existenzminimum. Seine mangelnden Sprachkenntnisse hielten ihn in Paris davon ab, religiöse

Gespräche mit Freunden oder Fremden oder Frauen zu führen. Aber als er mit jenen wenigen Gefährten, die er durch ein Gelübde auf dem Montmartre auf die Sache Gottes verpflichtet hatte, nach Venedig und Rom pilgerte, da zogen die Predigten, in welchen Sprach-Vermischungen auch immer, Männer wie Frauen magnetisch an.

Der Pilger Ignatius war unberührt von der Frauenangst, die sich in der Kirche seit Jahrhunderten festgekrallt hatte. Er pflegte mit Frauen so selbstverständlich umzugehen, daß seine zahlreichen und fanatischen Verleumder dann später die römische Ordensgründung des Ignatius einfach seiner Protektion durch die Frauen zuschrieben. (So wie man auch Maria Wards Gründungen ihren männlichen Beratern zuzuschreiben pflegte!)

Ignatius stand im Briefwechsel mit vielen Frauen, wenn auch seine Nachlaß-Betreuer die meisten solcher Briefe vernichtet haben mögen. Von den 6000 Briefen, die Ignatius verfaßt hat, sind nur noch 139 Frauen-Briefe erhalten. Die Archivare haben wohl manche andere für »unwichtig« gehalten – unwert der Aufbewahrung.

Ignatius stellte sich auf die Seite der Klosterfrauen, der Klarissen von Azpeitija, als er beim letzten Besuch in der baskischen Heimat sehen mußte, wie seine eigene pfründenreiche Familie diese armen Klarissen um ihre berechtigten Ansprüche brachte. In Rom gründete er später eine Zufluchtsstätte für mißhandelte Frauen, das Martha-Haus. Er stand auf seiten der Frauen so, wie er auch auf seiten der Armen stand. Deshalb ist das Verbot, einen weiblichen Ordenszweig der Gesellschaft Jesu anzugliedern, doppelt unverständlich. Seine Nachfolger wiederholen das Verbot schmallippig und unbegründet Jahr um Jahr. Ein Verbot, das zur Verhaltensweise des Ordensgründers nicht zu passen scheint. Wahrscheinlich ist es das gewittrige Ende seiner zwanzig Jahre währenden Freundschaft mit Isabel Roser, die Ignatius wünschen ließ, seinen Nachfolgern, Ordensbrüdern und Jüngern solche Situationen zu ersparen. Und da Isabel Roser in der Konstitution von 1749, die es verbietet, Maria Ward als Stifterin der Englischen Fräulein zu bezeichnen, genannt wird, sei diese rührend-unschuldige, aber auch schmerzlich-bittere Geschichte erzählt.

»Niemand verdanke ich soviel wie Ihnen. Ihnen verdanke ich mehr als allen anderen Menschen, die ich hiernieden kenne« (*Rahner* 1956, S. 305), schrieb Ignatius 1532 aus Paris an Isabel Roser. Damals waren ihre Briefe und Sendungen ihm Trost. Er besuchte das Colleg Montagu, wo vor ihm schon Erasmus, Rabelais und Calvin gewohnt hatten. Die Mahlzeiten dort und die sanitären Verhältnisse waren abscheulich, die Tagesordnung tyrannisch, die Unterrichtsmethoden veraltet.

Die sehr wohlhabende Dame aus der allerbesten Gesellschaft Barcelonas, kinderlos, hatte mit ihrem Mann schon 1524 eine Predigt besucht, wo sie Ignatius unter den Kindern sitzen sah, und wie mit einem Schein umgeben. Eine innere Stimme hatte ihr befohlen: »Ruf ihn! Ruf ihn!« Isabel folgt dieser Stimme und war von dieser Zeit an seine Förderin. Sie verschaffte ihm Platz auf einem größeren Schiff, als er nach Jerusalem aufbrechen wollte. Die Brigantine, auf der er schon einen Platz hatte, kenterte später. Sie schickte Geld nach Paris an den 37jährigen Studenten. Ignatius schrieb ihr über seine Erfahrungen und Schwierigkeiten. Vor allem auch, als er wieder nach Rom kam 1538. »Das Erdreich hier ist arm an guten Früchten, die Heilige Stadt ist überwuchert von schlechten« (*Rahner* 1956, S. 311).

1541 wird Isabel Roser Witwe. Reich und unabhängig wie sie nun ist, möchte sie in ein Kloster gehen. Sie will zu den Klarissen. Zu dem strengsten Orden – wie ja auch Maria Ward als junges Mädchen zunächst nur an diesen Orden, der am meisten von seinen Frauen fordert, gedacht hatte! Aber was ist Barcelona gegen Rom – denkt Isabel Roser. Sie begibt sich in die Stille ihres Landhauses, überdenkt ihre Vergangenheit und Zukunft, rechnet das nicht unbeträchtliche Vermögen durch und spricht mit Pater Aroaz, einem weitläufigen Vetter des Ignatius. Sie läßt ihn wissen, daß sie nach Rom gehen, Jesuitin werden möchte. Aroaz ist begeistert und berichtet Ignatius alles, auch, daß die Dame 1800 (eintausendachthundert) Dukaten mitbringen werde.

Ignatius, der die Entschlußkraft von Frauen keineswegs unterschätzt, kann die Begeisterung des jugendlichen Paters nicht teilen. Als Isabel Roser dann auch noch anfragen läßt, welche Reiseroute sie und ihre beiden Gefährtinnen nehmen sollen, und ob vielleicht ein Mann im reifen Alter, erfahren und reisekundig, statt eines jungen die Begleitung übernehmen solle – da wird Ignatius vollends klar, was ihm da bevorsteht! – Er denkt an die mühseligen Verhandlungen, die zu der mehr oder weniger eingeschränkten Genehmigung seines Ordens, der Societas Jesu, im vergangenen Jahr (1540) geführt haben! Wie jeder Punkt darin beanstandet wurde: daß die Patres nicht mehr ans Chorgebet gebunden sein sollten, sondern das Brevier privat beten dürften, darin sahen die Herren vom Vatikan schon protestantische Abweichungen. Das vierte Gelübde, unbedingter Gehorsam dem Papst gegenüber, wurde als Eigenbrötelei verhöhnt und der Missionszwang, zu dem die Eintretenden sich verpflichten mußten, sah wie ein Entweichen aus kirchlicher Aufsicht aus. Das hart ausgehandelte Erbetene war noch längst nicht gesichert. Überhaupt wollte der Papst zunächst nur die Erlaubnis für 60 Patres geben. Und nun wollte eine Frau in Rom einkehren und bleiben, bleiben, um sich seinem neuen, so ungewohnten Orden anzuschließen. Was würden die Aufpasser und die Verleumder sagen, wenn erst Isabel Roser käme und bliebe? Daß das Außergewöhnliche und Neuartige gerade die Frauen anzog und anzieht, denen die Kirche so wenige Befugnisse innerhalb ihrer Strukturen anbot, hatten schon viele fromme Männer vor Ignatius erfahren.

Ignatius schreibt einen wohlüberlegten Brief an Pater Aroaz, schreibt ihn nach der von ihm selbst entworfenen und für alle Ordensbrüder vorgeschriebenen Methode: entwerfen, korrigieren, abschreiben. Am 19. Juni 1542 schreibt er: »Wenn Isabel sich entschlossen hat, hierherzukommen, und daran denkt, diese Romreise an die Öffentlichkeit zu bringen, so schauen Sie doch zu, ob es nicht gut wäre, wenn sie als Grund angäbe, sie reise, um die heiligen Orte zu besuchen, wolle nachher etwa nach Jerusalem pilgern und dann wieder nach Barcelona heimkehren. Man kann dies alles sagen ohne die Wahrheit zu verletzen. Ich für meinen Teil bin geneigt zu glauben, daß Isabel die Romfahrt zur größeren Vollkommenheit ihrer Seele gereichen wird. Aber ich sage dies nicht, daß Sie (Aroaz) etwa den Plan befördern über das hinaus, was Sie schon früher an Instruktionen gesagt bekamen. Es ist auf jeden Fall besser, wenn Isabel selbst sich für die eine oder andere Lösung entscheidet. Wenn sie aber abreist, so wüßte ich für diese Reise nicht, welchen Weg sie nehmen, zu welchem Zeitpunkt und mit welchen Begleitern sie reisen sollte ohne Skandal und Anstoß – wäre er auch nur subjektiv. Gott beschütze Euch. Amen« (*Rahner* 1956, S. 319).

Fürwahr – ein meisterhaft ziselierter Brief! Eine Freundschaft wird einseitig aufgekündigt, nach außen ein Schein gewahrt, und in jedem Wort verbirgt sich die Hoffnung, daß dieser Besuch, dieser Kelch, an ihm, dem Schreiber, vorübergehen möge. Ob die dunkle Madonna della Strada unten in der Kapelle gelächelt hat? Wohl nicht.

Isabel Roser nimmt den Seeweg von Barcelona nach Rom und kommt im April 1543 an: mit ihrer Freundin Isabel de Josa, einer philosophisch gebildeten Frau, die sich bei Duns Scotus auskannte und den Kardinälen lateinische Vorträge halten konnte. Eine Kammerfrau hatten sie auch mitgebracht.

Was sagt Ignatius? Überliefert ist diese Begrüßungsformel: »Gott behüte mich, Roser, du bist hier. Wer hat dich hierher geführt?« Isabel antwortet, »Gott und Ihr, Vater« (*Rahner* 1956, S. 325).

Die ungebetenen Gäste werden privat untergebracht. Ein Laienbruder aus gutem Hause, der aus Demut Bruder bleiben und nicht Pater werden will – wie später Lennard Morris –, wird ihnen zur Bedienung beigegeben. Er muß die Damen auf Kirchgängen und Besuchen begleiten, ihnen in den Sattel helfen, die Wohnung aufräumen – und hat damit alle Hände voll zu tun! Er mag diesen Dienst überhaupt nicht! Er ist keineswegs der einzige, der meutert. Die jungen Patres vor allem fragen, warum diese wohlhabenden Damen auch noch zu allem anderen das Essen aus dem Kloster bekommen, da sie doch begüterter sind als alle!

Isabel aber denkt nicht an den schnöden Mammon, sie denkt an Höheres. Sie möchte die heiligen Gelübde ablegen und zwar in die Hände des Ordensgründers, ihres geliebten und verehrten Innigo. Der aber will davon nichts hören. Er hat ganz andere Sorgen, die sich alle um die noch so ungewisse Zukunft seines Ordens drehen. Und wenn die Damen aus Barcelona Langeweile haben – so ist genug in dem eben erst gegründeten Martha-Haus für weltliche Damen zu tun. Ignatius hatte das Martha-Haus für verlassene oder mißhandelte Ehefrauen, für Dirnen, die ein neues Leben anfangen wollen oder Büßerinnen werden möchten, gegründet. Eine Einrichtung, die unseren heutigen Frauenhäusern in den Großstädten vorausgeplant zu sein scheint. Ehemänner, die Besserung geloben, dürfen ihre Frauen wieder abholen. Daß der Polizeichef aber eines Tages seine Geliebte mit Gewalt aus dieser Zurückgezogenheit holte, blieb ein einmaliges und unvergessenes Ereignis.

Den Vorsitz der helfenden Damen hatte Ignatius an Italiens berühmteste Dichterin, die Freundin und Gesprächspartnerin auch Michelangelos, Vittoria Colonna, übergeben. Obwohl er erst seit sechs Jahren in der Stadt Rom war, hatte er zu den alteingesessenen Adelsgeschlechtern längst Beziehungen.

Praktische Sozialarbeit, daran hatte jedoch Isabel Roser nicht in erster Linie gedacht, als sie sich nach Rom aufmachte. Selbstheiligung unter der Anleitung ihres langjährigen Schützlings und Seelenfreundes – das schwebte ihr vor. Und aus Spanien fragen schon die Freundinnen bei ihr an, die dasselbe möchten, und in ihre Fußstapfen treten wollen. Doch der unerbittliche Ignatius stellt sich taub. Er gibt nicht nach. Die nicht einzuschüchternde Kaufmannswitwe Isabel Roser wendet sich an den Papst Paul III., der läßt sich erweichen. Am Weihnachtstage 1545 dürfen die beiden frommen Spanierinnen ihm die Gelübde ablegen. Am Vorabend hat Isabel Roser den Rest ihres Vermögens Ignatius vermacht.

Der gibt dieses Geld zurück – mit notarieller Urkunde! Er habe zwar Gehorsam gegen den Papst als viertes Gelübde eingeführt, etwas, was es noch nie in Orden gegeben hatte, doch an eine solche Umgehung oder vielmehr Ausnutzung des Gelübdes hatte er dabei nicht gedacht. Eine solche Situation, daß Frauen in den Orden drängen würden – das war einfach nicht vorgesehen; und auch nicht, daß Frauen sich direkt an den Papst wenden und den Orden damit umgehen würden.

Ignatius beruft nach langem Nachdenken die klügsten unter seinen Patres zu einer Konferenz zusammen. Es soll darüber beraten werden, wie man diese Gelübde der Frauen rückgängig machen könnte, so unaufhebbar sie sein mögen. Isabel verspricht noch einmal 200 Dukaten, wenn Ignatius einlenkt. Er läßt sie ziemlich schroff wissen: Ob sie 200 Dukaten gebe oder nicht, das werde seinen Entschluß nicht mehr ändern – der zur größeren Ehre Gottes gefaßt sei. Welch ein Trost, wenn man den starken Gott auf seiner gerechten Seite weiß, auch bei der Zurückweisung einer Frau. Bis Oktober dauern die Überlegungen. Dann kommt ein Brief, den Isabel sich viermal und vor Zeugen anhören muß: Er, Ignatius, habe weder die Kräfte noch die Voraussetzungen, um sie, Isabel Roser, unter der Leitung seines Gehorsams zu halten und an der Vervollkommnung ihrer Seele zu wirken, wegen andauernder Kränklichkeiten und mit seinen Pflichten gegen Gott und Papst sei es nicht vereinbar, sich ausdrücklich mit der Leitung von Frauenpersonen abzugeben ... Der Meister des Willens-Trainings, der geistlichen Übungen redet sich auf Kränklichkeiten hinaus!

Der Papst erfüllt Ignatius die Bitte, das Gelübde der Frauen umzuwandeln, denn aufheben lassen sich Gelübde nicht: Statt dem General Gehorsam zu leisten, sollen sie diese Pflichten ihrem Diözesan-Bischof gegenüber einhalten. Als Trostpflaster wird ihnen gewährt, daß sie der »geistlichen Gütergemeinschaft« mit den Jesuiten teilhaftig bleiben ..., eine Form, die später noch öfter besonders würdigen Persönlichkeiten zugestanden wird.

Aus Barcelona kommen zwei Neffen der Isabel Roser und prozessieren. Sie gehen davon aus, daß Isabels Schenkungen alles in allem bis jetzt sich auf 465 Goldscudi belaufen hätten. Doch auf der Gegenseite ist man der Meinung, daß, wenn schon gerechnet werden müßte, Isabel bei den Jesuiten in Schuld stehe. Der juristische Streit endet damit, daß Isabel unterschreiben muß, sie habe niemals Schenkungen auf Aufforderung hin gemacht, sondern immer nur »aus Liebe zu Gott und aus freiem Willen«.

Im Mai 1547 läßt Ignatius sich und seine Gesellschaft Jesu von Papst Paul III. »für alle Zeiten von der Seelsorge für Frauen befreien«. Die Hartnäckigkeit der Kaufmannswitwe Isabel Roser hatte ihn irritiert, hätte seine noch nicht fest im kirchlichen Recht verankerte Ordensgründung möglicherweise gefährden können. Sorgenvoll sagte er in diesem Sommer: »Frau Roser geht bald von hier weg, und wie sie geht, Gott der Herr weiß es. Ich hätte es lieber anders gewünscht und gewollt. Der Teufel hat hier Unkraut gesät« (*Rahner* 1956, S. 334). Isabel kehrt also heim nach Barcelona, tritt dort in ein reformiertes Kloster der Franziskanerinnen ein, das Ignatius bekannt ist. Sie schreibt dem bewunderten Freund beschwichtigende Briefe und bittet ihn um Verzeihung für all das seelische Ungemach, das sie ihm bereitet hat. Sie stirbt im Winter 1554. Tief betrauert von Pater Aroaz, den es betrübt, daß aus Rom kein Zeichen vom Ordensgeneral kommt. So fragt er an, ob die Todesnachricht dort bekannt geworden sei. Ignatius antwortet sachgemäß: »Die Nachricht vom Tod der Mutter Roser haben wir schon erfahren, und wir haben ihr unser Offizium der Liebe zugewendet. Requiescat in pace« (*Rahner* 1956, S. 339).

Das Leben geht weiter. Und in eben diesem Todesjahr der Isabel Roser läßt eine allerhöchste Frauen-Persönlichkeit um Aufnahme in den Jesuitenorden bitten. Übermittler des Antrags ist Franz von Borgia, Urenkel des berüchtigten Papstes Alexander VI. Franz von Borgia, Herzog von Gandia, war nach dem Tode seiner Frau und der Versorgung seiner fünf Kinder dem Jesuitenorden beigetreten. Ihm war die Aufgabe gestellt, Ratgeber am spanischen Königshofe zu sein– für die Regentin Juana. König Philipp II. ist mit großem Gefolge nach England aufgebrochen, um die englische Königin, Mary Tudor, zu ehelichen. Diese spanisch-englische Heirat soll den Bruch mit Rom, den Mary Tudors Vater, Heinrich VIII. vollzogen hat, wieder rückgängig machen. »Es war ein geschichtlicher Augenblick, dessen ungeheure Spannung auch Ignatius in Rom gewittert hat« (*Rahner* 1956, S. 65). Juana, Philipps II. 19jährige Schwester, übernimmt die Regentschaft in

Spanien. Sie ist schon verwitwet – nach kurzer Ehe mit dem ein Jahr jüngeren Peter von Portugal. Sie ist Mutter eines Söhnchens, dem sie das wahnsinnige Blut der Urgroßmutter vererbt hat. Als schönste Frau bei Hofe wußte Juana klug und willensstark den Stil zu prägen. Juana lebt in ihrem Palast wie in einem Kloster. Franz von Borgia erfindet für sie fromme Spiele, ein Lotto zum Beispiel, bei dem jeder Stein eine Tugend der Madonna vermerkt, und Kartenspiele mit erhebenden, heiligen Bildern. Da ist es kein Wunder, wenn die junge Frau sich in das religiöse Leben mit aller Kraft und allem Überschwang stürzt und um Aufnahme in den Jesuiten-Orden bitten läßt. Daß Isabel Roser, eine Frau nicht königlichen Geblüts zurückgewiesen wurde, das hat sich bis in diese hohen Kreise sicherlich nicht herumgesprochen. Das hatte sich ja auch acht Jahre früher abgespielt. In der Geheimkonferenz zu Rom wird beschlossen, daß dem Aufnahmegesuch stattzugeben sei – aber unter dem Siegel der strengsten Verschwiegenheit, damit nicht anderen Frauen Anreiz gegeben werde, ebenfalls um Aufnahme zu bitten.

Ein Männername wird für Juana erfunden: von jetzt an ist sie Matteo Sanchez (oder auch Montoya) und »Diese Person darf kein äußeres Zeichen von ihrem Stande geben, es genügt, wenn dieser Stand allein vor Gott dem Herrn besteht. Die Gesellschaft Jesu aber oder eines ihrer Mitglieder übernimmt die Verpflichtung für die Sorge ihrer Seele, insofern dies ihre eigene Tröstung erfordert. Die Sache muß eine absolute Ausnahme bleiben« (*Rahner* 1956, S. 65), so schärft Ignatius es seinen Patres ein. Aber der Regentin Juana, der Königsschwester und Königswitwe, beeilt er sich persönlich am 3. Januar 1555 mitzuteilen:

»Obgleich nun in dieser Sache sich eine nicht geringe Schwierigkeit ergibt, so wurde alles dem Wunsch hintangesetzt, den wir alle haben müssen und tatsächlich haben, Eurer Hoheit in unserm Herrn zu Diensten zu sein . . . So bleibt mir nur übrig mitzuteilen, daß ich Eure Hoheit untertänig bitte, uns alle als Euer vollkommenes Eigentum zu betrachten, denn das sind wir tatsächlich, in unserm Herrn« (*Rahner* 1956, S. 70). Im etikette-bewußten Zeitalter kannte Ignatius aus der höfischen Zeit seiner Jugend sehr genau die Formeln spanischen Hofzeremoniells!

In wessen Hände, wann und wo die Regentin Juana ihre Gelübde ablegte, darüber gibt es keine Dokumente. Wahrscheinlich hat Franz von Borgia das diskret in aller Stille abgewickelt. (Er wurde später Ordensgeneral, der dritte der Gesellschaft Jesu.) Juana kümmert sich tatkräftig um den Orden, verwendet sich für ihn bei ihrem Vater Karl V.

und ihrem Bruder Philipp II., fördert das Jesuiten-Colleg in Löwen, das gerade damals zum Stützpunkt für die englischen Emigranten und mit seiner Druckerei zu einem religiösen Zentrum für ganz Europa wurde. Juana, die Jesuitin, nahm auch die Jesuiten in Schutz gegen die Dominikaner, die Inquisitoren. Kein Tag, an dem Franz von Borgia oder Pater Aroaz – derselbe, der sich so für Isabel Roser eingesetzt hatte – nicht an ihren Hof geholt wurden, um die Regentin zu beraten. Als dann aber Ignatius Franz von Borgia nach Rom berufen wollte, gab Juana ihn nicht frei, und der so geschmeidige Ordensgeneral mußte einsehen, daß weltliche Macht unerbittlich sein kann.

Philipps II. Ehe mit Mary Tudor endete nach vier Jahren. Der König kehrte nach Madrid zurück und Juana löste ihre Hofhaltung in Salamanca auf. In Madrid gründete sie dann ein Kloster der Unbeschuhten Karmeliterinnen. »Juana war weit davon entfernt, nun selber regelrecht ins Kloster zu gehen. Sie ließ sich zwar anstoßend an ihr Kloster einige Gemächer einrichten, in die sie sich zu geistlicher Muße zurückzuziehen pflegte. Dort hat sie gelegentlich auch den Besuch der großen Teresa von Avila empfangen, die den hohen Damen, welche so gern Kloster spielten, gezeigt hat, was es um echte Armut sei und hat sie dennoch zugleich durch ihr munteres Geplauder entzückt« (*Rahner* 1956, S. 79).

Philipp hatte mancherlei Heiratspläne für seine Schwester, und für solchen Fall war auch eine eigene Klausel in das Gelübde der Societas Jesu eingefügt worden. Aber die einzige Jesuitin starb, nicht wieder verehelicht, 1573, 38 Jahre alt. Siebzehn Jahre nach dem Tod des Ordensgründers.

Eingedenk der Erfahrung mit diesen beiden ungewöhnlichen Frauen wurden von da an alle Aufnahmegesuche weiblicher Orden oder einzelner Frauen knapp beschieden: »Der Vater hat es verboten.« Aber in unserer Zeit geschah das, was Maria Ward sehnlichst gewünscht hatte: das Institut der Englischen Fräulein, Institutum Beatae Mariae Virginis, erhielt 1978 die Konstitutionen des Ignatius von Loyola. 333 Jahre nach dem Tod der Stifterin.

Rom – Erster Teil: 1621–1626. Freundlichkeiten, die das Protokoll erweist

»Je freundlicher man hier (in Rom) zu dir ist, desto weniger will man dir wohl.«
Thomas Campanella

Zehn Jahre sind vergangen, seit Maria Ward in der Stille ihres Krankenzimmers den Ruf vernommen hat, einen Orden nach der Weise der Gesellschaft Jesu zu gründen, ein Ruf, der sie zu beglückender, vielseitiger Tätigkeit befähigt. Fünf Jahre sind vergangen, seit aus Rom die vertrauenerweckende Botschaft kam, daß die *Ratio Instituti* wohl mit einer Bestätigung rechnen dürfe. Seit fünf Jahren aber kein einziges Wort darüber. Am Ende eines durch die Visionen der »Gerechten Seele« gesegneten Jahrzehnts, in dem Maria Ward zwei Häuser in Lüttich, je eins in Köln und Trier und eins auch in London gründen konnte, am Ende eines Jahrzehnts, das, trotz lebensgefährlicher England-Reisen und schmerzlicher Auseinandersetzungen mit der Schwester Praxedes, durch hilfreiche und erfahrene Berater doch zu so vielen Hoffnungen berechtigte, beschließt Maria Ward, nach Rom zu gehen. Sie will, nein, sie muß dem Papst, dem Stellvertreter Gottes auf Erden, die Dringlichkeit ihrer Berufung vorstellen.

Keine Ordensgründerin vor ihr hat das getan! Sie alle haben durch Ordensbrüder oder durch Bischöfe, die dann auch die Jurisdiktion über die neuen Klöster übernahmen, ihre Anträge in Rom vorbringen lassen. Maria Ward will das »Nur Frauen . . .«-Prinzip nicht gelten lassen: Sie übernimmt die ganze Verantwortung, auch für die wirtschaftliche Not, in der sich die Englischen Fräulein befinden. In St. Omer wird gepfändet – ganz rabiat! Die Krämer und vor allem die Metzger wollen endlich ihre Rechnungen bezahlt haben. Sie dringen in das Haus ein und nehmen sogar Möbel mit, die einer dort zur Miete wohnenden Aristokratin gehören. In Lüttich findet sich kaum noch einer in dem Wirrwarr der Schenkungen und Grundstücksübertragungen zurecht, und in den Häusern von Trier und Köln sind die jungen Frauen oft dem Hunger nahe.

Siebenmal ist Maria Ward nach England gesegelt, um die Mitgiften der Novizinnen einzuholen. Aber viele Eltern weigern sich, das Erbteil der Töchter auszuzahlen, solange Rom keine Bestätigung ausgesprochen hat: es könnte ja sein, daß diese mit so viel Enthusiasmus gegründeten Häuser wieder aufgelöst werden und daß dann die frommen Töchter mittellos in der Fremde stehen und als arme Mädchen weder zur Ehe begehrt noch von anderen Orden zum Eintritt aufgefordert werden. Die Eltern sind vorsichtig, denn das Kirchenrecht garantiert nur, daß Mitgiften nicht verbraucht werden dürfen zu Lebzeiten der Eingetretenen, lediglich Zins und Zinseszins von solchen Doten dürfen benutzt werden. Die Englischen Fräulein sind nicht nur arm, sie sind ungesichert: ringsum in Flandern gedeihen Klöster und Collegs, die sich auf spanisches und englisches Geld verlassen dürfen; nicht umsonst gibt es in dieser Zeit im englischen Parlament eine Anfrage, wo denn all das viele Geld, 21 Millionen Pfund, hinfließe, das da ins Ausland gehe. Die Frage ist rhetorisch, denn man weiß in Westminister gut Bescheid über die Schulen, Priesterseminare und Klöster in Flandern. Die Englischen Fräulein besitzen zwar das Wohlwollen der Erzherzogin und Statthalterin Isabella Klara Eugenia, die das Schlimmste bei der Pfändung verhütet, und auch das Wohlwollen des Geistlichen Kurfürsten Ferdinand von Wittelsbach, Erzbischof von Lüttich und Köln, und des Jesuiten Lessius aus Löwen und des Bischofs von St. Omer. Aber Wohlwollen allein kann die Not nicht bannen. Für Maria Ward gibt es gar keine andere Möglichkeit: sie muß ihre Unternehmungen auf eine sichere irdische Grundlage stellen, wenn sie den von Gott gegebenen Auftrag erfüllen will. Sie muß nach Rom gehen, persönlich mit dem Papst sprechen. Davon hatte ja auch schon Beichtvater Roger Lee sie um 1614 überzeugen wollen; doch damals mußte sie nach England, um die verwitwete Mutter und die jüngeren Geschwister nach Flandern zu holen. Jetzt ist es Pater John Gerard, der sie zur Romreise ermutigt. Aus dieser Zeit stammt das klassische Porträt der nun 37jährigen Frau: Das pastellen schimmernde Gesicht wird von einer enganliegenden schwarzen Haube umschlossen. Das weiße Stirnband strafft sich über hochgewölbter Stirn. Aus dunklen, sehr runden und weit geöffneten Augen geht der Blick fragend auf den Betrachter zu und bewahrt doch eine fühlbare Zurückhaltung. Ein Mund, der das Lächeln nur andeutet. Kein Zeichen ihrer jahrelangen Askese, keine eingekerbten Runen des tückischen Steinleidens, das sie schon seit Jahren quält. Es ist das Antlitz einer bewußten, beherrschten Frau und es strahlt doch eine beinahe noch mädchenhafte Zartheit aus. Das Bild ist nicht signiert, der Maler unbekannt geblieben. Im damaligen Flandern, wo Rubens und Van Dyck, die Breughels und Brouwer die gigantischen Kirchen und Klosteraufträge ebenso virtuos ausführten, wie die Porträtierungen der Großkaufleute und Bürger, gab es viele Maler, die geschmackssichere Bildnisse schaffen konnten, und Bilder sammeln war eine Leidenschaft geworden, die sich die Bürger und selbst die Bauern leisteten.

Scharf hebt sich dagegen eine Darstellung ab, die einige Jahre später gemalt wurde: Maria Ward, mit dem Pilgerstab in der Hand. Aus düster umschatteten, tiefliegenden Augen ein strenger Blick. Im knochigen Gesicht ziehen sich harte Falten von der Nase zum Mund. Spitz das willensbetonte Kinn. Der breitkrempige Pilgerhut über brokatener Haube wirft Schatten auf den weißen Kragen. Ein grober hölzener Rosenkranz reicht bis zur Taille des schwarzen Gewandes – ein Bild eiserner Disziplin undd Gehorsamsbereitschaft, das Bild eines religiösen Menschen in seiner ganzen unausweichlichen Geworfenheit.

Beide Bilder sind gleich weit entfernt von den Lieblichkeiten des »Gemalten Lebens«, jenem Zyklus, der alle Begebnisse ins fraglos Überschaubare rückt, aber keine Charakterisierung vornimmt und leider auch alle historischen Persönlichkeiten, die Maria Wards Lebensweg kreuzten, die ihr Werk vorantrieben oder unterhöhlten, ausläßt. Das deutlichste Bild von Maria Ward, der Dame und der Pilgerin, gibt wohl die englische Vita: Maria Ward war ziemlich groß und ebenmäßig gewachsen. Sie hatte einen zarten, frischen Teint und eine angenehme Stimme, die vor allem beim Singen wohltönend war. (Eine Alt-Stimme?) Sie pflegte sich geschmackvoll zu kleiden. Sie war würdevoll, aber nicht hochmütig, aufgeschlossen, doch demütig. Hinzuzufügen ist auch, daß große Klugheit und auffallende Eloquenz ihr von Freund und Feind nachgesagt werden.

In diesem Sommer 1621 begegnet Maria Ward einer Persönlichkeit, die ihr in den kommenden zehn Jahren hilfreiche Ratschläge gibt und ihr die Wege ebnet in Rom und später in München zum Kurfürsten Maximilian I. und in Wien zum Kaiser Ferdinand II. Es ist der spanische Karmeliter Dominikus a Jesu Maria. Der jetzt 60jährige Mönch ist seit zwei Jahrzehnten vertrauter Berater und Seelsorger von Päpsten, von Königen und Fürsten. Die Flut und die Wucht seiner Ekstasen hatten ihn so berühmt gemacht, daß Philipp II. ihn aus dem Karmel geholt hatte. Ihm ging der Ruf voraus, daß er den Feldherren Niederlage oder Sieg voraussagen könne und daß er den Menschen bis auf den Grund der Seele schauen und Sünden oder Krankheiten ihnen von den Augen ablesen könne. Wo immer er auftauchte, drängten die Menschen zu ihm, so auch in Köln in diesem Sommer: die Türe seiner Zelle mußte ausgehängt werden, um die Ratsuchenden einzulassen. Rubens hat ihn gemalt: glühende Augen in ausgemergeltem Gesicht, messerscharfe Linien um Nase und Mund, eine hagere Gestalt in gebauschter Kutte. Ihn hatte Papst Paul V. im Jahr zuvor mit Botschaften und beträchtlichen Subsidien zu Maximilian in Bayern gesandt, bevor noch die Liga-Heere in die Schlacht am Prager Weißen Berge zogen, die erste Schlacht in diesem Krieg, der dreißig Jahre dauern sollte. Jetzt, nach dem Sieg über den calvinistischen Winterkönig, sandte Maximilian den weisen Mönch nach Paris zur Königin-Mutter Maria von Medici, die wieder einmal mit ihrem Sohn Ludwig XIII. zerstritten war, für den sie die Herrschaft führte. Dominikus a Jesu Maria unterbrach seine Reise in Brüssel, um der Statthalterin Isabella Klara Eugenia Trost zuzusprechen und die Begräbnisfeierlichkeiten für ihren Gemahl Albert zu zelebrieren.

Dominikus a Jesu Maria hat zur Rom-Reise geraten. Nur eine warnt: Statthalterin Isabella Klara Eugenia, die als Witwe jetzt auch bei Hofe oft das braune Habit der Klarissen trägt; ihre Ratgeber und auch ihr Botschafter Peter Paul Rubens baten sie, davon Abstand zu nehmen. Isabella, die Königstochter, weiß seit ihrer Kindheit um die Gefahren solch großer Reisen und weiß, daß in diesen Kriegszeiten die Wege unsicherer noch als sonst sind. Gefährlich würde es vor allem in Graubünden sein, und in anderen calvinistisch bestimmten Gegenden, wenn man Maria Ward und ihre Gefährtinnen an einer ordensähnlichen Tracht als Katholikinnen erkennen könnte. Sie warnt, und sie hilft auch!

Maria Ward bereitet die Romreise, die sie im Gehorsam ihrer geistlichen Berufung antritt, mit der Umsicht einer Managerin vor: Sie bittet um Empfehlungsbriefe. Sie sind das A und O in dieser hierarchisch geordneten Zeit, dieser immer noch feudal bestimmten Gesellschaft. Sie überreicht der Statthalterin zwei Entwürfe für die Briefe an den Jesuitengeneral M. Vitelleschi, zu dem sie ja »gehen soll« – wie es die Vision von 1611 befiehlt, und an den mächtigen Kardinal und Verfechter der Tridentinischen Grundsätze, Robert Bellarmin. Die Statthalterin schreibt: an den jetzt regierenden Papst Gregor XV. und seinen Nepoten Ludovisi, schreibt an die Konzils-Kongregation der Regularen, denen die Begutachtung der *Ratio Instituti* ja noch vorliegt, schreibt an den Nepoten des verstorbenen Papstes Paul V., den Kardinal Borghese, den Protektor von Flandern, an den sie sich schon mit manchen Bittgesuchen gewandt hat, und meist nicht vergebens. Sie schreibt an den früheren Nuntius in Flandern, Kardinal Bentivoglio, der Maria Ward schon 1611 kennengelernt und ihr, der damals 26jährigen, »eine höchst vorbildliche Lebensweise und große Klugheit« *(una vita grandemente esemplare, dotata di molto prudenza)* (*Grisar* 1966, S. 37) bescheinigt hatte. Isabella schreibt an ihren Bevollmächtigten in Rom, den Prälaten Vives, dem sie auch Abschriften dieser wichtigsten Briefe beifügt. Vives schreibt zurück, Maria Ward möge auch Briefe von den Ordinarien beifügen, denn diese würden in Rom besonders geschätzt. Auch der Brüsseler Nuntius stellt den Reisenden Empfehlungsbriefe aus. Er schreibt an die Kardinäle Ludovisi, Farnese, Millini, Ubaldini und vor allem auch an Kardinal S. C. Borghese, dessen Hilfsbereitschaft so sprichwörtlich ist, daß man ihm den Beinamen *Delizia di Roma* (das Entzücken Roms) gegeben hatte. Aus Madrid schreibt der König Philipp IV., der Neffe der Statthalterin, einen Empfehlungsbrief an den Papst.

Von Brüssel nach Rom, das sind 1500 englische Meilen. Wer in diesem 17. Jahrhundert eine so weite Reise unternimmt, weiß um die Gefahren und macht vorher – ob Pilger oder Kaufmann – ein Testament. Als Testament kann man wohl den Bekenntnisbrief bezeichnen, den Maria Ward dem Nuntius in Köln Antonio Albergati übergibt. Sie zeichnet die Stufen ihrer Berufung zum Ordensstand auf, von dem Entschluß der 15jährigen bis zu dieser Zeit des Aufbruchs nach Rom. Über alle Ungewißheiten hinweg hat sie nun das Gefühl, daß Gottes Hand im Werke ist. Albergati ist verwandt mit dem Nepoten Ludovisi, der jetzt in Rom in unmittelbarer Nähe des Papstes wirkt.

Dann überantworten sie sich den Gefahren der Straße. Die Straßen jener Zeit, das sind ausgetretene Pfade ohne Pflaster, staubverkrustet oder schlammbedeckt, ausgefurcht im Sommer und im Winter schneeverweht. Kaufmannszüge, von Soldaten geschützt, fahren auf diesen Straßen; viele Bettler und versprengte Landsknechte, auch Pilger, Scholaren und Handwerker, aber auch Wallfahrer, von denen jede fünfte Person eine Frau ist, ziehen dahin. Es wandern Mönche, die in ihren Kutten wichtigste Botschaften, Briefe, Dokumente oder auch Gelder verbergen. Fürsten reiten in prächtigem Aufgebot ihres Hofstaates auf dem Weg zu kindlichen Bräuten, die sie nie gesehen haben, oder Fürsten, denen ihre Gemahlinnen, vom eigenen Hofstaat umgeben, folgen. Es ziehen in diesem Jahrhundert der erbitterten Glaubenskämpfe auch alle jene Unglücklichen über die Straßen, die um des Bekenntnisses willen ihre Heimat verlassen müssen und auf der Suche nach einer neuen Bleibe sind. Versprengte Familien mit armseliger Habe, Flüchtlinge. Und waren die Englischen Fräulein mit Maria Ward nicht auch noch immer Flüchtlinge?

Am 21. Oktober 1621 brechen neun Personen in Brüssel auf, und sie wollen am Weihnachtsabend in Rom sein, der Hauptstadt der Christenheit. Die ganze Verantwortung für dieses geistliche Abenteuer liegt bei Maria Ward, die für mündige Frauen eine sichere Zukunft begründen will.

Barbara Ward, ihre leibliche Schwester, ist dabei. Winefrid Wigmore, die sprachgewandte, gleichaltrige Gefährtin, Susanna Rookwood, die im heimatlichen England fünf Gefängnisstrafen durchgestanden hat, und Margaret Horde, die geschickte Sekretärin. Der Priester, der ihnen unterwegs die Messe lesen und die Beichte abnehmen kann, ist bei ihnen, Henry Lee, Neffe jenes unvergessenen Ratgebers der ersten Zeit in St. Omer, Pater Roger Lee. Und dann hat sich noch ein junger Engländer ihnen angeschlossen, ihnen seine treuen Dienste angeboten, dessen Identität nie ganz enträtselt wurde. Er gehört keinem Orden an, ist weder Mönch noch Bruder. In den frühen Ward-Biographien wird sein Name mit Robert Wright angegeben und er wird für einen Sohn der Pulver-Verschwörer John oder Christopher Wright gehalten. Dann wäre dieser Mann, der sich Lennard Morris nennen ließ, ein Vetter Maria Wards gewesen. Doch die Familientafeln geben bei den genannten Verschwörern keinen Sohn namens Robert an. Wohl aber hatte Thomas Percy, der Mann, den Maria Wards Tante heiratete, einen Sohn namens Robert. Auch dann wäre er durch Familienband nahe, ein Vetter gewesen. Dann hätte er vielleicht in jenen schrecklichen Novembertagen 1605 in Lepworth Maria Ward gesehen – als sehr kleines Kind. Lennard Morris – er hat seinen Stand und seinen Namen niemals preisgegeben, auch nicht, wenn er auf den vielen Reisen, die nach dieser entscheidenden Romreise folgen sollten, hochgestellte und reiche Anverwandte wiedersah. Er wollte untertauchen. Wollte er, indem er sich zum Diener erniedrigte, fremde Schuld oder Familienschuld büßen? War er Parzival, der den Gral der Erlösung suchte? Als er 1683 hochbetagt in seiner kalten Pförtnerzelle in Augsburg starb, fand man seinen Namen auf einem Bruderschafts-Zettel und vergaß ihn wieder. Wollte man ihn vergessen? Sollte man ihn vergessen? Seine Askese, seine Lebens-Hingabe ist wie ein geheimnisvolles sakrales

Symbol in die Fundamente des Institutum Beatae Mariae Virginis eingemauert: Lennard Morris.

Zur Reisegesellschaft gehört noch ein Diener für die alltägliche Mühsal. Das Gepäck wird einem Pferd aufgelegt, ein zweites Pferd soll diejenigen tragen, die bei diesem weiten Weg ermüden. Eines der Pferde hat ihnen Pater John Gerard mitgegeben, sehr zum Mißfallen seiner Ordensbrüder. Obwohl die Reisenden nur wenig Geld bei sich und drückende wirtschaftliche Sorgen hinter sich haben, umgibt sie ein Hauch von großer Welt. Eine adlige Frau reist mit Gefolge! Maria Ward und ihr Hofstaat.

Sie besuchen noch das Haus in Trier, um den Schwestern dort, die kaum das Nötigste zum Lebensunterhalt haben, Mut zuzusprechen. Sie alle hoffen auf die Bestätigung in Rom!

Die erste eintägige Pause wird in Nancy eingelegt. Maria Ward schreibt Briefe, vor allem an die Statthalterin in Brüssel, deren Schutz sie so viel verdankte. Und sie legt noch einmal den Weihnachtsabend als Ankunftstag fest. Sie machen keine Pause in Basel oder Luzern. Auch die Naturschönheiten vom St. Gotthard oder dem lieblichen Lago Maggiore und Comer See können sie nicht aufhalten. Es sind die melancholischen Waldlandschaften, die Maria Ward zu frommen Betrachtungen bewegen, berichtet die englische Vita. Reisenden dieser Zeit ist es nicht um Naturschönheiten oder Kunstwerke zu tun. Reisende dieser Zeit legen festgelegte Tagesstrecken zurück, um so bald wie möglich am Ziel anzukommen. Sorgfältig wird das Programm der täglichen Gebete angegeben: Litaneien und die Gebete zu den Heiligen und zu den Schutzpatronen der Gegend, durch die man geht. Das innere Gebet löst das gemeinsame ab und geht wieder über in heilsame Betrachtungen – in fromme Gespräche, die man auch mit anderen Reisenden pflegt. Am Abend bei Erreichung des Tageszieles wird das Te Deum (Großer Gott wir loben Dich . . .) gemeinsam angestimmt und bei Tisch wird aus dem Römischen Martyrologium vorgelesen. Es wird nur zweimal am Tag gegessen, nur die Diener dürfen auch mittags eine Mahlzeit zu sich nehmen. Ein Tag wird in Mailand gerastet. Sie besuchen das Grab des hochgerühmten und gerade erst (1610) heilig gesprochenen Bischofs Carlo Borromäus, ein Mann, der wegen seines Reform-Eifers hoch angesehen war (1538–1584). Er hatte zunächst auf dem Konzil von Trient maßgebend an den Dekreten mitgearbeitet, die auf eine erneuerte Kirche zielten. Karl Borromäus war einer der ersten, der diese angestrebte Reform vorlebte: er blieb nicht in Rom, obwohl der Medici-Papst, Pius IV., ihn damals zu seinem Nepoten machte, ging er in seine Heimat-Diözese Mailand zurück, was bis dahin keineswegs für die Bischöfe selbstverständlich war. Er kümmerte sich um eine bessere Ausbildung der Priester und der Ordensleute. Als die Pest 1576 durch das große Mailand kroch, war Borromäus unter den Pflegern – der gute Hirte, der sein Leben für seine Schafe hingibt und erwarb sich die Bewunderung und Liebe seiner Gläubigen. Maria Ward hat auf allen ihren Reisen, die über Mailand führten, das Grab dieses vorbildlichen Tat-Menschen der neuen Zeit besucht und später war sie dann zu Gast bei seinem Nachfolger und Neffen Federigo, der seinem heiligen Oheim in Seelsorge und sozialer Arbeit nacheiferte.

Die nächste Rast wurde dort gehalten, wo alle Reisenden der damaligen Zeit haltmachten, ob Fürsten wie Maximilian von Bayern und Kaiser Ferdinand II., ob Kaufleute, berühmte Maler wie Rubens und Van Dyck oder arme Pilger: in Loreto, bei dem Haus der Mutter Gottes, die jetzt um so heftiger verehrt wird, weil Lutheraner und Calvinisten Marienverehrung verspotten. Maderna hatte erst wenige Jahre bevor Maria Wards Reisegesellschaft hier ankam, die riesige Kathedrale vollendet, die das bescheidene Haus umfaßt. Das Haus von Loreto – es ist der Legende zufolge von den Engeln aus Ephesus weggehoben, an der dalmatinischen Küste zunächst abgesetzt und von dort wiederum an die italienische Küste in der Nähe von Ancona getragen worden. Loreto – auch heute noch ein Wallfahrtsort, zu dem alljährlich Tausende von Besuchern pilgern, fahren, fliegen. Einige Jahrzehnte nach Maria Ward, 1654, wird hier Christine von Schweden ihr Zepter und ihre Königskrone der Mutter Gottes schenken – auf dieser dramatischen Reise aus ihrem angestammten Königreich Schweden nach Rom in den Schoß der katholischen Kirche.

Einen Tag lang bestürmt Maria Ward hier ihre Namenspatronin, damit sie ihr Vorhaben segnen möge. Sie schläft kaum, denn schon um drei Uhr fangen die Priester an diesem feierlichen Gebetsort an, die Messen zu lesen.Sie betet bis in den sinkenden Abend hinein und erfährt tief in ihrer Seele, erschreckend und schmerzlich, daß ihr in Rom schwere Dinge bevorstehen. Für sie wird das Ordensleben, das sie seit ihrem 15. Lebensjahr ersehnt, kein paradiesisches Wohlbefinden sein, wie bei so vielen anderen. Für Maria Ward wird es sein wie ein *»dornichtes Dickicht«*. Dies hat sie in Loreto erfahren, erspürt, vielleicht aber auch in einer neuerlichen Erleuchtung gesehen – sie hat es ihrer Freundin Wigmore sehr viel später erst mitgeteilt, um die Reisegenossin nicht zu betrüben. Und Marcus Fridl sagt noch dazu: »Auf was Weiß aber diese Offenbahrung geschehen / ob sie die Seeligste Mutter Gottes in einem äußerlich oder innerlichen Gesicht gesehen, ist nicht bekannt / aus Ursachen / weilen sie gemeiniglich mit dergleichen himmlischen Gnaden dem Trieb ihrer Andacht und Demuth gemäß sehr hinterm Berg zu halten pflegte« (*Fridl* Nr. 158.).

Am 24. Dezember, wie geplant, kommen sie in der Ewigen Stadt an, Hauptstadt der Christenheit. Als sie die Silhouette von St. Peter etwa sechzehn Meilen vor Rom in der Höhe von Castelnuovo erblicken, knien sie nieder. Ob sie an die heimatliche Kathedrale in York denken, die auch dem Heiligen Petrus geweiht ist? Nach 1500 Meilen sind sie zur festgesetzten Zeit am Ziel: neun Personen mit hohen Hoffnungen, wichtigen Empfehlungsbriefen, wenig Geld und zwei Pferden . . .

Sie gehen über die Milvio-Brücke, gehen die lange, schier endlos scheinende Via Flaminia mit ihren herrlichen Gärten und Villen hinunter. Sie kommen an die Piazza del Popolo, die von Händlern und Käufern, von Marktkarren und Mulis wimmelt, biegen in die Ripetta ein, die unmittelbar am damaligen Tiber-Hafen mit seinen vielen Segelschiffen vorbeiführt. Sie überqueren die Engelsbrücke und den Platz von St. Peter, um dann endlich am Grab des Apostelfürsten niederzuknien und in stundenlangem Dankgebet zu verharren.

Ehe sie auf der anderen Seite des Tibers ihre Übernachtungsplätze in der Nähe des Englischen Hospiz festmachen, setzen sie in der Kirche, wo auch Ignatius seine Andachten hielt, ihre Dankgebete fort. Es ist, als ob sie keine Müdigkeit empfinden könnten, da sie an der Stätte angekommen sind, um die ihr Denken so lange Jahre gekreist ist. Hierher ist 1537 der Baske Ignatius von Loyola gekommen, um die päpstliche Bestätigung zu erbitten. Nun sind die Männer seines Ordens schon in alle Welt gegangen – Vorbild für diese Frauengemeinschaft englischer Flüchtlinge.

Rom 1621 – die Hauptstadt der Christenheit hat 118 000 Einwohner. Ist kleiner als London oder Paris und dennoch Weltstadt. Um die Jahrhundertwende hat Papst Sixtus V. verfallene Wohngebiete niederreißen und geradlinige Straßen anlegen lassen. Er wollte das kriminelle Proletariat und die Verstecke der Banditen, die nützliche Verbindungen selbst in der römischen Aristokratie hatten, ausrotten und hatte dabei auch die klassische Antike nicht verschont. Jetzt recken sich Adelspaläste neben bürgerlichen Villen, Handwerkshäuser und kleine Läden quetschen sich dazwischen: alles eng beieinander. Es ist eine menschliche Stadt, die Platz für alle hat. An den Festen des alten Adels, die bald von Prunk und Pomp der aufsteigenden Nepoten-Dynastien übertroffen werden, die in die Familien mit Tradition hineingeheiratet haben, erfreuen sich auch die Namenlosen. Wallfahrten, die in St. Peter ihr Ziel erreichen, Turniere und Feuerwerke unterbrechen die Mühsal des Alltags auch für den Mann auf der Straße. Der Einzug der Botschafter aus aller Welt, die ihre Beglaubigungsschreiben überreichen, geht nicht unter 60 Kutschen vor sich.

Unübersehbar ist die Zahl der Fremden, die in den sieben Hauptkirchen Roms die Vergebung ihrer Sünden erflehen. Im letzten Heiligen Jahr, 1600, waren es über eine Million frommer Pilger, die in den Herbergen und Hospizen versorgt werden mußten. Es gibt zu dieser Zeit fast 400 Herbergen und die meisten liegen zwischen Engelsbrücke und Piazza di Spagna.

Die Bewohner dieser Heiligen Stadt sind fast alle Nicht-Römer: angefangen von den Päpsten, ihren Kardinälen und den Beamten dieser streng aufgebauten Hierarchie, die gerade in diesem Jahrhundert sich zu bürokratischen Ausmaßen verfestigt. Rom hat zwar seit dem 16. Jahrhundert eine Universität, die Sapientia, aber berühmter sind die Collegs, die Gregor XIII. in Rom gegründet hat. Sie sollen der Glaubensverbreitung und Glaubensverteidigung dienen. In Rom gibt es schon jetzt das bedeutende Germanicum, das bis heute seinen wissenschaftlichen und theologischen Rang nicht eingebüßt hat. Rom ist die Stadt, die sich darzustellen weiß: Die Reichen und die Mächtigen sind stolz auf ihre Bibliotheken, wo sie die sogenannten Akademien abhalten, Vortragsabende, zu denen Wissenschaftler von überall her kommen, wenn sie sich in der Tiber-Stadt aufhalten. Die berühmteste ist die Akademie der Luchse (Lincei), zu der auch Galilei Zutritt hatte, als er noch nicht in päpstliche Ungnade gefallen war.

Von den 118000 Einwohnern sind 6000 Kleriker und 2000 Nonnen. Die so zahlreichen Reisebücher jener Zeit erwähnen auch 30000 Dirnen, eine Zahl, die wohl in den Bereich der Männerfantasien verwiesen werden kann, denn bei solchem Zahlenverhältnis wäre jede dritte Person eine Prostituierte gewesen.

Frauen haben an dem öffentlichen Leben nur begrenzten Anteil. Und Ordensfrauen gar keinen. Nur in Begleitung von Dienern oder älteren Aufsichtspersonen dürfen adlige oder bürgerliche Frauen über die Straße gehen oder in die Kirchen, zu nachmittäglichen Konzerten und Gottesdiensten. Wer Kutschen hat, kann sich an dem Corso beteiligen, der zu bestimmten Zeiten auf den Plätzen, auf der Piazza di Spagna vor allem abgehalten wird. Dann dürfen die Herren an den Wagenschlag treten und bei herabgelassenen Kutschenfenstern den Damen Liebenswürdigkeiten sagen. Ordensfrauen ist es natürlich nicht gestattet, Kutschen zu halten oder in die Stadt zu gehen. »O marito o muro« (Ehemann oder Klostermauer) lautet die strenge Einteilung: wer nicht geheiratet hat – oder deutlicher noch, von den Eltern nicht verheiratet worden ist, muß hinter Klostermauern verschwinden. Auf immer. Frauengestalten in verschwenderischer Fülle aber bedecken Altarbilder und Palastwände – als vorbildliche Heilige oder als Allegorie-Figuren für vorwiegend männliche Tugenden. Der Marienkult hat sich im Widerstreit mit den Reformatoren erneuert und belebt, und die Mutter Gottes, mädchenhaft zart auf gotischen Bildern und in romanischen Skulpturen, hat die majestätischen Eigenschaften der Renaissance-Fürstinnen angenommen.

Maria Ward mit ihrer Reisegesellschaft ist in Rom angekommen. In der Weltstadt, die die Eliten jeder Zeit magisch angezogen hat. Wie sehr die Frau aus Yorkshire Adel, aus dem englischen Untergrund und den flandrischen Asyljahren hier zu Hause war, beweist der Brief, den sie am 1. Januar 1622, nach knapp einer Woche Rom also, an die Statthalterin schreibt. Der Brief ist französisch geschrieben – in der Sprache, die bald auf Jahrhunderte hinaus die Verständigungssprache der internationalen Diplomatie und auch der Gebildeten wird:

»Serenissima Princesse,

ich nehme gleich die erste Gelegenheit seit unserer Ankunft in Rom wahr, um Eurer Hoheit meine Ergebenheit auszudrücken und über all das Rechenschaft abzulegen, was Ihren Kindern, Ihren ewig dankbaren Dienern, begegnet ist, wie ja Eure Hoheit eine wahre Information über alles verlangen kann, was diese betrifft und auch die Sache, die für so viele Seelen in der Welt wichtig ist und die in Eurem Königreich Gestalt angenommen hat, die Sache, die sich unter Euren Fittichen entwickelt hat und die jetzt auf dem Weg ist, auf immer verewigt zu werden durch die Gnade, den Einfluß und die wirkungsvollen Briefe Eurer Hoheit.«

Dieser Auftakt ist noch ein zeitgemäßes Zugeständnis an die höfischen Floskeln der Barockzeit, wenn auch sehr persönliche, überströmende Dankbarkeit jedes Wort durchwärmt. Sehr sachlich heißt es dann weiter:

»Unsere Reise hat uns bei guter seelischer Verfassung gesehen und ohne jede körperliche Erkrankung. Wir haben alles zu Fuß gemacht und uns nirgendwo aufgehalten, und manchmal sind wir 25 italienische Meilen am Tag gegangen, was etwas mehr ist als acht flandrische Meilen. Wir sind durch mehrere Zollschranken gekommen, ohne daß wir die Gabelle (Wegzoll) hätten zahlen müssen – auf Grund der von Euch ausgestellten Pässe, und das hat uns mehrere Male sehr gefreut.«

Nach dieser Wertung der sportlichen Leistung und der höchst menschlich-natürlichen Freude über die finanziellen Ersparnisse, kommt die Schreiberin zum eigentlichen Thema:

»Am Heiligen Abend sind wir in Rom angekommen. Am darauffolgenden Sonntag haben wir uns beim Botschafter Eurer Hoheit gemeldet, und am Montag hat der Botschafter Eurer Hoheit, Monsignore Vives, uns Besuch gemacht. Am Dienstag hat er uns nach St. Peter geführt, wo wir uns zu den Füßen seiner Heiligkeit niedergeworfen haben.

Monsignore Vives hat die Gründe unseres Kommens hervorragend und wirkungsvoll erklärt, die Frucht unserer armseligen Bemühungen, unseren guten Ruf an allen Orten, wo wir uns aufgehalten haben, erwähnt, und auch die Gnade und Zuneigung, die Eure Hoheit uns erwiesen haben und den dringlichen Wunsch Eurer Hoheit, daß Seine Heiligkeit uns die Gnade erweisen möge, uns mit der Bestätigungs-Bulle zu beglücken etc., worauf Seine Heiligkeit mit geneigtem Wohlwollen reagierte: Deus providet Ecclesiam in necessitatibus suis.

Seine Heiligkeit fügte auch hinzu, daß das weibliche Geschlecht hierzulande dringend einer Reform bedürfe. Er stellte einige Fragen nach unserem Habit, unserer Unterbringung, der Zahl und dem Tagesplan unserer Reisegruppe – worauf alles Monsignore Vives besser antwortete, als wir es gekonnt hätten. Es scheint, daß Eure Hoheit Seine Heiligkeit sehr genau über alles informiert haben. Seine Heiligkeit versprachen uns Seine Gunst, und daß unsere Angelegenheit an die Kongregation der Kardinäle überwiesen werde, und daß in dieser Kongregation der Kardinal Zollern (Friedrich Eitel von Hohenzollern-Sigmaringen) eine gewichtige Stimme habe, weil wir ihn ja auch dafür vorgeschlagen und gewünscht hätten, und weil er darüber Auskunft geben könnte, wie wir gelebt hätten, da er es ja gesehen habe. Als wir uns verabschiedeten, fragten Seine Heiligkeit, ob wir nicht ein paar Ablässe haben möchten und er schloß mit den Worten: Qui perseverabit usque at finem, hic coronabitur« (Wer ausharrt bis zum Ende wird gekrönt werden – im Jenseits).

Maria Ward harrte aus bis ans Ende, von Rom bis hin zu ihrem Tode im tobenden Bürgerkrieg ihrer Heimat, im erschütterten England von 1645: doch sie wurde nicht gekrönt zu ihren Lebzeiten und sie wurde nicht heilig gesprochen nach ihrem Tode.

Nach dieser sehr sachlich-prägnanten Wiedergabe der Papst-Audienz eine ganz banale Bemerkung, die aber Daheimgebliebene in keinem Reisebericht missen möchten: »Hier regnet es ständig, und die Kardinäle sind in diesen Feiertagen alle sehr beschäftigt, ihre Besuche zu absolvieren, so daß wir die Briefe Eurer Hoheit bis jetzt nur bei Kardinal Ludovisi, Kardinal Zollern und bei dem Botschafter Eurer Hoheit, Monsignore Vives, abgeben konnten.«

Und dann gegen Schluß des Briefes kommt eine ganz wichtige, wenn nicht die wichtigste Mitteilung, die Information über den Besuch, der ihr ja schon vor zehn Jahren, in der »intellektuell vernommenen Botschaft« aufgetragen worden ist:

»Ich war beim Pater General (Mutius Vitelleschi, General der Gesellschaft Jesu) und habe ihm die Briefe Eurer Hoheit übergeben, er hat nur gute Worte und gibt zu, daß die hiesigen Patres ihn nicht richtig informiert hätten, daß aber er und die Seinen alles tun würden, um uns zu fördern. Was alles wir auf den Einfluß Eurer Hoheit zurückführen, und ich habe gemerkt, daß er schon früher Briefe von Eurer Hoheit bekommen hat und daß er sich hüten wird, Eurer Hoheit zu mißfallen.«

Der General ist also genau auf jenes Schreiben eingegangen, das Maria Ward für die Statthalterin entworfen hat und das diese mit leichten Änderungen wohl an den General der Jesuiten schicken ließ. Daß dieser mächtige Mann sich aber dennoch hüten wird, der Statthalterin, die die flandrischen Collegs des Ordens so eifrig fördert, Ungelegenheiten zu machen, das sieht Maria Ward ganz klar und realistisch. Er wird sich hüten! Bestimmt!

»Ich bitte demütigst um Verzeihung, daß dieser Brief so lang geworden ist, hoffe aber andrerseits, daß es Eure Hoheit zu freuen hört, wie sorgfältig Monsignore Vives alle Eure Befehle ausführt, indem er uns bei jeder Gelegenheit aufs wirkungsvollste unterstützt.

Gott verleihe Eurer Hoheit noch viele glückliche Jahre und möge Gott uns mit allen anderen Untertanen zusammen Eurer Gunst und Liebe würdig sein lassen.

Eurer Hoheit allzeit ergebenste Dienerin
Maria Della Guardia
1. Januar 1622 (*Grisar* 1966, S. 747ff.).

Ein Brief, wie ihn Daheimgebliebene sich nicht anschaulicher und gründlicher von Abgereisten wünschen können: der Zweck der Reise, die Persönlichkeiten, die zu besuchen waren, der Inhalt der Gespräche – alles lebt in diesem Briefe auf, und nicht einmal das Wetter ist vergessen!

Die Englischen Fräulein sind kaum eine Woche in Rom und haben bereits mit dem Papst und dem Jesuitengeneral gesprochen. Macht und Pracht bringen Maria Ward nicht aus der Fassung, sie denkt an die Aufgabe, die sie zu erfüllen hat. Viele Widersacher mögen ihr später solche zielstrebige Sachlichkeit als Arroganz auslegen, vor allem jene, die auch noch ihr Adelsprädikat herabstufen möchten. Dabei ist diese höflich kühle Selbstsicherheit, die sie gerade Hochgestellten gegenüber an den Tag legt, wohl nicht nur angeboren, sondern auch anerzogen. Kinder, die schon mit fünf Jahren anfangen, in verschiedenen Familien daheim zu sein, sind vor manchen Täuschungen gefeit. Außerdem: bei dieser Romreise geht es ja gar nicht um ihre persönlichen Anliegen, sondern darum, ihren Auftrag bekannt zu machen, diesen Auftrag vor allem dem Stellvertreter Gottes auf Erden bekannt zu machen, dem Papst.

Papst Gregor XV., Alexander Ludovisio aus Bologneser Adel und Jurist, hat erst vor wenigen Monaten den Stuhl Petri bestiegen, er ist schon 67 Jahre alt, ein wenig gebrechlich. Aber er ist ein guter Zuhörer, einer, der zwischen streitenden Parteien zu vermitteln weiß. Er war bei den Jesuiten erzogen worden und sprach auch ihren Gründer Ignatius von Loyola und den bedeutendsten Missionar Franziskus Xaverius in seinem Pontifikat heilig. Die Tat aber, die ihn berühmt machte, war die Gründung der *Propaganda Fide,* der Kongregation, die sich besonders auch für die Rückgewinnung, für die Rekatholisierung Englands und der skandinavischen Länder einsetzen sollte. Am 6. Januar 1622 ist der Gründungstag. Maria Ward hätte nicht zeitgünstiger in Rom ankommen können. Hier war eine Engländerin, die schon im Untergrund der Bekenner gelebt hatte und die nun sogar Frauen ausbilden wollte, Engländerinnen, die in der Heimat missionieren konnten. Für den Papst als Italiener muß letzteres allerdings eine fremdartige Vorstellung gewesen sein, wenn auch bei dieser ersten Begegnung natürlich jene liebenswürdige Höflichkeit, die das diplomatische Protokoll vorschreibt, herrschte. Ob diese Geneigtheit auch noch anhielt, als Papst Gregor XV. den dritten Entwurf, das *Institutum,* las – wenn er es überhaupt jemals selbst gelesen hat! –, das ist zu bezweifeln.

Die Forderungen des *Institutum* waren zu dieser Zeit, da man sich in Rom auf das Verbot des Tridentiner Konzils versteifte, daß neue Orden nicht mehr gegründet werden und Frauenklöster strengste Klausur einhalten sollten, ungeheuer kühn und verwegen. Doch mit geradezu herzerfrischender Naivität angesichts der strengen vatikanischen Hierarchie erbat Maria Ward für die Prüfung ihres Entwurfs auch noch eine Partikular-Kommission. Und wenn später bei stockenden Verhandlungen die Kenner der Szene ihr mehr Diplomatie, mehr politisches Vorgehen empfehlen, »so hat sie sich ihrer Gewohnheit nach mit dem Heiligen Creutz vor dem Wort Politic geseegnet!« (*Fridl*, Nr. 163), und gesagt: ihre Sache sei von Gott und brauche weder Bemäntelung noch Doppelzüngigkeit.

Voll Vertrauen hat sie auch– wie ja schon in ihrem Brief beschrieben – General Mutius Vitelleschi aufgesucht, in Erfüllung eben ihres übernatürlichen Auftrags: »Nimm die Regel der Gesellschaft. Der Pater General wird es nie erlauben. Geh zu ihm.« Sie kennt wahrscheinlich den Brief vom 21. September 1621, mit dem Vitelleschi befohlen hatte, man solle Maria Ward die Konstitutionen des Jesuitenordens wieder abnehmen. Und sie wußte zweifellos auch von den 50 Briefen, die nach Flandern gegangen waren – alle mit Warnungen vor den unruhigen Englischen Fräulein, in denen den Jesuiten sogar verboten wurde, die Seelsorge für diese Frauen zu übernehmen.

Ohne Furcht geht sie zu ihm, mit dem Empfehlungsbrief der Statthalterin und in Begleitung des flandrischen Agenten, Monsignore Vives, der ihnen ja in diesen Tagen die Wege ebnet. Vitelleschi, von Natur nachgiebig und von seinen Freunden »Engel des Friedens« genannt, gibt sich bei dem Antrittsbesuch aufgeschlossen – wie Maria Ward es im Brief beschreibt. Ihr wird klar, daß dieser milde Mann sich hüten wird, etwas gegen mächtige Persönlichkeiten zu unternehmen.

Sie fühlt sich getröstet, wenn sie wohl auch zu dieser Zeit schon weiß, daß ihr bester Berater und Seelenführer Pater John Gerard »umgeleitet« worden ist, daß General Vitelleschi ihm den Romaufenthalt untersagt hat, solange die Englischen Fräulein sich in der Heiligen Stadt aufhalten. Erstaunlich an Maria Wards schwungvollem Reisebericht ist die Unterschrift: *Maria Della Guardia!* Ist es die Freude am Wohllaut der italienischen Sprache, dem sie sich überläßt, oder ist es die Begeisterung eigener Art, in die der Süden die Reisenden aus dem Norden seit Jahrhunderten versetzt? Nach Überwindung der gefahrvollen Reise ist Maria Ward hier in Rom auch am geistlichen Ziel ihres Lebens. So muß sie nach diesen sehr freundlichen Besuchen empfinden. Ihre weltläufige Tatkraft spürt das Klima einer neuen Zeit, die gerade auch von ihrem hohen Vorbild, Ignatius von Loyola, eingeläutet worden ist. Sie selbst darf sich mit ihrer Konzeption eines aktiven Frauenordens als Teil dieser neuen Zeit fühlen.

Rom inspiriert sie, wenn auch ihr äußeres Leben beinahe darin zugrunde gehen wird. Nirgendwo war sie schneller daheim, so scheint es, als in dieser Weltstadt, in der sic sich eigentlich nur kurz aufhalten wollte, bis zur Bestätigung ihres Ordens. Sie paßt in dieses kosmopolitische Milieu, das einerseits von feudalen Adelsbegriffen geprägt wird, aber andrerseits den neuen Talenten, den beruflichen Aufsteigern wohlgesonnen ist.

Erstaunlich schnell finden die Englischen Fräulein eine Bleibe: eine Mietwohnung in einem zweistöckigen (heute fünfstöckigen) Haus an der Via Monserrato/Ecke Via Montoro. Es ist nur einen Block weit vom Englischen Colleg entfernt, das schon in der Zeit des ersten Kreuzzuges als Herberge und Hospiz errichtet wurde, jetzt aber als Colleg für die Studierenden gilt. Ein Bruder von Mary Poyntz, die noch in Flandern ist, studiert hier, und ein Sohn der Familie Talbot und einer aus der Sippe der Westmorelands. Neville Westmoreland war ja der Mann, der so inständig um Marias Hand angehalten hatte. Man war mit den Familien der Heimat vertraut, in der Fremde mag der Zusammenhalt noch herzlicher gewesen sein als zu Hause.

Via Monserrato, eine kurze Straße, die von der prachtvollen Piazza Farnese abgeht und sich mit eng gegenüberstehenden Häusern gegen die Sonne schützt. In den vier geschichtsträchtigen Kirchen dieser Straße werden die geschnitzten Portale heute nur noch auf Verlangen geöffnet, da dunkeln barocke Gemälde vor sich hin und wölben sich die einst herrlichen Altartafeln vor lauter Feuchtigkeit.

Aber damals, als Maria Ward und die Ihren nach Rom kamen, war Filippo Neri, der fröhliche Heilige, kaum erst aus der Kirche Gierolamo della Carità ausgezogen: er hatte dort über dem Altarraum mit den verwahrlosten Straßenjungen gewohnt, gebetet und gesungen. Der volkstümliche Heilige wurde in diesen Tagen mit Ignatius von Loyola und Teresa von Avila gleichzeitig heilig gesprochen. Josef von Calasanza, der spanische Aristokrat, der seinem heimatlichen Erbe entsagte, um in Rom ein ernstes Leben zu führen, hatte in dieser Straße gewohnt – als er begann, Schulen für Knaben zu gründen. Als er über tausend Schüler hatte, lud die Inquisition ihn vor.

In dieser Straße Monserrato nehmen die Englischen Fräulein Wohnung. Und schon bald wird ihnen klar, daß sie viel länger in Rom bleiben müssen, als sie geplant und erwartet haben: die Kongregationen, in denen ihre Pläne vorliegen, arbeiten sehr, sehr langsam. Das Geld wird knapp. Sie müssen die beiden Pferde verkaufen. Das Geld geht ihnen aus.

Zwar schickt die Statthalterin aus Brüssel jeden Monat zehn Scudi und ihr Botschafter Vives unterstützt die Frauen aus seiner Privatschatulle, solange der Segen aus Flandern kommt. Kardinal Ludovisi hat später die *povere donne inglesi* (die armen englischen Frauen) auf seine Armenliste setzen lassen. Und als der König von Spanien, Philipp IV., von ihrer Not hört, veranlaßt er seinen Botschafter in Rom, den Grafen Albuquerque, an den Papst zu schreiben, sie könnten unmöglich mit so wenig Geld auskommen und leben.

Es geht ihnen schlecht, diesen Frauen aus England, die da so nahe am Ziel ihrer Wünsche angekommen sind. Sie sind arm, doch haben sie mächtige Fürsprecher: Kardinäle, Diplomaten und den geheimnisumwitterten Karmeliter Dominikus a Jesu Maria, der schon vor ihnen in Rom ankam. Sie waren noch nie in Rom und wurden schneller als die meisten Besucher vom Heiligen Vater empfangen. Das hat sich schnell herumgesprochen. Trotz ihrer Armut werden sie beneidet – und der Sturm bricht los!

Der Sturm bricht los

> »Die Zeiten sind hart für die Frauen besonders die frommen, denn es gibt keine Tugend einer Frau, die den Richtern – lauter Männer – nicht verdächtig ist.«
>
> *Teresa von Avila*

Maria Ward ist nach Rom gegangen, sie ist bereits in der ersten Woche von den höchsten Würdenträgern des Kirchenstaates empfangen worden. Das übersteigt die Vorstellungen aller, die bis jetzt noch die Ideen und Unternehmungen der Englischen Fräulein für eine vorübergehende Laune gehalten hatten. Was war ärgerlicher: daß diese Reise von 1500 Meilen reibungslos verlaufen war oder daß diese Frauen (»Nur Frauen!«) in Rom beachtet wurden?

Es ist der englische Weltklerus, der seinen Vertreter in Rom veranlaßt, die Absichten der Frauen zu durchkreuzen. John Bennet ist der Vertrauensmann des Weltklerus, der die Interessen dieser Gruppe von Geistlichen an der Kurie darstellen und vertreten sollte, und der eigentlich eingesetzt ist, um die schwierige Frage zu klären, ob das von Rom abgefallene England endlich wieder einen Bischof haben soll, der den Welt-Priestern vorsteht, oder ob sich das katholische England weiterhin mit einem Erzpriester begnügen muß, der dem Nuntius in Paris unterstellt ist. Die Weltpriester fühlten sich in ihrer Seelsorgsarbeit seit langem überrundet von den Ordensleuten, den Jesuiten, Franziskanern und Benediktinern, die von ihren Orden gestützt, auf eigene Initiative unter denen tätig waren, die katholisch bleiben wollten. Diese Ordensleute konnten auf jene wohlhabenden Kreise rechnen, die weitläufige Häuser mit Priesterverstecken und Geldmittel zur Verfügung stellen konnten. Die Weltpriester führten ein wesentlich armseligeres Leben. Ihr Standard war ebenso niedrig, wie der ihrer Gläubigen. Außerdem fehlte ihnen ein Vorgesetzter, der ihre Anliegen in Rom oder auch in London hätte vertreten können. Sie fühlten sich unsicher und ungesichert. Und jetzt, da auch die Englischen Fräulein von Flandern aus in die englische Missionsarbeit strebten, fühlten sie sich noch mehr in die Enge getrieben, zumal da sie vermuteten, daß diese Frauen den Jesuiten in die Hände arbeiteten. Was aber würde erst werden, wenn sie nun auch noch in Rom durch eine päpstliche Bestätigung größeres Ansehen bekämen.

Erzpriester William Harrison taucht seine Feder in Vitriol und schreibt:
– Die Englischen Fräulein treiben sich frei in Städten und Provinzen herum und wollen trotz Klausurlosigkeit als Orden angesehen werden.
– Sie sprechen selbst in Gegenwart von Priestern über geistliche Fragen, geben *exhortationes* (Ermahnungen), wozu sie in ihren Noviziaten geschult werden, und haben sich die Bekehrung Englands zum Ziel gesetzt.
– Sie bevorzugen die Jesuiten, verachten andere Ordensgeistliche und die Weltgeistlichen.
– Es kommt vor, daß sie mit Männern allein zusammentreffen. Sie entsprechen nicht der weiblichen Bescheidenheit und sind wegen ihrer Unverschämtheit in aller Munde.

Soweit Erzpriester William Harrison, der diese gesammelten Verleumdungen dem Vertrauensmann des englischen Weltklerus in Rom, John Bennet, übergibt. Bennet regt einen Benediktinerpater, der sich gerade für ein paar Wochen in Rom befindet, dazu an, diesen Katalog der Klagen noch anzureichern. Dieser Pater R. Sherwood hat Maria Ward nie gesehen, und ihre Gefährtinnen kennt er auch nicht. Doch er schreibt:
– Maria Ward wurde zum Austritt aus dem Klarissenkloster in St. Omer veranlaßt, weil ihrer Keuschheit Gefahren drohten. Einige Englische Fräulein sollen sich gegen die Keuschheit verfehlt haben.
– Die Englischen Fräulein locken unter dem Vorwand baldiger Bestätigung Kandidatinnen an sich, verschwenden deren Mitgiften und haben trotzdem Schulden.
– Sie lassen ihre Schülerinnen Theater spielen und sich im freien Vortrag üben.

Ergänzt werden alle diese Anklagen dann noch von Matthias Kellison, Präsident des Priesterseminars im fernen Douai:
– Maria Ward wurde von Pater Roger Lee zum Austritt aus dem Klarissenkloster bewogen und hat auf seine Veranlassung den neuen Orden zu gründen begonnen.
– Die Jesuiten begünstigen in England die Englischen Fräulein und diese die Jesuiten. Nachdem sie sich zu adeligen Familien Zutritt verschafft haben, unterrichten sie auch Männer im Katechismus, belehren sie über Reueakte, Betrachtungen und andere geistliche Übungen.

– Sie können nicht wie andere Klöster von den Zinsen der Mitgiften leben. Entlassene Schwestern fallen wieder den Eltern zur Last. 1621 wurde ihre Habe verpfändet (nach *Grisar* 1959, S. 51ff.).

Wie läppisch und verlogen diese Anklagen auch sein mögen: sie sind die Stolpersteine auf Maria Wards Weg zur Klosterhaft zehn Jahre später und zur versuchten Auslöschung ihres Namens hundert Jahre nach ihrem Tod! Alles, was über Maria Ward nach 1622 gedacht, gesagt und geschrieben wurde, ist von dem Gifthauch dieser Verleumdungen angeweht worden. Die aus dem Nichts erfundenen Bosheiten wachsen wie eine Nebelwand um die Gestalt der Stifterin, verwischen ihre Konturen, verfälschen das Konzept. Während Maria Ward um die Erfüllung ihres geistlichen Auftrags ringt, wird sie wegen erlogener Verfehlungen von ihren Gegnern angegriffen.

Von jetzt an muß sie gegen Windmühlenflügel kämpfen – wie Don Quichotte, ihr literarischer Zeitgenosse! Für die Nachwelt, für ihre Biographen bewegt sich ihr Leben von jetzt an auf zwei Ebenen, die sich immer wieder kreuzen, ineinander verschieben, einander auch beschädigen.

Bis ins späte neunzehnte Jahrhundert hinein sind über das Leben der Engländerin in den Standardwerken englischer Historiker nur diese Anklagen weitergegeben worden – unwiderlegt und unwidersprochen. Erst die Kirchenhistoriker Peter Guilday und Ludwig von Pastor, die Zugang zu lange geheim gehaltenen römischen Quellen bekamen, konnten darangehen, einen Stein nach dem anderen von diesem Verleumdungsschrott wegzuräumen. Peter Guilday kommt zu dem bitteren Schluß, daß alle diese Verleumdungen nur deshalb für bare Münze genommen und geglaubt wurden, weil niemand an die Verworfenheit von Priestern und gläubigen Laien hätte glauben wollen oder können. »Das Ganze ist eine Masse aus Lügen und Wahrheit, die zu Verleumdungen verdreht wurden und die ein trüber Beweis ist für die Feindschaft, die zu jener Zeit auch zwischen den englischen Weltpriestern und dem Jesuitenorden bestand« (*Guilday* 1914, S. 177). Und Ludwig von Pastor: »Wie früher Franz von Assisi so hat auch Maria Ward ihren ursprünglichen Gedanken nicht voll durchführen können; der Plan, eine Gemeinschaft weiblicher Jesuiten zu schaffen, erwies sich als undurchführbar. Aber für die weiblichen Lehrorden im 19. Jahrhundert wurde ihre Tätigkeit bahnbrechend« (*Pastor,* Band XIII, 2, S. 609ff.).

So läppisch die Anklagen klingen mögen – sie sind es in Wirklichkeit nicht! Da ist das Wort vom »Umherschweifen«. Es ist seit dem frühen

Mittelalter belastet, mit blutiger Ketzergeschichte belastet: Die häretischen Bewegungen hatten unter ihren Anhängern auffallend viele Frauen, und diesen Frauen war es erlaubt zu predigen, ja, die Bibel zu erklären. Das Wort in der Versammlung zu ergreifen – also dort, wo sie nach dem Willen des Apostels Paulus und der etablierten Kirche schweigen sollten. Wycliff (1320 bis 1384), der Oxforder Theologie-Professor aus Yorkshire, dessen Lehren durch männliche und weibliche Wanderprediger verbreitet wurden und dessen Bibelübersetzung auch für Frauen zugänglich wurde, war unvergessen wie Peter Valdes (gestorben um 1218), der reiche Kaufmannssohn aus Lyon, der seinen Besitz verschenkte und der Kirche die Armut predigte und auch Frauen zu Worte kommen ließ. Mit dem Umherschweifen fing es an! So rügten die Kirchlichen. Zwar hat Hildegard von Bingen, Äbtissin, Medizinerin, Schriftstellerin, auf den Straßen und von der Kanzel herab predigen dürfen und gleich ihr die mächtigen Äbtissinnen aus den Doppelklöstern des frühen Mittelalters, aber diese Tradition war ja schon überlagert von den Ketzerbewegungen der späteren Zeit, eben von Valdes, Wycliff, Hus und vielen anderen.

Besonders ungeziemend wird von daher auch empfunden, daß Frauen in Gegenwart von Priestern über geistliche Fragen sprechen. Männliche Überlegenheit fühlt sich angegriffen. Gewiß: seit dem 12. Jahrhundert war die Theologie aus den Klöstern und Kirchen an die Universitäten abgewandert, und diese Universitäten waren den Frauen verschlossen. Wie also – so folgern die Geistlichen – sollen Frauen fähig sein, geistliche Dinge zu verstehen, geschweige denn zu erörtern?

Allerdings in St. Omer, 1617, da hatte Maria Ward mutig den Ihrigen erklärt, daß es heiße *Veritas Domini,* die Wahrheit des Herrn also, aber nicht *Veritas hominis,* also nicht die Wahrheit der Männer – und die Wahrheit des Herrn können beide besitzen. Hatte Harrison daran gedacht, als er sein trübes Memorandum schrieb? Selbst die plumpe Verleumdung, daß »einige dieser Frauen sich gegen die Keuschheit verfehlt haben sollen«, ist den Klerikern nicht zu dumm. Namen und Beweis für diese Behauptung fehlen zwar, so daß die Erfindung wohl in sich zusammenfällt. Aber natürlich ist ein solcher Verdacht, selbst wenn er auf Nicht-Ordensfrauen bezogen wird, bis in unsere Zeit hinein immer zugkräftig geblieben. Übrigens wird in diesem Sinne ein paar Jahre später noch eine Geschichte aus Flandern geliefert, die der Inquisition direkt zugeleitet wird: die Geschichte vom kessen verkleideten Mädchen aus Ath, das zwar gar nichts mit den Englischen Fräulein zu tun hat, aber doch zu Verleumdungen gut zu verwerten ist.

Auch ein anderer Anklagepunkt wird später noch einmal heftiger aufgewühlt: die Sache mit dem Theaterspielen. Der Kardinal Klesl in Wien, gereizt vom pädagogischen Erfolg der Englischen Fräulein in seiner Bischofsstadt, beschwert sich beim Nepoten und Staatssekretär Francesco Barberini persönlich. Was den Jesuiten mit ihren gewaltigen, oft erschütternden Inszenierungen gerade auch im ersten Jahrzehnt dieses Jahrhunderts gelungen war, durfte – nach Meinung der Neider – von Frauen nicht nachgeahmt werden.

Die ersten Anklagen entbehren jeder Grundlage, aber sie werfen ein fahles Licht auf jene Persönlichkeiten, die unablässig im Hintergrund daran arbeiten, daß die Englischen Fräulein und insbesondere ihre Stifterin, von der kirchlichen und klösterlichen Bildfläche verschwinden. Werden diese Frauen aus Haß oder aus Angst denunziert – aus Frauenhaß oder Existenzangst? Oder aus Neid auf die erfolgreichen Jesuiten, die mit neuen Methoden an der Reformierung der Kirche, an der Bewußtmachung des Glaubens arbeiten?

Der Historiker Pater Josef Grisar, der die Anklagen der drei Kleriker Punkt für Punkt untersucht hat, konnte nur einen Vorwurf finden, der zur Wirklichkeit Bezug hatte: die reichlich wirre und unübersichtliche Art, mit Geld umzugehen. Von vornherein hatten die Englischen Fräulein Schwierigkeiten, die Doten der Novizinnen und die Kostgelder der Pensionärinnen beizubringen. Der Geldverkehr zwischen dem Mutterland und dem Asylland wurde ja sehr streng überwacht. Man mußte Vertrauenspersonen finden – Kapitäne, Kaufleute, Diplomaten –, die bereit waren, die Gelder heimlich zu transportieren. Oder aber: Maria Ward fuhr selbst in die Heimat. Almosen sammeln durften sie nicht, und auf Schulgeld hatten sie – nach dem Vorbild der Jesuiten – verzichtet. Nur die Pensionsgelder der Internen waren festes Einkommen. Die Schulden wuchsen ihnen so ziemlich schnell über den Kopf. Das hielt sie aber nicht davon ab, neue Häuser oder Schulen zu gründen, wenn die Bitte dazu aus anderen Städten, wie aus Köln und Trier, kam.

Jedenfalls beeilt sich der Agent des Englischen Klerus, die mißlichen Anklagen in Rom abzugeben: zunächst bei der Kongregation der Bischöfe und Regularen (teilweise entsprechend der heutigen Konsistorialkongregation), wo Maria Wards dritter Plan, das *Institutum* vorliegt. Von dort empfängt die Anklagen Papst Gregor XV. bereits im Mai 1622. Das weiß im fernen Flandern die Statthalterin Isabella Klara Eugenia dann schon sehr bald. Sie weist den Prälaten Vives an, er möge den Papst bitten, diese Machenschaften zu unterbinden und er möge das *Institutum* doch baldigst genehmigen! Maria Ward ist zum Inhalt und Anlaß vieler Briefe geworden, die über Ländergrenzen hinweg ihre Ideen beschreiben, kritisieren, auch verschandeln – je nachdem. Maria Ward – ein Flüchtling, eine Frau ohne Macht, ohne Geld, ohne Familienprotektion.

John Bennet spickt seine Briefe nach England mit Bosheiten und Diffamierungen. Im Februar: »Die Jesuitessen betreiben ihre Angelegenheit hier im Stillen. Allen ernst Denkenden, die ich an diesem päpstlichen Hofe von der Sache sprechen höre, dünkt das Ganze eine lächerliche Torheit« (*Chambers* 1889, II, S. 53). Oder: »Die Jesuitessen haben lächerliche Bittschriften eingereicht, die diesem Hof zum Ärgernis gereichen. Sie möchten ein viertes Gelübde, um zu den Türken und Ungläubigen zu gehen, um Seelen zu gewinnen . . . Ich möchte wissen, wer die Narren sind, die sie mit solchen Torheiten hierhergesandt« (*Chambers* 1889, II, S. 53).

Oder an seinen Bruder: »Sie sind eine Torheit für diese Stadt, und ich kann Dir versichern, daß sie die Meinung, die bisher über die Bescheidenheit und Schamhaftigkeit unserer Landsmänninnen hier bestanden hat, verdorben haben« (*Chambers* 1889, II, S. 54).

Oder: »Sie sind schrecklich lächerlich, und die Leute machen sich über sie lustig, wenn sie über die Straßen und Plätze gehen wie uomini maestri (wie Männer im Gelehrtentalar), und man nennt sie die Ehefrauen der Jesuiten« (*Grisar* 1966, S. 55).

Bennet meint wohl das schwarze Obergewand, das vom Scheitel bis zum Fuß reichte, habe sie den Jesuiten ähnlich und den Römern auffällig gemacht. Aber: waren die Bewohner dieser kosmopolitischen Stadt nicht an die auffallendsten und aufwendigsten Bekleidungen gewöhnt? Kamen nicht täglich Fremde aus aller Welt und zeigten sich im vollsten Tageslicht in den ungewohntesten Moden oder Trachten und Uniformen? Zum Tagesgespräch wurde es auch, als Gregor XV., ein Mann von nunmehr über 70 Jahren, den spanischen Prälaten Vives fragte, ob die Engländerinnen immer diese hohen Hüte trügen. Dann würden sie wohl immer Kopfschmerzen haben.

Diese Pilgerhüte, wie Maria Ward ihn auf dem Pilger-Porträt trägt, und der wahrscheinlich derselbe ist, der heute noch in Altötting im

Institut der Englischen Fräulein aufbewahrt wird, ähnelt den Hüten, die wir von den eleganten Rembrandt-Porträts dieser Zeit kennen. Die »Sorge« des hohen Mannes macht ihn fast sympathisch, während man das Weiterverbreiten dieser Bemerkung als puren Klatsch bezeichnen muß. Ein Zeichen, wie unbehaglich es den prominenten Männern der englischen Kolonie in Rom war, diese Frauen und ihre Ideen, ihre Manieren und ihre Lebensweise zu verteidigen.

Maria Ward ist nicht untätig – natürlich nicht. Sie reicht der Kongregation der Regularen und Bischöfe noch einmal ein kurzgefaßtes »Institutum« ein und macht den Kardinälen Besuche. So sehr man immer wieder betont, daß Frauen in südlichen Ländern damals ganz zurückgezogen leben mußten, so sind doch diese Verhandlungen der Maria Ward ein Gegenbeweis. Sie, die in ihrer Mädchenzeit errötete, wenn sie mit Männern sprechen sollte, selbst wenn diese Geistliche waren, kann ihre Sache bei allen Würdenträgern frank und frei darstellen. Den Vorsitz in dieser Kongregation führt Kardinal Ottavio Bandini, ein lebhafter Mann, der sich öfter die Hoffnung gemacht hatte, auf den Heiligen Stuhl zu kommen, und aus Enttäuschung über solchen Mißerfolg in einem Konklave weiße Haare bekommen hatte; ein aufgeschlossener Kirchenfürst, den die Römer den »Mann der schönen Worte« nannten. Er versuchte – vergeblich – Maria Ward davon zu überzeugen, daß ohne Klausur aus ihrem Orden ganz und gar nichts werden könne. Maria Ward war unerbittlich: eine Klausur mache alles das, was sie für die Gewinnung der Seelen erreichen wollten, hinfällig. Sie würde nicht einmal zulassen, daß man als Zeichen von Klausur zwei Holzbalken in Form eines Kreuzes vor ihrer Tür errichten würde. Sie schreibt an Papst Gregor XV. und bekommt keine Antwort. Bandini schlägt ihr eine gemilderte Klausur vor, so wie sie die Frauen vom Torre di Specchio beobachteten. Dort gab es nur Frauen aus den nobelsten der römischen Adelsgeschlechter, denen etwas Freiheit im Umgang mit der Welt zugestanden wurde, und die außerdem ja auch nur dieses eine Haus in Rom führten. Diese Damen hatten bereits einige Englische Fräulein gastlich aufgenommen, um sie in der italienischen Sprache zu unterrichten.

Maria Ward will auch von einer milden Klausur nichts wissen. Statt dessen fragt sie beim Papst schriftlich an, ob sie denn nicht wenigstens für die nördlichen Länder, für Deutschland, Flandern und England eine Gründungs-Erlaubnis bekommen könne. Der Papst antwortet nicht ihr, sondern erklärt dem Botschafter der Statthalterin, die sich brennend für den Fortgang der Verhandlungen interessiert, Vives würde die Bitte nach Klausurfreiheit auch nicht gewähren, wenn er auf dem Stuhle Petri säße. Zwischen Mai und August hielt die Kongregation der Bischöfe und Regularen noch einmal acht Sitzungen ab, bei denen über die Forderungen der Englischen Fräulein gesprochen wurde. Maria Ward, die alle einflußreichen Kardinäle dieses Gremiums besuchte und immer schriftlich ihre Grundsätze und Auffassungen vorlegte – eine wahrhaft unermüdliche Memoranden-Schreiberin ist sie! – gab auch ihren Tagesplan ein, aus dem hervorging, daß ihr Tagesablauf aus Gebet, Betrachtung und apostolischer Arbeit bestehen würde. Sie deutete auch noch einmal auf den Grundsatz hin, daß ihre Gemeinschaft nur dem Papst direkt unterstehen sollte, aber nicht den Bischöfen.

Das war für die gesetzestreuen Juristen in diesem Gremium ein bißchen viel auf einmal. Beobachter – wie etwa die Agenten des englischen Klerus in Rom und Venedig – staunten über die Offenheit, mit der Maria Ward ihre Ziele darstellte. In einem ihrer Schreiben hatte sie auch darauf gedrungen, man möge ihnen die Anschuldigungen zeigen, die gegen sie erhoben würden. Daß es solche gab, erfuhr sie wohl nur gerüchteweise. Niemals haben die Englischen Fräulein die ehrenrührigen Anklagen zu Gesicht bekommen! Niemals hatten sie Gelegenheit, diese Anschuldigungen zurückzuweisen.

Was allerdings die Postulate ihrer Konstitutionen anging – dagegen ließen sich ja Gesetze des kanonischen Rechts geltend machen. So war vor allem die Forderung nach Klausurfreiheit ungewöhnlich und kühn. Nördlich der Alpen nahm man wenig Notiz davon, zumal dort ja auch die verheerenden Kriegsnöte bald das soziale Wirken neuer Orden erforderten, die von Klausur-Vorschriften nicht eingeengt werden durften. Dagegen hatte sich das Tridentiner Konzil ausgesprochen. Nun aber in Rom, sieben Jahrzehnte nach dem berühmten Konzil berief sich die Kongregation der Bischöfe und Regularen auf die verschärften Klausurbedingungen. Isabella Klara Eugenia empfahl ihrem Agenten Vives, Maria Ward zu bitten, doch einzulenken. Der schrieb nach Brüssel zurück, er sei mit seiner Bitte gar nicht gut bei Maria Ward angekommen! Überhaupt hat sich das Verhältnis zwischen diesem zunächst sich als so liebenswürdig erweisenden Prälaten und den Englischen Fräulein abgekühlt. »Sie haben kein Geld und wollen trotzdem nicht nach Hause zurück«, stellt er fassungslos fest (*Grisar* 1966, S. 109). Der reiche Prälat hat die grassierende Teuerung in Rom fest im Auge, die diesen Frauen aus dem Norden vielleicht noch gar nicht aufgefallen ist. Vives, der wohlhabende Prälat, der über den Tag hinaus rechnet und die Lebenshaltungskosten in Rom mit allen ihren Schwankungen kennt, ist skeptisch. Zwar überweist die Statthalterin jeden Monat 10 Scudi, so ist es abgemacht, doch die 150 Scudi, die zu diesem Zeitpunkt anstehen, wird Vives nicht eher den Englischen Fräulein aushändigen, als die Anweisungen dafür aus Brüssel bei ihm eingetroffen sind. Er findet es unmöglich, daß diese hergereisten Frauen kein Geld haben und trotzdem bleiben wollen! Maria Ward sagt: Bis zur Bestätigung bleiben! Und hat wieder einen kühnen Einfall, womit sie sich direkt an den Papst persönlich, unter Umgehung der Bürokratie wendet: Sie schlägt Papst Gregor XV. die Gründung einer Schule für Mädchen vor, um auf diese Weise zu zeigen, wie sich ihre kleine Gemeinschaft das neuartige, geplante Ordensleben vorstellt. Oder, wie sie wörtlich schreibt: Um den Gegnern endlich den Mund zu stopfen!

Ihre Ausdrucksweise hat etwas erfrischend Zupackendes. In dieser Zeit der barocken Rede-Floskeln und vor allem auch in dieser Umgebung der sehr exklusiven kirchlichen Oberschicht muß allein schon ihre Formulierungsgabe aufgefallen sein.

In Rom befreit sie sich von aller Furcht, läßt sich durch Widerstände nicht zermürben und schlägt ungewöhnliche Wege ein, um zu ihrem Ziel zu kommen. Manche ihrer Biographen bedauern, daß die Engländerin keinen Berater aus ihrer Heimat zur Seite hatte. Aber: war das nicht gerade der Ausgangspunkt all ihrer Bemühungen, daß Frauen auf ihre Weise auch etwas vollbringen können – und vollbringen heißt bei ihr in erster Linie: wirken für andere, lehren, aufklären, apostolisch arbeiten. Ein juristisch versierter Berater hätte sich juristischen Argumenten möglicherweise bald angepaßt, ohne sich die Mühsal unbequemer neuer Gedankengänge aufzuerlegen. Es sei denn, Pater John Gerard hätte die Sache der Englischen Fräulein in die Hand nehmen dürfen, doch der wurde ja auf Befehl seines Ordensgenerals von ihnen ferngehalten – befand sich in Spanien. Und die Agenten des Weltklerus – Bennet, Rant und Blackloe – hatten die Verleumdungen in Rom verbreitet. Jahrzehnte später, auf seinem Totenbett tröstete sich Mutius Vitelleschi damit, daß er nie jemand wissentlich beleidigt habe. Gewiß hat er die Englischen Fräulein nicht gekränkt, er hat bei gleichbleibender äußerlicher Freundlichkeit und Höflichkeit aber auch nichts getan, um ihre Pläne verwirklichen zu helfen. Mutius Vitelleschi, der Jesuitengeneral, hielt sich im Grunde an das, was »der Vater verboten« hatte. Ihm war es immer um Frieden zu tun.

Nach England schreibt Vitelleschi nicht ohne Vorbedacht an die dortigen Patres, daß die Englischen Fräulein wohl nicht die Bestätigung für ihre Konstitutionen bekommen würden und daß er sich demnach auch nicht mündlich für sie einsetzen werde. Die Patres in England nehmen es mit Gleichmut hin, korrigieren ihren Vorgesetzten aber dahingehend, daß er Maria Ward den Titel *Perillustris* gegeben habe; das sei nicht angebracht, denn der Titel gebühre nur der Aristokratie, nicht aber der Gentry, dem Landadel, aus dem Maria Ward stamme. Diese Adelsfrage wird noch einmal in der Zukunft an einer entscheidenden Wende des Instituts eine Rolle spielen und schlimme Folgen haben: wenn nämlich Winefrid Wigmore in Lüttich einem erzürnten und gereizten Nuntius Rede und Antwort über den Adelsrang stehen muß. Bis dahin vergehen noch fast zehn Jahre.

Also die Schule! In Rom eine Schule für Mädchen aus dem Volke! Geleitet von Ordensfrauen, eine Tagesschule. Ein Externat, keine klausurierte Klosterschule. Der Vorschlag ist ungewöhnlich und der Papst unterbreitet ihn wieder der Kongregation, die noch immer von den anderen Neuerungsvorschlägen beunruhigt ist. Die Kongregation kann oder vielmehr will sich auch nicht entscheiden. Da findet man den Ausweg, den Kardinalvikar Millini mit der Erlaubnis-Erteilung und der Beaufsichtigung zu betrauen!

Kardinal Garzia Millini, Mitglied des Glaubensgerichts, ist alles andere denn ein Freund dieser wagemutigen Frauen aus dem Norden. Er gesteht Maria Ward schon bald nach Eröffnung der Schule, daß er viele, viele Spione, fünfundzwanzig nämlich, gedungen habe, die das Tun der Schülerinnen und Lehrerinnen beobachten sollen. Der barocke Biograph Marcus Fridl hat das höchst anschaulich beschrieben: »Dieser grosse Kirchenfürst (Millini) ist dißfalls ein rechter Argus gewesen / massen ihme seiner zwey Augen lange nicht geklecket, sondern er hat noch vil anderer Aufseher auf sie bestellt / deren in all 25 waren / mithin hat er sie und die Ihrigen an allen Orten ständig mit 50 Augen beobachtet« (*Fridl* 1732, Nr. 166).

Schulen für Mädchen – das sah im Rom der damaligen Zeit etwa so aus: Die Patrizierfamilien und die sehr wohlhabenden, aufsteigenden Familien brachten ihre Töchter in klausurierte Klöster. Mit sieben Jahren verließen sie also das Elternhaus, und kamen erst wieder dahin zurück, wenn ein standesgemäßer Bräutigam für sie gefunden worden war. Die Kinder schon mußten sich der Klausur unterwerfen, es gab keine Unterbrechung des Unterrichts, keine Ferien im Elternhaus. Im

Kloster lernten sie das, was sich für eine Dame der Gesellschaft geziemte: wie man einem großen Haushalt vorsteht und ihn in der Furcht Gottes erhält, den Respekt vor dem Ehemann natürlich und die Kunst der Konversation. Sticken und vielleicht malen und Sprachen, die in dieser kosmopolitischen Stadt unerläßlich waren – auch bei den weitgestecken Familienbeziehungen der adligen Geschlechter. Töchter, die auf solche Weise jahrelang weggeschlossen von der Welt lebten (man nannte es »behütet«) galten als besonders begehrenswerte Ehepartnerinnen. In den südlichen Ländern hatten diese Mädchen die besseren Heiratschancen. Dennoch beschlossen manche von ihnen, das klausurierte Leben auf immer beizubehalten und nicht in »die Welt« zurückzukehren. Natürlich kam nur eine ganz kleine Schicht in den Genuß einer solchen Erziehung.

Die Englischen Fräulein konnten aus finanziellen Erwägungen schon gar nicht an die Einrichtung eines solchen Pensionates denken. Vielleicht wollten sie das auch gar nicht, aus sozialen Gründen: obwohl sie alle aus dem ländlichen Adel stammten, hatten sie doch ihr Milieu zehn oder fünfzehn Jahre zuvor verlassen und in der Emigration andere Beispiele von Erziehung gesehen und neue Erkenntnisse gewonnen. Außer den teuren Pensionaten für die wohlhabenden Kreise gab es in Rom die sogenannten Konservatorien oder Bewahranstalten. Da gab es ein Heim für gestrauchelte oder gefährdete junge Frauen und für Waisenkinder. Es gab viele davon, aber nie genug. In diesen caritativen Häusern wurden die Mädchen und jungen Frauen nicht nur in die katholische Sitten- und Glaubenslehre eingeführt. Sie lernten auch Lesen und Schreiben und jene handwerklichen Fähigkeiten, die ihnen beim Verlassen der Schule auch die Möglichkeit gaben, eine wirtschaftliche Grundlage zu finden. Sie lernten Weben und Nähen und auch manchmal Krankenpflege. Mädchen, die in diesen Schulen keine Aufnahme fanden, konnten versuchen, in die Regionalschulen aufgenommen zu werden. Diese Regionalschulen wurden von gut beleumundeten Frauen gehalten, die kleinere Mädchen und Knaben in ihren eigenen Häusern unterrichteten, ihnen die wichtigsten Gebete, einfache Handarbeiten und das Alphabet beibrachten. Die Lehrerinnen, Regionarie genannt, mußten über 21 sein und den Katechismus kennen. Sie unterstanden alle der Aufsicht des Kardinalvikars und in jeder Pfarrei noch einer besonderen Aufsichtsdame. Die Regionalschulen verteilten sich über alle Pfarreien der Stadt, und nahmen jeweils nur kleine Grüppchen für einige Stunden des Tages auf. Erst 1655 wurden in Rom auf Anordnung des Papstes Alexander VII. 30 allgemeine Mädchenschulen für die Töchter der unteren Schichten errichtet. Also eine Generation nach Maria Ward!

Der Versuch der Maria Ward lag mehr als 30 Jahre vor dieser von oben angeordneten Organisation. Eine öffentliche Schule, Tagesschule für Mädchen aus dem Volke gab es noch nicht. Kein Wunder, daß aller Augen auf sie gerichtet waren, daß Eltern sich freuten, die Zahl der Schülerinnen bald schon das erste Hundert überstieg und daß Agent John Bennet wieder einmal Anlaß hatte, einen haßverzerrten Brief nach England zu schreiben: »Ihre Schule für die armen Mädchen will ihnen der päpstliche Hof zwar nicht verbieten, aber alle lachen darüber, und die Sache ist auch jetzt schon in eine Situation geraten, die alle vorausgesehen haben. Mit einem Wort: Sie müssen abreisen oder aber vor Hunger sterben. Statt dessen machen sie noch täglich Besuche bei verschiedenen Kardinälen und bekommen täglich neue Abweisungen. Aber ihre Köpfe sind sehr hart« (*Grisar* 1966, S. 127). Bennet vergißt nicht zu erwähnen, daß diese Kinder aus dem schlichten Volke von den Müttern zur Schule gebracht wurden, daß aber Frauen (Mütter) von gesellschaftlichem Rang und Belang niemals ohne Begleitung auf die Straße gingen. Es war Bennet wirklich darum zu tun, das Leben und die Wirksamkeit der Englischen Fräulein in der Hauptstadt Rom verächtlich zu machen, ihren Ruf in der Heimat zu verdunkeln.

Die Englischen Fräulen warteten den heißen Sommer ab, ehe sie mit dem Unterricht begannen. Das zweistöckige Haus mit hochgelegenem Erdgeschoß, das einem Dominus Pontius Sena gehörte, an der Ecke Via Monserrato und Montoro, beherbergte auch die neunköpfige Reisegesellschaft, die im Winter zuvor aus Flandern angekommen war. Zwei der Gefährtinnen hatten den Sommer über bei den Frauen von Torre di Specchio Italienisch gelernt. Für Maria Ward war es immer selbstverständlich, daß man die Sprache des Landes, in dem man lebt, erlernt und spricht. Das war ihr so wichtig, daß es später auch in die verbindlichen 81 Regeln hineingeschrieben wurde. Bis zur Jahreswende 1622/23 waren nur vier Frauen für den Unterricht im Lesen und Schreiben und Handarbeiten da: Winefrid Wigmore, die ebensosehr für die Organisation wie für Sprachen begabt war, Susanna Rookwood, Margaret Horde und Maria Ward, die natürlich ihre Schülerinnen kennen lernen wollte. Eine schwere persönliche Sorge lastete auf ihnen allen: Barbara Ward war seit dem Sommer schwer krank. Zunächst war sie von der in der Stadt herrschenden Seuche – wahrscheinlich waren es Blattern – befallen worden und sie konnte sich davon nicht erholen.

Susanna Rookwood pflegte sie hingebungsvoll und hatte doch auch ihren Schuldienst zu versehen. Auch Margaret Horde, die Sekretärin, hatte eine zeitraubende Nebenaufgabe: den Haushalt für die zwölfköpfige Familienschar zu organisieren und die Briefe der Stifterin zu schreiben. Und vor allem hatte sie für die Miete und deren pünktliche Bezahlung aufzukommen!

Der Unterricht begann am frühen Morgen und endete nach einer zweistündigen Mittagspause am späten Nachmittag. Der Lehrplan umfaßte: Lesen, Schreiben, alle Arten von Handarbeit (zur praktischen Nutzung im Leben) und Unterweisung in der Sittsamkeit. Der eigentliche Religionsunterricht wurde in den römischen Pfarrkirchen erteilt, so daß die Schülerinnen der Englischen Fräulein an diesem teilnehmen mußten. Maria Ward hatte für den gesamten Unterricht einen Grundsatz festgelegt: Bei jeder Schülerin sind ihre eigenen natürlichen Anlagen und Begabungen zu fördern! Die Schülerinnen sollten nicht alle über einen Kamm geschoren werden. Hier zeigt sich der ignatianische Grundsatz vom »Lernen ohne Zwang, Lernen aus Freude«, der den Jesuiten-Collegs solch gewaltigen Zulauf beschert hatte. Der Stock und die Rute, das Lernen unter autoritärer Bedrohung, war damals ein unerläßliches Zubehör des Unterrichts. Selbst Studenten wurden noch geschlagen, und als Beweis von Begabung galt immer noch das behende Auswendiglernen vorgegebener Texte. Heiterkeit herrschte in dieser Schule, und in jedem Zimmer stand allmorgendlich eine frische Blume.

Um die Jahreswende mußte Maria Ward nach Flandern schreiben und Barbara Babthorpe, die Oberin, um Verstärkung ihrer Lehrerschaft bitten. Geschickt wurden Margaret Genison, die Nichte des Pater John Gerard, der immer noch fern von Rom aufgehalten wurde, und Elisabeth Cotton, die spätere, so fähige und unermüdliche Sekretärin Maria Wards und ihre Reisebegleiterin auf gefahrvollen Unternehmungen. Es kamen noch Mary Ratcliffe, Elisabeth Keyes und eine Dienerin namens Mauritia. Mary Poyntz, Joyce Vaux, Mary Clayton, Jane Brown und eine Laienschwester namens Hester folgten einige Monate später.

Schon bald hieß es in Rom angesichts der Schulerfolge: Wenn die Schule der Englischen Fräulein weiter solche Fortschritte macht, werden die Bordelle in Rom bald verschwinden.

Mit wenigen Lehrerinnen, mit sehr, sehr wenig Geld – die Schule sollte ja unentgeltlich besucht werden können – und sehr viel Begeisterung widmeten sich die Engländerinnen dem Unterricht. Belastend und bedrückend für sie alle, daß Barbara Ward sich von ihrer schweren Krankheit nicht wieder erholen kann. Sicher ist auch der Mangel an guten Nahrungsmitteln ein Grund dafür, daß sie nicht wieder zu Kräften kommt. Man weiß aus Trier und Lüttich, daß einige Schwestern oder Novizinnen gestorben sind, weil nicht genug zu essen da war. Barbara Ward stirbt am 25. Januar 1623 – ein schmerzlicher Verlust für die kleine Gemeinschaft. Die Anteilnahme der wenigen Freunde, die sie in Rom haben, ist groß und tröstlich. Ein wahrer Gebetssturm erhebt sich bei den Jesuiten und den Frauen am Torre di Specchio. Maria Ward, die die letzten Wochen alle Nächte im Krankenzimmer der Schwester verbracht hat, tröstet sich in Gebet und Schweigen. Barbara wird im nahen Englischen Colleg begraben. Erst Jahrhunderte später wird ihr Name dort in der Kapelle auf einer Tafel vermerkt: im Jahre 1979.

In den frühen Biographien ist nicht vermerkt, ob John Gerard in diesen schweren Tagen den Frauen aus seiner Heimat, deren Wirken er aus Lüttich so gut kannte, beistehen durfte. Er war wohl zu dieser Zeit in Rom angekommen, wurde aber schon bald darauf wieder nach Flandern, nach Gent, zurück entsandt, als Instrukteur des Tertiats. Briefe an die Englischen Fräulein zu schreiben war ihm verboten. Erst viele Monate später wurde das Schreibverbot aufgehoben.

Die herzlich warme Teilnahme in Rom klingt ab, und die Sorgen werden um so schmerzlicher. Am 1. April 1623 weist die Statthalterin Isabella Klara Eugenia zum letztenmal die monatlichen 10 Scudi an. Einerseits kann sie den vermeintlichen Starrsinn von Maria Ward nicht verstehen, andererseits hat sie selbst schwere Sorgen. Im selben Jahr (1621), da sie ihren Ehegemahl Albrecht verloren hat, ist auch der Waffenstillstand mit den nördlichen Provinzen der Niederlande ausgelaufen. Es ist unruhig geworden in ihrem Land. Viele Schiffe, die aus den spanischen Kolonien das Gold nach Flandern bringen sollen, sind in der Karibik von Piraten aufgebracht worden. Es wird Isabella immer schwerer, das Heer zu bezahlen. Was sind angesichts solcher lebensbedrohender Schwierigkeiten die Bestrebungen der Englischen Fräulein, Mädchenbildung zu heben und das Ordensleben zu modernisieren! Schließlich hatte sie die Unterstützung ja auch nur für die Zeit bis zur Bestätigung durch die päpstliche Kongregation versprochen und was sie von ihrem Prälaten Vives hörte, schien eine längere Unterstützung nicht zu empfehlen. In seinen Briefen war viel von Hartnäckigkeit und Starrsinn die Rede. Seine Briefe schoben die Mitteilungen beiseite, die Maria Ward Ende Februar der Statthalterin hatte zukommen lassen:

daß ihre guten Erfolge den Widersachern den Mund stopften, wenn diese vielleicht auch hofften, daß die Englischen Fräulein sich mit der Schule begnügen würden und auf alle weiteren Dinge, wie Bestätigung der Konstitutionen verzichten würden. An Einschränkung ihrer Berufsziele und an Verzicht dachte Maria Ward aber keineswegs. Wann immer die Lage aussichtslos scheint, wann immer sich die Schwierigkeiten türmen, sucht Maria Ward Aufgaben, die größer sind als die vorhandenen.

Niemand weiß, warum sie sich eines Tages nach Neapel aufmacht, um dort eine Schule zu gründen. Aus heutiger Sicht möchte man meinen, daß sie sich dabei von ihrem praktischen Verstand leiten läßt: daß sie die politisch-wirtschaftlichen Verhältnisse klug erkennt und für ihre Sache nutzt. Von verschlafener Dummheit und Geistesträgheit hält sie gar nichts.

Das Vizekönigreich Neapel ist spanischer Besitz, so wie Flandern. Und die Stadt Neapel, dreimal so groß wie Rom, mit 300000 Einwohnern so groß wie London, ist berühmt für die vielen Kirchen: fünfhundert! 40 reiche Nonnenklöster und 33 Konservatorien gibt es. Die Theatiner und die Jesuiten widerlegen die häretischen Thesen der Reformation. Maler wie Caravaggio und Reni feiern mit großer Prachtentfaltung den alten Glauben. Mäzene aus der Aristokratie und Kaufleute – vor allem aus Flandern und Frankreich – wetteifern in der Gründung und Ausschmückung von Kirchen und Klöstern. Der lebhafte Handel geht aus der Hafenbucht in den Mittleren Orient, in die Niederlande, nach England, Deutschland und Frankreich. Es ist eine berühmte reiche Stadt, die sich der Lebensfreude hingibt, der Musik, und 10000 Zwangsarbeiter sorgen dafür, daß in dieser Stadt eigentlich nur jeder sechste Erwachsene arbeiten muß. Die Kehrseite: erschütternde, ausweglose Armut. Epidemien, die hohe Todesraten hinterlassen. Vulkanausbrüche, ebenso unberechenbar wie die Überfälle der Piraten, der Sarazenen oder Türken, die von See her kommen.

Am 12. Mai 1623 macht sich Maria Ward auf nach Neapel. Winefrid Wigmore ist bei ihr, die verläßliche Organisatorin, Beichtvater Henry Lee, der unerschütterbare Lennard Morris und ein Diener. Sie gehen einfach los, sie haben niemand, vor allem keinen Kardinal aus den Kongregationen, in diesen Plan eingeweiht. Maria Ward hat diesmal nur einen einzigen Empfehlungsbrief, und der ist von Philipp IV., König in Madrid, und gerichtet an seinen Vizekönig in Neapel, den Herzog Alba.

Der Weg nach Süden ist so gefährlich, daß Kaufleute und selbst Pilger ihn nur ungern ohne soldatischen Schutz benutzen. Sixtus V. hat zwar um die Jahrhundertwende die Wegelagerer und Banditen mit drakonischen Maßnahmen von diesen Straßen gefegt, er hat sie hinrichten und ihre Köpfe vor den Toren Roms zur Warnung aufspießen lassen, hat versucht, ihre einflußreichen Hintermänner in den höchsten Gremien selbst der römischen und päpstlichen Bürokratie zu entmachten – trotzdem ist es weiter gefährlich, gen Süden zu ziehen. Die Unsicherheit ist geblieben. Ab Gaeta nimmt man immer das Schiff nach Neapel und bricht den Landweg ab.

Die Engländerinnen haben wenig Geld und wenig Gepäck und wenig Wegzehrung. Sie haben weder Orts- noch Personenkenntnis. »Was Gepäck, Saumrosse, Wägen usw. anbelangt, da hatte Maria Ward so wenig Bedürfnisse, daß ein einziger Diener es tragen konnte, ohne überbürdet zu sein. Sie wußte gar wohl das Herz einer Mutter mit der Würde einer Herrin zu vereinbaren. Mit diesem Gefolge und in diesem armseligen Aufzug betrat sie die herrliche und stolze Stadt Neapel, wo sie, da sie niemand kannte, gleich anderen Fremden Herberge nahm . . .« (*Chambers* 1889, II, S. 81). So steht es in der Biographie der Wigmore und Poyntz, ein wenig pathetisch, aber doch auch rührend und sehr anschaulich. Das armselige Strohlager in der namenlosen Herberge brauchen sie nicht lange zu benutzen: es geht der kleinen Gemeinschaft, es geht Maria Ward wie schon so oft: Ihre Ankunft hat sich herumgesprochen und ein Jesuitenpater macht ihnen Besuch. Wahrscheinlich ist es der spätere Beichtvater Corcione. Er veranlaßt wohlhabende Damen der Neapler Gesellschaft, sich um die fremden Gäste zu kümmern.

Sie haben bald ein Haus; wo es gestanden hat, darüber fehlt heute jede Spur, obwohl diese Gründung länger Bestand hatte, als die Häuser in Rom und Perugia, fast 8 Jahre lang. Eine Sonntagspredigt in der prachtvollen Chiesa di Monte Calvario begeistert die Zuhörer so sehr, daß Stiftungen gemacht werden, die eine Jahresrente von 10000 Aurei abwerfen. Damit ist eine solide Grundlage für die Arbeit in dieser lebhaften, reichen Stadt gefunden.

Erst Monate später schreibt Maria Ward an den Jesuitengeneral Vitelleschi und bittet um einen Empfehlungsbrief. Er ist nur zu gern dafür bereit und antwortet huldvoll, daß er das längst früher getan hätte, wenn er nur in ihr Vorhaben eingeweiht gewesen wäre. Es ist nichts mehr von jener Strenge in dem Brief vorhanden, wie sie in den

Schreiben nach Flandern durchdrang. Ist er erleichtert, daß Maria Ward fern von Rom weilt und damit den Kardinälen aus den Augen entschwunden ist, so daß diese Kardinäle nicht länger den Vorwurf wiederholen, die Englischen Fräulein seien die Nachahmerinnen der Jesuiten?

Fern der römischen Kurie in dieser aufgeschlossenen und bewegten Stadt gelingt Maria eine Doppel-Gründung: sie richtet eine Schule für Mädchen aus dem Volke ein, die unentgeltlich ist, und eine Schule mit angeschlossenem Pensionat für die Mädchen aus Adel und Großbürgertum. Über die Fächer wissen wir mehr als bei den anderen Schulen: außer Lesen, Schreiben, Rechnen und Hauswirtschaft wird auch Latein gegeben. Es ist ja die Sprache der Kirche, die gerade zu dieser Zeit die liturgischen Rituale besonders festlich ausgestaltet – als Kontrast zu den reformatorischen Sekten. Die Mädchen der höheren Schule müssen auch Spanisch lernen in diesem Lande, das ja den spanischen Habsburgern untertan ist, und natürlich Italienisch und Französisch. Ein Fach heißt: Nützliche Konversation. Das geht schon auf die Fähigkeit hin, über die Wahrheiten des Glaubens sprechen zu können, eine Vorstufe von Missionsarbeit, aber auch ein Trend der Zeit, wenn man bedenkt, daß in Paris eben jetzt in den ersten Salons die Gabe des Wortes und des Witzes über Standesdünkel und Besitz gestellt wird. Die höheren Töchter müssen auch Schönschrift lernen, eine Fähigkeit, die Maria Ward immer sehr wichtig gewesen ist. Vielleicht dachte sie daran, daß Frauen mit schöner Handschrift sich damit einen Lebensunterhalt verdienen können. Sie selbst hat Margaret Horde und Elisabeth Cotton als Sekretärinnen oft eingesetzt, denn sie war ja eine sehr fleißige Briefschreiberin und ihre spontanen Einfälle, ihre präzisen Anweisungen sind auch heute noch quicklebendig – soweit die Fragmente ihrer überaus weitgestreuten Korrespondenz vorliegen.

In Neapel wurde auch das fortgeführt, was in St. Omer begonnen hatte und womit die Jesuiten weithin sichtbare Bekehrungs- und Überzeugungserfolge erzielt hatten: das Theaterspielen. Als Mittel, den Ausdruck und das freie Auftreten zu üben, war es auch in Mädchenschulen der Englischen Fräulein schon in diesem frühen Stadium akzeptiert. Im Musikunterricht wurden die liturgischen Gesänge eingeübt. Handarbeit und Sticken rundeten das Programm ab.

Die Zweiteilung der Schulen war nach gesellschaftlichen Klassen vorgenommen, zweifellos, aber innerhalb der Schulen wurde die Einstufung nach dem individuellen Tempo der Entwicklung vollzogen.

Das Tempo des Fortschreitens hatte eine jede Schülerin selbst in der Hand. Damit ist ein weiterer Grundsatz der Pädagogik festgelegt. Ein Grundsatz, der modern anmutet.

Die beiden Schulen werden schnell bekannt und bald schon so fleißig besucht, daß Maria Ward Lehrerinnen-Nachschub aus Rom anfordern muß. Margaret Genison kommt nach Neapel und Susanna Rookwood, die bald Oberin wird. Sie genießt in Neapel besonders hohe Verehrung und staunende Bewunderung, sobald es bekannt wird, daß sie fünfmal in London wegen ihres Glaubens zu Gefängnisstrafen verurteilt wurde. Es kamen auch Jane Brown, die später auf so dramatische Weise erkrankte und mit einer Sänfte nach München gebracht werden mußte, und noch einige andere. Aber es waren immer nur wenige Lehrerinnen zur Verfügung. Sie mußten eben im Zusammenleben mit den Schülerinnen durch das gute Vorbild ersetzen, was ihnen an Zeit nicht zur Verfügung stand.

Sehr genau ist auch der Tagesplan dieser Frauen festgelegt – schließlich und endlich hat Maria Ward ja die Schulen gegründet, weil sie die Kurie in Rom von ihrer Lebensweise als Nonnen ohne Klausur überzeugen wollte. Die Schulen sollten beweisen, daß Frauen gerade ohne Einsperrung vorbildlich innerhalb der Welt wirken können.

Es gibt aber nicht nur Erfolge. Die Sorgen folgen ihnen immer auf dem Fuße. Es gibt da einen September-Brief, der an Barbara Babthorpe in Lüttich geht und geradezu herzzerreißende Töne anschlägt: Maria Ward bittet um 30 Pfund, um den Beichtvater Henry Lee in dieser aufwendigen Stadt einigermaßen durchzubringen.

»Er hat kein Hemd mehr am Leibe, usw., was Sie gerne glauben werden, wenn wir Ihnen sagen, daß wir ihm häufig kein Fleisch, manchmal aber auch kein Brot und Trunk, geschweige denn Kleidung geben können. Gute Mutter, lassen Sie ihm so bald wie möglich diese 30 Pfund zukommen, Sie begreifen, welch großes Leid und Schmerz es mir bereitet, einen Freund auf so empfindliche Weise und so öffentlich für unsere Sache leiden zu sehen, seine Geduld wird herrlich belohnt werden« (*Chambers* 1889, II. S. 84).

Später nehmen die Bittbriefe einen anderen Weg: gehen nach Neapel – sie kommen nicht von dort. Die Bittbriefe kommen aus Rom und auch aus Lüttich in diese südliche Stadt und achtmal zwischen 1623 und 1625 unterstützt das Haus in Neapel die Mitschwestern in den anderen Städten in schwierigen Notlagen.

Maria Ward wird am 24. November 1622 endlich vom Vizekönig,

dem Herzog Alba, empfangen und verläßt dann die Stadt unter dem Vesuv. Winefrid Wigmore als Schaffnerin und Novizenmeisterin übernimmt dann alle Verantwortung. Eine andere Aufgabe reizt Maria Ward. Bischof Comitoli aus Perugia bittet um die Errichtung einer Mädchenschule in seiner Stadt. Maria geht nach Rom, um alles vorzubereiten. Vitelleschi schreibt gutgemeinte, milde Empfehlungsbriefe an die Würdenträger in Perugia.

Und doch sind diese Wochen in Rom wieder voller Unruhe. Im Juli ist Papst Gregor XV. gestorben und nach einem ereignisreichen Konklave wurde Kardinal Maffeo Barberini als sein Nachfolger gewählt. Als Urban VIII. wird er auf den Heiligen Stuhl gehoben; er wird ihn 21 Jahre lang innehaben. Der einfühlsame kluge und schweigsame Karmelit Dominikus a Jesu Maria, der Gregor XV. im Jahr zuvor aus einer gefährlichen Krankheit herausgebetet hat und der im Konklave ganz gegen alle Erwartungen einige Wahlstimmen auf sich vereinen konnte, hält sich auch in Rom auf und Maria Ward hofft, durch ihn eine Audienz beim neuen Papst zu bekommen. Aber die Zusage läßt auf sich warten – Urban VIII. – mit 55 Jahren ein noch junger Papst, der aber große Ziele im Auge hat – läßt sich gerne lange bitten. Selbst ein Mann von so weitreichendem Einfluß wie der Franzose Bérulle wartet einmal ein ganzes Jahr auf die Gnade einer Audienz. Maria Ward wird auch dann noch durch eine bitterböse Beunruhigung abgelenkt: Aus Lüttich kommt die Nachricht, daß *Godfather's Information,* die bisher in Lüttich und in England nur verbreitet worden war, nun auch nach Rom gekommen sei. Wie Wetterleuchten und Donnergrollen hatte sich die bedrohliche Nachricht schon von Lüttich aus angemeldet und Maria Ward schreibt noch nach Neapel an die treue Freundin Winefrid: In Lüttich gehe alles seinen schlimmen Gang.

Godfather's Information – bis heute gibt es über die anonyme Verfasserin nur Vermutungen. Angenommen wird, daß Mary Alcock sie verfaßt hat. Sie war eine Zeitlang Maria Wards Vertreterin, wenn diese aus St. Omer oder aus Lüttich nach England reisen mußte. Sie hat diese trüben Enthüllungen in der Form eines Protokolls niederschreiben lassen.

Aber was soll *Godfather,* Gott Vater, in diesem Titel? Sollte das ein Spott sein auf jene Visionen, deren Maria Ward teilhaftig geworden war, insbesondere die Vision von 1611, die ihr die Form, den Aufbau ihres geplanten Frauenordens zeigte? Wollte hier mit dieser Schrift ein spottender Gott Vater eine ganze Frauengemeinschaft lächerlich machen und für kirchliche Behörden unglaubwürdig? Oder hieß *Godfather* hier soviel wie »Pate«? Eine Figur, die Wohlwollen heuchelt, um Ahnungslose ins Vertrauen zu ziehen und zu verunsichern?

Wenn man heute im Westminster Archiv das bekleckste Blatt sieht, kann man sich die Sprengwirkung eines so wirren, formlosen Schreibens nicht vorstellen. Aber es hat Jahrzehnte lang Maria Wards Ruf verdunkelt und den Ruf ihrer Gefährtinnen natürlich auch. Und es hat selbst nach ihrem Tod Jahrhunderte lang das Andenken an diese Frauen vergiftet.

Mary Alcock war eine von denen, die sich vier Jahre zuvor der revoltierenden Schwester Praxedes angeschlossen hatte. Dies sind die Verdrußpunkte aus *Godfather's Information:* »Maria Ward veranstaltete tagelange Festlichkeiten, wenn sie von einer Englandreise zurückkam. (Das war bei den knappen Nahrungsverhältnissen natürlich besonders verrucht – falls es so gewesen wäre.) In England fuhr sie vierspännig über Land und pflegte sich wie eine Prinzessin zu betragen. Sie liebte den Luxus und fuhr mit zwei oder drei Begleiterinnen in einer Kutsche, die von zwei weiteren Kutschen begleitet war, nach Wisbeach, um die gefangenen Jesuiten zu besuchen. In Flandern überwachte sie die Dauer der Schwesternbeichte und kritisierte die Beichtväter. Sie behauptete öfter, der Papst wolle die Englischen Fräulein in verschiedene Klöster versetzen, um andere Orden zu reformieren; darum gezieme es sich, daß sie Mut schöpften und sich als etwas *mehr* denn *Frauen* erwiesen« (*Grisar* 1966, S. 379).

Maria Ward hat kein Wort über Mary Alcock verloren. Erst vier Jahre später schreibt sie an Wigmore: Die Gnade (der Berufung) sei leicht verscherzt. Arme Mary Alcock. Elisabeth Cotton werde ihr berichten, daß Mary Alcock tot sei und wie sie starb. Beschreibungen des Sterbens wurden in jenem Zeitalter sehr wichtig genommen. Aber über Mary Alcocks Tod (1627) ist nichts überliefert worden.

Der Kummer über diese neuerlichen Verleumdungen belastete Maria Ward schwer. Dazu kam die Sorge über mangelndes Reisegeld. Sie wandte sich an Susanna Rookwood, die Oberin in Neapel, und von dort kamen vier Goldmünzen.

Im eisigen Januarwind machen sie sich auf den 70 Meilen langen Weg von Rom nach Perugia: Maria Ward, ihre Sekretärin Margaret Horde, die bis dahin Schaffnerin im römischen Haus gewesen war, Henry Lee und Lennard Morris, Mary Clayton und Laienschwester Hester. Der Empfang war großartig: Am Tage ihrer Ankunft hielt der

Bischof Comitoli die große Jahres-Prozession ab, und hatte dem üblichen Lied auf den Schutzpatron der Stadt noch einige heroische Strophen auf die englischen Frauen hinzugedichtet. Ihr Glaubensmut und ihre erlittenen Leiden wurden darin gerühmt. Allerdings: das Haus, das ihnen übergeben wird, ist nicht so prachtvoll; Türen und Fenster fehlen noch und die Instandsetzungsarbeiten dauern lange. Aber unaufhörlich, Tag um Tag, drängen sich die freundlichen Damen der Stadt zu den Besuchen. Maria Ward beseufzt die umständlichen Begrüßungen in einem ihrer vielen Briefe. Bis sie (die Besucher und Besucherinnen) zu Ende gekommen sind, ist der Tag vorüber.

Im Sommer brach in Perugia ein Fieber aus und eine der Schwestern wurde davon ergriffen, aber konnte sich überraschend schnell erholen. Bedenklicher war Maria Wards Gesundheitszustand: ihr Steinleiden machte sich sehr heftig bemerkbar und sie mußte das Bad San Casciano aufsuchen. Das »Gemalte Leben« hält für diese Zeit die wunderbare Heilung des Kardinals Trescio fest: Maria Ward machte eine Wallfahrt zum Monte Giovino und erflehte in fünfstündigem Gebet die vollkommene Genesung dieses Kardinals, den sie aus ihren Verhandlungen mit der Kongregation der Regularen und Bischöfe kannte.

Zu den tiefen Betrübnissen dieses Sommers in Perugia gehört die Todesnachricht aus Neapel: Susanna Rookwood starb am 25. Mai. Eine Gefährtin schon seit der allerersten Zeit der Suche und des Ringens. Auch Bischof Comitoli, der die Englischen Fräulein ja nach Perugia eingeladen und zur Schulgründung aufgefordert hatte, starb.

Jetzt hält Maria Ward eigentlich nichts mehr in Perugia. Die sprichwörtliche gute Luft – nicht so stickig wie in Rom – ist zu wenig, um über all die Enttäuschungen hinwegzutrösten. Joyce Vaux, eine Nichte der Anne Vaux, die dem Provinzial Henry Garnet bei seiner Missionsarbeit in England und bei seiner Tower-Haft und bis in den Hinrichtungstod beigestanden hat, soll Oberin in Perugia werden. Sie übt dieses Amt nicht lange aus. Das Haus in Perugia kam einfach nicht aus den Anfängen heraus. Aber die Schulen in Neapel und Rom sind voller Leben. Maria Ward geht nach Rom – mit sehr bestimmten Vorsätzen, wie bald zu sehen ist.

Neuer Papst, neue Hoffnung, neue Enttäuschung

»Der Ausspruch eines lebenden Papstes ist mehr wert als die Satzungen von hundert Verstorbenen.«

Urban VIII.

»Vor einigen Tagen ging Seine Heiligkeit nach Frascati, und ich ging in Begleitung der Mutter Margaret Horde, Mutter Elisabeth Cotton und Mutter Mary Poyntz heimlich nach (d. h. ohne den Patres oder jemandem außerhalb unseres Hauses etwas zu sagen), um dort, wenn möglich um eine Audienz bei ihm nachzusuchen, was uns auch gelang, ohne daß wir jemand anderem als uns selbst dafür hätten dankbar sein müssen« (*Chambers* 1889, II, S. 116.).

So beginnt ein ganz sachlich kühler Bericht Maria Wards an ihre Vertraute Winefrid Wigmore, die in Neapel jetzt ihre wachsame Stellvertreterin ist, ihre Gesprächspartnerin und Mitdenkerin. Seine Heiligkeit, das ist seit einem Jahr Maffeo Barberini, Urban VIII. Von ihm erhofft Maria Ward den Segen all ihrer Bemühungen. Zweimal hat sie sich dem greisen Papst Gregor XV. zu Füßen geworfen, ihm ihre Bitten um Bestätigung vorgetragen. Das erste Mal unmittelbar nach ihrer Ankunft aus dem Norden, Weihnachten 1621. Doch jetzt ist Oktober 1624. Gregor XV. ist im Juli des Vorjahres gestorben und nach einem langwierigen Konklave ist Kardinal Maffeo Barberini auf den Heiligen Stuhl erhoben worden. Schon im Sommer des Vorjahres hielt sich Maria Ward für eine Audienz bereit – doch wurde nichts daraus, obwohl Dominikus a Jesu Maria in Rom ist und an der Papstwahl zugunsten Urbans tatkräftig mitgewirkt hat. Es waren sogar auf diesen Barfuß-Karmeliter aus Spanien im Konklave einige Wahlstimmen entfallen, obwohl er doch gar nicht zu den Papabili gehörte! Der neue Papst Urban VIII. liebt es, seine Antragsteller warten zu lassen. Selbst ein so bedeutender Mann wie der französische Kardinal Bérulle muß lange warten, ehe er zum Fußkuß zugelassen wird: dabei soll er doch die Ehedispens für die französische Prinzessin Henrietta Maria aushandeln, damit sie den englischen König Karl I. heiraten darf.

»Urban VIII. – seit langem hatte die Christenheit keinen so jungen

Papst gehabt, stand doch Barberini, der mit 38 Kardinal geworden war, erst im 56. Lebensjahr. Er galt mit Recht als ein sehr schöner Mann. Ein kräftiger Prälat von mittlerer Größe, zeigte sein Antlitz jenen olivfarbenen Teint, den man bei Italienern häufig findet. Der lange, rechteckig geschnittene Bart war schwarz; das Haar schwarz, aber schon von Silberfäden durchzogen; die Stirn hoch und gewölbt, die kräftigen Brauen überschatteten große, hellblaue Augen« (*Pastor* 1914, Bd. I, S. 250). Er entstammte einer wohlhabenden Florentiner Juristenfamilie und war durch die Protektion eines Onkels schon früh in die Ewige Stadt gekommen. Er war ein brillanter Kopf, dichtete lateinisch und italienisch, interessierte sich lebhaft für die damals aufkommenden Naturwissenschaften. Mit Galilei war er jahrzehntelang befreundet und erwiderte dessen ihm gewidmete Werke mit hymnischen Oden. Das hielt ihn allerdings zwanzig Jahre später keineswegs davon ab, den dann 70jährigen Galilei von den Inquisitoren langwierig verhören und dann aufs Land verbannen zu lassen. In seinen Legatenjahren in Frankreich (1604 bis 1606) hatte er die Liebe zur Politik entdeckt. Die Politik blieb seine Leidenschaft und war zeitlebens auch verbunden mit seiner Liebe zu Frankreich. Heinrich IV. hatte dem jungen Florentiner den Kardinalshut überreicht und er, Maffeo Barberini, hatte den Dauphin, den späteren Ludwig XIII., aus der Taufe gehoben. In Frankreich hatte er sich der geflüchteten englischen Katholiken angenommen und dafür den Titel eines Protektors von Schottland erhalten. Gedichte auf Maria Stuart hatte er natürlich auch verfaßt.

Urban VIII. – machtbewußt und majestätisch, ein scharfer Beobachter, der keinen Widerspruch duldete, ein autoritärer Herrscher, der seine Entschlüsse oft wechselte und in geistreichen Urteilen hin- und herschwankte. Er verwirrte seine Besucher, deren Rede er nur so lange lauschte, als er daraus sein Stichwort für die Gegenrede und die Gegenargumente gewonnen hatte.

Wie Maria Ward und ihre beiden Begleiterinnern in das 20 Meilen von Rom entfernte Frascati gekommen sind und wer ihnen die Tore zur Villa Mondragone geöffnet und zur ungewöhnlichen Audienz verholfen hat, das hat bis auf den heutigen Tag kein Dokument enthüllt. Urban VIII. war Gast des Kardinals Scipione Borghese auf dessen weitläufiger Schloß- und Parkanlage von Tusculum. Seit der Antike haben sich hier die Mächtigen und Reichen erholt. Aus diesen Gärten geht der Blick weithin über die gewellte Campagna mit den uralten römischen Aquädukten bis zur krönenden Silhouette von St. Peter. Kardinal

Borghese hatte in dieser Landschaft 80 Besitzungen, die ihm einen jährlichen Ertrag von Korn, Wein und Öl sicherten, der sich auf 150000 Scudi belief. Als Nepote Pauls V. war er auch unter dessen Nachfolger Gregor XV. in lukrativen Ämtern geblieben und er konnte seine Stadtvilla auf dem Pincio mit Kostbarkeiten von unerhörter Fülle und Schönheit schmücken. Da er sich seines materiellen Glücks bewußt war, suchte er die verständlichen Neidgefühle seiner Umgebung – und auch beim Volke – durch herzliche Liebenswürdigkeit auszugleichen. »Delizia di Roma« nannte man ihn und Lorenzo Bernini hat sein Porträt für die Nachwelt hinterlassen: ein Mann ohne Allüre, ein gewaltiger Kopf ragt aus einem schmucklosen Mantel, nachlässig drapiert. Ein voller Mund, wie zum Sprechen geöffnet, Augen, die sich am Leben freuen, eine schiefe, starke Knollennase. Das Birett, viel zu klein für diesen Schädel, scheint nach hinten zu rutschen.

Kardinal Borghese also, hatte er den Englischen Fräulein ohne alle protokollarischen Umstände den Zugang, die Audienz beim Papst ermöglicht? Maria Ward hat ihrer Vertrauten Wigmore strengste Schweigepflicht auferlegt. Nur Margaret Genison darf überhaupt etwas erfahren. Ganz auf das Wesentliche beschränkt, lapidar und sachlich schreibt Maria Ward:

»Ich sagte Seiner Heiligkeit, wir seien gekommen, ihn um Bestätigung dessen auf Erden zu bitten, was von Ewigkeit her im Himmel bestätigt gewesen sei, nämlich um die Bestätigung unserer Lebensweise; daß besagte Lebensweise seit 16 Jahren bestehe, in so vielen verschiedenen Ländern und Städten geübt werde und von Paul V., der sie zu bestätigen *versprochen* hätte, gutgeheißen worden sei; daß vor Bestätigung derselben die Eltern der Mitglieder das Vermögen ihrer Töchter nicht herausgeben wollten, worunter wir (ich meine unsere ganze Gesellschaft) gar sehr litten, daß während dieser 16 Jahre die meisten Ordensgenossenschaften der Kirche Gottes ihr Möglichstes getan hätten, um uns Hindernisse zu bereiten usw.« (*Chambers* 1889, II, S. 116).

Briefe in solch sachlicher Direktheit sind in der Barockzeit sonst wohl kaum geschrieben worden. Knapp sitzen die Worte den Gedanken und Geschehnissen an, die ein schnelles Tempo vorlegen. Die Schreiberin behält beides im Blick: den göttlichen Auftrag, den sie erfüllen muß, und die bürokratischen Hemmnisse, die ihr entgegenstehen. Sie ist der Dynamik dieser Barockzeit gewachsen: göttliche Offenbarung und niederdrückende Erden-Armut, das Himmlische und das Irdische zu verbinden.

»Er antwortete voll Milde, daß seine Aufmerksamkeit bereits auf uns gelenkt worden sei; daß er aber allein nichts tun könne; doch wisse er, daß unsere Angelegenheit in Behandlung genommen sei; bei seiner Rückkehr nach Rom würde er dann schon in Kenntnis gesetzt werden, wie die Sache bei den damit beschäftigten Kardinälen stehe.

Ich bat ihn, daß, wenn er die Sache den Kardinälen zur Besprechung übergebe, es nur an einige wenige, nicht an so viele wie vorher geschehe, usw.« (*Chambers* 1889, II, S. 117).

Maria Ward hat kein Vertrauen zu den vielköpfigen römischen Kongregationen, die für Außenstehende so geheimnisvoll aussehen, die in mehr oder weniger geheimen Sitzungen über das Wohl und Wehe von Menschen und ihren Gedanken zu Gericht sitzen. Ihr Plan ist ja auch in der Kongregation der Regularen und Bischöfe, die über Ordensgründungen zu beraten haben, seit fast zwei Jahren nicht weiter gekommen.

Zu dieser Zeit, das heißt zur Zeit dieses Gespräches mit dem Papst im Oktober 1624, weiß sie dabei noch nicht einmal, daß ihr Plan inzwischen auch einer zweiten Kongregation vorliegt: der Propaganda Fide. Eine ganz ungewöhnliche Situation, daß ein Antrag in zwei Kongregationen gleichzeitig beraten wird. Das ist den skrupellosen Machenschaften des Agenten Thomas Rant gelungen, dem Nachfolger John Bennets. Thomas Rant, Oratorianer-Priester, ist mit dem ersten Sekretär der noch so neuen Kongregation Francesco Ingoli gut bekannt und beide sind sich einig im Jesuitenhaß. Beide arbeiten an dem Verbot der Englischen Fräulein, ihrer Lebensgemeinschaft und insbesondere ihrer Schulen. Aber Ingoli wird niemals mit Maria Ward oder einer der ihren sprechen, Maria Ward wird ihm niemals begegnen und auch in den frühen Biographien kommt sein Name niemals vor. Erst das Forscherteam um Pater Josef Grisar klärt seine Aktivitäten auf, um die Mitte des 20. Jahrhunderts. Maria Ward weiß nichts Bestimmtes, aber sie fühlt den heimlichen Widerstand. Deshalb schärft sie dem Papst ein:

»Zugleich setzte ich ihm auseinander, daß viele von jenen, welche sich mit der Sache schon früher befaßt hätten, gar sehr gegen dieselbe eingenommen seien, deren Natur mißverstanden hätten und nun, nachdem sie einmal ihre diesbezügliche Meinung ausgesprochen hätten, nicht leicht mehr davon abgehen wollten, usw. Ich bat ihn dringend, die Sache Gott zu empfehlen; denn ihm und seinem Stellvertreter überließen wir sie gänzlich. Seine letzten Worte waren, er werde darin der Eingebung Gottes gemäß handeln« (*Chambers* 1889, II, S. 117).

Dieser Abschnitt des Briefes erinnert ein wenig an Katharina von Siena (1347–1380), die den damals verbannten Päpsten auch dringend empfahl, wenn nicht *befahl,* dieses oder jenes zu tun, vor allem aber den Willen Gottes zu erfüllen und von Avignon nach Rom zurückzukehren. Die Engländerin empfindet keine Untertanenangst vor dem Stellvertreter Gottes, ja, sie scheint ihn sozusagen daran zu erinnern, daß auch er, Seine Heiligkeit Urban VIII., dem Allerhöchsten gegenüber nur ein Diener sei. Sie sind beide Gott verpflichtet, ihm unterworfen.

Ist es die lange, bewährte Tradition des englischen Parlamentarismus oder aber die in der Jugend ausgestandene – um Christi willen ausgestandene – Verfolgungsangst, die sie innerlich frei gemacht hat von Menschenfurcht und die ihr die Kraft gibt, in diesem Verhandlungsstil mit dem Nachfolger Petri zu sprechen? Urban VIII., der so viele Besucher verwirrte durch seine Majestät, sein Selbstbewußtsein, sein fürstliches Kraftgefühl, hatte für Maria Ward nichts Furchterregendes. Sie schreibt:

»Sein Benehmen war durchwegs gefällig und huldvoll; sein Äußeres bekundete Befriedigung und er schien weder Mißfallen zu finden noch solches erregen zu wollen.«

»Beim Abschiede bat ich ihn um die Erlaubnis, eine Hauskapelle in Rom haben zu dürfen, was er sogleich bewilligte mit dem Beifügen, von ganz freien Stücken, er werde bei seiner Rückkehr nach Rom dem Kardinal Millini diesbezügliche Anweisungen geben« (*Chambers* 1889, II, S. 117).

War die Huld des Papstes echt? Wurde sein Wohlwollen geweckt und sein Interesse? Zweifellos war Papst Urban VIII. zu dieser Stunde in Frascati von dem Enthusiasmus, der Gläubigkeit dieser Frau angerührt worden. Ihre verstandesklare Beredsamkeit mußte einem Mann imponieren, dem literarischer Schliff so viel bedeutete. Ganz gewiß war die Spontaneität, mit der er die Hauskapelle gestattete und seine Hilfe zusagte, seiner fürstlichen Großzügigkeit entsprungen.

Maria Ward ist mit ihren beiden Sekretärinnen nach Frascati gegangen. Die Umsicht dieser Organisatorin ist bewundernswert. Mary Poyntz, die jüngste unter ihren frühen Gefährtinnen und diejenige, die später das beinahe zerstörte Werk retten wird, gewinnt bei dieser ersten direkten Begegnung mit der höchsten Autorität der Christenheit prägende Eindrücke. Ebenso wohlüberlegt wie die Auswahl ihrer Begleiterinnen ist die Überreichung der Schriftstücke:

Da ist zunächst ihr Memorandum *Institutum* und ein Brief des Lütticher Fürstbischofs Ferdinand. Außerdem ein Brief des Kölner Nuntius Pietro Francesco Montorio. Beide rühmen die Arbeit, die Maria Ward und die ihrigen in Flandern geleistet haben. Der Fürstbischof schreibt, daß »das Institut dieser Jungfrauen durch besondere Vorsehung Gottes zur Bekehrung des leider ganz und gar dem Glauben verloren gegangenen und verdorbenen Englands bestimmt scheint, auf daß, was die Frau (gemeint ist Elisabeth I.) zerstört hat, durch die Frau (Maria Ward) wieder hergestellt wird« (*Chambers* 1889, II, S. 95). Fürstbischof Ferdinand, Bruder des nunmehr so siegreichen Kurfürsten von Bayern, Maximilian I., ist überzeugt von dem Lebensprogramm dieser Engländerinnen. Und nicht anders der Kölner Nuntius Montorio. Er bezeugt mit Schrift und Siegel, daß »diese weisen Jungfrauen unter Verachtung der Lockungen dieser unseligen Welt nach dem Muster einer approbierten Regel unter einer Art Ordensdisziplin leben und Mädchen aus England und anderen schismatischen Ländern zu aufrichtiger Frömmigkeit bekehren« (*Chambers* 1889, II, S. 471ff).

Niemals ist Maria Ward, sind die Englischen Fräulein, ohne Bewunderer und ohne Freunde, die ihnen helfen möchten. Aber die Zahl ihrer Feinde ist größer und die Feinde arbeiten hartnäckiger und vor allem: anonym.

Ihre Freunde sind außergewöhnliche Persönlichkeiten, Einzelgänger, die den Rahmen sprengen, wie Pater John Gerard und Pater Roger Lee, der mit Bischof Blaise in St. Omer schon das Wesen dieser neuen Ordensgemeinschaft erfaßte, oder Dominikus a Jesu Maria, der die Ereignisse der Zeit in ihrem Zusammenhang sieht. Und es sind die durch Amt und Würden hervorgehobenen Persönlichkeiten, regierende Fürsten, wie Maximilian von Bayern und Ferdinand II., der Kaiser in Wien, die an ihre Sendung glauben.

Ihre Feinde verbergen sich in Gruppen, in den Kongregationen, arbeiten anonym im Hintergrund.

Das ungewöhnliche Ereignis, die Privataudienz beim Heiligen Vater, stürzt Maria Ward wenige Tage später wieder in eine jener Depressionen, die ihr vertraut sind: nach der Erfüllung, der Verwirklichung hochgespannter Erwartungen wird sie von diesen Traurigkeiten ohne Maß heimgesucht. In einem Privatbrief – Soli genannt – der dem offiziellen Bericht beigefügt ist, gesteht sie Winefrid Wigmore: »Ich glaube, mein Kind, die Prüfung und langwierige Verlassenheit, von der Sie mich schon reden hörten, sind nicht mehr fern; mögen sie aber kommen wann immer, der glückliche Erfolg wird doch bald eintreten. Sie sind die Erste, der gegenüber ich mich so deutlich ausspreche; beten Sie für mich und mein Werk. Es fällt mir schwer, Sie nicht bei mir zu haben, damit Sie mir mein Kreuz tragen helfen könnten. Nichtsdestoweniger werden Sie doch einen Teil davon bekommen und ihn auch tragen müssen« (*Chambers* 1889, II, S. 119).

Mit anderen Worten: Maria Ward hat die Huld einer päpstlichen Privataudienz erfahren, die mächtige Persönlichkeit des neuen Papstes erfaßt und sie weiß, daß dies der Anfang neuer Arbeit ist und neuer Hindernisse.

Urban VIII. das ist der Kirchenmann, der das religiöse Schicksal der gläubigen Frau besiegelt. Maria Ward weiß das nicht zu dieser Stunde und sie wird es auch sechs Jahre später nicht glauben wollen, sie wird es sich nie eingestehen. Aber sie fühlt, daß diese Privataudienz auch nur eine Station auf dem Wege zur Erfüllung jener Weisung aus dem Jahre 1611 ist.

Es muß weiter gearbeitet werden. Sie muß in Rom bleiben. So gerne wie sie nach Neapel reisen möchte zu der Gründung, die so glorreich floriert – ihre Pflicht hält sie in der Tiberstadt fest. Abgesehen davon, daß das Reisegeld auch gar nicht vorhanden ist. Sie schreibt Briefe. Sie besucht die Kardinäle, die vier, die für eine Partikular-Kongregation ernannt worden sind. Bandini und Millini zunächst, aber auch Cobelluzi, der als Sekretär und Verwalter der vatikanischen Bibliothek sich einen Namen macht, und Kardinal Onofriu, Bruder des Papstes, der später schicksalsschwere, fast vernichtende Briefe an Maria Ward unterschreibt. Kardinal Onofriu war bis zur Papstwahl seines Bruders Maffeo Kapuziner in Florenz gewesen. Und er hatte sein Kloster nur widerstrebend verlassen, um die Pflichten eines Nepoten zu übernehmen – mit Bruder Carlo, den Neffen Francesco, Antonio und Taddeo.

Maria Ward schreibt Briefe, sie macht Besuche bei allen Fürstlichkeiten, die ihr helfen könnten. Anscheinend haben diese Besuche keinen Anstoß erregt. Das ist insofern erstaunlich, weil damals allgemein die Vorschrift für Frauen in südlichen Ländern galt, niemals ohne männlichen Schutz auszugehen. Maria Ward aber war eine Frau, die auf sich allein gestellt war: eine Frau ohne Ehemann, keines weltlichen Fürsten Mätresse, und dazu noch eine Frau ohne Geld – das eigene hatte sie ja fast ganz in die Gründung von Gravelingen gesteckt. Maria Ward ist ein Beweis dafür, daß Frauen, wenn sie etwas zu sagen hatten, auch damals beachtet wurden.

Maria Ward erfährt im Laufe der nächsten Wochen, daß der Agent des englischen Weltklerus, Thomas Rant, alles tut, um die Englischen Fräulein (seine Landsmänninnen) in Mißkredit zu bringen. Am 25. Januar 1625 schon schreibt sie an Wigmore im fernen Neapel:

»Mr. Rant, der englische Priester, der Nachfolger von Mr. Bennet, redet sich ganz heiser in der Ereiferung über die Englischen Fräulein und ihr Institut« (*Chambers* 1889, II, S. 123). Rant fängt auch – wie nur immer? – ein Brief-Paket ab, das an »Mater Maria Della Guardia, Unsere Generaloberin« gerichtet ist. Die Geheimdienste scheinen in diesem Jahrhundert so dicht besetzt zu sein, daß sie übereinander purzeln. Jedenfalls war es Rant, kaum in Rom angekommen, möglich, diese Sendung an Maria Ward abzufangen und aus der Adresse allein schon den Vorwurf zu entwickeln, daß sich Maria Ward einen Titel anmaße, der ihr nicht zustehe, da ja das Institut nicht bestätigt sei bis jetzt. Er schickt das Päckchen an den Schwager des Papstes, den Kardinal Magalotti. Er will, daß dieser dem Papst nahestehende Kardinal weiß, welche unerhörte Neuerung sich dieses *Fraueninstitut* anmaße. (Die Schwester Magalottis, Costanza, war mit dem Bruder des Papstes, Carlo, verheiratet.) Es geht mit dieser Klatschgeschichte wie mit anderen auch: der Adressat ist nicht da, Rant geht zum nächsten Kardinal, zu Bandini, der das Schriftstück zu behalten wünschte. Wahrscheinlich wollte er verhindern, daß man aus dieser Lappalie einer falschen Adressierung den Englischen Fräulein ungerechte Vorwürfe machte. Gezeigt hat er das Briefpäckchen lediglich drei englischen Benediktinern, die zu Besuch in Rom waren.

Der übereifrige Rant besorgte sich aber auch noch den Text des Zivilkontraktes, das war ein Vertrag zwischen Generaloberin und neu eintretenden Novizen, der nur bis zur endgültigen Bestätigung des Ordens gelten sollte – der eine *vorläufige* Sicherheit den Frauen geben sollte, die der Gemeinschaft sich anschlossen. Rant versäumte nicht, diese seine neuen Informationen nach Perugia zu melden, damit der Nachfolger des einst so hilfreichen Bischofs Comitoli, Bischof Torres, gegen die dortigen Englischen Fräulein eingestimmt werde!

Anfang Februar schreibt Maria Ward einen Brandbrief nach Neapel: Winefrid Wigmore möge ihr doch so schnell wie möglich das große und gründliche Gutachten schicken, das der englische Jesuit Pater Edward Burton 1617/18 in Lüttich für sie angefertigt hatte. Sie könne es in Rom unter ihren Papieren nicht finden, es müsse aber her, damit die vier Kardinäle der Partikular-Kongregation, die alle nur auf ihren Untergang bedacht wären, es einsehen könnten. Maria Ward – wohlorganisiert und eigentlich perfekt in allen Schwierigkeiten des praktischen Lebens – hat ein wichtiges Dokument verloren und sucht und sucht vergebens danach! Aber schließlich findet sich das Dokument doch an und erleichtert kann sie das nach Neapel vermelden. Auf diese Weise wird auch das teure Porto gespart, das die Übersendung des umfangreichen Schriftstückes gekostet hätte. Die Abhandlung, die Pater Burton in Lüttich verfaßt hatte, stützt sich auf die Gutachten der damals hochangesehenen Juristen Suarez in Coimbra (Portugal) und Lessius in Löwen. Die Neugründung Maria Wards beschäftigte von Anfang an, wie man sieht, die führenden Geister der Zeit. Zusammenfassend wies Burton nach, daß Maria Wards Arbeit auf dieses neue Institut hin deshalb erlaubt sei, weil Paul V. eine Belobigung ausgesprochen und eine Bestätigung in Aussicht gestellt habe. Er wies auch darauf hin, daß die Frauen der Apostel missionarisch gewirkt hatten!

Maria Ward weiß sehr genau: Alle vier Kardinäle sind darauf aus, sie zu vernichten. Der Agent des englischen Weltklerus, Thomas Rant, notiert für sich: Kardinal Millini soll das Institut auflösen. Millini habe oft gesagt, daß nur ein schlechter Ratgeber diese Frau veranlaßt habe, England zu verlassen und daß er, Millini, dieses Institut noch nie gern gesehen hätte.

Über Kardinal Millini beklagt sich denn auch Maria Ward in einem Brief an Kardinal Borghese, dem sie vertraut. »Millini behauptet, daß wir ohne Erlaubnis in Rom zusammenlebten, daß wir ohne Erlaubnis in Neapel und Perugia Schulen eröffnet hätten. Dieser Kardinal Millini tut gerade so, als ob sich die Englischen Fräulein heimlich in die Städte gestohlen hätten und über die Leute hergefallen wären, ehe die das überhaupt gemerkt hätten« (*Chambers* 1889, II, S. 134). Aber auch vor den Kardinälen selbst und mündlich verteidigt Maria Ward ihre Sache. So heißt es nach Ostern 1625 an Wigmore: »Millini behauptet auch, daß Seine Heiligkeit und die Kongregation der vier Kardinäle die Angelegenheit bereits beendet hätten, daß Seine Heiligkeit unser Institut und die Häuser in Italien nicht bestätigen wolle, sondern daß eine jede hingehen solle, wo sie hergekommen sei« (*Chambers* 1889, II, S. 133). »In der Karwoche hat es zwischen den guten Kardinälen und uns solche heißen Kämpfe abgesetzt, daß man, wenn überhaupt je einmal, in Jahrhunderten nicht dergleichen sehen wird, zumal in Dingen, wo Gott allein gedient und gesucht wird. Wie es immer gehen mag, der Gewinn bleibt jedoch auf unserer Seite...« (*Chambers* 1889, II, S. 134).

Vierzehn Tage später: »Ich glaube nicht, daß wir aus Rom vertrieben werden; einige behaupten wohl, wir müßten vertrieben werden, andere hingegen, wir blieben hier. Schon lange erwarte ich die Bischöfe zur Visitation, allein, sie kommen nicht... Mit dem kürzlich ausgebrochenen Krieg im Genuesischen geht es schlecht, der Feind gewinnt stark die Oberhand. Am hiesigen Hof herrscht große Aufregung, denn man fürchtet gar sehr, Rom selbst werde seinen Teil daran bekommen; ich hoffe aber, Gott, dessen Wille stets geschehen möge, werde die seinigen beschützen. Dieses Jubeljahr wird aus guten Gründen nicht so leicht von uns vergessen werden. Es mag sein, daß der Kriegslärm von der Verfolgung des uns gegenüber beabsichtigten Planes ablenkt. Später wird man mit größerer Freiheit von diesen Dingen reden dürfen... 19. April 1625« (*Chambers* 1889, II, S. 135).

Die Schreiberin hat insofern recht, daß der Kriegslärm die hohe Hierarchie in Rom von ihrem Institutsplan ablenkt, als niemand, kein Bischof, kein Ordensmann zur Visitation in die Schule mit den über hundert Mädchen kommt. Man will gar nicht die Arbeit sehen, die da geleistet wurde. Man will sich an die Akten halten. So weist denn Papst Urban VIII. die Partikular-Kommission an, die Schulen in Rom, Neapel und Perugia zu schließen. Aber die Ausführung dieses Auftrages zieht sich hin. Ahnungslos reist Maria Ward ins Bad Casciano, um ihr Steinleiden zu heilen. Kardinal Ludovisi stellt ihr für die erste Hälfte des Weges nach Casciano seine Kutsche zur Verfügung und stiftet (wie auch ein irischer Kapuziner) Geld. Woher Maria Ward die Geldmittel bekam für ihre Kuraufenthalte, wird aus den Akten meist nicht ersichtlich. Die frühen Biographen stellen auch die Frage danach erst gar nicht. Es war unter den gegebenen Verhältnissen doch wohl so, daß Ordensleute von frommen Stiftungen leben konnten. Ein Teil des Unterhalts für die Englischen Fräulein wurde zu dieser Zeit auch schon von der Neapler Gründung bestritten. Wenn auch die Lage auf Jahre hinaus immer so blieb, daß alle von der Hand in den Mund leben mußten.

Der Kriegslärm im Veltlin schob die Schulsorgen in der Tat beiseite. Urban VIII., in dessen Ägide der Kirchenstaat die größte Ausdehnung erreichte, hatte schon längst die Heeresbewegungen auf den Graubündner Pässen im Auge. Diese Pässe waren die wichtigste, die einzige Verbindung zwischen den spanischen, niederländischen und österreichischen Besitzungen des Hauses Habsburg. Urban aber wollte »nicht soviel, nicht zuviel Habsburger auf italienischem Boden« haben. Unter dem Vorwand, das katholische Veltlin gegen das protestantische Graubünden in Schutz nehmen zu wollen, kämpften spanische, französische, kaiserlich-habsburgische und italienische Soldaten um die Pässe. Da konnte Urban VIII. nicht untätig bleiben. Ihm, wie vielen Römern, war die Angst vor einem neuen Sacco di Roma tief in die Seele eingebrannt; damals, 1527, nach der Schlacht von Pavia, waren die unbesoldeten und ausgehungerten Landsknechte Karls V. nach Rom marschiert, waren plündernd und mordend durch die Straßen, durch die Paläste und Kirchen gezogen und hatten vor allem an der hohen Geistlichkeit ihre Wut ausgelassen.

Urban VIII. ließ jetzt die Engelsburg, die Fluchtburg der Päpste, mit 80 Kanonen neu befestigen. Dafür wurden die Metallverkleidungen aus dem gewaltigen Rundtempel der Römer, dem Pantheon, abgerissen. Das Pantheon war zu dieser Zeit der einzige noch unversehrte Bau der Antike. Das Volk empörte sich gegen dieses rigorose Vorgehen und sang den Spottvers: *Quod non fecerunt barbari fecerunt nunc Barberini.* (Was die Barbaren – der Völkerwanderungszeit – nicht zerstört haben, zerstören jetzt die Barberini). Doch das Bauen ging weiter; antike Tempelanlagen wurden als Steinbrüche benutzt, und die drei eisenbeschlagenen riesigen Truhen in der Engelsburg, wo Sixtus V. noch zwei Millionen Scudi in Gold und eine Million Scudi in Silber gehortet hatte, leerten sich.

Gleichzeitig wurde die Prachtentfaltung in den Kirchen weitergetrieben. Lorenzo Bernini ist ausersehen, die heiligen Monumente zu erschaffen, die den Ausmaßen des Petersdomes entsprechen. 1624 beginnt er damit, und 57 Jahre lang bleibt diese Kirche seine Hauptaufgabe. Die Wappenzeichen der Barberini-Familie, die Sonnen der Allmacht, die Bienen der Fruchtbarkeit und die Delphine, Zeichen fürstlicher Großmut, schmücken von jetzt an Monumente, Brunnen und Fassaden. Die Barberini haben die Stadt Rom im Griff. Urban VIII. erfüllte im Künstlerischen, was er im Politischen vergebens erstrebte: er feierte die Kraft der Gegenreformation, die Wahrheit der Religion mit hinreißender Schönheit und Pracht – während fast alle seine kriegerischen Unternehmungen mißlangen. Bernini, der fromme Mann, der täglich seine Gebetsstunde in Il Gesù hielt, und jährlich einmal seine ignatianischen Exerzititen, war das Genie, das diese Ideen in Marmor, Bronze und Granit verkörpern konnte.

Vorhergehende Seite: Maria Ward bekommt zwischen ihrem 10. und 21. Lebensjahr vier Heiratsanträge: doch sie erhört keinen dieser standesgemäßen Adelsherren (Gemaltes Leben, Augsburg, G. L., Nr. 8). Oben: In der Nähstube auf Osgodby bei den Babthorpes erzählt die fromme Frau Margaret Garret den jungen Mädchen von den strengen Anforderungen des Klosterlebens: Maria Ward beschließt, Nonne zu werden (G. L., Nr. 9). Rechte Seite: Die Bewerber um Marias Hand reiten unverrichteter Dinge wieder ab, und Maria ringt um das Verständnis ihres Vaters (G. L., Nr. 8) (Fotos: Werner Neumeister).

Oben: Albrecht und Isabella Klara Eugenia, Statthalter der südlichen Niederlande im Auftrag Philipps II. in Madrid, hat Hofmaler Pantoya De La Cruz in prunkvoller spanischer Hoftracht dargestellt. Sie unterstützen Maria Wards Pläne (Pantoya De La Cruz, 1599, 1600, Alte Pinakothek, München). Unten: Pater Roger Lee wird in St. Omer Maria Wards Berater und Beichtvater. Wie auf dem Porträt vermerkt, stirbt er schon 1615 (Maler unbekannt, Altötting, Institut der Englischen Fräulein; Foto: Hildegard Pollety).

Vorhergehende Seite: Maria Ward gewinnt bei ihrem ersten Besuch in der geliebten Heimat fünf Gefährtinnen. Sie segeln auf verschiedenen Schiffen und Wegen nach St. Omer. Die Jüngste, Mary Poyntz, darf in der Obhut von Maria Ward reisen (G. L., Nr. 22). Linke Seite: Dieses gespenstische Porträt eines jungen Mädchens, in bleichen Farben gemalt – ein Memento Mori, wie es die Barock-Künstler auszuführen liebten –, hat Mary Poyntz einem Bewerber geschickt (Maler unbekannt, ohne Jahreszahl, Archiv Nymphenburg). Oben: In der Einsamkeit und Stille ihres kargen Krankenzimmers wurde Maria Ward 1611 der gebieterischen Worte inne: »Nimm die (Regel) der Gesellschaft. Der Pater General wird es nie erlauben. Geh zu ihm!« Maria Ward wünschte, daß dieses Ereignis im Zyklus des Gemalten Lebens dargestellt werden sollte (G. L., Nr. 24) (Fotos: Werner Neumeister).

Maria ist Ao. 1621 von Trier nacher Rom in pilgrams kleider Zu Fueß gereist

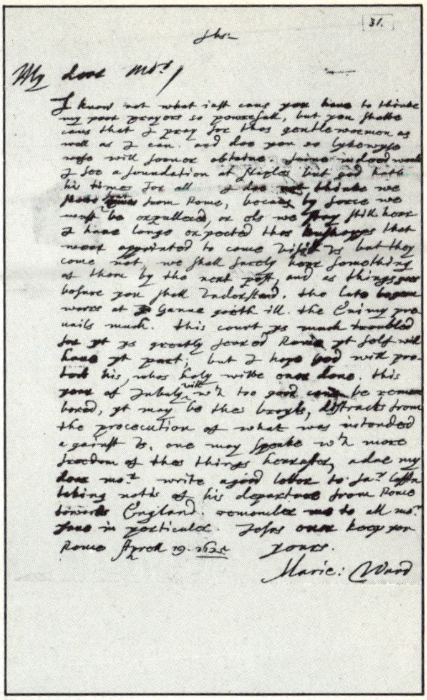

31.

Jhs

My deare Mr:

I know not what just cause you have to thinke my poore prayers so powerfull, but you shalle [illegible] that I pray for this gentlewoman as well as I can. and doe you so lykewyse who will sooner obtaine. [illegible] indeed would I see a foundation at Naples but god hath his times for all. I doe not thinke we shall part from Rome, because by force we must be expelled, or els we stay still here. I have longe expected those [illegible] that were appointed to come with us but they come not, we shall surely have somethinge of them by the next post, and as things passe before you shall understand. the late [illegible] worse at [illegible] goeth ill. the Enimy prevails much. this court is much troubled [illegible] it is greatly feared Rome it selfe will have its part; but I hope God will protect his, whose holy wille once done. this [illegible] of Jubily will with too good [illegible] be remembered, it may be these broyls, distracts from the prosecution of what was intended against us. one may speake with more freedom of these things hereafter, adue my deare mr: write a good letter to [illegible] taking notis of his departure from Rome towards England. remember me to all mrs: [illegible] in particular. Jesus once keep you

Rome Aprill 19. 1625

Yours.

Marie: Ward

Linke Seite: »Maria Ward ist Ao. 1621 von Trier nacher Rom in pilgramßkleider zu fueß gereist.« So steht es auf dem Gemälde unbekannter Herkunft. Sie trägt ein faltenreiches Gewand aus rauhem Stoff, darüber die schwere Pelerine der Pilger. Unter dem breitkrempigen Hut wird eine Brokathaube sichtbar. Die Rechte hält den Pilgerstab, die Linke den dickperligen Rosenkranz (Augsburg, Institut der E. F.). Oben links: Vom einstigen Pilgergut schnitten fromme Verehrer im Laufe der Zeit immer wieder Stücke ab. »Diese Schuhe wurden von Maria Ward gewöhnlich getragen«, vermerkt ein Zettel, der den Schuhen angeheftet ist (Institut der E. F., Altötting). Oben rechts: In einem der langen, inhaltsreichen Briefe, die Maria Ward zu schreiben pflegte, steht: »Ich glaube nicht, daß wir von Rom vertrieben werden, es sei denn mit Gewalt . . . 19. April 1625.« Aus Rom an W. Wigmore in Neapel (Nymphenburger Archiv) (Fotos: Werner Neumeister).

Maria als sie Ao: 1626 das erste mahl nacher Mü:
:nchen gereist, hat aus der erkantnus so ihr Gott in dem gebett
verliehen, Frawen von den Ilerberg ihren mitgefertern vorgesagt
daß sie: Churfrt: Drl: ihnen in diser seiner Residentz Statt ein
bequeme wohnung und jähr: underhaltung geben werde
welches bald nach ihrer ankunfft ins werk gericht worden

FERDINANDVS ARCHIDVX AVSTRIÆ
ANNO ÆTATIS. XVII.
M. D. XCV.

Vorhergehende Doppelseite: Sechs Schimmel ziehen die Kutsche mit den zierlichen Fräulein durch eine heroische Landschaft: sie sind auf dem Weg zu Kurfürst Maximilian I. von Bayern (G. L., Nr. 45; Foto: W. Neumeister). Linke Seite oben: Urban VIII. besiegelte Maria Wards religiöses Schicksal mit der Bulle »Pastoralis Romani Pontificis« (Bronze, L. Bernini, Louvre, Paris, Bildarchiv Marburg). Linke Seite unten: Kaiser Ferdinand II. bewundert und fördert Maria Wards fortschrittliche Pläne (N. Prugger, Alte Pinakothek, München). Oben: Kurfürst Maximilian I. überläßt den Englischen Fräulein 1627 das Paradeiserhaus und zahlt ihnen Jahresgehälter (N. Prugger, Alte Pinakothek, München). Kurfürstin Elisabeth Renata paßt ihre Kleidung den ernsten Kriegszeiten an (N. Prugger, Ahnengalerie Residenz, München). Folgende Seite oben: Das Paradeiserhaus bewohnen die Englischen Fräulein bis zu dessen Baufälligkeit 1691. (Nymphenburger Archiv). Folgende Seite unten: Der Enkel Maximilians I., Kurfürst Max Emanuel, läßt ihnen ein Prachtgebäude im Stil der nahen Theatinerkirche errichten (M. Wening; Fotos: Werner Neumeister).

Grußstrasse.

Die Wohnung der Englisch
en Gesellschafft in München.
OR
OC

Vorhergehende Seite: Winefrid Wigmore und Mary Poyntz (oben) sind die engsten Mitarbeiterinnen Maria Wards. Beide sind Gefährtinnen der ersten Stunde, beide stehen an ihrem Sterbebett. Sie gelten als Verfasserinnen der ersten Biographie, der englischen Vita, die W. Wigmore in den Pariser Jahren dann ins Französische übersetzt – ihr hat der Maler Notizblock und Stift in die Hand gegeben (Augsburg, Institut der Englischen Fräulein) (Fotos: Werner Neumeister).

Planen und bauen für die irdische Ewigkeit – das beschäftigte den Geist des Papstes in starkem Maße. Als Mäzen war er glückhafter denn als Kriegsherr. Oder als Papst?

Dieses Jahr 1625 war ein Heiliges Jahr und stand unter unheilverkündenden Vorzeichen: der Krieg im Veltlin ging erst 1626 zu Ende. In Sizilien brach die Pest aus. In Rom trat der Tiber über die Ufer. Es sah nicht so aus, als ob dieses Heilige Jahr ein Jubeljahr würde. Es wurde eher ein Jammer-Jahr! Selbst Urban VIII. versuchte den Himmel um Gnade anzuflehen. Er besuchte betend wie die Pilger alle sieben Hauptkirchen, um die Ablässe zu gewinnen. Er hörte Beichten im Petersdom, wie ein rühriger Seelsorger, und er wusch alten Männern die Füße – ein Liebesakt seit dem letzten Abendmahl Christi mit den Jüngern.

Ein Jammerjahr wurde dieses Heilige Jahr auch für die Englischen Fräulein. Das Verbots-Dekret vom April tat langsam seine Wirkung: die Schule in Rom wurde geschlossen. Es war schon alles geschehen, als Maria Ward Ende Juni aus Bad Casciano kam. (Hatte man sie vielleicht absichtlich dorthin geschickt, um freie Hand zu haben? Wurde die Kutsche deshalb gestellt? Der Verdacht erhebt sich – selbst nach all diesen Jahrhunderten.) Die Mütter der Schülerinnen protestierten. Sie wurden bei Costanza Barberini vorstellig; sie sollte ihre Beziehungen einsetzen, sollte helfen. Sie zogen auch vor die Cancelleria, wo Kardinalvikar Millini residierte, dem die Verantwortung für die Schule damals durch einen Sonderauftrag übergeben worden war und der auch jetzt die Aufhebung zu vollziehen hatte. Es wurde den Englischen Fräulein nicht und schon gar nicht den Müttern der Schülerinnen ein Grund für die Aufhebung, die ja ausschließlich nach juristischen Spitzfindigkeiten ausgetüftelt worden war, gegeben. Es gab weder eine moralische Verfehlung von irgendeiner Seite, noch war gegen irgendeine Anordnung verstoßen worden. Moderne Historiker, die die schwierigen und jahrhundertelang verborgenen Dokumente, die Erlasse dieses Jahres geprüft haben, kommen zu dem Schluß, daß es einfach der strahlende Erfolg dieser Schule war, der die Widersacher zu dem Schulverbot hinriß. Die Schule, wo aus Vergnügen und Freude freiwillig gelernt wurde, hatte mit ihrem Angebot auch die Schichten, die damals noch gar nicht zählten, erfaßt. Das Echo mußte auf eine streng hierarchisch angeordnete Welt beunruhigend wirken. Dazu kam, daß dieses Unternehmen von Frauen selbständig geplant und ausgeführt wurde, denen man einen nur dienenden, nicht einen tätigen Anteil am städtischen und religiösen Leben einräumen wollte.

Diejenigen, die die Macht in der Hand hatten, wollten sie nicht teilen – ob sie das nun im Namen des katholischen Bekenntnisses taten oder im Namen Luthers oder Calvins. Die Schule der Englischen Fräulein wurde geschlossen, weil sie geschlossen werden sollte: auf Wunsch der Partikular-Kommission, im Einverständnis mit der Kongregation der Regularen und Bischöfe, und auf Anweisung des Papstes Urban VIII. Wo sind die huldreichen Stimmungen von Frascati? Es ist kaum ein halbes Jahr vergangen seitdem!

Bitter muß dieser Wettersturz der Gefühle für Maria Ward sein. Es gibt keine Notizen über diese Zeit, die veröffentlicht worden wären. Das »Gemalte Leben« füllt die Lücken: schöpfte wohl aus den mündlich weitergeflüsterten Überlieferungen dieser Zeit. Maria Ward schweigt und betet. Sie besucht die Kirchen in der Via Monserrato, sie besucht jene Kirchen Roms, in denen gerade vierzigstündiges Gebet gehalten wird, auch wenn diese weit entfernt von ihrer Wohnung sind. In der Kirche Maria dell' Orto in Trastevere versetzte das innige, Stunden währende Gebet sie in eine Ekstase; in St. Eligius rang sie sich dazu durch, ihre Feinde zu lieben – die »Jerusalemer«, die sie zu den Freuden des Himmels führen werden, und wieder in Gieromini, erfährt sie in der Betrachtung und im Gebet, daß Gott ihr zeigte, wie sie an dem auferlegten Leiden Gefallen haben sollte. Als sie am Petri Kettenfest (1. August) für ihr Institut betete, erfuhr sie innerlich, daß die Wohlfahrt und Sicherheit, der Fortschritt ihres Instituts nicht in Reichtum, Hoheit und Fürstengunst bestehe, sondern daß seine Mitglieder freien Zugang zu Gott haben.

Dieses Bild in seiner zierlichen Dimension ist ein ferner Abglanz von grandioser Barock-Malerei: hoch oben im Himmel, von einem Engelkranze umgeben, Gott Vater, der wohlwollend auf die kniende Beterin Maria Ward schaut und sie segnet und in der anderen Bildhälfte all die Symbole vergänglicher Macht: Schwerter, Kronen, Kardinalshüte, Bischofsmütze, ein Krummstab und die päpstliche Tiara sogar! Da sind Gebetbücher, Helm, Geldtruhe, eiserner Kampfhandschuh und Standarte achtlos durcheinander geworfen. So vergeht der Ruhm der Welt, aber das vertrauensvolle anhaltende Gebet, die Kommunikation mit Gott wird bleiben, triumphieren. Diese Bilder des »Gemalten Lebens« stellen in Symbolen dar, was damals niemand in Worte zu fassen sich getraute: Maria Ward bleibt betend und betrachtend ihrer Berufung treu, wenn sie auch den kirchlichen Befehlen Gehorsam leistet.

Der Unterricht in Rom, Neapel und Perugia war nun verboten. Den

Englischen Fräulein schlug man vor, sich in ein anderes Kloster zu begeben – was sie ablehnten: sie wollten ja gerade die Freiheit von Klausur in ihrem Schul-Experiment durchsetzen. Möglicherweise wurde auch einigen Schülerinnen noch Privat-Unterricht in der Via Monserrato erteilt. So kam es denn im November zu einem fast vernichtenden Schlag: innerhalb von drei Tagen sollen die Engländerinnen das Haus verlassen! Alle klösterlichen Einrichtungen, das Holztor außen, die Glocke innen, Heiligenbilder und Inschriften – kurzum alle klösterlichen Insignien sollen entfernt werden! Unterricht darf nicht erteilt werden! Niemand von den Frauen darf dort wohnen! Wenn sie sich widersetzen, droht ihnen Kerker, Ausweisung aus der Ewigen Stadt und dem Kirchenstaat und weitere Strafen nach Gutdünken des Papstes!

Diese Befehle ergingen an den Hausbesitzer Pontius Sena. Nicht an die Englischen Fräulein und auch nicht an Maria Ward. Feindseligkeit beherrschte die Stunde. Fünfhundert Dukaten würde der Hausherr zu zahlen haben, wenn er diesen Befehlen nicht pünktlich nachkomme. Pontius Sena macht Einwendungen: die Miete sei schon im voraus bezahlt. Sie hätten also ein erworbenes Recht, weiter in seinem Haus zu wohnen. Er fragte, wo denn diese Frauen so schnell innerhalb von drei Tagen eine neue Bleibe finden könnten, bei dem Pilgerandrang in diesem Heiligen Jahr? (1600 waren es eine Million Menschen, die aus allen Himmelsrichtungen nach Rom pilgerten und in diesem Jahr mußte das Hospiz täglich bis zu achttausend Pilger verpflegen.) Pontius Sena hatte ein Herz für diese Frauen, oder soll man sagen, er dachte wie ein Christ?

Prälat Vives, der schon früher den Englischen Fräulein Mieträume in seinem Palast an der Spanischen Treppe versagt hatte, wollte auch jetzt nicht helfen. Der greise Prälat hatte sein Palais bereits der Propaganda-Kongregation vermacht – seinen Nachruhm wohl bedenkend und begründend. Er schrieb das auch noch – nicht ohne Häme – an die Statthalterin Isabella Klara Eugenia in Brüssel – wohl wissend, daß diese durch ihre politischen Sorgen im eigenen Lande die Angelegenheiten der Englischen Fräulein von sich fernzuhalten pflegte, seit etwa zwei, drei Jahren.

Über die Wohnungssuche der Englischen Fräulein, über ihre neue Bleibe, ist nichts niedergelegt worden. Mary Poyntz und Winefrid Wigmore haben später in ihrer Biographie nichts über diese demütigende und schmerzliche Erfahrung aufgezeichnet. Wenn sie sich auch keiner Schuld bewußt waren, so warnte sie doch ein inneres Gefühl davor, von Strafe zu berichten – weil Außenstehende dann von der Strafe auf eine Schuld schließen könnten oder müßten. Auf diesem Mechanismus beruht ja die Macht der Denunziation und damit auch der Inquisition.

Nur der Vertreter des englischen Weltklerus, Thomas Rant, konnte nach England befriedigt berichten: »Ihre Schule ist ihnen genommen worden; wenn sie wollen, können sie in Rom bleiben; ihren Habit zu tragen ist ihnen aber untersagt. Ihre Häuser in Perugia und Neapel sollen geschlossen werden« (*Chambers* 1889, II, S. 124). Statt ihres Habits sollten sie den langen schwarzen Mantel tragen, der vom Scheitel bis zum Fuße reichte und der sie ganz verhüllte. Auch weltliche Damen, sofern sie vornehm waren, trugen den Manto. Kurtisanen durften diese Mode nicht mitmachen, das Generalvikariat hatte ihnen das im Oktober 1624 verboten. Die Englischen Fräulein sollten auch nicht mehr den *pilleus* tragen, die eng den Kopf umschließende Haube (das Wort erinnert an: *pillbox*), die wiederum mit einem Schleier umlegt wurde, der bis zu den Schultern reichte.

Natürlich erging der Aufhebungsbefehl auch nach Perugia und Neapel. Aber Perugia scheint an der eigenen Unzulänglichkeit zugrunde gegangen zu sein. Obwohl Maria Ward noch einmal im Oktober ihre Sekretärin Margaret Horde dorthin entstandt hatte. Auch sie selbst machte sich noch einmal auf den Weg, aber die Sache war vertan. Auch nach Neapel erging das vom Papst erwünschte Aufhebungs-Dekret, aber es hatte keine Wirkung! Die Schulen und das Haus bestanden noch drei Jahre fort. Unbelästigt von Rom! Man nimmt an, daß das Dekret in Neapel zwar angekommen ist, doch durch den Tod des Kardinals und die damit verbundenen Beisetzungsfeierlichkeiten sei es in Vergessenheit geraten. Es mag auch sein, daß der spanische Vizekönig seinen Einfluß geltend machte und die neue Oberin Ratcliffe wie auch die Novizenmeisterin Winefrid Wigmore sich unter seinem Schutze geborgen fühlten und sich abwartend verhielten. Maria Ward verließ Rom, feierte ihren Geburtstag (23. Januar 1626) schon in Neapel und verbrachte auch den größten Teil dieses Jahres dort. Die in Rom zurückgebliebenen Englischen Fräulein wurden geduldet und bekamen sogar Almosen aus dem Vatikan, »Gnaden«, wie es in einigen Schriften heißt. Das Institut als solches war ja nicht verboten. Das Dekret wollte lediglich die Häuser in Italien auflösen. Das aber bedeutete nichts anderes, als daß die Wühlarbeit der feindlich Gesinnten weiterging.

Thomas Rant verließ Rom im Oktober 1625 und übergab seinem Nachfolger Blackloe, einem Theologen aus dem Priesterseminar in Douai, diese Richtlinien: bei Papst Urban das Thema der Englischen Fräulein immer wieder aufzubringen, aber nicht als ersten Punkt seines Vortrages, sondern als zweiten oder dritten – aber beharrlich eben. Denn da es ja noch immer Frauen in England gebe, die sich dieser Gemeinschaft anschließen wollten, müsse man in England das Mißtrauen wachhalten.

Im Herzen der Gegenreformation: München

»Sie hat die Englische Tugendschul für die Jugend des weiblichen Geschlechts das erstmal in unserem Vaterland aufgerichtet«.
Marcus Fridl, Nr. 212

Es ist ein Jahrhundertfest, als Papst Urban VIII. den Petersdom, die Bischofskirche über dem Grab des Apostelfürsten am 26. November einweihen kann. Maria Ward hat jedoch schon am 10. November Rom verlassen: eingedenk ihres visionär empfangenen Auftrags, einen Orden für Frauen im Geiste der Gesellschaft Jesu zu gründen, geht sie unerschrocken und aufrecht durch dieses männliche Jahrhundert der Heereshaufen und Hexen, der Flüchtenden und Gefolterten, der Scheiterhaufen und Galgen. Ihre Schule in Rom ist geschlossen worden, die Schule in Perugia hat sich aufgelöst, aus den flandrischen Häusern kommen beunruhigende Nachrichten. Deshalb will sie dorthin zurückkehren, um die Streitigkeiten zu schlichten. Der Jesuitengeneral Mutius Vitelleschi hat ihr erlaubt, bei Pater John Gerard in Gent Einzelexerzitien machen zu dürfen. Erstaunlich, wenn man bedenkt, daß dieser tatkräftigste unter allen ihren Ratgebern, Marias wegen seinen Posten als Rektor in Lüttich verlor, danach mit ausdrücklichem Befehl von Rom ferngehalten und ihm selbst der Briefverkehr mit Maria Ward verboten worden war. In Gent bildet Pater Gerard die Tertiaren aus, und der jüngere von Marias Brüdern ist einer von ihnen.

Am 10. November macht sich die kleine Reisegruppe auf den langen Weg nach Norden, tiberaufwärts, Richtung Florenz. Mary Poyntz, Elisabeth Cotton und die Laienschwester Anne Turner sind unter ihnen. Und natürlich der Priester Henry Lee und der schweigsam-verläßliche Lennard Morris.

Keiner von ihnen kennt die Empfehlungsbriefe, die Maria Ward bei sich hat. Kardinal Trescio, der eine wundersame Genesung Maria Wards Gebet zu verdanken weiß, stellte ihr das damals für jede Reise über Grenzen hinweg unerläßliche Sittenzeugnis aus. Darin sind als Reiseziele angegeben: Germaniam et alias ultramontanas partes – Deutschland und andere Gegenden jenseits der Alpen.

General Vitelleschi hat Briefe gerichtet an Pater Adam Contzen, den Beichtvater des bayrischen Kurfürsten Maximilian I. in München; einen zweiten an den Beichtvater des Kaisers Ferdinand II. in Wien, Pater W. Lamormaini, und einen dritten Brief an den Beichtvater der Kaiserin.

War schon in Rom das Reiseziel geändert worden? Waren Kurfürst und Kaiser wichtiger als die notwendige Arbeit in Flandern? Sollten München und Wien einen Umweg bedeuten oder Ziel werden? Und wenn, wer hatte diese Reiseroute entworfen?

In dieser Zeit der perfekten Geheimdienste ist äußerste Verschwiegenheit alles. Vitelleschi hatte geschrieben: Maria Della Guardia reist mit einigen englischen Jungfrauen zum Kaiserhofe. Die Jesuiten und ihr General hatten in Rom nichts getan, um der Sache der Englischen Fräulein weiter zu helfen. Wollten sie nun, daß die beiden Fürsten, die sich am leidenschaftlichsten für die Gegenreformation einsetzten – beide waren in Ingolstadt bei den Jesuiten auf die Universität gegangen –, dem Projekt zum Durchbruch verhelfen? Oder aber wollte Vitelleschi die mutigen Draufgängerinnen Gottes nicht so nahe vor den Pforten der kirchlichen Macht haben? Wollte er sie wegloben? Oder aber, hatte Maria Ward Flandern nur deshalb als Reiseziel angegeben, um die Agenten des englischen Weltklerus, die ihr so schlimme Schwierigkeiten bereitet hatten, zunächst einmal von ihrer Spur abzulenken und wollte sie von vornherein doch nach München und Wien, um in den dortigen romtreuen Fürsten die Helfer zu gewinnen, die ihre Sache in Rom durchsetzen könnten?

Maximilian I. von Bayern, dessen Bruder Ferdinand Erzbischof und Kurfürst von Köln und Bischof von Lüttich war, unterstützte die Collegs in Flandern und die dortigen englischen Asylanten, die sich der Rekatholisierung ihres Heimatlandes verschrieben hatte, auf sehr tatkräftige Weise. Jährlich zahlte er 10000 Gulden an das Englische Colleg in Lüttich, 30000 gingen nach Köln. In diesem Sommer 1626 hatte er zusätzlich an John Gerard für das von ihm gegründete Haus in Lüttich 24000 Gulden überwiesen. Hatte Maria Ward von hier einen Fingerzeig bekommen?

Die Englischen Fräulein waren in München schon lange im Gespräch. Bereits 1610 hatte der Vater dieses Kurfürsten, der fromme Wilhelm V., der sich von den Regierungsgeschäften zurückgezogen hatte, um sich seinen religiösen und einsiedlerischen Neigungen zu widmen, beim Jesuitengeneral Aquaviva angefragt, was es mit den

Frauen aus England auf sich habe, die da in St. Omer anscheinend ein neues Institut gründen wollten und bereits Jesuitinnen genannt würden. Aquaviva beruhigte den hohen Herrn damals, daß da keine Ähnlichkeit zwischen der Societas Jesu und diesen Flüchtlingsfrauen bestehe.

1620, noch bevor Maria Ward ihre staunenswerte Romreise antrat, hatte Graf Talbot, ein Freund Pater John Gerards, sich an Maximilian I. von Bayern gewandt, er möge doch der Fürsprecher der Englischen Fräulein in Rom sein. Hat Maximilian I. die Englischen Fräulein gerufen? Dafür gibt es keine Anhaltspunkte. Außerdem hätte Maria Ward dann nicht noch Empfehlungsbriefe an ihn auf ihrem Weg durch die italienischen Stadtstaaten sammeln müssen.

In Florenz wird die kleine Reisegesellschaft von den beiden Großherzoginnen empfangen: die regierende Fürstin ist eine Schwester des Kaisers Ferdinand II., die Mutter des regierenden Fürsten ist eine Schwester der bayrischen Kurfürstin. Für Maria Ward wird ein Gnadenbild feierlich enthüllt und verehrt, das sonst nur hohen Würdenträgern gezeigt wird. Und der Empfehlungsbrief für die Weiterreise und an Maximilian I. lautet: »Maria Ward will in jenen Städten (München und Wien) mit der Erlaubnis Eurer Hoheit ein geistliches Haus nach dem Orden des Heiligen Ignatius errichten; wie ich höre, hat sie das schon in Flandern, in Köln und auch hier in Italien getan« (Mater Immolata Wetter, 1979).

In Parma und in Castiglione di Stiviere besucht Maria Ward nichtklausurierte Frauengemeinschaften. Diese hatten deshalb keine Schwierigkeiten mit den römischen Kongregationen gehabt, weil ihre Organisation nicht über Stadtgrenzen hinaus ging. Außerdem waren ihnen drei Prinzessinen aus dem Mantuaner Haus der Gonzagas beigetreten, die sich auf ihren heilig gesprochenen Onkel Aloysius berufen konnten.

In Mailand, das spanischer Herrschaft untersteht, beten sie wieder wie auf ihrer ersten Romreise vor fünf Jahren am Grabe des unvergessenen Karl Borromäus, dessen soziales und religionsreformerisches Wirken noch immer die riesige Residenz mit ihren über hundert Angestellten, Prälaten und Priestern belebt. Sein Neffe und jetziger Nachfolger Federigo empfängt Maria und berät sich mit ihr ausführlich. Dabei ist er dafür bekannt, daß er niemals mit Frauen spricht und schon gar nicht außerhalb seiner Kirche oder Kapelle. Die Englischen Fräulein wohnen im nahegelegenen Kloster, wo sie von dem Kardinal freundlich und nach einem Gastmahl verabschiedet werden. Diese Verhandlungen sind wiederum ein Beweis dafür, daß Frauen durchaus reden konnten, durften und gehört wurden, wenn sie etwas Wichtiges zu sagen hatten. Die Rolle der Frau kann nicht so belanglos gewesen sein, ihr Leben nicht so mundtot, wie es manche Verallgemeinerungen glauben machen möchten.

In Mailand, am 14. Dezember, schreibt Maria Ward an ihre Provinzialoberin in Lüttich, Barbara Babthorpe, zum ersten Mal über ihre Absicht, nach München zu gehen und eben nicht stracks nach Flandern. Marcus Fridl gibt den Brief so wieder (Nr. 202): »es seye zwar ziemlich weit abweg, allein sie wolle diese kleine Arbeit Gott zu lieb auf sich nehmen: sie könne nichts darbey verlieren, es gehe hernach hinaus, wie es wolle.« Fridl, der in seiner ländlichen Studierstube gute hundert Jahre später das erstaunliche Leben der Stifterin beschreibt, findet, daß dieser Brief es wert wäre, eingerahmt und in ein Institutshaus gehängt zu werden. Für ihn ist die Ankunft der Englischen Fräulein in Bayern ein epochemachendes Ereignis.

In der Kutsche des Mailänder Bischofs geht die Reise bis zum Comer See. Von Riva, Chiavenna aus nehmen sie dann den Splügen-Paß (man wird sie hinübergetragen haben in jenen abenteuerlichen Tragsesseln, wie sie die Bergführer damals für Ortsunkundige bereit hielten). Von Chur aus gehen sie den von hohen Bergen gesäumten Luziensteg entlang, auf dem wenige Jahre zuvor der Kapuziner-Prediger Fidelis von Sigmaringen von calvinistischen Bauern erschlagen wurde. Graubünden ist noch immer unruhig und gefährlich. Die Auseinandersetzungen um das katholische Veltlin sind noch nicht verschmerzt. Bei eisiger Kälte und hohem Schnee kommen sie in Feldkirch auf habsburgischem Gebiet an.

Weihnachten 1626. Maria Ward betet bis weit nach Mitternacht in der geheimnisvoll dämmerigen gotischen Pfarrkirche. Am anderen Morgen feiern sie die heilige Messe in der kargen Kapuziner-Kapelle, die noch heute genauso aussieht, wie sie die Erzähler des »Gemalten Lebens« dargestellt haben. Nur daß heute im Schrein der Seitenkapelle das vergoldete Haupt des Heiligen Fidelis von Sigmaringen schimmert und verehrt wird. Tränen der Erschütterung weint Maria Ward in dieser Christnacht, aber deutet ihren Gefährtinnen nur ganz wie von ferne an, daß ihre Sorge dem englischen König gilt, Karl I., sie erahnt Todesgefahren für ihn; so steht es in der englischen Vita. Aber auch, daß in dieser eingeschneiten Stadt, Durchgangs-Station für Kaufmannswagen, die schwarz gekleideten Frauen, die von Rom den weiten

Weg heraufgekommen waren, viel Aufsehen erregten, daß viele Menschen mit ihnen sprechen wollten. Heute findet sich in den klösterlichen und bischöflichen Archiven dieses Ortes keine Notiz mehr über diese ungewöhnliche Reisegesellschaft.

So weiß man auch nicht, ob sie den hohen Arlberg angingen, ob sie den Saumpfad über die Höhe nahmen, der zur Winterzeit von Rinderherden oder Pferden mit Menschenhilfe hartgetreten wurde. Oder ob sie die Salzstraße über Lindau, Kempten, Füssen, die durch bequeme Ebene führt, genommen haben. Jedenfalls werden sie kurz nach Neujahr schon in Innsbruck von den Erzherzögen empfangen: Leopold von Tirol und seine Gemahlin Claudia von Medici geleiten sie nach Hall, wo drei Töchter von Kaiser Ferdinand II. ein klösterliches Leben führen – aber ohne Klausur. Jesuiten sind ihre geistlichen Berater und Seelenführer. Dafür haben die Prinzessinnen ihnen ein Haus gestiftet.

Man sieht: überall in diesem konfessionellen Zeitalter planen religiös eingestellte Frauen ein Leben ohne Klausur. Die in Verruf geratenen Klöster der Vorreformation waren verlottert *mit* Klausur, oder soll man sagen *trotz* Klausur? Die Frauen dieses religiös sehr bewußten Zeitraums wollen aber jetzt ein mündiges Leben, sind nicht davon überzeugt, daß äußere Vorschriften inneren Fortschritt hervorbringen. Auf dieser Reise hat Maria Ward viele Gesinnungsgenossinnen getroffen – zweifelsohne. Aufgeschlossene Menschen, die sie in ihrer eigenen Auffassung bestärkt haben mögen.

Angekündigt bei den Fürstlichkeiten am Wege zwischen Rom und Innsbruck hatte sie wohl kein Geringerer als Dominikus a Jesu Maria, der päpstliche Legat in der braunen Kutte der Karmeliter. Er war der Verbindungsmann zwischen Papst und weltlichen Herrschern. Und das Vertrauen Maximilians I. besaß er seit der Schlacht am Weißen Berge, am 8. November 1620, in besonderem Maße: damals hatte Dominikus den Befehlshabern und auch Soldaten der ligistischen Heere mit seinen Predigten Mut eingeflößt und ihnen sogar den Sieg vorausgesagt. Seit der Zeit, seit dieser ersten Entscheidungsschlacht im Krieg, der dreißig Jahre dauern sollte, heftete sich das Schlachtenglück an die mit dem Bildnis Mariens geschmückten Fahnen der Liga. Das Vertrauen der Herrschenden zu dem weisen Mönch aus Spanien war noch gewachsen.

War Maria Ward in Rom von Dominikus a Jesu Maria zu der München-Reise ermutigt worden und zu deren Geheimhaltung auch? Mary Poyntz schreibt viele Jahre später in der englischen Vita: »Am letzten Tag der Reise sagte Maria Ward nach ihrem gewohnten Tagesgebet, daß sie fürchtete, ihre beabsichtigte Reise nach Flandern werde einen Aufschub erfahren. Und nach einer kleinen Weile sagte sie dann, was würdet Ihr sagen, wenn wir hier ein Haus bekämen? In Wirklichkeit traf es so ein. Seine Hoheit Maximilian I. wollte sie nicht fortgehen lassen, es sei denn unter der Bedingung, daß sie wiederkäme und andere mitbringe, um sich in München niederzulassen« (*Grisar* 1966, S. 278).

Die Reisegefährtinnen und Gefährten wissen also bis zuletzt nicht, daß München schon von langer Hand angestrebt und offensichtlich auch vorbereitet worden ist. Sie stehen auf dem Isarberg (heute Gasteig) und schauen auf das befestigte München mit seinen achtzehn Stadttoren. Es ist der 7. Januar 1627. Sie gehen durch das buntbemalte, behäbig-trutzige Isar-Tor und machen gleich hinter der Stadtmauer beim Gastwirt Georg Ylmberger Quartier (heute Mohren-Apotheke, Tal 13). Ringsum in den einstöckigen Wohnhäusern leben die Handwerker und die kleinen Leute. Weiter weg zum Marienplatz hin die wohlhabenderen Bürger, die Salzhändler und Weinkaufleute.

24000 Einwohner hat München, und der Mittelpunkt, um den sich alles dreht, ist der Hof des Kurfürsten. 500 Beamte und Bedienstete aller Stufen arbeiten für den Hof und bringen Arbeit und Brot eben auch für Handel und Handwerk. Eine Million bayrischer Untertanen erblickt hier ihr Vorbild. Vor zehn Jahren, 1616, hat Maximilian I. den für die kleine Stadt gewaltigen Bau seiner Residenz vollendet: sie wird weithin als die schönste im damaligen Europa gerühmt, sie ist prächtiger als die kaiserliche Hofburg in Wien, kostbarer als der Hradschin in Prag. Sie ist Ausdruck absolutistischen Herrscherwillens, wie er sich in dem zu dieser Zeit so erfolgreichen und finanzstärksten Fürsten Europas manifestiert.

Die Residenz hat fünf Kapellen und zwölf Geistliche versehen die Gottesdienste. Kurfürst Maximilian I. hört täglich die Messe, aber immer nur im Beisein seiner engsten Familie. Kein Fremder darf seine Privatgemächer betreten. Er betet und meditiert täglich drei Stunden oder länger. Der unermüdliche Akten-Leser (ab 4 Uhr morgens!), der in 53 Herrscherjahren seine Unterschrift niemals ändert, hält auf Abstand. Niemand erfährt, was in jenem mit Schildpatt verzierten Kästchen enthalten ist, das der Kurfürst immer bei sich führt, verschlossen. Man nimmt an, daß der feinsinnige Sammler und Kunstkenner besonders kostbare Juwelen und Münzen darin aufbewahrt. Erst bei seinem Tode wird das Geheimnis offenbar: Bußgürtel, Geißel und härenes Hemd sind darin aufbewahrt worden!

Maximilian I., Politiker von Geblüt und Ökonom von hohen Graden, war fromm aus Überzeugung und Erziehung. Das gläubige Elternhaus und die Jesuiten auf der Universität Ingolstadt hatten ihm jene Grundsätze eingepflanzt, nach denen die Untertanen jetzt leben mußten: Die Vorschriften waren streng und die Strafen bei Übertretungen hart. Die sonntägliche Messe war Pflicht, für Hofbeamte aber die tägliche. Die Beichtzettel an Ostern wurden eingesammelt und in den Häusern nachgeschaut, ob das Fastengebot eingehalten wurde. Beim Gebetsläuten mußte alle Arbeit ruhen, mußten Reiter vom Pferde steigen und selbst Würdenträger aus ihren Kutschen. Der Besitz von Rosenkränzen war vorgeschrieben. Kleiderordnungen und Tanzverbote sollten die Leichtfertigkeiten zwischen den Geschlechtern verhüten, auf Ehebruch stand unter Umständen Todesstrafe, auf Fluchen die Strafe des Zunge-Ausreißens. (Wie erinnerlich reagierte einst auch Maria Wards Vater ganz besonders heftig auf solch eine Verfehlung.) Hexen wurden verbrannt – wie überall zu dieser Zeit in Europa.

Maximilian I. fühlte sich Gott gegenüber für das Seelenheil seiner Untertanen verantwortlich – wie es Landesfürsten beider Konfessionen jetzt hielten. Das Los derer, die dem alten Glauben entglitten waren, bedrückte ihn, und um die verlorenen Schafe in den wahren Schafstall zurückzuführen, zuckte er auch vor Gewaltmaßnahmen nicht zurück. Als der Kaiser, sein Vetter Ferdinand II., ihm das reformierte Oberösterreich überantwortete (als Ausgleich für die kaiserliche Verschuldung!), da sollten die calvinistischen Prädikanten und Lehrer, die Handwerker und Bauern dem reformierten Bekenntnis abschwören oder bis Pfingsten 1626, bis zum Fest des Heiligen Geistes, ihre Heimat verlassen. Die Bauern wagten den Aufstand unter schwarzen Fahnen mit dem Totenkopf und wurden grausam hingemetzelt. Hier wurde die gleiche tödliche Härte offenbar wie 1569 in Yorkshire beim Aufstand der Barone des Nordens. Maximilian I. wandte sich mit Schrecken ab, ließ sich statt der österreichischen Länder die Oberpfalz übertragen – wo es aber im Laufe der Jahre zu ähnlichen grausamen Exzessen kam. Der Mann, den die Maler und Kupferstecher der Zeit fast immer im schwarz glitzernden Harnisch darstellen, dessen bleiches Gesicht Mißtrauen und Melancholie ausdrückt, dessen Spitzbart und Schnurrbart einen schmallippigen Mund mehr verbergen als freigeben, verlangte von sich und herrschenden Fürsten überhaupt, daß sie Kerzen zu vergleichen wären, die an beiden Enden angezündet würden und sich im Leuchten verzehren.

Als er 1598, als 25jähriger die Regierung von seinem frühzeitig zurückgetretenen Vater Wilhelm V. übernahm, zusammen mit den verheerenden Staatsschulden, weihte er sich und sein ganzes Leben der Muttergottes. Vor dem Gnadenbild in Altötting legte er dieses Schriftstück nieder:

»Ich, Maximilian, der größte aller Sünder, weihe mich Dir, o heilige Jungfrau Maria, durch mein Blut und meine Handschrift zu Deinem ewigen Sklaven.«

Die Stadt München weihte er 1615 der Muttergottes, ohne daß er dazu die Erlaubnis vom Papst eingeholt hätte. Und des zum Zeichen ließ er die Patrona Bavariae in die Westwand der Residenz einsetzen. Ihr zu Ehren brennt bis auf den heutigen Tag das rote Ewige Licht darunter. Um die Heiligen seines Bayernlandes zu erheben, hatte er eine Heiligengeschichte in Auftrag gegeben, und seine Historiographen bezogen den Herrscher mit ein und nannten ihn »gottselig«.

Dies ist der Mann, der den Plänen Maria Wards in der allernächsten Zeit sehr hilfreich werden soll. Sie begegnen einander wohl schon bald, der nüchterne Organisator und die charismatische Managerin Maria Ward. Sie verständigen sich schnell. Als liebenswürdige Begrüßung übermittelt die englische Vita den Ausspruch des Kurfürsten: Durch englische Missionare (Korbinian, Willibrod, Emeram) sei zuallererst das Christentum nach Bayern gekommen und durch englische Fräulein werde es nun wohl erneuert.

Er weist den Engländerinnen ein Haus zu, das erst vor kurzem an ihn zurückgefallen war, das dem kurfürstlichen Beamten, dem Freiherrn von Neuss und Grädisch, Christopher Paradeiser, gehört hatte. Der Name klingt nach Paradies – doch so großzügig die fürstliche Anordnung sich zunächst auch auswirkte, von paradiesischen Zuständen und Erlebnissen waren die Englischen Fräulein noch weit entfernt. Das Anwesen (zwischen Weinstraße und Dienerstraße) bestand aus mehreren, heimelig in sich verwinkelten Häusern, hatte Hof und Garten, und stieß an die Gruft-Kirche der Andechser Benediktiner. Das Grundstück entspricht wohl dem heutigen Parkplatz hinter dem Rathaus.

Der Kurfürst läßt das Haus herrichten, bezahlt Schreiner, Drechsler und Metzger. Er läßt ein »Glöggl« (die Glocke ist Gottes Stimme im Ablauf des klöstlerlichen Tages) machen, er sorgt für Bettwäsche und zinnernes Eßgeschirr.

Auf des Kurfürsten Geheiß wird Pater Henry Lee nach Flandern gefahren, um noch zehn Englische Fräulein zum Schulehalten abzuholen, sie werden in München schon jetzt »Mütter di Jesu« genannt. Lee soll aber nicht über Trier fahren, damit niemand die Not des dortigen Hauses sieht: in Trier fehlt es noch immer am Notwendigsten zum Lebensunterhalt.

Die Provinzialoberin Barbara Babthorpe in Lüttich ist von Maria Ward am 16. Februar 1627 unterrichtet worden, sie selbst könne jetzt nicht so schnell wie es wünschenswert wäre nach Norden reisen, »ohne einen höheren Dienst Gottes zu beeinträchtigen« (*Grisar* 1966, S. 275).

Vom 21. April stammt das Dekret, in dem Maximilian I. alles festgelegt hat, was den Frauen zustehen soll: Das Paradeiserhaus und was sich darin befindet ist eine Gabe auf Widerruf, es ist den Frauen zur Verfügung gestellt, es ist keine Fundation. Der Kurfürst wird für den Unterhalt von zehn Müttern und Schwestern aufkommen, die jetzt nur auf Probe und so lange wie es dem Kurfürsten gefalle in München sein werden. Zweitausend Gulden jährlich wird der Kurfürst ihnen gewähren für Speise und Trank, für Kleidung, Leinwand, Bettwäsche und Hausrat, für Holz, Licht und sonstigen Bedarf. Das Geld soll alle drei Monate ausgezahlt werden, so lange es dem Kurfürsten gefällt und nicht widerrufen wird. Mit der Zahlung ist am Georgstag 1627 zu beginnen.

Welch eine Grundlage für die weitgereisten Glaubens-Flüchtlinge aus England. Welch verläßliches Fundament! Seit Maria Ward in Gravelingen mit ihrem eigenen Vermögen ein Haus erworben hatte, konnte sie sich nicht mehr an so viel materielle Sicherheit erinnern.

Zweitausend Gulden Jahresgehalt für zehn Frauen – um es umzurechnen: zweitausend Gulden kostete zu jener Zeit ein gutes solides Haus. 200 Gulden erhielt jeder Jesuit in München vom Kurfürsten. Die Englischen Fräulein werden also den Jesuiten schon von vornherein gleichgestellt, sie sollen ja auch die gleiche Arbeit verrichten: Schule halten, Mädchen erziehen. Gleicher Lohn für gleiche Arbeit.

200 Gulden bekam in Wien eine Hofdame. 200 Gulden – das war auch das Anfangsgehalt eines Hofrats. Bei guter Leistung konnte er das noch steigern, bis zu 500 Gulden, mußte davon aber auch seine Diener, Pferde usw. bezahlen. Die Hofdame erhielt ihre Verpflegung am Hof. Der Hofmaler Sandrart, der 1641 die ganze kurfürstliche Familie malte, erhielt über 450 Gulden, was mehr war als die anderen Hofmaler bekamen (nach Immolata Wetter: Maria Ward in München, Vortrag 1983).

Nicht unerwähnt sei auch das spontane freundschaftliche Verhältnis zwischen der Kurfürstin und Maria Ward; die Biographen wundern sich und meinen, da müßte doch eine lange Korrespondenz vorausgegangen sein, wenn sich zwei Menschen, die sich nie zuvor gesehen hatten, so umgehend verständigen konnten. Da aber keinerlei geschriebenes Wort vorgefunden wurde, »müsse es eine himmlische Korrespondenz zwischen ihnen gegeben haben«.

Elisabeth Renata von Lothringen war in Nancy aufgewachsen, das wie München und Prag ein Mittelpunkt der Gegenreformation war. Und doch war es ein lebensfroher Hof, der sich französischer Mode und Lebensart verwandt fühlte. Außerdem war die Ehe mit Maximilian eine Liebesheirat! Maximilian, der nach beendetem Universitätsstudium eine Kavalierstour und die obligate Bildungsreise nach Prag, Rom und in verschiedene italienische Stadtstaaten unternommen hatte, war auf eine Prinzessin des Hauses Medici aufmerksam gemacht worden. Er aber schrieb an seine Eltern in München, daß er jene »Prinzessin gar nicht genug habe sehen können«. Als er dann aber die Verwandten seiner Mutter in Nancy besuchte, stach ihm die Cousine Elisabeth Renata ja sehr in die Augen. Er konnte sie so gut und so oft anschauen, daß er bald beschloß, sie zu heiraten. Das geschah 1594. Als sie nach München kam, hatte aber Maximilians Mutter, die also Tante und Schwiegermutter der jungen Frau gleichzeitig war, schon die klösterliche Lebensweise bei Hofe eingeführt. Die junge Elisabeth Renata paßte sich sehr bald dem klösterlichen Lebensstil in der Residenz an. Sie tauschte ihre brokatenen, kokett taillierten Kleider gegen weniger auffallende aus. Ihr lothringischer Beichtvater konnte schon bald vermelden, daß die Herzogin schon fast aussähe wie eine gebürtige Deutsche. Sie höre der Predigt zu wie ein Engel, ohne sich zu räuspern.

Das also ist das Idealbild einer Frau in jener Zeit, wie es wohl nicht nur den Jesuiten vorschwebte: eine Frau, die sich anpaßt, die schweigt und vor allen Dingen niemals auffällt. Zur wortlosen Bedrücktheit dieser jungen Frau kam noch der tiefe Kummer, daß ihre Ehe kinderlos blieb, war es doch erste Fürstinnenpflicht, der Nachwelt, der Dynastie, Kinder, möglichst Söhne zu gebären. Wieviel tiefer aber mußte der Kummer sein zwischen zwei Menschen, die sich aufrichtig liebten, wenn ihnen Kinder versagt blieben. Maximilian I., der es nicht fassen konnte, glaubte natürlich an Verzauberung. Er unterwarf seine Frau einem Exorzismus – barbarische Vorstellung für uns heute, aber damals?

Für eine Frau, die sich so sehr einer strengen Lebensweise unterwarf, mußte eine Persönlichkeit wie Maria Ward, die ihrem eigenen Weg folgte, erfrischend wie ein Gewitter im schwülen Sommer wirken. Sie waren fast gleichaltrig, sie befanden sich beide in einer fremden Umgebung, sie waren beide religiös begabt.

An die Kurfürstin Elisabeth Renata wird sich Maria Ward später in ihrer größten Bedrängnis, in ihrer Gefangenschaft öfter wenden – wo es sich allerdings erweist, daß die hohe Frau zu machtlos oder zu eingeschüchtert ist, um Maria planvoll unterstützen zu können.

Das Paradeiserhaus hat eine vorzügliche Lage: es steht gleich weit von der Residenz und dem gewaltig ausgedehnten Michaels-Kolleg und Kirche der Jesuiten entfernt. Im Kreuzungspunkt der beiden tonangebenden Mächte. Die Jesuiten waren 1583 nach München gerufen worden und sie hatten zu dieser Zeit (1627) schon fast tausend Schüler, Seminaristen, Novizen. Ihr Haus hatte mehr Fenster als der Escorial, als der Königspalast im einst reichen und mächtigen Spanien. Die Jesuiten beherrschten die Methoden der Unterrichtsgestaltung und vor allem wußten sie mit gigantischen Theater-Inszenierungen, die sich oft über Tage hinzogen und an die tausend Mitspieler hatten, die Bürger und Ordensleute dieser Stadt zu fesseln.

Trotzdem: bescheiden, wie die Mittel der hergereisten Englischen Fräulein sein mögen: im April beginnen sie mit der Schule. Der Lehrplan umfaßt: Katechismus, Lesen, Schreiben, Rechnen, Französisch, Italienisch, Latein und Handarbeit. Fremdsprachen nehmen also den größten Teil ein, kein Wunder in dem damals vielsprachigen Europa, in dem vor allem auch die Töchter aus adeligen Familien über Sprachgrenzen hinweg verheiratet wurden. Latein war außerdem immer noch die Sprache der Gebildeten, der Gelehrten, der Diplomaten (wo französisch sich erst durchzusetzen begann) und der Kirche. Lateinisch verstanden auch viele, die nicht lesen und schreiben konnten, weil ihnen die liturgischen Texte der Kirche vertraut waren nach Klang und Inhalt. Lateinisch waren die Predigten und auch das Jesuiten-Theater. Am Münchner Hof wurde französisch gesprochen. In der Oper sang man italienisch, die bildenden Künstler kamen aus den Niederlanden oder aus Italien, die Pagen mußten französisch sprechen und spanische Tracht tragen. Der Kurfürst hatte mit elf Jahren sogar böhmisch lernen müssen, falls ihm einmal die böhmische Königskrone zufallen sollte. Nur aus dieser Sprachen-Kreuzung und -Vermischung wird auch vorstellbar, daß Engländerinnen in fremdsprachigen Städten Schulen eröffnen konnten. Zu dieser Zeit ruft Maria Ward noch nicht nach deutschsprachigen Lehrerinnen, das geschieht erst ein, zwei

Jahre später. Da beschwört sie die sprachbegabte Wigmore, doch ja schnell deutsch zu lernen.

Jetzt, an diesem kühnen Anfang, ist es ihr vor allem darum zu tun, gute Leute zu bekommen: Elite-Denken ist Maria Ward seit frühester Jugend eigen. So schreibt sie an Winefrid Wigmore in Neapel: »Wie notwendig brauche ich Leute. Bilde die Deinigen gut aus, und nimm mehr von denen auf, die guten Willens sind; denn Gott will nur von Guten den Dienst empfangen . . . Bevor ich aus München weggehe, muß ich ungefähr 20 Mitglieder haben, die ich hier einsetze . . . (4. Februar 1627)« (*Chambers* 1889, II, S. 197).

Von München weggehen – sie ist ja gerade erst dort angekommen. Sie denkt aber wohl an Wien und den Einfluß des Kaisers, und sie mag an Flandern und die dortigen Probleme denken. Und sogar ein ganz abenteuerlicher Plan ergreift vorübergehend von ihr Besitz: in Catania, im spanisch regierten Sizilien, wollen einige sehr wohlhabende Frauen sich den Englischen Fräulein anschließen. Maria Ward ist begeistert und möchte die Gründung vornehmen. Doch der Plan zerschlägt sich wieder.

Ein Mann, der über Meilen und Länder hinweg diese nie endende Unruhe Maria Wards kennt und davor warnt, ist Pater John Gerard. Er schreibt im März 1627 einen langen, langen Brief an Henry Lee – denn persönlich an Maria Ward zu schreiben, ist ihm ja verboten. Er kann nur für sie beten und er tut es – wie er demütig und fast ein wenig melancholisch dem Adressaten berichtet, fast bei jeder Messe. Er ist glücklich über die neue Niederlassung im Bannkreis des bayrischen Kurfürsten. »Da hätte ich sie längst schon am liebsten gewußt, denn abgesehen von der reichen Pension, die er zu geben willens ist, sind ja seine Weisheit und die ganze Art seines Verfahrens allüberall so wohlbekannt, daß, was er tut, andern dafür eine Bürgschaft sein wird, es sei nicht unverdient geschehen. Man muß deshalb alles aufbieten, ihn in allem zufrieden zu stellen und das Haus daselbst mit auserlesenen Mitgliedern besetzen. Man würde besser daran tun, jenes eine Haus gut und vollständig einzurichten, als mit Mühe und äußerster Anstrengung andere Häuser zu errichten, selbst wenn sie vom Kaiser angeboten würden; . . . also nur wenige Gründungen unternehmen und die unternommenen gut durchführen, auf daß man sehen möge, was sie leisten könnten und würden, wenn sie nur Leute hätten; und solche würden ihnen bald zuströmen und auch aus unserem Lande, wenn man nicht überall ausstreute, daß ihr Institut niemals bestätigt, sondern vielmehr ganz aufgehoben werden würde...« Pater John Gerard hatte seine Hand am Puls der Zeit. Er weiß um die großzügige Unterstützung des Kurfürsten noch ehe das Dekret erlassen ist. Er ahnt die Absicht Maria Wards, in Wien, der Kaiserstadt, ein Haus zu errichten und warnt. Er hält Schulgründungen aber auch für einen wichtigen Schritt auf dem Wege zu päpstlicher Anerkennung, wenn sie auch »zu Lebzeiten dieses Papstes ihren Wunsch kaum erfüllt sehen würden« (*Chambers* 1889, II, S. 187ff.).

Er empfiehlt sie auch noch der Protektion seines Freundes Dr. Ansloe, der dem Münchner Domkapitel angehört. Der Brief schließt mit einer wehmütigen Note – Gerard hat Maria Ward ja seit vier Jahren nicht mehr gesehen und die genehmigten Einzelexerzitien, die Mutius Vitelleschi gestattet hatte, scheinen ihm unausgesprochen Sorge zu machen. Henry Lee liest also: »Bitte, sagen Sie Ihrer und meiner besten Freundin, ich schriebe ihr absichtlich nicht, wünsche aber recht sehr, sie hier zu sehen; sie könnte ganz gut kommen, weil ihr Bruder da ist. Betreffs der Exerzitien aber, wozu sie Erlaubnis hat, glaube ich, es ist nicht ratsam. Verzeihen Sie die schlechte Schrift, meine Hand zittert vom vielen Schreiben« (*Chambers* 1889, II, S. 190).

Gerard kam in seinem ausführlichen Brief auch auf die Zwistigkeiten zu sprechen, die es innerhalb des Ordens und auch in dessen Beziehungen zum Institut der Englischen Fräulein gab. Es war den Engländern – schon seit der Auswanderung zur elisabethanischen Zeit – immer wichtig, nach außen den Schein der Einigkeit zu wahren. Sie wollten die Heimat, aus der sie geflohen waren, nicht herabsetzen. Ein ungeschriebenes Gesetz. Gerard empfahl dem Adressaten dringend, man möge diese Zwistigkeiten nicht an den Kurfürsten herantragen.

Fast überall, wo Maria Ward etwas anpackte und aufgrund ihrer Berufung auf die geistliche Hilfe der Jesuiten angewiesen war, tauchten Schwierigkeiten auf: in St. Omer, Lüttich, Rom, und nun in München. Nur in Neapel und später in Wien herrschte ein gutes Einvernehmen. Die Patres in München, in ihrem stadtbeherrschenden Haus, wurden beunruhigt durch die Englischen Fräulein. Mutius Vitelleschi hatte wieder einmal Grund, viele, viele Briefe an seine Patres zu schreiben, 27 insgesamt, davon allein 21 im ersten Halbjahr 1627. Vitelleschi wollte: Die Patres sollten den Englischen Fräulein alle Dienste erweisen, die auch anderen Frauen in Kirchen der Gesellschaft erwiesen würden. Sie sollten sich jedoch von ihrem Werk, bzw. der Förderung desselben, zurückhalten. Wie konnten sie dieser Doppelgleisigkeit gerecht werden? Sie sollten priesterliche Hilfe leisten für die sakramentale Beichte, die damals viel ausführlicher war, als dies heute der Fall ist, und dabei sollten sie sich vom Institut zurückhalten. Was geschah, wenn ein neueingetragenes Mitglied Bedenken hatte, die das Institut als solches betrafen? In der Anfangszeit eines so neuen Werkes sind Bedenken und Fragen sehr verständlich.

Die Patres sollten Anteil nehmen, aber nicht zu sehr. Sie sollten sich zurückhalten und doch Interesse zeigen. Das war eine schwere Aufgabe. Unlösbar, fanden die Patres in München. Der General in Rom blieb bei seinen etwas weltfremden Anweisungen.

Dann kam ein Fall, der schon etwas handgreiflicher war: Maria Ward bat die Kurfürstin, sie möchte doch bei den Patres die Erlaubnis erwirken, daß sie in der Michaels-Kirche die Kreuzkapelle benutzen dürften. Das fanden die Patres unzumutbar und der Rektor schrieb in diesem unmißverständlichen Sinn nach Rom. Außerdem sollten die Engländerinnen bei ihnen, den Patres, direkt anfragen und nicht über die Fürsten anfragen lassen. Sie wollten auf jeden Fall ihre Kreuzkapelle den Englischen Fräulein nicht öffnen. Der General fand das unpassend und wies darauf hin, welche Wohltaten doch die Gesellschaft Jesu schon von den Wittelsbachern erfahren habe. So gewährten die Patres die erbetene Gunst, beschwerten sich aber noch einmal beim General in Rom. Er ordnete eine Unterredung mit dem Kurfürsten an. Ergebnis: Die Erlaubnis zur Benutzung der Kreuzkapelle wurde den Englischen Fräulein verweigert. Die Patres wollten nicht länger auf Umwegen zu Dingen genötigt sein, die sie nicht gewähren wollten, die ihnen nicht paßten. Am 12. Juni gab der General dem Provinzial den Auftrag, den Englischen Fräulein zu sagen, sie sollten in Zukunft direkt ohne Einschaltung der Fürsten ihre Anliegen mit den Jesuiten besprechen. Sieben Briefe zwischen März und August sind das Ergebnis dieser Empfindlichkeiten, die ein bißchen nach rebellierender Jugend schmecken!

Sie waren lästig, diese selbstbewußten adligen Damen aus England, die sich über alle Schwierigkeiten ihrer eigenen Armut hinwegsetzten und sich das besorgten, was ihnen nötig schien. Es kam aber noch schlimmer: der sparsame, scharf rechnende Kurfürst Maximilian I. bekam einen Brief aus Lüttich, der ihn warnen wollte. Er wisse gar nicht, wie verschwenderisch und geldgierig die Frauen seien, denen er da ein Haus und die Schulerlaubnis gegeben hatte. Wenn die Fürsten in München wüßten, was einige Mitglieder der Gesellschaft Jesu von jenen wüßten, hätten sie dieselben wohl nie mit solcher Ehre und solchem Wohlwollen aufgenommen. Der Kurfürst mag diesen Brief wohl nur mit spitzen Fingern angefaßt und seinem Berater-Beichtvater Pater Adam Contzen zugeschoben haben: Er sollte den gehässigen Brief der Maria Ward nur vorlesen, aber nicht übergeben und nicht den Namen des Absenders verraten. Doch sie nannte den Namen ganz lässig, sie wußte, daß diese verleumderische Anklage nur von Pater Silisdon kommen konnte, der damals in Lüttich (1621) in Gerards Nachfolge Rektor geworden war. Neider und Überehrgeizige haben ein lebhaftes Gedächtnis. Nach so vielen Jahren glaubte Silisdon wohl, die Zeit für noch mehr Rache sei gekommen. Sein Brief verpuffte nicht ins Leere. Maria Ward hatte inzwischen gelernt, daß Verleumdungen böse Folgen haben können. So wandte sie sich an den General Vitelleschi.

Der bestand diesmal energisch auf Widerruf, aber bis Silisdon sich dazu durchgerungen hatte, vergingen wieder viele Monate und etliche Briefe mußten geschrieben werden.

Inzwischen hatte Maria Ward eine harte Geduldsprobe zu bestehen: Ursulinen aus Pruntrut (Schweiz) wollten sich mit den Englischen Fräulein vereinen. Offensichtlich war ihnen schon im Dezember 1626 eine Zusage für eine Gründung in München gegeben worden. Damals konnte ja niemand ahnen, daß Maria Ward und die ihrigen in München so schnell Fuß fassen würden. Diese Ursulinen hatten ebenfalls auf die Klausur verzichtet und widmeten sich der Mädchenerziehung. Der Bischof von Basel, die Münchner Jesuiten und auch das kurfürstliche Paar waren an einer Zusammenführung der beiden religiösen Gemeinschaften interessiert. Die Oberin Anne Altériet traf am 24. Mai in München ein.

Einig war man sich weitgehend in der inneren Grundhaltung; Spiritualität und Apostolat, wie Ignatius von Loyola sie entworfen hatte, waren der Maßstab bei den beiden Gruppen. Aber die Einigung scheiterte an den organisatorischen Problemen. Maria Ward wollte kein Jota von ihrem Plan aufgeben: direkte Unterstellung unter den Papst. Die Ursulinen wollten wie bisher jedes Haus dem zuständigen Bischof unterstellen. Maria Ward bestand auf einer Generaloberin für alle Häuser. Die Ursulinen wollten jeweils eine Oberin in einer Stadt. Maria Ward forderte auch, daß die Ursulinen – 200 an der Zahl – noch einmal das Noviziat machen müßten. Da sagte die Oberin Altériet ganz entschieden nein. Maria Ward ließ sich nicht abbringen von den Leitlinien, die sie nach ihrer Schau in St. Omer entwickelt hatte. Trotz ihres so sehr beklagten Mangels an Arbeitskräften. Sie mag objektiv gesehen auf eine Chance verzichtet haben. Subjektiv folgte sie ihrem Gewissen. Sie wurde zwecks weiterer Verhandlungen nach Pruntrut eingeladen, aber sie ist wohl nie dort hingegangen.

Die ganze Stadt München nahm lebhaften Anteil an diesen Verhandlungen und wünschte Maria Ward die Vergrößerung ihrer Schar. Kreise, die der Kurfürstin sehr nahe standen, wünschten, daß diese französisch sprechenden Nonnen aus Pruntrut, auf die man sich schon vor der Ankunft der Englischen Fräulein gefreut hatte, nicht enttäuscht würden. Einige Interessierte warnten Maria Ward: daß innerhalb und außerhalb Bayerns niemand mehr mit ihr sprechen würde, wenn sie diese Frauen zurückwiese. Sie hauchte: Gott möge Euch verzeihen! Diese Interessierten drangen auch in den Kurfürsten und wollten ihn veranlassen, Maria Ward eines Besseren zu belehren. Maximilian I. sagte in dieser Situation dasselbe, was einst in St. Omer Pater Roger Lee gesagt hatte, und dasselbe wie Prälat Vives in Rom: Er denke nicht daran, Maria Ward umzustimmen, denn sie wisse sehr genau, was sie wolle. Man wollte ihn veranlassen, den Englischen Fräulein Paradeiser-Haus und Schulerlaubnis wegzunehmen. Der Kurfürst hielt diesen Vorschlag keiner Erwägung wert.

Als Maria Ward später von ihm über diese Kämpfe hinter den Kulissen informiert wurde, sagte sie nur: wenn er das getan hätte, Schule und Haus ihnen entzogen hätte, würde sie alle seine Gaben mit ebensoviel Dank zurückgegeben haben, wie sie sie empfangen hätte – und mit einer tiefen Verbeugung . . .

Manchmal bleibt es unklar, ob solche und ähnliche Aussprüche von Maria Ward tiefste Demut oder verletzter Stolz waren. Am schwersten trennte sich der für die Ursulinen in Pruntrut zuständige Bischof Rink von Baldenstein von dem Projekt. Er versuchte noch im Herbst desselben Jahres, die Verhandlungen mit der umsichtigen Organisatorin, der unerschrocken gläubigen Frau, wieder aufzunehmen. Aber da war Maria Ward schon in Wien oder schon in Preßburg – und im Geiste auch schon auf dem Weg nach Prag!

Wien und Preßburg. Und Prag auch!

»Lieber würde ich Land und Leute verlassen und im bloßen Hemd von dannen ziehen, als zu Einwilligungen mich verstehen, die der Hl. Kath. Religion nachteilig werden könnten.«

Kaiser Ferdinand II.

Maria Ward geht nach Wien. Sie verläßt mit ihrer kleinen Gruppe am 20. Juni 1627 München.

Ganz im Vertrauen auf das Kurfürstenpaar, das ihnen so großzügig Haus und Bleibe verschafft hat. Sie verläßt München, wo sie kaum ein halbes Jahr gewirkt hat, auch im Vertrauen auf Winefrid Bedingfield, die die Schularbeit leistet. Eine von denen, die aus Lüttich herbeigeholt wurden und von der der Kurfürst Maximilian gesagt hat, er würde sie zu seinem Minister machen, wenn sie ein Mann wäre – wenn sie nicht »nur eine Frau« wäre – mit anderen Worten! Maria Ward verläßt München, obwohl ihr treuester Berater und Freund Pater John Gerard aus Gent vor jeglicher Eile bei den Neugründungen warnt.

Kaiser Ferndinand II. ist der Vetter des Wittelsbacher Kurfürsten Maximilian I. und durch seine erste Gattin, Maria Anna, auch sein Schwager. Die Hochzeit war an der Jahrhundertwende mit solchem Pomp gefeiert worden, daß der sparsame Maximilian sie sich eine halbe Tonne Goldes kosten ließ, mit 3000 Pferden waren er und sein Hofstaat damals nach Graz gezogen. Die Vettern waren bei den Jesuiten auf der Universität in Ingolstadt erzogen worden. Da hatte es wohl manchmal Rivalitäten gegeben zwischen dem lebensernsten, arbeitsamen Maximilian und dem eher weichen, dem Vergnügen aufgeschlossenen Ferdinand. Der jüngere Habsburger hatte zu dem drei Jahre älteren Wittelsbacher immer respektvoll aufgeschaut, mochte es auch mitunter kleine protokollarische Plänkeleien geben, wem der Vortritt bei offiziellen Anlässen und in der Universitäts-Kirche gebühre.

Im Dreißigjährigen Krieg, der bis zu dieser Zeit noch ein Religionskrieg war, war das Einvernehmen der beiden Herrscher ungetrübt. Beide waren aus innerster Überzeugung fromm, beide hatten ihre Beichtväter aus dem Jesuitenorden geholt: Pater Adam Contzen stellt dem bayrischen Kurfürsten das »Unum Bonum«, die geeinte einzige Katholische Kirche als höchstes Ziel vor, und Pater Wilhelm Lamormaini trieb den Kaiser an, die Einheit im Glauben wieder herzustellen. Beide kamen der Vorstellung dieser Zeit überhaupt entgegen, daß die Fürsten verantwortlich sind für das Seelenheil ihrer Untertanen, daß sie die Seelen der Protestanten vor der Hölle erretten müssen.

Maria Ward bekommt Empfehlungsbriefe: Der Kurfürst schreibt seinem Vetter und Schwager in deutsch, die Kurfürstin der Kaiserin in italienisch, denn der Kaiser ist nach dem Tode seiner ersten Gattin und nach langjähriger Witwerschaft jetzt mit Eleonora von Mantua verbunden. Sie rühmen den Nutzen der Mädchenschulen und die wunderbaren Erfahrungen, die sie mit Maria Ward und den Ihrigen gemacht haben.

Pater Contzen schreibt Empfehlungsbriefe an die Rektoren des Ordens in Passau und Linz, Niederlassungen, die am Reiseweg liegen. Contzen erwähnt in diesen Briefen, daß Maria Ward in ihrer englischen Heimat des Glaubens wegen Verfolgungen erleiden mußte, ja daß sogar ein Todesurteil gegen sie gefällt wurde. Contzen ist der einzige in der weitzerstreuten, fragmentarischen Biographie, der auf diese Tatsache, auf dieses düstere Ereignis hinweist. Das Todesurteil – unauffindbar bis heute – hat auch Maria Ward selbst nie erwähnt.

Am 7. Juli 1627 kommen die Engländerinnen in der Kaiserstadt Wien an. Von den 70000 Einwohnern ist nur noch ein Drittel katholisch. Fünf Frauenklöster gibt es. Nahe den Türmen und buntschimmernden Dächern von St. Stephan haben die Jesuiten ihr Kolleg und die Universität in der Bäckerstraße ausgebaut. Missionierung, Erziehung, Lehre ist das einzige Mittel, das zur Bekehrung führt. Kaiser Ferdinand hatte einsehen müssen, daß grausame Härte nicht zum frommen Ziele führen konnte und außerdem fühlbare, sichtbare Verarmung nach sich gezogen hatte. Mit der Vertreibung der protestantischen Prädikanten aus der Steiermark und aus Kärnten (1598/99) wanderten auch die arbeitsamen Handwerker und Bauern aus. Auch Kepler war unter den Vertriebenen, der Hofastronom des Kaisers Rudolf und spätere Berater Wallensteins. Die Aktion trug dem für schwächlich gehaltenen Ferdinand außerhalb seines Reiches den Ruf eines tapferen Glaubenskämpfers ein. Aber er selbst wußte um die Bitterkeit im Volke, die die Bücherverbrennungen, Hinrichtungen, Vertreibungen hinterlassen hatten. Er rief die Kapuziner ins Land, die mit ihren volkstümlichen Predigten die bösen Erinnerungen verwischen sollten.

Und nun hatte er die Englischen Fräulein gerufen. Er bereitete ihnen einen sehr herzlichen Empfang. Maria Ward durfte sich ein Haus wählen und da sie wußte, wie teuer auf die Dauer ein altes, reparaturbedürftiges Haus sein konnte, wählte sie ein ziemlich neues. Imposant ist dieser Bau; mit vier Flügeln umgibt er einen traulichen Innenhof, dreistöckig ragt er an der kurzen Gasse empor, die »Stoß am Himmel« heißt – welch beziehungsreicher Name! Über dem Torbogen steht noch heute auf runder, umrankter Medaille: IHS. Gleich daneben, an der Salvator-Gasse, die gotische Kirche »Maria am Gestade« – es ist, als seien die Englischen Fräulein wirklich im Vorstoß auf den Himmel am Ufer des Lebens angekommen.

Der Kaiser hat ihnen eine Jahresrente von 600 Gulden ausgesetzt, die Kaiserin 400 Jahres-Gulden beigesteuert. Ein solider Anfang wie in München. Maria Ward ist gekommen, um Fürsprecher in Wien zu finden, Fürsprecher in Rom. Aber um sich solcher Hilfe würdig zu erweisen, will sie Schulen gründen. Wie in München, so auch in Wien. Fünf Lehrerinnen, Maria Ward eingeschlossen, beginnen im September mit dem Unterricht. Der Zulauf übertrifft alle Erwartungen, ist noch lebhafter als in Neapel – wo die Schule trotz des 1625 ergangenen Aufhebungsbefehls noch immer nicht geschlossen ist. Über 400 Mädchen aus allen Schichten der Bevölkerung haben sich bald schon eingefunden. Adlige Mädchen aus der weiteren Umgebung sind als Kostschülerinnen aufgenommen worden.

Groß ist die Freude und heiße Dankgebete werden im schmalen gotischen Kirchenschiff von »Maria am Gestade« aufgeopfert. Doch schon im November, nach wenigen Schulwochen also, meldet sich eine Visitation an: Drei Geistliche von St. Stephan kommen zur Überprüfung. Sie beanstanden als erstes, daß die Englischen Fräulein keine kirchliche, keine bischöfliche Erlaubnis eingeholt hätten, wie es seit dem Tridentiner Konzil Vorschrift sei. Das Erstaunen bei den Englischen Fräulein ist groß. Die Erlaubnis hat doch der Kaiser gegeben, persönlich, und ist der Kaiser nicht die höchste Autorität in dieser Stadt, in diesem Land? In den italienischen Stadtstaaten und kleinen Fürstentümern hatten Fürsten wie die Farnese oder die Medici Klöster begründet, ohne kirchliche Behörden fragen zu müssen. Auch in München habe niemand sie auf die Pflicht hingewiesen, den Bischof um Erlaubnis zu bitten, ja, in München hätten sie nicht einmal einen Bischof zu Gesicht bekommen. Die Englischen Fräulein konnten nicht wissen, daß Maximilian I. Sonderrechte mit dem Vatikan vereinbart hatte: Ein päpstliches Breve hatte ihm erlaubt, über seinen Geistlichen

Rat Schulen zu gründen oder überhaupt Visitationen durchzuführen. Die Domherren von St. Stephan wollen auch wissen, wie die Engländerinnen ihren derzeitigen Stand als Ordensfrauen definieren. Sie sagten, sie seien »ecclesiasticae feminae« (kirchliche Frauen), die dem Beispiel der Jesuiten folgten und deren Statuten in Rom zur Beglaubigung vorlägen. Als kirchliche Frauen hatte ja auch der Geistliche Kurfürst Ferdinand von Köln sie bezeichnet, als er ihre Gemeinschaft für seine Diözese anerkannte.

Was ihre Schultätigkeit betreffe, so gäben sie Unterricht im Lesen, Schreiben, Nähen. Außerdem würden die Mädchen auf den Empfang der Sakramente, insbesondere auch der Beichte vorbereitet. Die Befragung vollzog sich zwar in höflicher Form, doch sie hinterließ einen bitteren Nachgeschmack. Alle Fragen wurden lateinisch gestellt, Maria Ward antwortete in Englisch und eine Gefährtin übersetzte ins Deutsche.

Merkwürdig war diese Visitation schon, unangemeldet und unvorbereitet wie sie war. Vielleicht hat sie der Generalvikar Schwab veranlaßt. Er wollte sich möglicherweise auf den Herrn der Diözese vorbereiten, dessen Rückkehr für die allernächste Zeit erwartet wurde: Kardinal und Bischof Melchior Klesl. Nach zehnjähriger Haft und Abwesenheit kam er in seine Heimat zurück, in seine angestammte Diözese. Er komme auch mit Geld von Urban VIII., so hieß es: Geld für den Kaiser und diesen heiligen Krieg.

Um es gleich vorweg zu nehmen: Kardinal Klesl gehört zu denen, die das Netz der Intrigen um die Englischen Fräulein enger ziehen. Melchior Klesl, ein Mann, der die Macht und den Umkreis der Mächtigen dieser Welt liebte. Wie Schachfiguren hätte er sie gerne hin- und hergeschoben, wenn man ihn nur gelassen hätte. Der geborene Bäkkerssohn hatte eine blendende Karriere gemacht, war früh schon Dompropst von St. Stephan gewesen und Kanzler der Wiener Universität geworden, war Bischof, Kardinal und Ratgeber am kaiserlichen Hofe, Vertrauter des kränklichen Kaisers Matthias. 1618 hatte er versucht, die Wahl Ferdinands II. (des jetzt regierenden Kaisers) unter allen Umständen zu verhindern – da ließ ihn dieser dann doch erwählte Kaiser in der Hofburg verhaften, in aller Stille. Man verbrachte Klesl auf das Schloß Ambras hoch über Innsbruck. In Wien regnete es Schmähschriften auf den Ungeliebten, der auf so vielen Schultern trug, Zuwendungen aus Spanien und Bayern bekommen habe, wenn nicht gar vom Sultan selbst, dessen Heere ja immer noch drohend genug im nahen Süden lagen. Und wozu, fragten diese Schmähschriften scheinheilig, brauchte ein Gottesmann 3000 Fässer herrlichsten Weins im Keller? Es war ein tiefer Sturz für den Hochgestellten, als die Schadenfreude über ihm zusammenschlug. Als Ambras nicht mehr sicher genug schien, wurde der in Ungnade Gefallene nach Rom verbracht, in die Engelsburg. Wer ihn dort »befreite«, das heißt, in die Kongregation der Regularen und Bischöfe versetzte, bleibt im Nebel der Gerüchte und Vermutungen. Von dieser Kongregation schaffte er selbst mühelos die Verbindung zur Kongregation der Propaganda Fide, bahnte er sich den Weg zu Ingoli, so wie er sich das Vertrauen Bandinis von der Regularen-Kongregation schon erworben hatte. Dieser Kardinal Klesl, der im Januar 1628 mit großem Pomp nach zehnjähriger Abwesenheit in Wien empfangen wurde, kam zweifellos auch mit genauen Informationen über die Englischen Fräulein aus Rom. Und außerdem gab es manche Kränkung aus den letzten zehn Jahren auszuheilen, Verletztheiten zu pflegen, Gewohnheiten von einst zu erneuern oder zu verwerfen.

Kaum in Wien angekommen, richtete sich die Empörung des Kardinals auf die Schule der Englischen Fräulein. Er fühlte sich durch diese Gründung übergangen, obwohl er doch bei der Ankunft der Frauen gar nicht in Wien gewesen war. Er schrieb ohne zu zögern an Kardinal Bandini, den Vorsitzenden in der Kongregation der Regularen und Bischöfe. Er beklagte sich, daß die Schule ohne seine, des zuständigen Bischofs Erlaubnis gegründet worden sei, daß die Englischen Fräulein ihre Gemeinschaft nicht der Jurisdiktion eines Bischofs unterstellen, sondern sich von einer Generaloberin regieren lassen wollten; daß sie mit Jesuiten (frei!) sprächen; daß sie sogar Komödie spielten (ganz schlimm in seinen Augen!). Und am allerschlimmsten: daß der Kaiser diese ganze Unordnung dulde! Sie hätten zum Kaiser die engsten Beziehungen und das Ganze wäre eben eine rein politische Institution – *una mera istituzione politica!*

Diese Klagen klingen vertraut, sie schmecken nach denen, die im Jahre 1622 schon aus Flandern nach Rom gebracht wurden, von den Vertrauensleuten des englischen Weltklerus weitergereicht wurden. Aber nicht genug mit diesem Brief vom Januar. Bis Mai schreibt der aufgebrachte Kirchenfürst noch drei weitere Briefe mit ähnlichem Inhalt nach Rom – und bald schon werden noch zwei Nuntien, Carlo Carafa und Giovanni Batista Pallotta, mit ihm um die Wette schreiben! Obwohl diese Nuntien doch in erster Linie dafür von Urban VIII. nach Wien entsandt worden sind, um Kaiser Ferdinand II. bei guter Stimmung zu halten, den Kaiser geneigt zu machen in der Mantua-Frage.

Die Erbfolge in Mantua möchte der Papst gern in seinem Sinne und zum Wohlgefallen der Franzosen geregelt sehen. Das Herzogtum Mantua in Oberitalien, seit 300 Jahren im Besitz der kriegserprobten, kunstsammelnden Gonzagas, ist in der männlichen Linie erloschen; mit Vincenzo Gonzaga, dem Vater der Kaiserin Eleonara. Ferdinand II. soll aber nicht seine habsburgischen Ansprüche auf dieses Herzogtum ausdehnen. Man solle es verhüten. Darüber sollen die Nuntien nachdenken, so will es der Papst in Rom und so will es auch ein neuer Mann in der europäischen Politik: der Kardinal Richelieu, höchster Minister Ludwigs XIII. Die hohen Herren in Kirche und Politik haben viel zu tun.

Maria Ward ist zu dieser Zeit, da Kardinal Klesl die Wiener Bühne betritt und die römischen Instanzen mit aufgeregten Briefen versorgt, mit einer neuen Aufgabe beschäftigt. Sie glaubt sich so fern aller Anklagen und Beschwerden, daß sie mit voller Begeisterung Neues in Angriff nimmt: eine Schule in Preßburg. Der Erzbischof von Gran und spätere Kardinal Peter Pázmány, Paladin des Reiches, Primas von Ungarn, hat bei Hofe durch die adligen Damen von der blühenden Mädchenschule in Wien gehört. Er ist überzeugt, daß nur Erziehung, vor allem aber auch Erziehung der Mädchen, der künftigen Mütter, jene Rückkehr zum alten Glauben bewirken kann, von der die meisten Herrschenden träumen, die sie aber durch manche gewaltsame Verfolgung unmöglich gemacht haben. Pázmańy möchte für Preßburg eine Mädchenschule.

Preßburg ist überwiegend calvinistisch und Pázmány kann dem Stadtrat nur mit Mühe die Erlaubnis für eine solche Schule abringen. Wenn schon eine Mädchenschule, dann sollte man zunächst nur weltliche Lehrerinnen einsetzen – denn solche würden auch mal heiraten oder sterben und damit ausscheiden. Aber Ordensfrauen, die werde man nicht wieder los, wenn die erst mal in einer Stadt sind. So redete man frank und frei im Stadtrat und vor dem Kardinal, der als Angehöriger des Jesuitenordens sich eben erst ein Kolleg für Knaben hatte bewilligen lassen. Pázmány entstammte einer calvinistischen Familie, war aber mit 13 Jahren katholisch geworden und hatte später in Wien und Rom Theologie studiert. Seine Redegabe war berühmt, vor allem als er 40 Magnatenfamilien zum alten Glauben zurückgeführt hatte. Seine schriftstellerische Begabung zeigt sich in seinen Aufsätzen und Bibel-Kommentaren. Mit seiner Abhandlung »Zur göttlichen Wahrheit leitender Führer« tat er für die ungarische Sprache das, was Luther für die deutsche getan hatte.

Maria Ward geht mit Barbara Babthorpe, zwei deutschen Schwestern und einer italienischen nach Preßburg, in die fast ganz calvinistische oder protestantische Stadt. Am 14. März 1628 sind sie dort. Erstaunlicherweise ist von dieser Schule der genaueste Lehrplan erhalten geblieben, bedingt wohl auch durch die rege Korrespondenz, die zwischen den Häusern bestand. Jede Woche bekam Maria Ward als Oberin einen Brief aus allen ihren Häusern, sofern nicht Krieg oder gestörte Postverbindungen das verhinderte. Diese Methode, von Ignatius übernommen, hat wohl auch den Mangel an Mitarbeiterinnen in gewisser Weise ausgeglichen. Es ist insbesondere der lange Brief vom Juli von Barbara Babthorpe, der für Preßburg und manche andere Haus- und Schulgründung unter armseligen Verhältnissen bezeichnend ist. Fast hört er sich an wie Briefe, die heute aus der Dritten Welt zu uns kommen. Barbara Babthorpe, langjährige Oberin in Lüttich, schreibt an Winefrid Wigmore, die von Neapel nach München versetzt worden war:

»Unser Haus wird eben hergerichtet, vielmehr gedeckt, denn das ganze Dach ist abgerissen und das ganze Gebälk neu aufgelegt, aber noch nicht zugedeckt worden, und der Regen wird kaum so lange warten, bis man damit fertig ist. Die älteren Teile werden für unseren Gebrauch in geeigneten Stand gesetzt, aber vorderhand kaum umgebaut werden, denn es fehlt dem Bischof an Geld; somit gab er den Befehl, daß man den Dachstuhl abreiße und frisch aufsetze, damit wir wenigstens im Trockenen sitzen können.

Seine Durchlaucht kam nach Preßburg am Feste des Heiligen Petrus. Ich begrüßte ihn durch einen italienischen Brief, worin ich ihn bewillkommnete und zum Namensfeste beglückwünschte, da er Peter heißt. Dieser armselige Brief trug uns 600 Taler ein. Was unsere Schule anbelangt, kann ich Ihnen nichts Besseres mitteilen, als ich Durchlaucht sagte, daß wir nämlich nur abwesende Schülerinnen haben: denn die Armen arbeiten in den Weinbergen und die Reichen kommen so unregelmäßig, daß wir die Zahl derselben nicht genau angeben können. Bei den Ovationen (Namenstagsfeiern?) waren alle miteinander da. Allein wie er selbst sagte und wie wir aus eigner Erfahrung wissen, müssen wir die ersten Monate Geduld haben.

›Die hiesigen Kinder‹, sagte er, ›sind sehr weit zurück und unwissend, so daß Sie vorderhand zumeist Geduld nötig haben, und ehe Sie die Kinder dazu bringen, etwas besseres zu lernen, werden Sie auf viele Weise in der Geduld geübt worden sein‹. Seine Durchlaucht verlangte, als ich bei ihm war, Proben unserer Arbeit; ich ließ sie darum holen, und als er sie gesehen hatte, machte er die obige Äußerung.

Seine Exzellenz wünschte sehr, daß wir ungarische Mitglieder bekämen und sagte, wenn er von irgendeiner jungen Frau Kunde hätte, daß sie bei uns einzutreten wünschte, würde er selbst ihr hierzu behilflich sein und ihr die Mittel beschaffen und sie gegen alle, die sich ihrem Vorhaben widersetzten, beschützen! Er hat dem Propste befohlen, alle Sorge aufzuwenden und Mühe, um solche Eintrittswilligen ausfindig zu machen, solche die reich sind und Liegenschaften besitzen, damit wir uns um so fester begründen können.

Er selbst hat ein wahrhaft väterliches Herz für uns, aber nicht hinreichende Mittel, um so viel für uns zu tun als er möchte, denn er baut jetzt gerade ein Kolleg für die Väter der Gesellschaft Jesu an einem anderen Ort in Oberungarn. Er tut sehr viel für das allgemeine Beste.

Seine Aufmerksamkeit für uns ist äußerst zartsinnig; denn wir verlangen nichts, danken nur für das Erhaltene und das gefällt Seiner Exzellenz, dem eine habgierige Natur zuwider ist, gar sehr. So sagte er einst zum Propste: ›Ich bin um so besorgter ihnen zu helfen und ihrer mehr eingedenk, als es sonst der Fall sein würde, weil sie um nichts anhalten, wodurch sie mir auch die Meinung benehmen, welche mir die hiesigen Patres beibrachten, als ob sie alles mögliche bräuchten.‹

Wie Sie sich denken können, habe ich daraus die Lehre gezogen, mit meinen Bitten nicht voreilig zu sein, was in der Tat auch gar nicht notwendig ist. Der Propst ist ganz bei uns daheim; er sieht alles, was uns abgeht, so daß er uns alles Notwendige verschaffen will und auch wirklich verschafft. Wir haben insgeheim gute Freunde.

Gestern erhielt ich acht Taler, drei Hühnchen und einen kleinen Topf Milch von einer Frau zugeschickt; von einer anderen eine Tonne Malz und vier harte Salzsteine, die hier sehr teuer sind. Somit ist Gott sehr freigebig gegen uns; wären wir nur halb so gut gegen ihn, welch ein seliges Bitten müßte das sein! Beten Sie, liebe Mutter, daß wir es an der Erfüllung dessen, was um seinetwillen von uns verlangt wird, nicht ermangeln lassen, und dann werden wir uns um die Befriedigung aller anderen Bedürfnisse nicht mehr kümmern. Verzeihen Sie, daß ich Sie gelangweilt habe, und beten Sie für mich, ich flehe Sie darum an.

Maggiora Ursula, die italienische Schwester aus Neapel – Sie erinnern sich wohl ihrer – läßt Ihnen herzlich für alle Mühe danken, die Sie mit ihr hatten. Sie wünschte Sie herbei, um recht geistlich zu werden. Alle übrigen empfehlen sich Ihnen als unbekannt. Wie froh wären wir, Sie in Preßburg begrüßen zu können. Ich gebe die Hoffnung nicht auf. Adieu, liebe Mutter. Barbara Babthorpe. – 20. Juli 1628« (*Chambers* 1889, II, S. 212ff.).

Viel nehmen diese Frauen in der Fremde auf sich: armselig ist ihre Unterkunft. Sie ernähren sich hauptsächlich von dem, was Zufalls-Freundschaften oder vielmehr Berufs-Freundschaften ihnen an Almosen bescheren und sie hoffen darauf, daß sich mutige junge Frauen entschließen, diesen gleichen Weg wie sie zu gehen. Aber die Freude an dieser Arbeit, der zärtliche Stolz auf ihre Schülerinnen beflügelt sie. Obwohl die Weinbauernkinder, die zuhause mithelfen müssen, nur unregelmäßig zur Schule kommen können, und die Kinder der Reichen sich durch angenehmere Verpflichtungen dem Unterricht fernhalten, vertrauen die Lehrerinnen doch darauf, daß sie Latein und Deutsch und Italienisch in die kleinen Köpfe hineintrichtern können. Dem Paladin des Reiches, dem Bischof Peter Pázmány, ist diese Arbeit wichtig genug, um sich die Schularbeiten zeigen zu lassen. Trotz seiner Verpflichtungen bei Hofe und in der Kirche hat er Zeit, nimmt er sich die Zeit, Schulhefte anzuschauen. So hat Schule überall einmal angefangen, mit dem persönlichen Kontakt der Lehrer und der Schüler.

Latein – die Grundlage der Bildung, Sprache als erster Sprung über die Eingrenzungen, denen Mädchen unterworfen waren. Offensichtlich gab es aber damals Eltern, die sich dagegen sträubten, so wie in unserer Zeit sich Eltern gegen das akademische Studium der Töchter sträuben. Maria Ward hatte als Kind bei ihrer streng und zurückgezogen lebenden Großmutter bereits Latein gelernt. Das war in den adligen Familien Englands ebenso üblich, wie in anderen europäischen Adelsfamilien. Aber die Englischen Fräulein waren ja nach dem Beispiel der Jesuiten bestrebt, für alle Schichten, insbesondere auch für die Armen, Schule zu halten.

Anscheinend gab es damals auch das Vorurteil, daß Bildung oder Ausbildung überhaupt die Mädchen verderben könne. Denn in einem Brief von Maria Ward an Winefrid Wigmore in Neapel heißt es (1. Dezember 1627): »Ich wünsche, daß Cecilia und Catharina (zwei Novizinnen oder auch schon Schwestern) sofort die Anfangsgründe des Latein beginnen; haben Sie keine Furcht, daß jene dadurch an Tugend verlieren. Denn es muß und wird dieses bei den unsern so allgemein werden, daß es keinen Grund zur Klage mehr geben wird . . . Was an Zeit von der Arbeit (es handelte sich um eine große, schwierige Stickerei) und vom Gebete übrig bleibt, soll man für das Latein verwenden« (*Chambers* 1889, II, S. 206).

Schule war nicht nur ein Vorwand, um die Bestätigung für ihr Ordensleben zu bekommen: Schule sollte die Haupttätigkeit ihres Ordenslebens werden, ohne daß die Selbstheiligung der Ordensfrauen vernachlässigt würde. Aus Prag fragt Maria Ward dann einige Monate später (6. Mai 1628) an, wiederum bei Winefrid, die schon in München angekommen ist: »Wie viel Deutsch können Sie, Mutter? O was gäbe ich nicht darum, wenn Sie diese Sprache nur ein wenig könnten!« Auch Pater John Gerard möchte von Winefrid wissen: »Wieviele Schülerinnen und Novizinnen haben Sie jetzt und lehren Sie dieselben Musik und Latein? Es wäre mir ein Trost zu wissen, wieviele Sie von der besseren Sorte haben« (*Chambers* 1889, II, S. 210). Maria Ward läßt sich aus München sogar die Lateinarbeiten Münchner Schülerinnen schicken, wo ein besonders begabtes Mädchen, dessen Name aber leider nicht überliefert ist, sich durch glänzende lateinische Hausaufgaben auszeichnet. Sie nimmt sich die Zeit, trotz ihres unruhigen Reiselebens, dieser ihr unbekannten Schülerin ein Lob auszusprechen und sie zu ermuntern.

Regelmäßige Briefe zwischen den schnell nacheinander gegründeten Häusern knüpften das Netz der persönlichen Freundschaften und Beziehungen enger. Dieses Netz soll nun auch noch nach Prag ausgedehnt werden. Graf Althan vom kaiserlichen Hof in Wien ermutigt sie dazu: Er hat sich verpflichtet, für 30 Frauen das Auskommen zu finanzieren. 3000 Gulden jährlich sollen sie empfangen. Graf Althan bewundert die Wiener Schule, die so nützlich und erfolgreich seit Beginn gearbeitet hat, und er fühlt sich Maria Ward und den Ihren auch deshalb verpflichtet, weil sie mit ihren Gebetsstürmen ihn von einer schweren Krankheit befreit haben. Begeistert schreibt Maria Ward an Winefrid Bedingfield in München, daß sie in der Stadt an der Moldau unter den besten Bedingungen mit ihrer Arbeit beginnen wird.

Mit ihrer Sekretärin Elisabeth Cotton und der Laienschwester Anne Turner begibt sie sich im Frühjahr 1628 nach Prag. Kaiser Ferdinand II., der nach so vielen Siegen der katholischen Heere auf dem Höhepunkt seiner Macht steht, hat seine Hofhaltung für die Sommermonate nach Prag verlegt, in die kaiserliche Residenzstadt seit dem Mittelalter (seit 1344). Er will vergessen machen, was in dieser Stadt Schlimmes und Bitteres geschah: den Aufruhr der protestantischen böhmischen Stände, die sich 1618 gegen katholisch-kaiserliche Repression auflehnten. Die Kaiserlichen Statthalter G. v. Martiniz und W. Slawata wurden damals aus dem Fenster gestürzt, was den nun noch immer währenden Religionskrieg auslöste. Dem ersten und entscheidenden Sieg der katholischen Seite in der Schlacht am Weißen Berge bei Prag (8. November 1620) waren grausame Massenhinrichtungen gefolgt, der böhmische Adel vergaß es nicht. Der calvinistische König Friedrich V., der »Winterkönig«, aber war noch immer eine liebenswürdige Erinnerung im Volke und bei all den Böhmen, die sich den gewaltsamen Massenausweisungen entziehen konnten. Des Winterkönigs lebensfrohe und beherzte Gattin, die englische Königstochter Elisabeth, Tochter König Jakobs I., hatte die Gunst des Volkes gewonnen, obwohl sie weder deutsch noch böhmisch sprechen gelernt hatte. Kaiser Ferdinand begab sich nun nach Prag, um die Erinnerung an das fröhliche Hofleben des Winterkönigs durch neue festliche Eindrücke vergessen zu machen. Mit seiner schönen zweiten Gattin, Eleonora von Mantua, gab er Feste und Turniere, die dem Volke schmeicheln und gleichzeitig auch seinen Sohn und künftigen Kaiser im rechten Lichte erscheinen lassen sollten.

Kaiser Ferdinand II. auf der Höhe seiner Macht! Und für einen festlichen Sommer in Prag. Derweil steht sein Generalissimus Wallenstein schon mit den kaiserlichen Heeren an der Ostsee, wird Herzog von Mecklenburg, und die befreundeten Ligaheere unter Tilly gewinnen einen Sieg nach dem anderen.

Der fromme Kaiser denkt daran, alle Ländereien, Abteien, Klöster und Kirchen, die nach der Reformation, nach 1573, in protestantischen Besitz übergegangen sind, für die katholische Kirche zurückzufordern. Er will die Immobilien-Verschiebungen von drei Generationen rückgängig machen. Er läßt das sogenannte Restitutions-Edikt von seinen Beratern ausarbeiten. Unterstützt wird er vor allem von den Jesuiten, die im Hause Habsburg schon seit langem das Geschlecht sehen, das von Gott dazu auserwählt wurde, die Reformation rückgängig zu machen. Der Beichtvater des Kaisers, Pater Lamormaini, hat dabei noch einen besonderen Vorschlag: Alle Frauenklöster, für die sich keine Nonnen finden würden, an den Jesuitenorden zu übergeben.

Skeptiker warnen Ferdinand II. vor diesen Plänen. Sie würden die kriegerischen Auseinandersetzungen nur verscharfen und den Riß zwischen den Konfessionen vertiefen. Selbst Papst Urban VIII. ist gegen diese neuerlichen Grenzziehungen und den Umsturz der Eigentumsverhältnisse. Auch Wallenstein erklärt klipp und klar, daß er unfähig sei, die Rekatholisierung der protestantisch gewordenen Landstriche durchzuführen, solange es nicht genug Priester und Ordensleute für die leerstehenden Kirchen und Klöster gäbe. Das Restitutions-Edikt wird zwar im folgenden Jahr am 6. März 1629 verkündet, aber schon auf dem Kurfürstentag von Regensburg 1630 heftig angegriffen und nur in Ansätzen verwirklicht. Den Politikern dicser Zeit war zwischen den Landsknecht-Schlachten dieses schier nicht endenwollenden Krieges allmählich der religiöse Anlaß und Sinn verloren gegangen. Orden, die mit neuen Erziehungsmethoden und einem wieder belebten Glauben das religiöse Bewußtsein weckten, leisteten die Arbeit, die die Politiker nicht ausführen konnten. Maria Ward, die sich immer zu bekreuzigen pflegte, wenn sie das Wort *Politik* hörte, wurde in diesen Kampf hineingezogen. Oder soll man sagen, wurde ein Opfer dieses Kampfes?

Maria Ward wird bei Hof empfangen. Kaiser Ferdinand II. empfiehlt sie dem Schutz und Beistand des Grafen Martiniz an, seinem ehemaligen Statthalter, der den welthistorischen Fenstersturz von 1618 überlebte und dessen Beziehungen in dieser alten Residenzstadt weit reichen. Schon bald machen sie eine Kirche ausfindig, die nicht mehr benutzt und von keinem Priester betreut wird; das dazu gehörige Pfarrhaus steht leer. Dies ist eine Filialkirche der Pfarrei Maria am Teyn. Mit dieser Kirche ist ein Benefiz von 300 Talern jährlich verbunden.

Eine Kirche, ein ganzes Haus und ein Benefiz sogar, das sind ja die »besten Bedingungen«, von denen Maria Ward schon im Mai geschrieben hatte, als sie noch gar nicht wußte, wie sich ihre Prager Unternehmung gestalten würde. Am 10. Juni lautet ein Brief an Winefrid Wigmore: »Heute erst wurde beschlossen, daß wir die uns vom Kaiser bestimmte Kirche erhalten sollen, nur mit einiger Einschränkung, die dann mit der Zeit aufgehoben werden wird . . .« Die Briefschreiberin kann in den noch bestehenden Klauseln kein Hindernis entdecken und so beschließt sie, Winefrid Wigmore, die in Neapel die Novizinnen ausbildet, nach München zu versetzen, damit die dortige Oberin, Mary Poyntz, nach Prag kommen und ihr helfen kann. Dies schien die Krönung vieler Wünsche zu sein, hier in Prag auf dem Boden der alten Universitätsstadt, wo auch schon der erste englische Märtyrer der elisabethanischen Zeit, Edmund Campion, gelehrt und gelebt hatte, eine Schule für Mädchen und später dann auch ein Kloster zu errichten – wenn endlich die Bestätigung des Instituts aus Rom eingetroffen wäre.

Aber: es kommt wieder ganz anders, als Maria Ward es geplant hat. Trotz kaiserlicher Protektion erhebt sich ein heftiger Widerstand gegen die Absichten der Englischen Fräulein in der Person von Kardinal Ernst Adalbert von Harrach. Er ist zwanzig Jahre jünger als Maria Ward und auf glatt geebneter Bahn ist er zu seinem hohen Amt gekommen. Ihn müssen diese englischen Frauen befremden, die nach so schwierigen inneren Kämpfen auf so ungewöhnlichen Wegen, nach strapaziösen Reisen bis in diese Stadt gekommen sind. Bischofssitz und Kardinalshut sind ihm wie eine selbstverständliche Geburtstagsgabe zugefallen: sein Vater ist Obersthofmeister des Kaisers und dessen engster Berater in finanziellen Dingen. Seine Schwester Elisabeth ist mit dem Generalissimus Wallenstein verheiratet. Er hat nach Art des Hochadels seine theologischen Studien in Rom betrieben und sich damit schon unter den maßgebenden Persönlichkeiten der Zeit bewegt. Er ist in der römischen Hierarchie fest verankert.

Ihn müssen diese Frauen auch deshalb befremden, weil sie einen Orden bestätigt haben wollen, der so sehr nach den Konstitutionen der Jesuiten ausgerichtet ist und damit wohl Gefahr läuft, niemals bestätigt zu werden. Schon die Jesuiten bringen so viel Unruhe in dieses Prager Leben, wollen sie doch die 1348 gegründete Universität ganz in ihre eigene Regie bringen. Diese älteste Universität Mitteleuropas, von Karl IV. gegründet, durch Hus und die Hussiten so verändert, daß viele Professoren auswanderten und in Leipzig damals eine Gegenuniversität gründeten (1409), verlangten aber auch die Kapuziner für sich. Und Harrach stand auf seiten der Kapuziner. Oder vielmehr: sein Beichtvater, Valerian Magni, war Kapuziner – Aristokrat von Geburt, Bettelmönch aus Berufung! Ein Eiferer, ein Fanatiker im Hassen. Von allen Widersachern, die die Lebensaufgabe Maria Wards vernichten wollten, ist er der einzige, den Maria Ward vor dem Papst mit Namen nennt – während doch alle anderen immer nur die »Jerusalemer« sind.

Magni kannte sich aus unter den Mächtigen dieser Welt: Maximilian von Bayern hatte ihn Anfang der zwanziger Jahre nach Paris geschickt, damit er über die strittige Veltlin-Frage verhandeln und Paris davon überzeugen sollte, daß ihm, Maximilian, die Kurfürstenwürde zustehe, die der Winterkönig durch seine Niederlage am Weißen Berge verspielt hatte. Schon damals hatte Magni auf ein Bündnis Frankreich – Bayern unter Ausschluß von Habsburg hingearbeitet (wie es Richelieu dann später weiter verfolgte), denn Magni haßte die Macht der Habsburger. So hatte er es von seinem Vater, der als Schwede in Oberitalien gelebt hatte und dann später an den Prager Hof Rudolfs II. gekommen war, übernommen. Magni wollte es unter allen Umständen verhindern, daß die Jesuiten die Prager Karls-Universität übernähmen, sie möglicherweise noch mit dem Namen Ferdinands schmücken würden! Er behauptete, daß die Karls-Universität eine päpstliche Stiftung gewesen sei und deshalb dem Kardinal Harrach unterstellt werden müsse. Valerian Magni, ein Prediger von mitreißender Wortgewalt, wußte sich den Mächtigen nützlich zu machen: in den sogenannten Kapuziner-Relationen informierte er Maximilian von Bayern über die wirklichen und nicht wirklichen Pläne Wallensteins und die Ereignisse zwischen Kaiserhof und Kanzleien. Maximilian I. mißtraute ihm später und der Nachfolger von Papst Urban VIII., welcher noch große Stücke auf ihn gehalten hatte, zitierte den dann Siebzigjährigen vor ein Ketzergericht.

Aber zu dieser Zeit, im Jahre 1628, war Valerian Magni im Vollbesitz aller seiner Einflußmöglichkeiten. Sein eindeutiges Ziel war, die Jesuiten zurückzudrängen und die Englischen Fräulein in dieser Stadt erst gar nicht heimisch werden zu lassen. Der junge Kardinal Harrach folgt seinen Vorstellungen und Anweisungen, denn Magni ist ja sein Beichtvater. Harrach bleibt zurückhaltend und skeptisch.

Inzwischen sind gewichtige Briefe nach Rom abgegangen: aus Wien schreibt nicht nur der grämliche und vergrämte Erzbischof Melchior Klesl. Auch der Ordentliche Nuntius Carlo Carafa berichtet jetzt Abträgliches über das Tun und Treiben der Englischen Fräulein nach Rom. Dabei hatte doch gerade er dem Heimkehrer Klesl noch am 2. Februar des Jahres so lobenswerte Auskunft über die Frauen gegeben. Hatte er, Carlo Carafa, sich nun von Klesl über die Widerstände, über die Abneigung, die man den Engländerinnen in Rom entgegengebracht hatte, informieren lassen und schwenkte er um, damit er richtig im Sinne der Hierarchie urteilen konnte? Damit er nicht ins Hintertreffen gerate? Carafa macht jedenfalls ernste Bedenken geltend: daß in einem Häretikerland wie Böhmen Frauen, deren Ordensregel noch nicht bestätigt worden sei, ernsten Gefahren ausgesetzt seien. Wenn auch Unterricht für Mädchen manches Gute zu bewirken vermöge, so seien die Gefahrenquellen für die Moral der lehrenden Frauen doch mehr zu fürchten.

Was der Ordentliche Nuntius Carafa schreibt, wird dann aber noch vom Außerordentlichen Nuntius Pallotta übertroffen: Diese Frauengemeinschaft gefährde die Kirche! Denn sie übe auf Kardinal Harrach unter Mithilfe des Kaisers einen Druck aus, um die Kirche am Theyn zu bekommen. Maria Ward nenne sich Generaloberin und versehe ihre Briefe mit einem so lautenden Siegel. Sie wollten nicht einmal den Jesuiten untertan sein, sondern überhaupt niemandem und keiner Autorität, und die Englischen Fräulein suchten die Jesuiten überhaupt nur zum Beichten auf. Wenn man ihn, Pallotta, nach seiner Meinung befrage, so müsse er sagen, es wäre das Beste, wenn diese Frauen Prag verließen. Denn er halte die ganze Sache *bei diesem zum Irrtum neigenden Geschlecht* für sehr gefährlich.

Wenn sachliche Argumente ausgehen, wenn keine moralischen Vergehen zur Stelle sind, dann genügt es immer noch, Frauen zu verurteilen, zu verdächtigen, herabzusetzen, einfach weil sie Frauen sind. Die leidenschaftliche Verteidigung, die Maria Ward – als einzige Ordensgründerin bis dahin – in Lüttich ausgesprochen hat, ist von hier aus verständlich. Gerade in banalen Situationen wird die dramatische Frauenverachtung, die sich seit den frühen Kirchenvätern erhalten hat, deutlich. In den banalen Beispielen zeigt sich aber auch die vernichtende Gefährlichkeit solch unreflektierter Anschauungen. Dabei war Pallotta doch ein weltläufiger Mann, der schon in Portugal und Rom diplomatische Stellen bekleidet hatte und nun in Wien Außerordentlicher Nuntius war. Erstaunlich ist auch gerade bei ihm, daß er sich überhaupt um die Angelegenheit Maria Ward kümmerte, denn er war doch entsandt worden, um die heikle Mantua-Frage zu klären. Pallotta sollte im Sinne und Auftrage Urbans VIII. den Kaiser milde stimmen, damit ein Franzose die Nachfolge der Gonzagas antreten dürfe. Der Einfluß der Habsburger sollte klein gehalten werden in Oberitalien, weil ja schon Neapel und Sizilien im Süden und Mailand im Norden den Kirchenstaat einzuklemmen schienen. Und der Ordentliche Nuntius Carlo Carafa hatte die Geneigtheit des Kaisers überhaupt nicht zu pflegen gewußt, weil er sich mehrmals mit dessen starrköpfigem Beichtvater Pater Lamormaini gestritten hatte. Offenbar gehörte die Angelegenheit Maria Ward aber auch zu den prekären Fragen am Kaiserhof, war dem Kaiser das Wollen und Wirken dieser Frau und die Zukunft dieser Frau so wichtig, daß ein erfolgreicher Diplomat sich darauf einstellen mußte – Mantua hin oder her. Pallotta jedenfalls war entschlossen, die Sympathien des Kaisers zu respektieren und seine eigene römische Karriere zu fördern! Er hielt es auch für angebracht, Maria Wards Beschützern, den Grafen Martiniz und Althan, zu raten, sie täten besser daran, in Rom die Bestätigung von Maria Wards Institut zu betreiben als ihr hier in Prag beim Aufbau einer verlorenen Sache zu helfen.

Die beiden Grafen verstanden sich jedoch nur dazu, Maria Ward zu einem Besuch bei Pallotta zu veranlassen. Sie folgte ihrem Rat und ging mit Mary Poyntz zu dem hohen Diplomaten. Der Purpur der Würdenträger kann sie nicht blenden, so schlicht und zerschlissen ihr schwarzes Gewand auch sein mag. Der weltkundige Nuntius schlägt den beiden Frauen gegenüber natürlich einen ganz anderen Ton an, als in seinen Briefen nach Rom. Er gewinnt ihr Vertrauen. Maria Ward erklärt ihm, daß ihr Werk eine von Gott gewollte und gegebene Aufgabe sei, die sie erfüllen müsse unter allen Umständen. Pallotta setzt dagegen, daß ohne Bestätigung aus Rom ihre Arbeit Gott nicht wohlgefällig sei, daß ihr Institut nicht als religiöse Gemeinschaft gelten könne und daß ihnen nicht der Rang von Ordensfrauen zukomme. Ganz nüchtern und sachlich hält sie aber an diesem Auftrag fest, der nicht von dieser Welt ist und deshalb für sie doppelt und dreifach verpflichtend.

Pallotta berichtet nach Rom: Nachdem er diese Frau kennen gelernt habe, fürchte er für sie mehr denn je! Ihr Unternehmen sei zu groß für eine Frau. Zumal da sie es auch noch für einen göttlichen Auftrag halte. Man wolle aber in Wien dann noch weiter verhandeln.

Der Zusammenstoß mit dem Übernatürlichen scheint für einen, der in der bürokratischen Hierarchie fest verwurzelt ist, so überraschend, daß er sich in die Floskel flüchten muß: Zu groß für eine Frau!

Der kaiserliche Hof begibt sich am 20. Juni 1628 wieder nach Wien. Auch der Nuntius, der Beichtvater und all die übrigen Berater, Hofbeamten und Diener. Es ist etwas stiller im bunten, prächtigen Prag als sonst. Maria Ward geht noch einmal zu Kardinal Harrach. Sie will noch einmal um die Überlassung der Filialkirche bitten. Ob der Kardinal sie nicht wenigstens vorläufig *con titulo di prestito* (leihweise) ihnen überlassen könne und wolle. Der Kardinal Harrach bedeutet ihr, von Überlassung der Kirche könne überhaupt keine Rede mehr sein! Und der Nuntius Carafa in Wien würde sie, Maria Ward, exkommunizieren, wenn sie es noch einmal wage, die Kirche zu betreten! Darauf Maria Ward: er, der Kardinal, könne ganz beruhigt sein, der Nuntius in Wien habe gar nicht die Befugnis hier eine Exkommunikation auszusprechen. Diese Befugnis habe in Prag nur er, Kardinal Ernst Adalbert von Harrach.

Harrach war empört und mit ihm seine Parteigänger. Warum waren sie empört? Weil eine Frau das Wort ergriff? Oder weil sie sich in dieser kirchlichen Bestimmung auskannte und es auch sagte? Denn natürlich kann niemand exkommuniziert werden, weil er eine leere Kirche betritt. War es ärgerlich, daß eine Frau darüber Bescheid wußte und eben deshalb auch nicht schwieg?

Wörtlich ist der Dialog von keinem Augen- oder Ohrenzeugen aufgeschrieben worden, aber er wurde als Skandal behandelt. Monatelang wird er zwischen Prag und Wien und Rom besprochen, verurteilt, zum Grusel-Anlaß genommen. Pallotta berichtet in nur sieben Zeilen darüber nach Rom. Selbst Urban VIII. findet nun, daß die *impertinenza* der Engländerin zu weit gehe, immer größer werde und nicht mehr zu dulden sei.

Da Maria Ward nichts Unrichtiges gesagt hatte, bestand die Impertinenz vielleicht darin, daß sie das wenige im überzeugten Tonfall oder gar in schnippischem Ton gesagt hatte? Das ist bis heute nicht entschieden, da es ja keine Zeugenberichte schriftlicher Art gegeben hat. Nur das wird offenbar: diese unheilbringende letzte Begegnung mit Kardinal Harrach wendet ihr Schicksal zum immer Schlechteren. Dies war sozusagen *ihr persönlicher* Fenstersturz. Würde sie ihn überleben?

Weite Wege, viele Briefe – und ein tiefes Mißverstehen

»Es ist nicht wichtig, was die Zeit verlangt, sondern daß dem kanonischen Recht genüge getan wird.«

Francesco Ingoli

Impertinenza! empört sich der Papst, sobald Pallottas Briefe über die Auseinandersetzung zwischen Harrach und Maria Ward in Prag berichten. »Impertinenza« sagt auch der Staatssekretär Francesco Barberini, Lieblingsnepote seines Oheims, weil Maria Ward es in Prag gewagt hat, noch einmal um die leerstehende Kirche und das dazu gehörende Pfarrhaus zu bitten, das der Kaiser Ferdinand II. ihnen schon – mit Einschränkungen – zugesagt hatte.

Maria Ward, ermutigt durch eine Audienz beim Außerordentlichen Nuntius Pallotta, der mit dem Kaiserhof nach Prag gekommen war, hatte den zuständigen Kardinal Harrach noch einmal um die Erlaubnis gebeten. Doch er hat die kirchentreue Engländerin schroff verwarnt. Der Prager Wortwechsel zwischen dem Kardinal Harrach und Maria Ward setzt in Rom den gewaltigen bürokratischen Apparat in Bewegung, der drei Jahre lang nicht zum Stehen kommt. Eine Lawine von Verleumdungen, Anklagen, unhaltbaren, unbewiesenen Behauptungen wälzt sich über die kleine zerstreute Herde der englischen Dissidentinnen, die gehofft hatte, in Rom, im Schoß der Kirche, eine neue Heimat zu finden.

Während Maria Ward sich mit Mary Poyntz nach Eger ins Bad begibt, damit das saure Wasser dort ihr Steinleiden heilt, während sie die bitteren Erlebnisse und Enttäuschungen aus Prag überdenkt, tritt in Rom die Generalkongregation der Propaganda Fide im Quirinal zusammen. Unter dem Vorsitz des Papstes Urban VIII. tagen sechs Kardinäle und verabschieden am 7. Juli 1628 ein Dekret, das die Aufhebung sämtlicher bestehender Häuser der Englischen Fräulein beschließt. Die Fürsten seien davon zu überzeugen, daß ohne Klausur diese Häuser nicht weiter bestehen dürften, sondern aufgelöst werden müßten. Außerdem solle Generalvikar Millini – derselbe, der schon drei Jahre zuvor die Schule in Rom von 25 Spionen überwachen ließ! – dem Jesuitengeneral die Weisung überbringen, daß sich sein ganzer Orden von jeder Unterstüt-

zung der Englischen Fräulein enthalten solle. Der Ton des Dekrets ist scharf, die Zeit ist gereizt. Gründe für die Aufhebung:
– Fehlen der Klausur;
– geplante apostolische Arbeit;
– zu befürchtende Skandale.

Das strenge Dekret, das der Papst gutgeheißen hat, wird in alle Himmelsrichtungen geschickt – nach Brüssel an den Nuntius Lagonissa, den es völlig verwirrt, weiß er doch gar nicht, welche Art von Klöstern gemeint sind, da weder die Orte noch der genaue Titel der sogenannten Jesuitinnen angegeben ist. Das vernichtende Dekret geht nach Neapel – wo es den Kardinal Buoncompagni aus der Fassung bringt wegen bestimmter unanständiger Behauptungen. Das schicksalsschwere Dekret geht nach Wien an den Außerordentlichen Nuntius Pallotta, der zusammen mit Carlo Carafa und Erzbischof Klesl diesen unheilvollen Erlaß in die Wege geleitet hat, aber nun unsicher wird und angesichts kaiserlicher Gunst, die er ja pflegen soll und eigener Karriere, die er fördern will, ein Doppelspiel ersinnen wird. – Doch davon später!

Dem Dekret, das kategorisch und strikt gehalten ist, fügt der Sekretär der Propaganda-Kongregation noch Instruktionen zu und Relationen. Francesco Ingoli, der Einser-Jurist aus Ravenna, ist in seinem Element. Er haßt die Jesuiten, er haßt noch mehr diese Frauen, die man Jesuitinnen nennt und die in seinen Augen nur durch die Machenschaften dieses bereits weltumfassenden Ordens bis nach Rom, München und Wien, bis nach Preßburg und Prag gekommen sind – von Flandern ganz zu schweigen. Seiner Behörde sollte die Aufgabe allein zustehen, die Welt zu missionieren, den Glauben in die ultramontanen Gebiete zurückzubringen. Francesco Ingoli, ein fleißiger Mann, der seinen Schreibtisch nur ungern verläßt, bereitet jetzt das auf, was sechs Jahre zuvor von Erzpriester Harrison, Präsident Kellison und Benediktinerpater Sherwood in Rom an hinterhältigen Verleumdungen der Englischen Fräulein abgeliefert wurde. Er vergröbert es, er reichert es an, er läßt seiner Fantasie, seinem Jesuiten- und Frauenhaß freien Lauf.

Menschliche Barmherzigkeit würde es jedem Forscher nach diesen 350 Jahren gebieten, diese Behauptungen unter den Teppich zu kehren *– aber es sind diese Verleumdungen, die Maria Ward der Inquisition ausliefern*. Und was ebenso bedauerlich ist: unter dem Gerümpel dieser niederträchtigen Verleumdungen bleibt das wirkliche Leben Maria Wards verborgen. Ihre Konturen verlieren sich immer wieder in den giftigen Nebelschwaden.

So muß man sich leider um diese Gespinste kümmern, Gebräu aus der Hexenküche. Übrigens sind Name und Person des Sekretärs Ingoli auch erst in diesem Jahrhundert aufgetaucht. Erst an dem tragischen Schicksal Maria Wards ist der Umfang seiner Wirksamkeit erkannt worden. Ein Schreibtisch-Täter, der sieben Sprachen beherrschte. Ein Mann, der sich gern mit den aufkeimenden Naturwissenschaften befaßte und schon 1616 mit Galilei korrespondierte. Ein Beamter, der im Anwachsen des bürokratischen Apparats das Wirken des Heiligen Geistes erblickte – und der Maria Ward niemals, niemals gesehen hat, geschweige denn, sie zu den Anklagen befragt hat. Er verläßt sich auf die Zuträger, Kleriker verschiedener Nationen, und faßt die Inquisition ins Auge! Was schrieb er in die Instruktionen, die das Dekret begründen sollen?

Daß die Englischen Fräulein die Klausur nicht wollen.

Daß unwissende Frauen und Mädchen Unterricht geben und sich der bischöflichen Autorität nicht unterordnen wollen.

Daß sie mit Männern freien Verkehr pflegten, sich den Namen der Gesellschaft Jesu zugelegt hätten und dieser Gesellschaft zur Schmach gereichten.

Daß sie das Vermögen der Eintretenden verbrauchten, so daß sie, wenn sie aus der Gemeinschaft austräten, später mittellos dastünden und dann ihre Keuschheit verkaufen müßten.

Daß sie ihrer Generaloberin und den Provinzialoberinnen alle Entscheidungen überließen und überlassen müßten.

Hineingearbeitet wurde auch noch, daß sie sich von der päpstlichen Autorität frei machen wollten. Dieser Vorwurf geht auf einen Brief von Pallotta zurück, der bei seinem ersten Zusammentreffen in Prag von dem aufrechten Benehmen der Engländerinnen überrascht war. (Später hat Pallotta diese Aussage widerrufen.)

In den zwanzig Punkten – ein gesondertes Schriftstück, das dem Dekret und den Instruktionen noch beigegeben wurde – macht sich Ingoli dann weiterhin Sorge um das moralische Leben der Engländerinnen: kein Wunder, wenn man oben gesehen hat, daß es für Frauen überhaupt keine andere Möglichkeit gibt, sich durchs Leben zu schlagen, als die Keuschheit zu verkaufen.

Also heißt es da: In Neapel habe ihnen ein reicher Mann ein Haus angeboten, falls fünf der Ordensfrauen ihm zu Willen wären. (Es ist weder Name noch Anschrift dieses erotischen Nimmersatts angegeben.) Eine von ihnen sei Mutter geworden, ohne daß jemand die genauen Umstände dieses Vorfalls angeben könne. (Die uneheliche

Mutter darf bei Anklagen gegen Frauen nie fehlen, ebensowenig wie der Vorwurf der Geschwätzigkeit, Leichtfertigkeit und der verschwenderischen Kleiderpracht.)

Sie erbettelten Almosen für ihre großen Reisen, die ohnehin schon gefährlich seien, in sittlicher Hinsicht, und in »Purgia« (in anderen Handschriften: Burgia) sei ein Englisches Fräulein solcher Gefahr bereits erlegen. Wo dieser Ort liegen soll, ist nirgendwo zu sehen: falls Brügge gemeint war, so hatten die Englischen Fräulein dort nie ein Haus, und falls es Perugia gewesen wäre, wo ja eine Gründung (mit wenig Erfolg, wie man weiß) versucht wurde, so hätte sich ein solcher unkeuscher Fehltritt bestimmt schnell bis Rom durchgesprochen.

Engländer, die zum Heiligen Jahr 1625 nach Rom gekommen wären, hätten berichtet, daß sie in der Heimat einen schlechten Ruf hätten, ja, daß man sie als Dirnen bezeichnet habe – öffentlich. In den Biographien wird von einer Polizei-Razzia in London berichtet, wo sich die Englischen Fräulein auch um Prostituierte gekümmert hätten – ein Sozialsektor, der noch verhältnismäßig neu war zu jener Zeit. Natürlich wird hier auch das schon so oft angeprangerte Theaterspielen in den Katalog der Schlechtigkeiten aufgenommen. Dabei war das überaus erfolgreiche Jesuiten-Theater zu dieser Zeit schon längst als Mittel religiöser Unterweisung anerkannt. Frauen auf der Bühne! Nur in Spanien gab es das. In der *Commedia dell'arte* wie auch in den Shakespeare-Stücken wurden die Frauenrollen von Männern gespielt.

Wie schon in den ersten Anklagen der frühen Zwanziger-Jahre wird auch wieder das Predigen erwähnt. Die Englischen Fräulein müßten der Generaloberin ihre Sünden offenbaren, insbesondere die gegen das sechste Gebot. Sie erfänden Wunder und Offenbarungen, um ihrem Institut Ansehen zu verleihen. Sie hielten das Fastengebot nicht, unter dem Vorwand, krank zu sein, und der Hausgeistliche bete sein Brevier nicht!

Ehe diese trübe Aufzählung fortgesetzt wird, sei darauf hingewiesen, daß keine dieser angeblich sittlichen Verfehlungen drei Jahre später in jene harte Bulle *Pastoralis Romani Pontificis* , mit der Urban VIII. die Frauengemeinschaft auflöste, Eingang gefunden hat.

Ingoli, der fleißige Sekretär der Propaganda-Kongregation verarbeitet auch noch einmal jenes Schriftstück, das unter dem Namen *Godfather's Information* durch die Biographien der Stifterin geistert. Das konfuse Material einer ausgetretenen Nonne, der Mary Alcock wahrscheinlich, die sich seinerzeit für die fantastischen Traumgebilde der

Praxedes stark gemacht hatte, bezieht auch jene Untergrund-Lebensweisen ein, die im England der damaligen Zeit noch immer eingehalten werden mußten, von denen sich aber die Kongregationen keine Vorstellung machen konnten. Ingoli mußte als aufmüpfiges Benehmen empfinden, was unter anderen als römischen Verhältnissen einfach die Voraussetzung zum Überleben war.

Aus der obskuren Schrift werden auch die Schwierigkeiten hervorgehoben, die Maria Ward und die Englischen Fräulein mit ihren Beichtvätern hatten. Die Dauer der Beichten sei überwacht worden, Beichtväter sollten keine Möglichkeit haben, schwankende Novizinnen auszufragen oder in ihrem Entschluß zum Ordensleben wankend zu machen. Wechsel der Beichtväter aber stieß damals auch auf den Unwillen der Jesuiten, die sich die Entsendung ihrer Mitglieder selbst vorbehalten wollten. Als Mißstand wurde dann auch noch die sogenannte Gewissensrechenschaft angeführt, eine Einrichtung des alten Ordensrechts, die auch von den Jesuiten übernommen worden war und die dementsprechend auch in die Pläne Maria Wards Eingang gefunden hatte. Es ist die offene Aussprache von Ordensmitgliedern mit ihren Ordensoberen. Sie ist keineswegs bindend, soll aber den Vorgesetzten dazu dienen, die Mitglieder ihrer Orden besser zu kennen und einsichtiger führen zu können.

Als diese Schriftstücke, voller Unwahrheiten und Verleumdungen, von Papst Urban VIII. eingesehen wurden, befahl er impulsiv die Anfertigung einer Bulle. Ingoli und Millini erklärten sich dazu bereit, doch fehlen in den römischen Archiven alle Beweise für ein solches Schriftstück. Es sollte noch zwei Jahre dauern (bis Januar 1631) ehe der Papst eine Aufhebungsbulle gegen die Gemeinschaft der Engländerinnen unterschreiben konnte.

Die negativen Schriftstücke, die von nun an durch die kirchlichen und staatlichen Kanzleien der damaligen Länder gingen, wurden von den maßgeblichen Persönlichkeiten dieser erregten Zeit des Dreißigjährigen Krieges, der ja das Nachbeben der Reformation war, gelesen, auch geglaubt und weitergegeben – man konnte sich darüber empören und gruseln. Wie die Geschichte des Instituts beweist, haben diese Verleumdungen bis in unser Jahrhundert hinein das Bild der Stifterin verdunkelt, ihre Züge verzerrt, ihre Biographie unkenntlich gemacht.

Hundert Jahre nach dem Tod der Stifterin machte Papst Benedikt XIV. diese Schriftstücke zur Grundlage seiner scharfen Konstitution gegen das Institut, weil die Archive nur negative, keine positiven

Quellen enthielten. Angesehene englische Historiker wie Tierney und Dodd haben noch im 19. Jahrhundert aus denselben trüben Quellen geschöpft. Erst um die letzte Jahrhundertwende haben englische Jesuiten, der deutsche Kirchen-Historiker Ludwig von Pastor und der amerikanische Historiker Peter Guilday Korrekturen anbringen können. Aber zunächst richteten diese Schriftstücke aus Rom quer durch Europa beträchtliche Verwirrungen an.

In Brüssel ist Nuntius Lagonissa ratlos. Im wohlhabenden Flandern gibt es ja so viele ordensähnliche Frauengemeinschaften, das hatte schon mit den Beginen 300 Jahre zuvor begonnen. Diese Frauen, unabhängig durch Erbschaft oder durch eigene Arbeit (sie hatten von den Stadtverwaltungen ähnliche wirtschaftliche Rechte wie die Zünfte gewährt bekommen!), lebten ihr frommes und sozial aufgeschlossenes Leben in eigenen Häusern und waren hochangesehen in der schon bürgerlich bestimmten Gesellschaft dieser Städte zwischen den Niederlanden und dem Niederrhein. Sie legten das Gelübde der Keuscheit und ein begrenztes Gelübde des Gehorsams ab, verzichteten aber auf die Klausur. Zu dieser Zeit, als Lagonissa den Befehl bekam, die Jesuitinnen auszurotten, gibt es allein in Flandern noch fünf Beginen-Höfe. Zahlreich sind aber auch die Jesuitinnen, wie der Volksmund sie nannte – Frauen, die Kinder unterrichten, klausurlos leben, Gelübde ablegen oder auch nicht, und sich der geistlichen Führung durch Jesuiten anvertrauen. Und es gibt in Brüssel die Katharinenschwestern, die unter dem besonderen Schutz der Statthalterin Isabella stehen, die ohnehin alle Ordensleute, insbesondere aber die weiblichen, protegiert. Und Lagonissa hütet sich, das Mißfallen der Herrscherin zu erregen, das Mißfallen einer Habsburgerin, nahe Verwandte des Königs Philipp IV. in Madrid, der mit seinem Vetter Ferdinand II. die Auseinandersetzungen um die Erbfolge in Mantua betreibt – eine Auseinandersetzung, die ja auch dem Papst sehr, sehr wichtig ist. Außerdem pochen die flandrischen Stände auf ihre verbrieften Rechte: sie wehren sich gegen alle Eingriffe, wenn sie von der Kirche oder vom Staat beschnitten werden sollen.

Lagonissa forscht unter Zaudern und Zögern, ehe er anderthalb Jahre nach Erhalt des Dekrets endlich die erste Gründung Maria Wards in St. Omer ausfindig macht: dort leben acht Frauen in bitterster Armut. An sie ergeht der eigentliche Aufhebungsbefehl aber wiederum erst zwei Jahre später am 30. Januar 1630.

In Neapel richtet das Dekret ebenfalls Verwirrung an. Der Kardinal Buoncompagni liest die drei Schriftstücke mit Befremden. Er weigert sich, zwei der lächerlichsten Anschuldigungen vorzulesen. Die Stadtväter – auch in diesem spanisch besetzten Vizekönigtum pochen die Bürger auf ihre Rechte – wollen die Schulen der Englischen Fräulein nicht missen. Sie bejahen Ausbildung für Mädchen und Frauen. Schon einmal, 1625 nämlich, als in Rom die Schule in der Via Monserrato geschlossen wurde, haben sie den Aufruf nicht befolgt. Buoncompagni bittet in Rom um Aufschub. Die Kongregation wendet sich deshalb an den Nuntius, er möge zur Tat schreiten. In Rom weiß man ja, daß die Anweisungen päpstlicher Behörden in Neapel nur ungern befolgt werden. Schließlich aber wurde der Befehl der Aufhebung durchgeführt. Ende September oder Anfang Oktober gingen die Beauftragten des Erzbischofs in das Haus der Englischen Fräulein, verlangten den Ausweis ihrer Bestätigung zu sehen, aber da diese nichts anderes vorweisen konnten, als die Belobigung von 1616, die eine Bestätigung in Aussicht stellte, befahl man den Frauen ihre Arbeit aufzugeben und zu den Eltern zurückzukehren. Vier Italienerinnen folgten dem Befehl. Die Engländerinnen (oder vielleicht waren es auch Fläminnen) blieben noch eine Zeitlang da. Vier Jahre später gab es dort noch einige Englische Fräulein in dem von Jesuiten gemieteten Haus. Am 7. September 1629 schrieben die Elettori an den mächtigen und strengen Nepoten Francesco Barberini in Rom, er möge doch die Unterrichtstätigkeit wieder erlauben, damit die weibliche Jugend eine Anleitung habe, der Unterricht und die Erziehung seien ein »heroisches heiliges Werk« gewesen. Die Engländerinnen, die kein Geld hatten, in ihre Heimat zurückzukehren, lebten in drückender Armut, sofern die Jesuiten diese Not – auf Geheiß des Generals Vitelleschi in Rom – nicht durch milde Gaben linderten. Buoncompagni stattete vier Englische Fräulein mit Reisemitteln aus.

Das Dekret geht natürlich auch nach Wien – an den Außerordentlichen Nuntius Pallotta. Er soll auch den Kardinal Harrach in Prag informieren. Und den Kardinal Melchior Klesl in Wien. Dieser ist über die offensichtliche Zweitstellung, die ihm auf diese Weise zugewiesen wird, pikiert.

Aber auch Pallotta ist keineswegs erfreut über diesen Auftrag. Er war doch eigentlich geschickt worden, um Kaiser Ferdinand II. auf gütlichem Wege zum Einlenken in der höchst prekären Mantua-Frage zu bewegen. Pallotta sollte gutmachen, was der Heißsporn Carlo Carafa gefährdet hatte: der war zu oft mit dem kaiserlichen Beichtvater Pater Wilhelm Lamormaini aneinandergeraten. Pallotta sollte nach allen

Seiten vermitteln, weil Papst Urban VIII. sich von den habsburgischen Machtansprüchen gerade auf italienischem Boden bedrängt, ja umklammert fühlte. Urban wollte nun den französischen Herzog Karl von Nevers in Mantua einsetzen und hatte damit den Kardinal Richelieu auf seiner Seite. Doch Kaiser Ferdinand wollte dieses verhältnismäßig kleine Land, aus dem seine zweite Frau, Eleonora, stammte, nicht aus dem habsburgischen, seinem Einflußkreis entlassen. Mantua war ja jenes geographische Verbindungsstück zwischen den Habsburgern in Wien und denen in Madrid. Phillipp IV. flehte seinen kaiserlichen Vetter in Wien an, das Land mit Truppen zu besetzen und Ferdinand gab den Befehl zum Einmarsch. Die kaiserlichen Truppen marschierten am 1. April 1628 in Mantua ein: Urban – und mit ihm viele Römer – dachten mit Schrecken an den *Sacco di Roma,* der ein Jahrhundert früher in der Ewigen Stadt gewütet hatte.

Es war »zuviel Habsburg in Italien«, fand der Papst, und Richelieu schickte Truppen in das Mantuanische, um die Lage zu entwirren. Urban, der erfahrene Diplomat, sandte einen Unterhändler nach Wien – eben diesen Außerordentlichen Nuntius Pallotta, der den Kaiser für Urbans Absichten gewinnen sollte.

Daß dieser aber gleichzeitig auch noch die Englischen Fräulein, die in der Gunst des Kaisers standen, heimschicken sollte – das machte seine Aufgabe ungeheuer kompliziert. Schon bald nimmt Pallottas Berichterstattung über Maria Ward einen breiteren Platz ein, als die Mantua-Frage.

Maria Ward – so erkannte Pallotta schnell und schrieb es auch so nach Rom – müsse rücksichtsvoll behandelt werden. Sie genieße den Schutz des Kaisers. Er schätze die Erziehungs- und Schularbeit ihrer Gefährtinnen. Eine Auflösung der Schule würde einen ähnlichen Skandal bei den hochgestellten Eltern der Schülerinnen hervorrufen wie damals in Rom. Es würde nichts als Schwierigkeiten geben. Die Schule sei unter kaiserlicher Protektion gegründet worden und der Kaiser würde sich beleidigt fühlen, wenn es zur Aufhebung käme.

Maria Ward, die zu dieser Zeit in Bad Eger die bitteren Enttäuschungen in der Stadt Prag überdachte, war zu einer wichtigen Figur auf dem Schachbrett der europäischen Politik geworden – ohne daß sie das wußte, geschweige denn gewollt hätte.

Zwei Jahre gingen die Verhandlungen über Mantua hin und her, bis diese in der Plünderung der von Kunstschätzen reichen Stadt gipfelten, ehe Ferdinand II. nachgab und im Oktober 1630 dem französischen

Herzog Karl von Nevers jene Zugeständnisse machte, die Frankreich und der Papst wünschten. Doch die Entfremdung zwischen Habsburg und Vatikan wurde nie wieder ausgeheilt, der Dreißigjährige Krieg nahm eine Wende, wurde vom Religionskrieg zu einer Auseinandersetzung über Macht, bei der Katholiken und Protestanten miteinander Bündnisse eingingen, die bis dahin undenkbar gewesen wären.

Doch noch ist Sommer 1628; Maria Ward beendet ihre Kur und begibt sich mit ihren Gefährtinnen Mary Poyntz und den beiden Sekretärinnen nach Wien, ohne noch einmal Prag zu sehen. Unterwegs bespricht sie eine mögliche Neugründung in Tyrnau, die Bischof Dietrichstein von Olmütz gerne im ketzerischen Böhmenlande sähe.

Als Maria Ward am 10. September 1628 in Wien dem Nuntius Pallotta ihre Aufwartung machte, hatte sie vielleicht schon gerüchteweise von den römischen Maßnahmen gegen ihr Institut gehört. Aber sie wußte nichts Bestimmtes. Und Pallotta vergaß keinen Augenblick, daß diese Engländerin in der höchsten Huld des Kaisers stand. Er durfte dieser Frau nicht hart entgegentreten, wenn er das Wohlwollen des Kaisers nicht verscherzen wollte. Das durfte im Hinblick auf Mantua nicht geschehen.

Zu seiner eigenen Überraschung erfährt Pallotta aber auch im Gespräch mit Maria Ward die eigentliche Konzeption ihres Lebensplans. Er kann sich dem Staunen nicht entziehen und wohl auch nicht der Kraft und dem Charisma der Persönlichkeit dieser über vierzigjährigen Frau, die einen weiten Weg im Geistigen wie im Geographischen zurückgelegt und Strapazen auf sich genommen hat, um einen geistlichen Auftrag zu erfüllen. Verwundert, staunend berichtet er nach Rom, daß dieses geplante Ordenswerk ein großartiges Unterfangen sei – aber zu groß für eine Frau – zumal da sie ihr Werk auch noch als von Gott eingegeben betrachte.

Pallotta läßt sich nun einen diplomatischen Schachzug einfallen: ohne Maria Ward über das römische Dekret zu informieren, ohne ihr etwas anzudeuten von diesem Aufhebungsbefehl, schlägt er ihr vor, sie solle doch noch einmal in Rom persönlich für ihre Ordensgründung plädieren. Wenn sie selbst ginge, würde man ihr die seit 1616 erwartete und ersehnte Bestätigung doch noch geben. Vielleicht. Oder wahrscheinlich.

Maria Ward läßt sich nur zu gern überzeugen, denn dieser ihr Lebensplan, den sie 1611 als eine so klare Weisung empfangen hat, ist das höchste Gut ihres Lebens. Dafür setzt sie alles ein, dafür hat sie bis jetzt so viele Anstrengungen gemacht. So kann Nuntius Pallotta an den Kardinal-Staatssekretär Francesco Barberini schreiben, daß die Engländerin demnächst nach Rom kommen wolle, um noch einmal für ihr Anliegen zu wirken. Pallotta schreibt nicht an die Kongregation der Propaganda, die mit der Sache der Englischen Fräulein befaßt ist und auch nicht an die Kongregation der Bischöfe; er schreibt an den Mann, in dessen Händen die diffizilen Aufgaben der päpstlichen Außenpolitik liegen: Francesco Barberini. Er ist der einflußreiche Nepote des Papstes. Francesco – sein schmaler Kopf mit der hohen Stirn, dem spitzen Kinn und tiefliegenden Adleraugen, in Bronze gegossen, in Marmor gehauen, steht in vielen römischen Museen. Die Büsten geben einen Eindruck von der magischen Anziehungskraft dieses zielbewußten Willensmenschen. Seine Züge sind asketisch. Was bei Urban als lebensvolle Vitalität erscheint, hat sich beim Neffen ins beinahe Angestrengte vergeistigt.

Mögen sich die Kardinäle in den Kongregationen auch hintangesetzt und übergangen fühlen durch diesen direkten Briefwechsel Pallotta – Barberini (wie sich auch später in einer stürmischen Sitzung herausstellt); für Pallotta ist dieser direkte Weg der einzig mögliche, um kaiserlichen Zorn zu vermeiden. Es geht darum, Maria Ward aus der unmittelbaren Nähe des Kaisers zu entfernen. Er läßt aber gleichzeitig auch noch in Münchner Archiven forschen, wie man bei ähnlich prekären Fällen früher verfahren ist, wenn der Papst weltlichen Fürsten unangenehme Befehle erteilte, die die Fürsten nicht akzeptieren wollten. Auch solle man die Einstellung des Kurfürsten Maximilian zur Mantua-Frage prüfen.

Pallotta läßt sich noch etwas einfallen: man könnte Valerian Magni, den agilen Drahtzieher und erbitterten Gegner der Jesuiten, Beichtvater des Kardinals Harrach, nach Rom schicken. Er war ja Zeuge der Auseinandersetzung zwischen dem Kardinal und Maria Ward. Er würde in der Ewigen Stadt schon Wege wissen, wie man diesen Prager Schlagabtausch weiterverbreiten könne. Sollte es dann in Rom zu harten Schritten gegen Maria Ward kommen, dann könnte man diesem übereifrigen Kapuziner die Schuld dafür in die Sandalen schieben – wenigstens er, Pallotta in Wien, könnte das bei Hofe so interpretieren.

Als Maria Ward im Oktober noch nicht in Rom angekommen ist, wird Barberini ungeduldig und wendet sich nach Wien. Pallotta beteuert, Maria Ward habe ihm die Romreise fest versprochen, sei aber anscheinend zunächst noch einmal nach München gegangen – man kenne ja den Wankelmut und die Unbeständigkeit von Frauen, er werde aber noch einmal nachforschen.

Wankelmut und Unbeständigkeit – zu dieser Zeit hatte er offensichtlich noch keinen Begriff von der Hartnäckigkeit bekommen, mit der Maria Ward ihre Ziele zu verfolgen pflegte. Er schickt ihr eine Botschaft nach München und die kränkliche Frau macht sich unverzüglich nach Wien auf den Weg. Es ist schon kalter November. Sie spricht mit Pallotta, sie erneuert ihr Versprechen, nach Rom zu gehen. Sie will nichts unterlassen, was ihrem Werk nützen könnte. Sie wird vom Kaiserpaar empfangen und auch huldvoll wieder verabschiedet – und geht noch einmal nach München. So kann Pallotta nach Rom schreiben, daß die Engländerin sich nunmehr nach Rom aufmache, um sich ganz dem päpstlichen Spruch zu unterwerfen. Zur Verzögerung dieses Aufbruchs: sie sei halt eine Frau und Frauen hätten eben zu viele Ratgeber...

In der englischen Vita heißt es: »Als sie in München wieder angekommen war, fiel sie in eine schwere und komplizierte Krankheit, deren Symptome gar seltener und ungewöhnlicher Art waren und die aller Kunst der Ärzte spottete. Sie konnte weder aufrecht stehen noch im Bett liegen, sondern war fast ganz zusammengekrümmt und dabei war der Schmerz so heftig, daß sie nur schlafen konnte, wenn man sie schaukelte wie ein Kind in der Wiege; auch konnte sie keine Nahrung behalten. In diesem Zustand verblieb sie einen Monat; die Ärzte behaupteten, sie könne unmöglich dem Tode entrinnen, konnten aber keine natürliche Ursache dafür finden, daß sie noch einen Tag um den anderen fortlebte« (*Chambers* 1889, II, S. 235.).

Trotzdem: Am 2. Januar 1629 bricht die kranke Frau von München auf. Sie ist so schwach, daß sie in einer Sänfte getragen werden muß. Kurfürstin Elisabeth Renata leiht sie ihr. Winefrid Wigmore, Henry Lee und Lennard Morris sind bei Maria Ward. In Innsbruck stellt Herzogin Claudia der reisenden Kranken ihre Sänfte zur Verfügung, so daß sie bis Trient getragen werden kann.

Was mögen diese Fürstinnen empfunden haben angesichts einer einsamen Frau, die buchstäblich ihr Leben riskiert, um einen Auftrag zu erfüllen, ein Versprechen. Allerdings: zu dieser Zeit war auch das Leben in fürstlichen Schlössern nicht bequem in unserem heutigen Sinn und das Reisen erst recht nicht – auch für Fürstinnen nicht.

Wie die frühen Biographien berichten, kann Maria Ward auf dieser Reise nur Haferschleim zu sich nehmen, aber auch den kann sie nicht immer bei sich behalten. Sie fühlt sich dem Tod so nahe, daß sie mehrmals nach den Sterbe-Sakramenten verlangt. Sie lebt wohl nur noch aus der Kraft ihrer Berufung. Während sich Maria auf dieser wahrhaft lebensgefährlichen Reise befindet, richtet Francesco Barberini einen hochmütigen Brief an den bayrischen Kurfürsten Maximilian I.: Wenn die Englischen Fräulein jemals ihn, den bayrischen Kurfürsten, um die Bestätigung ihres Instituts oder seinen Schutz bitten sollten, dann möge er ihnen doch bedeuten, daß sie sich an die Gesetze zu halten hätten. Er solle ihnen ihr illegales Treiben auf gar keinen Fall erlauben, dieses Treiben, das sie ja offenbar fortzusetzen gedächten, da er als ihr Beschützer auftrete . . . (Januar 1629).

Maximilian antwortet gemessen: Das tadellose Leben der Englischen Fräulein und ihre hervorragende Erziehertätigkeit hätten in Deutschland zu jetziger Zeit die allerbeste Wirkung. In eine kirchliche Bestätigung würde er sich nie einmischen, da diese ja nur durch den Heiligen Stuhl nach vorgenommener Prüfung erfolgen könne – deshalb sei dieser *amorevole ricordo* (liebenswürdige Hinweis) von seiner, des Kardinals Seite, gar nicht notwendig gewesen . . . (25. Januar 1629).

Darauf Barberini noch einmal (17. März 1629): Das gute Benehmen jener Frauen sei nur darauf zurückzuführen, daß sie so streng vom Kurfürsten überwacht würden (*Grisar* 1966, S. 432ff.).

Weltläufige Männer, Diplomaten von Einsicht und Rang wie dieser Barberini, der doch von frühester Jugend in einem kosmopolitischen Milieu aufgewachsen ist und erzogen wurde, äußern Meinungen, wenn es um Frauen geht, daß man meinen möchte, sie seien in menschenleeren Wüsteneien aufgewachsen. Die angelernten Höflichkeitsfloskeln, die nie üppiger waren als zu dieser Barockzeit, in der Maria Ward lebte – waren sie nur Tünche?

Maximilian, ein Praktiker des Lebens und Regierens, ließ die obige Bemerkung, den unnötigen Nachschlag, ohne Antwort. Lediglich in einem Schreiben vom 8. März, das sich ausschließlich mit politischen Fragen befaßte, fügt er einen knappen Satz an: was die Englischen Fräulein betreffe, so sehe er keine Notwendigkeit, den Nutzen ihrer Gründung weiter zu erklären.

Maximilian ist zwar der treue Sohn der Kirche und des Papstes, aber er will gewiß nicht der Befehlsempfänger des Nepoten Francesco Barberini sein, zumal er, Maximilian, ja doch in diesem Krieg, der um des Glaubens willen begonnen wurde, eine Hauptlast trägt. Wenn der Dreißigjährige Krieg vorüber ist, wird Maximilian I. von den 54

Millionen Gulden, die er der katholischen Seite gekostet hat, mehr als die Hälfte, 38 Millionen, gezahlt haben. Seit 1612 unterhält er außerdem einen Geheimfonds für die »Erhaltung unser Heiligen Katholischen Religion im Reich«, das sogenannte »Aerarium«. Und als Wittelsbacher, dessen Vorfahren den Künsten, der Erziehung zugetan waren, und als Jesuitenzögling ist ihm Ausbildung wichtig. Seine Schwestern wurden schon früh und selbstverständlich mit den Brüdern unterrichtet. In der Arbeit, die die Englischen Fräulein im Paradeiserhaus aufgenommen hatten, so bescheiden aufs große Ganze gesehen diese Anfänge auch noch waren, erblickte er einen wichtigen Beitrag zur Verfestigung des Glaubens.

Von dem kriegsfernen Nepoten in Rom wollte er sich offenbar keine Vorschriften machen lassen – schon gar nicht in diesem Jahrzehnt, da die Liga unter dem begabten Feldherrn Tilly siegreich war. Allerdings schien sich das Blatt zu wenden. Wallenstein, der kaiserliche Feldherr, der die norddeutschen Bistümer Halberstadt und Magdeburg für die katholische Seite zurückgewinnen sollte, wie überhaupt aller Kirchen- und Klosterbesitz, der nach 1575 in protestantische Hände gefallen war, zurückgegeben werden sollte, weigerte sich, das zu tun, solange es ja nicht genug Priester und Ordensleute gäbe. Wallenstein sah in dem vom Kaiser entworfenen Restitutions-Edikt, das diese Forderung aufstellte und das am 6. März 1629 verkündet wurde, keinen Sinn. Maximilian beobachtete den geheimnisumwitterten Wallenstein mit Mißtrauen.

Während der bayrische Kurfürst und der päpstliche Nepot und Staatsekretär sich brieflich über das Institut Maria Wards und dessen Zukunftsaussichten äußern, erwägt der Papst, die Sache Maria Wards vor die Inquisition zu bringen. Unterdessen geht die Engländerin, sehr krank und sehr geschwächt durch die Reisestrapazen, den Weg über Innsbruck (6. Januar), Trient (12. Januar), Mantua, das ihr so liebe Loreto und kommt am 10. Februar 1629 in Rom an. Die dort verbliebenen Gefährtinnen wohnen wohl in Trastevere. Valerian Magni, der Kapuziner aus Prag, ist in der Ewigen Stadt schon Monate vor ihr angekommen. Er verbreitet verleumderische Vermutungen, predigt sogar einmal öffentlich gegen die englischen Jesuitinnen in einer Kirche. Auch der englische Vertrauensmann Thomas Blackloe spricht gegen sie. Aber die zurückgezogen lebenden Frauen hören von all dem nur vage Gerüchte. Sie bekommen keine direkten Nachrichten aus den hohen Gelassen und dunklen Gängen kurialer Würdenträger. Das

Geflecht der Behörden ist streng männlich bestimmt. Es sei denn, daß die Schwägerin des Papstes, Costanza, etwas erfahren hätte. Sie schätzt Maria Ward sehr. Aber schließlich und endlich stehen Frauen außerhalb dieser Welt, in der Meinungen gemacht, Entscheidungen gefällt, Urteile und Verurteilungen vollzogen werden.

Maria Ward, die von der winterlichen Reise überanstrengt ist, muß wochenlang das Bett hüten. Zeit zum Nachdenken, Zeit zum Erinnern, Zeit zum Planen, Zeit zum Beten. Sie sieht keinen anderen Weg als den direkten: Unter Umgehung aller Instanzen will sie zum Oberhaupt der Christenheit gehen. Ihr Vertrauen auf Urban VIII. ist unbegrenzt. Sie diktiert ihrer Sekretärin Elisabeth Cotton vom Krankenbett aus die längste Supplik ihres Lebens, fünf Folio-Seiten umfaßt dieses Schreiben, das sie dem Papst übergeben will. Als Organisatorin weiß sie genau, daß schriftliche Unterlagen eine wichtige Unterredung besser festzuhalten vermögen, als Worte allein, die dann höchstens nur aus der Erinnerung wiederklingen – ungenau womöglich.

Papst Urban befindet sich auf seinem Sommersitz Castel Gandolfo, der bis zum heutigen Tage die Sommerresidenz der Päpste geblieben ist. Urban VIII., der so gern die liebliche Landschaft am Albaner See zu Fuß oder zu Pferde durchstreift hatte, ließ hier von seinen Architekten und Bildhauern, Bernini und Maderna, Villa und Kathedrale ausbauen und schmücken. Hier hatte er die glanzvolle Hochzeit seines weltlichen Nepoten Taddeo Barberini mit Anna Colonna ausrichten lassen. Daß sein Neffe in diese uralte römische Familie der Colonnas einheiratete, gereicht dem familienbewußten Oberhaupt der Barberini-Sippe zur tiefen Freude. Taddeo war schon längst, wie sein Vater vor ihm, zum Gouverneur des Borgo ernannt worden, zum weltlichen Verwaltungshaupt der Heiligen Stadt. Außerdem hatte ihm der Papst das Fürstentum Palestrina gekauft und geschenkt – standesgemäße Krönung für diese Vermählung mit römischem Uradel.

Papst Urban VIII. empfängt Maria Ward – wie immer – huldvollst. Allerdings ist ihm die Supplik, die sie überreicht, zum Lesen zu lang. Er empfiehlt ihr, sie zu kürzen und in gekürzter Form den zuständigen Kardinälen zu überreichen. War schon alles entschieden, stand bei ihm schon fest, daß keine der kühnen Neuerungen, die Maria Ward für eine Ordensgemeinschaft erstrebte, von ihm genehmigt werden würde? Maria Ward klammert sich an ihren Optimismus, nein, mehr: sie glaubt an ihre Sendung, an die schwere Berufung, die der Stellvertreter Gottes auf Erden unmöglich übersehen dürfe.

In der Supplik hatte sie noch einmal den langen schmerzvollen Weg ihrer Berufung nachgezeichnet. Von den vielen fürstlichen Freunden, die sie als ihre Beschützer aufzählen kann, von den hochgestellten Würdenträgern der Kirche hebt sich der Name eines einzigen Feindes ab: Valerian Magni. Alle anderen Widersacher läßt sie anonym bleiben. Maria Ward geht mit hohen Hoffnungen aus Castel Gandolfo fort und schreibt einen wohlgemuten Bericht an Nunius Pallotta in Wien über diese Privataudienz. Dieser bedankt sich umgehend dafür, spricht seine Hoffnung auf weitere, so gute Nachrichten aus, bedauert ihre Kränklichkeit, verspricht ihr sein Gebet und küßt ihr die Hand *per fine del cuor* –wie es sich einer Frau von Adel gegenüber in dieser Zeit gehörte. Pallotta verströmt Freundlichkeit in allen seinen fünf Briefen – es zeichnet sich doch immerhin ab, daß seinem kühnen Schachzug Erfolg beschieden sei.

Was geschah mit der Supplik? Sie verschwand unauffindbar wie andere Schriftstücke, die sich positiv über die Englischen Fräulein äußerten, in den Archiven. Ein Original wurde sehr viel später bei den Unbeschuhten Karmelitern gefunden, dem Orden, dem der charismatische Mönch Dominikus a Jesu Maria angehörte (Archiv des Generalats der Karmeliten). Die erste wörtliche Veröffentlichung dieses Dokuments, das in italienischer Sprache abgefaßt ist, hat erst das Grisar-Team (1966) bewerkstelligt – 337 Jahre nach der Privataudienz in Castel Gandolfo.

Maria Ward tut, wie Papst Urban VIII. befohlen: Sie kürzt die Supplik, überreicht sie den Kardinälen, macht bei ihnen auch Besuch und sieht der Sitzung der Partikular-Kongregation entgegen, die der Papst ihr einzuberufen versprochen hatte. Den Vorsitz führt Kardinal Borgia. Alle vier Mitglieder dieser Kommission sind auch Mitglieder der Inquisition.

Die Inquisition, das Glaubensgericht, das gefürchtete, heimliche Tribunal, das nur Angeklagte ohne Verteidiger kennt. Maria Ward weiß nicht, daß ihr Auftritt vor dieser Partikular-Kommission, wie sie jetzt genannt wird, eine entscheidende Wende bedeutet in ihrem Leben. Sie kann es nicht wissen! Und hätte sie es gewußt, so hätte sie bestimmt nicht glauben können, daß ein so liebenswürdiger Mann wie der Außerordentliche Nuntius Pallotta sie von Wien und München stracks nach Rom schickte, um sie einer so gefährlichen Situation auszuliefern. Kardinal Borgia machte einen schwachen Versuch, sich dem Gremium zu entziehen, nachdem er den ersten Rechenschaftsbericht der Engländerin gehört hatte. Er beteuerte dem Papst, daß das Anliegen diese Frau gut sei, daß er sich aber außerstande sehe, etwas Gutes für sie noch zu bewirken, weil sie einfach zu viele mächtige Feinde habe. Borgia, Großneffe jenes Herzogs von Gandia, der sich seinerzeit für die einzige Jesuitin eingesetzt hatte (Juana, die Schwester Philipps II.), war auch Botschafter Spaniens im Vatikan. Es mochte ihn ängstigen, an diesem Verfahren beteiligt zu sein – doch er blieb.

Wurde Maria Ward von diesen vier Kardinälen einem Verhör unterzogen – oder hielt sie einen Vortrag? Es gibt keine Akten, die das Protokoll der Sitzung bewahrt hätten. Es gibt nur zwei Aussagen. Mary Poyntz und Winefrid Wigmore berichten: Maria Ward habe drei Viertelstunden vor den Kardinälen gesprochen und ihren Ordensplan erläutert. Während sie vor der Sitzung mehrere Tage lang von einem heftigen Husten gequält worden sei, habe sich der am Tage der Sitzung gelegt und sie habe unbehindert sprechen können – auch ungehindert. Nur einmal sei sie von Onofriu unterbrochen worden, der noch eine Zusatzfrage gestellt habe.

In der italienischen Vita heißt es: Maria Ward seien Fragen vorgelegt worden, die sie hätte beantworten müssen. Das sei ihr jedoch leicht gefallen, weil es keine peinlichen Fragen gewesen wären.

Also doch ein Verhör und kein Vortrag?

Der Forscher Grisar meint: »Daß eine Frau und dazu noch eine Ordensfrau, gegen die an der römischen Kurie manche Anschuldigungen vorlagen, vor schweigenden Kardinälen eine dreiviertelstündige Rede halten durfte, ist angesichts der damals in Rom herrschenden Anschauungen von der einer Frau und in erster Linie einer Klosterfrau gebührenden Unterwürfigkeit wie zugleich bei der von einer Kardinalskommission beanspruchten Würde schwer glaubhaft« (*Grisar* 1966, S. 585).

Kärgliche Berichterstattung steht gegen Meinung und Vermutung. Warum hätte Maria Ward nicht vor vier Kardinälen sprechen sollen, da sie schon im Laufe der Jahre vor so vielen einzelnen Kardinälen gesprochen, argumentiert und geredet hatte? Seit ihrem frühesten Auftreten wird ihr gerade auch von politisch Einflußreichen und kirchlichen Würdenträgern bewundernd und neidlos eine strahlende Intelligenz und hervorragende Beredsamkeit bescheinigt. Ebenso sicher wie manche unter den Kurialen sie gern zum Schweigen, wenn nicht gar zum Verschwinden gebracht hätten, ebenso sicher geht aber auch aus den Umständen hervor, daß Maria Ward eine Persönlichkeit war, die man ernst nehmen mußte. Diejenigen, die in häretischen Ländern lebten, wie der Ungar Pázmány und Ferdinand II., erkannten, daß von dieser, der Frauen-Seite, eine notwendige Hilfe kam. Aber in Italien, wo keine Reformation stattgefunden hatte, wollten die kirchlichen Würdenträger sich zweifellos das Privileg der Theologie vorbehalten und deshalb mußten sie Maria Ward und ihren Gefährtinnen unterstellen, daß sie religiösen Schiffbruch leiden würden, wenn sie sich Lehren, Erziehen, Reisen oder gar Predigen (woran sie aber gar nicht dachten!) zutrauen würden.

Maria Ward und ihrer Gefährtinnen Schicksal ist ein glänzendes Beispiel für die Methode des Verschweigens in der Geschichtsschreibung und die Folgen. Minutiös werden die Verleumdungen aufgeschrieben, weitergereicht, nochmal kommentiert von einem Scheuklappen-Juristen wie Ingoli. Gleichzeitig werden die positiven Zeugnisse vernichtet, ausgemerzt, zerstört.

In diesen Jahren, da die bösen Briefe aus Wien, aus Prag, aus Brüssel, aus den flandrischen Collegs sich geradezu überschlagen, treffen auch zwei Briefe in Rom ein, deren Verfasser eine sachliche Interpretation für Maria Wards Bemühen abgeben. In einem Feldlager Wallensteins, oben an der Ostsee, setzte sich der Beichtvater des Feldherrn, Wenzel Kutscher, hin, um seine Gedanken über Maria Ward zu Papier zu bringen. Auf Umwegen erst ist dieser Brief, der an einen Mitbruder gerichtet war, nach Rom gelangt. Wenzel Kutscher, der als Prediger, Katechet, als Erzieher in einem Internat und als Schulrektor eine vielseitige Laufbahn hinter sich gebracht hatte und der wohl die Erziehungsarbeit der Englischen Fräulein in Wien und Preßburg kennen gelernt hatte, ehe er Wallensteins Beichtvater wurde, lobte vor allem die fortschrittliche Idee Maria Wards, ohne Klausur zu leben. Die Beengung der weiblichen Orden, die Absperrung der Frauen von der Außenwelt, behindere die Freiheit des Gewissens, auf der ja allein nur die Heiligkeit beruhen könne. Frauen müßten eine Möglichkeit haben, ihr Leben bewußt zu gestalten, selbst in die Hand zu nehmen. Er zähle das von Maria Ward geplante Institut zu den besten der Kirche, und es beginne gerade jetzt zu einem richtigen Zeitpunkt, weil die Methoden der Jesuiten, die sie sich zum Vorbild genommen hätten, schon erprobt seien. Da die Bestätigung von Rom noch nicht ergangen sei, hätten sie jetzt mehr Möglichkeiten, neue Wege auszuprobieren. Wenn er 1000 Schwestern hätte, so wüßte er keinen besseren Stand für sie, um Gott zu verherrlichen als diesen. Ob dieser Brief aus Wallensteins Lager je in Rom gelesen wurde?

Ein ausführliches Schreiben lag einer Sitzung vom 2. Oktober 1629 vor, die im Beisein des Papstes abgehalten wurde. Er kam aus Preßburg. Pázmány, Erbischof von Gran und später Kardinal, Paladin des Reiches, Berater Ferdinands II., rühmt die Erziehertätigkeit der Englischen Fräulein, beschwört die Notwendigkeit von Mädchenschulen gerade in einem häretischen Land; wo die Sektierer bereits ausgezeichnete Schulen unterhielten und damit auch in die Familien und in die Zukunft wirkten. Er sehe nun in der Vereinigung dieser englischen Frauen und in ihrem Wirken gerade auch in seiner Stadt Preßburg, ein Werk der göttlichen Vorsehung. Schon die Apostel hätten Frauen zur Mitarbeit, zur Missionierung herangezogen und überall dorthin entsandt, wo den Männern die Türen und Tore verschlossen geblieben seien. Er halte die Erziehung von Mädchen fast für noch wichtiger als die der Knaben, weil »die Mütter die Zukunftswege ihrer Kinder« bestimmen. »Von den Müttern erhalten wir die ersten Richtlinien für das spätere Leben und der Duft dessen, was sie den zarten Köpfchen einträufeln, bleibt auch im späten Alter wirksam.«

Die fast zärtliche Liebe, die dieser tatkräftige Mann und Diplomat Erziehungsfragen entgegenbringt, sticht aber ab von den damals noch üblichen Anschauungen. Er steht mitten in der Auseinandersetzung zwischen Calvinismus und Katholizismus. Er hatte nur mit Mühe und zähem Verhandeln die calvinistischen Stadtväter dazu bringen können, nach einem Jesuiten-Gymnasium auch noch eine Mädchenschule (die dann Barbara Babthorpe leitete) zu gründen. Unter den gegebenen Umständen, so versuchte er den Prälaten im fernen Rom zu erklären, sei es auch besser, wenn Erziehung nicht mehr in dem beengten Rahmen früherer Klosterschulen, die die Klausur auch auf die Schülerinnen ausdehnten, stattfände. Klausurlosigkeit berge nicht mehr Gefahren als andere Lebensformen. Pázmány war sogar so kühn, den Namen »Societas Jesu« den Englischen Fräulein zuzugestehen – eine Sache, gegen die sich allerdings vor allem die Jesuiten selbst wehrten. Aber Pázmány war ja selber Jesuit. Man solle auch den Engländerinnen die Anrede *Mater* und *Matres* erlauben. Denn wenn es in andren Orden neben Äbten und Prioren auch Äbtissinnen und Priorinnen gebe, so sei doch nicht einzusehen, weshalb es neben den Patres der Societas Jesu nicht auch Matres der Gesellschaft Jesu geben könne.

Ohne Kommentar wurde dieser Brief von den Grenzen der Christenheit (die Türken standen damals nahe vor Preßburg) dem Archiv überantwortet. Ingoli, der so gerne seine Randglossen auf die Schriftstücke seines Bereichs kritzelte, ließ dieses Schreiben unversehrt. In der Sitzung selbst löste es nach der Verlesung nur den lakonischen Befehl aus, man solle Pallotta in Wien erneut den Befehl übermitteln, daß er – wie bereits früher angeordnet – im Verein mit Pázmány und Klesl die Schulen in Preßburg und Wien auflösen solle!

Auch aus Flandern kam ein wohlwollender Brief vom Bischof von Cambrai, Van der Burch. Er hatte, ganz im Sinne auch der Statthalterin Isabella, darum gebeten, das Aufhebungs-Dekret vom 7. Juli 1628 nicht auf die Jesuitinnen-Häuser seiner Diözese anzuwenden. Er stellte – wie so viele vor ihm und nach ihm – den Englischen Fräulein ein hervorragendes Zeugnis aus über ihr untadeliges Leben. Aber für positive Briefe war in Rom offensichtlich kein Bedarf vorhanden. Um so breiteren Raum nehmen die negativen Informationen ein. In der Sitzung vom 2. Oktober 1629 kam ein anderes Schreiben zur Vorlage, das unter der Bezeichnung *Scriptura* in die Annalen eingegangen ist.

Verfaßt wurde es von Andreas Trevigi, Leibarzt der Statthalterin Isabella, ein Mann von 73 oder 83 Jahren (sein Geburtsjahr ist nicht festgelegt), der schon seit Jahren alle negativen Informationen über die Jesuiten zusammengetragen hatte und der sich nun durch das Aufhebungsdekret beflügeln ließ, Negatives auch über Maria Ward und ihre Gefährtinnen zusammenzutragen. Trevigi führt nunmehr das kecke Kind von Ath in das Sammelsurium der Anklagen ein: im dortigen Jesuiten-Colleg hatte sich eine Neunzehnjährige als Mann verkleidet und über ein Jahr dem Rektor des Hauses »gedient«. Nach Trevigis Meinung konnte es sich dabei nur um ein Englisches Fräulein handeln, mußte es ein Mädchen aus der Gesellschaft Maria Wards sein. Aber Maria Ward und die Ihren waren niemals in Ath. Die zwar verbürgte Geschichte, die dem Jesuitengeneral und dem Orden nicht gerade willkommen war, konnte nicht auf Maria Wards Negativ-Konto verbucht werden.

Dafür wußte Trevigi aber viel von gemeinsamen, sehr lustigen Ausflügen der Patres und der Englischen Fräulein – pure Erfindungen, wie sich erwies. Besonders erregte er sich, wie so viele andere schon vor ihm, über Geldfragen. Er war davon überzeugt, daß die Maria-Ward-Gefährtinnen junge Novizinnen den anderen Orden wegschnappten, natürlich nur um deren Geld an sich zu bringen.

130 Punkte dieser Nichtigkeitsgröße hatte er gegen Jesuiten und

Englische Fräulein zusammengetragen, weitere Bausteine auf den schon vorhandenen zählebigen Behauptungen gegen Maria Ward und ihre Gefährtinnen. Er griff auch noch einmal auf die Auseinandersetzung im Lütticher Kloster zurück, als das Bauernmädchen Praxedes mit seinen angeblichen Visionen die Gefährtinnen in zwei Gruppen aufsplitterte. Zehn Jahre nach dem Vorkommnis griff der Arzt Trevigi die Frage auf: hatte Maria Ward damals befohlen, man solle Praxedes mit Hochmut behandeln, sie dadurch verunsichern und ihr schaden? Und dann noch etwas Deftigeres: als die Schule in Rom aufgehoben wurde, 1625, als das Habit den Frauen verboten wurde, hatte da Maria Ward nicht aus Wut und Enttäuschung gesagt, der Papst und die Kardinäle sähen es wohl am liebsten, wenn sie alle halbnackt wie die Dirnen herumliefen?

Die *Scriptura,* in den Sitzungen vom 7. und 15. September sowie 2. Oktober verlesen, sollte an Lagonissa, den Nuntius in Brüssel gesandt werden, damit er den Inhalt auf seinen Wahrheitsgehalt prüfen könne. Lagonissa hat sich dieser Arbeit nie unterzogen; wollte er es sich doch nicht mit dem Leibarzt der Statthalterin, noch mit der mächtigen Frau selber verderben!

Aber Ingoli, der eifrige Sekretär der Propaganda, ließ sich von dieser *Scriptura* zu Randglossen inspirieren, mit denen er das so sehr positive Zeugnis des flandrischen Erzbischofs von Cambrai versah. Und später noch stellte er daraus ein Compendium zusammen, das jedoch wohl nie die Archive der Propaganda-Kongregation verließ.

Alles, was nicht den hergebrachten Normen des kanonischen Rechts entspricht, ist für diesen Übereiferer von Übel. Ob Gregor XV. solche Verkrustungen im Denken hätte vorausahnen können, als er Ingoli 1622 als »vielgeliebten Sohn« in sein Amt in der neugegründeten Kongregation einführte? Der begabte Ravennate war in wenigen Jahren bereits ein bedingungsloser Sklave seiner Funktion geworden.

Wenn Dinge von so läppischer Größenordnung jahrelang gesammelt, aufgeschrieben und besprochen, in Sitzungen abgehandelt werden, dann wundert es einen nicht, daß für wirklich religiöse Fragen in den Ereignissen um Maria Ward und ihre Gefährtinnen weder Platz noch Zeit ist! Allenfalls geht es um kanonistische Fragen, um Fragen des Kirchenrechts, also um juristische – nie um theologische.

Maria Ward war in Rom den Angriffen preisgegeben, wich den Auseinandersetzungen nicht aus, im Gehorsam gegen die ihr auferlegte Berufung. In Demut nahm sie die Widerwärtigkeiten, die psychischen

Qualen der nicht enden wollenden Angriffe hin. Die ersten Angriffe waren von englischen Klerikern aus Flandern nach Rom gekommen, nun wurden sie von dort durch Trevigi verstärkt, durch Ingoli in Rom aufgefangen, durch Klesl und Magni ergänzt. Als die Propaganda-Kongregation im Sommer 1629 aus Brüssel die Vollzugsmeldung bekam, daß das Haus der Katharinenschwestern aufgehoben sei – und das sogar unter den Augen ihrer Protektorin Isabella, schickte Ingoli dem Außerordentlichen Nuntius in Wien eine Ermahnung: er möge das dortige Haus der Englischen Fräulein endlich, endlich auflösen. Der Diplomat Pallotta redete sich zunächst heraus: Klesl sei zur Zeit nicht in Wien, der Kaiser der Protektor der Engländerinnen und der Schule. Man werde sehen . . .

Immer ging es Pallotta um die Huld des Kaisers. So verfiel er wieder auf eine beinahe genial zu nennende Idee: man könne eine Aufhebung der Schule und der Niederlassung vielleicht am ehesten mit Mängeln, die man in der Schule finde, begründen, die müßten ja selbst dem kaiserlichen Wohlwollen zuwider sein. Dem Kaiser wußte er zu suggerieren, daß eine Visitation der Schule vielleicht doch noch Rom umstimmen könne, eine Visitation – so Pallotta dem Kaiser gegenüber! – könne sich vielleicht noch am ehesten vorteilhaft für die Bestätigung des Instituts auswirken.

Klesl, dem auch Rom zu dieser Zeit bescheinigt, daß er ja eigentlich derjenige gewesen sei, der 1628 mit seinen Briefen zum neuerlichen Kampf gegen Maria Ward aufgerufen habe, wird in die jetzigen Bemühungen eingeschlossen. So schreiten am 7. Oktober 1629 auf Veranlassung von Pallotta und Klesl mit Genehmigung des Kaisers Ferndinands II. drei Prälaten von St. Stephan und ein Protokollant durch das imposante Portal des Hauses Nr. 3 im »Stoß am Himmel«. Visitation – ein elektrisierendes Wort in der Klosterwelt! Mit Gleichmut, freundlichem Selbstbewußtsein werden die Würdenträger von Margaret Genison, der Oberin des Hauses, empfangen. Die Nichte von Pater John Gerard, die in Neapel die Gründungszeit mitgestaltet hat, kennt sich aus: sie hatte schon im Oktober 1627 die Visitation erlebt, die auf Veranlassung von Klesl stattfand.

Es werden ihr dieselben Fragen gestellt, in Latein, wie sie den Englischen Fräulein nun schon seit fast zwanzig Jahren gestellt werden.

Wer hat sie ermächtigt, ein Haus zu gründen? Margaret Genison verweist an Maria Ward.

Ob sie den Jesuiten untertan seien? Nein.

Ob sie ein Orden seien und sie sich als Ordensfrauen betrachteten? Noch nicht, da die Bestätigung, die Papst Paul V. 1616 in Aussicht gestellt habe, noch immer nicht eingetroffen sei.

Welche Art von Gelübden sie ablegten und wem? Die drei Gelübde und im Angesicht des Allerheiligsten.

Ob sie ein Gelübdebuch hätten? Ja, die Gelübde würden eingetragen.

Ob sie ein gemeinsames Ordenskleid, gemeinsame Ausgaben und gemeinschaftliche Übungen hätten? Ja, sie trügen auch in Wien das schwarze, jesuitenähnliche Gewand und wenn sie ausgingen den dünnen schwarzen Schleier, den *manto,* der von Kopf bis Fuß reichte. Sie bezeichneten sich als Matres de Societate Jesu. Sie führten eine gemeinsame Kasse, in ihrem Hause befinde sich ein Oratorium, wo sie sich zu geistlichen Übungen zusammenfänden, wo aber die Messe nicht gelesen werde. – Die Beichte legten sie bei einem Jesuitenpater ab.

Ob Männer in ihr Haus kämen und wer der Priester sei, der ihr Haus betrete? Der Priester Henry Lee sei ein Verwandter Maria Wards, höre ihre Beichte, nehme seine Mahlzeiten in einem eigens dafür vorgesehenen Zimmer ein, wenn der Kaiser nicht in Wien sei – sonst speise er bei Hofe.

Alle diese Fragen waren darauf ausgerichtet, das Institut als eine dem Kirchenrecht widersprechende Einrichtung darzustellen. Wenig wollen die Visitatoren über den Unterricht wissen. Drei Engländerinnen, acht Deutsche arbeiten in diesem Haus: das Durchschnittsalter ist 27. Die älteste ist die Schulpräfektin Anna Maria Mehrin aus Konstanz mit 39 Jahren, die jüngste die 17jährige Novizin Margarete Zimmerin aus München. Acht dieser jungen Frauen waren bereits in München, also nach 1627, im Paradeiserhaus eingetreten – ein Beweis, wie sehr diese Gründung, wie Maria Ward sie ins Leben gerufen hatte, dem Geist, dem Bedürfnis der Zeit entsprach. Drei der Frauen kümmerten sich um die praktischen Dinge: die Köchin, die Pförtnerin und die Besorgerin, Dispensatrix genannt.

Das Durchschnittsalter von 27 Jahren regt zum Nachdenken an: Zur damaligen Zeit sicher kein so jugendliches Alter, wie es heute sein mag, nur 30 Prozent der Bevölkerung wurden älter als vierzig. Das Erstaunliche ist aber, daß Maria Ward dieses Haus in Wien zwar im Sommer 1627 ins Leben rief, aber im Frühjahr des nächsten Jahres schon wieder in Preßburg war, nur zu kurzen Besuchen 1628 (Verhandlung mit Pallotta) in Wien und dann wieder in München war. Zur Zeit dieser Visitation befindet sie sich noch in Rom.

Trotz alledem hat die Schule sich so gut entwickelt, trotzdem können strenge Visitatoren nichts an dieser Gründung aussetzen. Es zeigt sich, daß Maria Ward eine glückliche Hand hatte, wenn sie Verantwortung delegierte. Sie blieb als Vorbild gegenwärtig, auch wenn sie weit weg war. Offensichtlich traf ihre Idee von einem aktiven Leben für Frauen, von geistiger Beweglichkeit, den Nerv der Zeit! Dementsprechend äußern ihre Gegner ja auch immer wieder die Befürchtung, daß diese kleine, fest zusammenhaltende Schar eines Tages so groß werden könnte wie andere, ältere Orden, insbesondere wie die beweglichen Jesuiten, die in ihrem ersten Jahrhundert des Bestehens jetzt die Welt verblüffen!

Die Visitatoren hatten nichts Anstößiges finden können und so verursachte es ihnen furchtbare Mühe, ein Dekret zu verfertigen. Vier Exemplare wurden ausgearbeitet, das dauerte bis in den Frühsommer hinein, aber nie wurde ein Dekret für das Wiener Haus veröffentlicht. Wußte Klesl das zu verhindern? Wollte Pallotta den Kaiser nicht reizen? Noch immer ist ja die Frage Mantua nicht gelöst, und am 6. März hat der Kaiser das Restitutions-Edikt erlassen. Wie kann man Klöster wiederhaben wollen, wenn man bestehende Häuser auflöst? Und das in Wien. Zudem hat Pater Lamormaini dem Kaiser nahegelegt, alle ehemaligen, nunmehr leeren oder enteigneten Frauenklöster den Jesuiten zu geben.

Pallotta wird nicht so unklug sein, hier in Wien zu dieser gereizten Zeit vorzusprechen. Auch den Eifer der römischen Propaganda-Kongregation weiß er zu beschwichtigen mit hinhaltenden Briefen. Da fühlt sich Kardinal Klesl übergangen und er wirft der römischen Behörde vor, daß man die ganze Angelegenheit einfach deshalb verwirrt habe, weil man sie dem Nuntius Pallotta übergeben habe. Er droht schließlich sogar: fahre man so fort, ihm die Jurisdiktion zu entziehen, die ihm als Bischof dieser Wiener Diözese zustehe, so wisse er nicht, wie die Religion in Zukunft erhalten werden solle! Klesl starb über seinem Zorne – im September 1630.

Aus dem Dunstkreis dieser vergeblichen Bemühungen ist aber in den Archiven noch ein trauriges Beweisstück für den Unmut, den die ergebnislose Visitation hinterlassen hat: es ist wieder einmal eine anonyme Schrift, die den mißmutigen und hämischen Klatsch dieser Zeit zusammenfaßt. Der pompöse Titel: »Allgemeine Auskunft über das Institut oder die in Wien bestehende Frauengenossenschaft der sogenannten Jesuitinnen«.

In dieser Schrift wird behauptet, der Erfolg der Wiener Schule sei nur dadurch zu erklären, daß die Engländerinnen ihre Erfolge in anderen Ländern so laut ausposaunt hätten, daß die Wiener Mütter (die ja auf alle Neuheiten hereinfielen!) ihre Töchter sofort in diese neue Schule geschickt hätten. Der Unterricht sei zwar unentgeltlich, doch nähmen die Engländerinnen um so größere Geschenke an; außerdem machten sie in den Häusern ihrer Schülerinnen viele Besuche, die sie bis in die Nacht ausdehnten. Und lustige Spaziergänge in die Umgebung unter dem Vorwand von Krankenbesuchen. Im Hause selbst würden die deutschen Lehrerinnen von den englischen herumkommandiert, so daß die ersteren sehr unglücklich wären und sich das nicht länger gefallen lassen würden. Man habe diese in Bayern da und dort aufgelesen, in Österreich hatten sie noch keine Frau von Ansehen »fischen« können. Sie gingen so viel in der Stadt umher, in ihrer auffallenden Tracht, und suchten, die Jesuiten nachzuahmen, die aber gar nichts von ihnen wissen wollten. Sie erregten Ärgernis bei den Klausurnonnen, denen die Regeln gerade erst wieder strenger gegeben worden seien und außerdem rühmten sie sich, besser zu sein als diese. Und als man bei der Visitation der Oberin das italienische Sprichwort vorgehalten habe *ò muro ò marito* habe sie erwidert: man könne Gott auch »ohne Mauer und ohne Ehemann dienen«.

Verleumdungen bieten zweierlei Nutzen: sie charakterisieren den Verleumder einerseits und sie verkehren ins Negative, was positiv Bewunderung oder Aufsehen erregt. Lassen wir die Verleumder anonym wie sie sind. Die Vorwürfe beweisen, daß die Englischen Fräulein in einem fremden Lande willkommen waren, sonst hätten sie sich nicht unter den Eltern so ausgiebig bewegen können. Sie waren offensichtlich den Lebensformen von Hof und Adel angepaßt. Da die Englischen Fräulein mit den Eltern verkehren, erfahren sie Nützliches über die Herkunft der Schülerinnen (etwas, wovon viele Psychologen heute nur träumen können). Sie haben eine Schule für Mädchen *aller* Stände eingerichtet. Im Gegensatz zu den Ausbildungsmethoden, wie sie vor der Reformation, vor der Auflösung der Klöster bestanden, als nur einige wenige und nur adelige Mädchen in klausurierten Klöstern und selbst unter Klausur eine Ausbildung erhalten konnten, durften. Daß der Unterricht unentgeltlich war, ist so senationell, daß der Klatsch offensichtlich daraus reiche Nahrung zog und eben gar keine andere Erklärung dafür finden konnte, als daß die Frauen sich an reichen Geschenken schadlos hielten.

Schon in Rom hatten die Prälaten einschließlich der Vertreter des englischen Weltklerus die Nase über die klassenlose Schule gerümpft. Jetzt werden auch noch die in Bayern »da und dort aufgelesenen« Novizinnen oder Lehrerinnen heruntergezogen. Es ist der Neid und die Angst der Ortsansässigen gegenüber »Zugereisten«, »Reingeschmeckten«, »Fremden«, »Asylanten« und »Flüchtlingen« überhaupt. Und sie alle wissen ganz genau, daß das Neue von heute das Notwendige von morgen sein wird.

Die erfolgreiche Frauengruppe im »Stoß am Himmel« Nr. 3 läßt sich weder durch zwei Visitationen noch durch Klatsch auseinandersprengen. Sie verlieren zwar einige Schülerinnen, aber sie bleiben noch eine ganze Weile zusammen und arbeiten weiter.

Zwischen Rom und Klosterhaft in München

»Leide, frohlocke und schweige.«
Dominikus a Jesu Maria

Kleine Schuhe mit klobigen Holzsohlen; eine runde Uhr mit grobem Werk; ein matter, zerkratzter Silberlöffel – Reiseutensilien Maria Wards, die in einem stillen, lichtdurchfluteten Zimmer in Altötting im Institut der Englischen Fräulein aufbewahrt werden.

Die klobig-kinderkleinen Schuhe hat Maria Ward auf ihrem Weg von Rom nach München getragen, 1630, Ende April oder Anfang Mai. Die Schuhe waren für jemand ganz anderen gemacht, aber andere hatte sie nicht. In einigen frühen Biographien heißt es sogar, daß alle fünf Personen in dieser Gruppe nur ein einziges Paar Schuhe hatten. Sie hatten auch ein Pferd, auf dem sie abwechselnd ritten, und ab Venedig eine Kutsche. Diesmal konnten sie nicht den gewohnten Weg über Mailand einschlagen, dort wütete die Pest. Auch wollte Maria Ward in der Lagunenstadt seidene Stoffe und Garne für die Stickereien in ihrer Hauskapelle einkaufen, für Meßgewänder und Altartücher. In Venedig wurden die kostbaren Dinge des Orients feilgeboten.

Es sind ihrer fünf: Winefrid Wigmore, Elisabeth Cotton und Margaret Horde, die verläßlichen Sekretärinnen, die Laienschwester Anne Turner und Maria Ward, die unermüdliche Stifterin; dazu ein Diener. Maria Ward ist guten Mutes; obwohl sie nur 200 Kronen in der Reisebörse haben. Schon in Rom haben die zurückgebliebenen Gefährtinnen besorgt gefragt, wie die kleine Schar mit so wenig Wegzehrung bis München oder Wien kommen will. Maria Ward darauf: »Wir werden keinem Armen ein Almosen verweigern, dann wird das Geld schon auf irgendeine Weise uns wieder zukommen.« In irdischen Dingen ist sie frei von Angst, da hat sie ein geradezu heroisches Gottvertrauen, wie es auch Ignatius von Loyola vorgelebt hatte.

Dieser Weg von Rom nach München ist nur ein Stück auf diesem Weg von 15000 Kilometern, den die fast immer kränkelnde Frau im Laufe ihres Lebens auf sich nimmt, um die ihr von Gott gegebene

Aufgabe zu erfüllen, für verantwortungsbewußte Frauen einen Orden zu gründen und Mädchen zu erziehen, sei es für das Kloster – oder für das Eheleben.

Zweimal war sie nun schon deswegen in Rom gewesen. Zuerst 1621 mit der flammenden Hoffnung, der felsenfesten Überzeugung, man werde in wenigen Tagen mit der schon 1616 in Aussicht gestellten Bestätigung zurückkehren können, nach Flandern, zu den Häusern in Lüttich, Trier, Köln und St. Omer. Das zweite Mal war sie vor 17 Monaten in die Ewige Stadt gegangen, sterbenskrank.

Aber Nuntius Pallotta hatte sie nach dort *hingelobt,* hatte ihr ausgemalt, wie leicht es ihr, der Maria Ward, sein würde, an heiligem Ort und an maßgebender Stelle, die ersehnte Bestätigung für ihr Institut gewährt zu bekommen. Und nun hatte man sie von Rom *weggelobt;* der päpstliche Hof hatte sie freundlich und huldvoll verabschiedet. Die Schwägerin des Papstes, Costanza Barberini, hatte ihr dargetan, daß es viel besser sei, in München oder Wien, wo die Schulen so außerordentlich gut arbeiteten, den endgültigen Spruch zu erwarten. In Wien habe zudem der päpstliche Nuntius seinen Sitz, so daß Nachrichten aus Rom sie dort sehr schnell und zuverlässig erreichen könnten.

Maria Ward ist guten Mutes: Ihr Institut, das ihr von Gott aufgetragene Werk, ist nicht aufgehoben; es wurde in diesen 17 Monaten ihres Romaufenthalts nicht aufgehoben, es steht lediglich die Anerkennung aus. Sie denkt an ihre Audienzen bei Papst Urban VIII., seine Huld und seine Freundlichkeit. (Sie weiß nicht, daß er schon 1628 von der Propaganda ihre Papiere anfordern ließ, damit sie dem Glaubensgericht überantwortet würden.) Sie denkt an die eingesetzte Partikular-Kommission, wo sie ungehindert sprechen durfte – drei Viertelstunden lang. (Sie weiß nicht, daß alle vier Kardinäle auch Angehörige der Inquisition waren.) Sie denkt an die freundlich-interessierten Briefe, fünf an der Zahl, mit denen Nuntius Pallotta aus Wien ihre Bemühungen in Rom belobigt hat. (Sie kann sich nicht vorstellen, daß hinter ihrem Rücken, daß zwischen Rom, Neapel, Lüttich und Wien die Aufhebung ihrer Institute in die Wege geleitet ist; sie hat keine Ahnung von dem üblen Compendium, das Ingoli zusammengestellt hat, im Januar dieses Jahres schon, und kann sich gewiß nicht vorstellen, daß der huldvolle Papst ihr kein Wort von solchen bedrohlichen Entwicklungen gesagt hat.) Maria Ward, eine lebenskluge Frau in so vielen praktischen Fragen, *will* es sich auch wohl zu diesem Zeitpunkt noch nicht vorstellen.

Als sie am 2. Januar 1629 in die Sänfte der Kurfürstin Elisabeth

Renata von Bayern gesetzt wurde, litt sie an einer heftigen Nierenkolik, die fast bis Rom andauerte, die Ärzte hatten sie aufgegeben. Und jetzt – 17 Monate später? Pater John Gerard schreibt: »Sie ist nicht mehr jung, auch nicht gesund, im Gegenteil kränkelt sie immer: ist nicht mehr kräftig, sondern sehr schwach, mit einem Worte, kaum lebend, sondern in einem Zustand stetigen Sterbens« (*Chambers* 1889, II. S. 262).

Pater John Gerard, der 1627 von Gent zurückversetzt wurde nach Rom, wo er sich seinen schriftstellerischen Arbeiten widmen konnte und im Englischen Colleg in der Via Monserrato Beichtvater war, hat die Stifterin in dieser Zeit sicherlich wohl gesehen und gesprochen. Als Jesuit, als Ordensmann hörte und wußte er Vieles, was Ordensfrauen verschlossen blieb. Er sah aus nächster Nähe, wohin die Bemühungen der römischen Kongregationen zielten und wußte auch um die heftigen Kämpfe innerhalb der flandrischen Häuser, die Maria Ward schon seit zehn Jahren nicht mehr besucht hatte. Vergebens hatte Maria Ward immer wieder ihre Schwester Elisabeth gebeten, die Pflichten einer Oberin im Lütticher Haus zu übernehmen. Elisabeth widersetzte sich dem so heftig, daß sie das Bild ihrer Schwester aus dem Rahmen riß, auf die Erde warf und zertrampelte – ein Zornesausbruch, der natürlich von wenig wohlwollenden Mitschwestern schnell weitererzählt wurde – und zweifellos bis Rom drang. Pater Gerard mag in dieser Zeit in Rom auf Maria Ward gütlich eingeredet haben, doch vielleicht ist er auf taube Ohren bei dieser zielstrebigen Frau gestoßen.

So wandte sich der wagemutige Missionar, der in der Arbeit der Englischen Fräulein ja doch auch die Fortsetzung seines eigenen Wirkens sah, an die Oberin in München, an Mary Poyntz. Ein Brief von 30 Seiten mit biblischen, ja prophetischen Wendungen, durchdrungen von einer Trauer, die Diesseits und Jenseits umfaßt. Ein Warner steht auf, ein Tatmensch, der die Flut des Bösen noch einmal zurückstauen möchte und doch weiß, daß Hilfe fast schon zu spät ist – wenn die Betroffenen selbst nicht handeln.

Er beschwört die Oberin Mary Poyntz in München, auf Einigkeit unter den Ihren vor allem zu dringen. Gefahr komme zuallererst von innen. Und einige Frauen aus Flandern waren fast bereit, einige der hart umkämpften neuen Grundsätze Maria Wards aufzugeben und einem klausurierten Orden beizutreten. »Seid auf der Hut . . . Einige geben sich dem Wahne hin, diejenigen seien im Recht, welche es für erlaubt halten, dem Werke ihrer Vorsteherin etwas hinzufügen oder davon wegzunehmen, ja, welche selbst die Befehle ihrer Mutter hintansetzen, um dem Rate eines angeblichen Freundes zu folgen. Aber wehe jener Frau, durch die ein solches Übel bei Euch Eingang fände; besser wäre es für sie, wenn sie nicht geboren wäre; denn sie würde nicht allein sich selbst, sondern die ganze Gesellschaft zugrunde richten ... Erstaunliche Dinge habe ich, seitdem Eure Mutter Generaloberin das letztemal hier zu Besuch war, gesehen und gehört. Ich habe die Sonne am Mittag sich verfinstern und die Sterne ihr Licht verlieren, ja, ich habe sie beinahe ihre Bahn verlassen sehen. Die Feinde mehren sich und die Freunde werden nicht bloß wankend, sondern bringen schlechte statt gute Früchte hervor ... Es überrascht mich auch nicht, daß die Feinde ihren Plan durchzusetzen suchen; wie aber Freunde sich so weit von der Regel der Freundschaft entfernen können, daß sie, statt dem Werke voranzuhelfen, ihm schaden, dies, die Wahrheit zu gestehen, setzte mich so sehr in Staunen, daß meine rechte Hand sich sträubt, die linke zu führen. Es kommt mir wirklich vor, als ob die Verfolgung gegen Euch erst jetzt ihren Höhepunkt erreicht hätte ...«

Gerard mahnt sie zur Einigkeit und zum Gehorsam gegen Maria Ward, ja, er feiert die Stifterin mit den bewegtesten Bibelworten: »Selig sind die Augen, welche sehen, was Ihr sehet ... Präget alle ihre Worte, Werke und Grundsätze Eurem Herzen tief ein, denn es wird die Zeit kommen, wo Ihr danach verlanget, es aber nicht haben werdet. Feinde werdet Ihr immer haben und an Widersprüchen in und außer dem Hause wird es Euch niemals fehlen; sie aber werdet Ihr nicht immer bei Euch haben ...«

Dann rühmt er das Münchner Haus, das unter allen Collegs, die Maria Ward bis dahin errichtet hat, dasjenige ist, das den »gedeihlichsten Fortgang genommen hat und so hängt der Fortgang der ganzen Gesellschaft größtenteils von der Wohlfahrt Ihres Collegs ab und zwar nicht allein wegen des großen Nutzens, den die ganze Gesellschaft durch dessen fähige und taugliche Mitglieder daraus zieht, sondern auch wegen des Schimmers der Erbauung, den die ganze Welt sich davon erwarten darf. Der bloße Ruf des Hauses wird für das Werk Ihrer sehr geehrten Mutter hier in Rom sowohl als an andern Orten förderlich sein ...«

Der beschwörende, mahnende Brief schließt mit einer beinahe wehmütigen Note – der Sechzigjährige, welterfahren und weise, verspricht der jungen Oberin, deren Werk und Tun er von dunkelsten Gefahren bedroht sieht, seine täglichen Gebete bei seiner Danksagung nach der Messe: »Ich weiß nicht, welchen Zauber Sie anwenden, daß ich mich stets wieder an Sie erinnere, denn in dieser Stunde vergesse ich Sie niemals ...« (*Chambers* 1889, II, S. 263).

John Gerard, der Mann, der 18 Jahre in der englischen Mission gearbeitet hat, der bis an sein Lebensende unter den Folgen der Folter im Tower gelitten hat, der wußte, was Verrat und Verfolgung bedeuten, ist besorgt, zutiefst besorgt. Als er am 6. Oktober 1629 seinen langen Brief an Mary Poyntz schrieb, hatte die Kongregation der Propaganda gerade erneut den Entschluß gefaßt, daß die Häuser in der Kölner Diözese aufgelöst werden sollten. In Wien stand die zweite Visitation der Schule bevor. Trevigis *Scriptura* war in Rom eingetroffen und wird sicher nicht so geheim geblieben sein, wie es die Kongregationen glaubten. Klatsch dieser Sorte dringt immer durch seelische und gemauerte Ritzen ...

Wieviel aber weiß denn Maria Ward von all den Dekreten und Anordnungen, die der eifrige Ingoli in alle Himmelsrichtungen schickt? Im Januar wird St. Omer, das erste von ihr gegründete Haus, aufgelöst. Der Befehl dazu hatte schon seit 1628 vorgelegen. Doch der Brüsseler Nuntius Lagonissa hatte erst nach anderthalb Jahren dieses Haus ausfindig gemacht, wo noch acht Frauen in bitterster Armut ein karges aber tadelloses Leben führten. Das Oratorium wurde geschlossen, der Altar abgebrochen, das Glockenläuten untersagt. Sie durften auch den Schleier nicht mehr anlegen und nicht zu zweit ausgehen, weil das ein Zeichen für Ordensleute sei. Das Zusammenleben allerdings wurde ihnen nicht verboten und das Unterrichten auch nicht.

Maria Ward, die zu dieser Zeit noch in Rom ist, wird davon nicht unterrichtet. Nicht der Papst, nicht der päpstliche Hof, auch nicht seine Schwägerin Costanza, geben ihr diese traurige Tatsache bekannt. Und Ingoli schon gar nicht.

Dieses Vorgehen, diese Methode führt natürlich zu Fehlhandlungen von Maria Ward, muß dazu führen. Solche Methoden sind auch nicht mit der frauenfeindlichen Einstellung jener Jahrhunderte zu entschuldigen, denn Maria Ward hatte doch in den Jahren seit 1621, seit ihrer Ankunft in Rom, in vielen Kongregationen ihren Institutsplan erklärt und mit ihren Häusern in Rom, Neapel und Perugia gezeigt, wie sie es meinte, hatte das klausurlose Leben der Frauen und Erzieherinnen demonstriert. Die neuen Ordensregeln wurden im Namen der Tridentiner Beschlüsse abgelehnt. Aber auch dies spielte eine Rolle: Verleumdungen oder Befürchtungen, sie könnten der Häresie zum Opfer fallen, sie könnten die Keuschheit verlieren, seien unfähig, die Urteile bischöflicher Instanzen nachzuvollziehen. Alle Gespräche oder vielmehr Unterredungen, die Maria Ward in Rom gewährt werden, drehen sich um kanonistische Begriffe: Vorschriften, die jahrhundertealt sind oder auf den Tridentiner Konzil formuliert wurden.

Aber hatte nicht jeder neue Orden die obersten kirchlichen Behörden in solche Abneigungen versetzt? War es Ignatius von Loyola anders ergangen? Und Franz von Assisi im 13. Jahrhundert? Franziskus und mit ihm Klara Favarone kämpften um das Privileg der Armut in einer Zeit, da der aufkommende Geldhandel die Bevölkerung mit plötzlichem Reichtum versah, nicht die ganze Bevölkerung, wohl aber die Herrschenden und damit auch die Päpste. Dies hatte die Armen in noch größere Armut gestürzt. Ignatius kämpfte um das Privileg der Beweglichkeit in einer Zeit, da ein neuer Weltteil entdeckt war und mit neuen, weltumspannenden Handelsgesellschaften die Kulturen einander näherkamen und als die von der Reformation aufgeweckten Europäer eine wachere Geistigkeit anstrebten. Wie hätten die Frauen abseits stehen können? Die neue, oft hochgereizte, aber auf allen Seiten leidenschaftlich empfundene Sehnsucht nach Religiosität der Gegenreformations-Zeit ergriff die Einzelnen.

Maria Ward war nach Flandern gegangen, um eine Nonne im mittelalterlichen Sinn zu werden. Sie unterwarf sich dem strengsten Orden. Und in Flandern, im spanisch-katholischen, rom-nahen Asyl, erkannte sie, daß die Zeit etwas anderes verlangte oder vielmehr: sie fühlte, daß eine Geistigkeit zu erobern war, die die Welt, den Alltag der Einzelnen, die Zukunft der Familien erneuerte. Mehr als zehn Jahre (von 1609 bis 1621) versuchte sie, in Gemeinschaft mit den mutigen Frauen, die ihr von England folgten – in ein mehr oder weniger unentdecktes Niemandsland, geistig gesehen – materiell betrachtet, in ein riesiges Nichts – eine Lebensform auszuarbeiten, die Zukunft in sich hatte. Als sie und ihre Gefährtinnen sich dieser Lebensweise sicher waren, machte sie sich auf nach Rom.

Und sie paßte nicht dahin! Maria Ward und die Ihren nahmen Gott und die Welt buchstäblich zu ernst! Sie waren nicht das, was man auf eine gemütvolle Weise fromm nennt, sie waren ernste Arbeiterinnen im Weinberg des Herrn, wollten es sein. Auf diesen Ansturm von Religiosität, auf diesen rückhaltlosen Einsatz von bewußter Geistigkeit war Rom nicht vorbereitet. In Italien hatte es ja keine Reformation gegeben, es war alles beim alten geblieben, was die Formen des Familienlebens, insbesondere was die Frauen anging. Diese Engländerinnen, die in ihrer Heimat Dissidentinnen waren, Außenstehende, Verdächtigte, denen die eigenen Landsleute ehrenrührige Verleumdungen nachtrugen, bis Rom hin nachtrugen, erregten auch in der Hauptstadt der Christenheit nur Mißtrauen.

Diese Frauen hatten apostolische Arbeit im Untergrund geleistet, hatten Gefahren auf sich genommen, fürchteten weder Gefängnis noch Todesurteil. Ihre bedrohte Welt war Lichtjahre entfernt von der großartigen Prachtgebärde aus Marmor und Bronze, mit der in der Ewigen Stadt nun der Triumph des alten Glaubens über Reformation und Rebellen gefeiert wurde:

Petrus, der Fels, den die Pforten der Hölle nicht überwältigen. Über dem Grab des Apostelfürsten hatte Bernini, der genialste und frömmste Bildhauer dieser Zeit, den festlichen Baldachin errichtet, hatte den gewaltigen Petersdom nach 170jähriger Bauzeit vollendet. Er meißelte aus weißem Marmor die vollkommenste Darstellung mystischer Ekstase im Denkmal der Teresa von Avila.

Zwischen Säulen aus Lapislazuli, unter kunstvoll perspektivisch ausgemalten Decken verkünden zu dieser Zeit in der Kirche Il Gesù allegorische Figuren den Sieg des wahren Glaubens. In vielen Stimmen und Formen wird er verkündet. Wie hätten Frauen, welterfahrene wie diese Verfolgten aus England, beheimatet unter den Türmen einer anderen Peters-Kirche, der mittelalterlichen Kathedrale von York, sich nicht zu Wort melden sollen? Wie hätten sie sich nicht in den Chor der aktiven Glaubensverkündiger einschalten wollen? Sie wollten nach überstandenen Gefahren in der Heimat eine bessere Zeit mitbauen helfen, vom Zentrum der Christenheit her.

Aber man traute diesen fremden Frauen nicht, sie wurden bekämpft nach althergebrachter Weise: mit Verboten.

Maria Ward erfährt von der Aufhebung des Hauses in St. Omer nichts auf offiziellem Wege. Winefrid Wigmore bringt ihr die Nachricht. Maria Ward kann nicht glauben, daß ein römischer Befehl dahinter steht. Sie ist überzeugt, daß es sich um einen Irrtum handelt, um eine überstürzte, unbedachte Handlung. Deshalb schreibt sie an die Gefährtinnen in Flandern einen Brief, der jene vor übereiligem Tun und falschem Gehorchen bewahren soll. Maria Ward schreibt am 6. April 1630, ehe sie Rom verläßt: »Ich bin sehr erstaunt, daß die Unsrigen so schnell den Mut sinken lassen, während sie doch so viel Grund zur Hoffnung haben. Aber Geduld! Bei meiner Rückkehr fand ich hier sechs Wochenbriefe von Euch und anderen vor. Was die Anordnungen zur Auflösung unseres Institutes und anderes dieser Art angeht, so sollt Ihr wissen, daß die Grundlage für das, was gegen uns bestimmt worden ist, sich auf falsche Anklagen stützt, und daß die Dekrete von Kardinal Bentivoglio, dem alten Feind unseres Instituts, verfaßt und ausgegangen sind. Die Anweisung kam ohne Kenntnis Seiner Heiligkeit zustande. Ihr dürft Euch nicht wundern, daß ich davon früher nichts geschrieben habe; denn auch keinem der Kardinäle der Kongregation, die der Papst mit diesem Geschäft betraut hat, ist das bekannt geworden, außer dem vorgenannten, der allein Urheber und Förderer der Anweisung ist. Von der Anweisung hat mir zuerst die Mutter Campiana (Winefrid Wigmore) Mitteilung gemacht. Der Kardinal selbst aber wollte, daß ich erst von der Sache erfahren sollte, wenn sie ausgeführt worden sei.

Was auch kraft dieser Anordnung und von wem auch immer befohlen wird, es darf von den Unsrigen nicht angenommen werden. Sie sollen sich mit aller Bescheidenheit und Ehrfurcht entschuldigen und antworten, sie wüßten von mir, daß der Verfasser dieses Dekrets unserem Institut abgeneigt sei, daß er es aber von sich aus, ohne Auftrag Seiner Heiligkeit und ohne Vorwissen der übrigen Kardinäle, denen jene Angelegenheit gemeinsam übertragen war, geschrieben habe.

Was ich früher schon mitteilte, bleibt gültig: Sollten Bischöfe oder Nuntien – woran ich nicht glaube – bis zur Verhängung der Exkommunikation vorgehen, so mögen sie das tun; es wird sich schon eine Hilfe finden lassen. Die Unsrigen sollen ihrem Institut treu bleiben, auch seinetwegen Verfolgung leiden, obgleich man zugeben muß, daß eine Verfolgung dieser Art schon als strengste Maßnahme zu betrachten ist, wenn man ihren Hergang richtig überlegt. Was die Lehre angeht, die die Unsrigen vom Gehorsam gegen ihre Vorgesetzten freizusprechen scheint, so weiß ich jedenfalls nicht, wer das aufgebracht hat; aber die Erfahrung wird zeigen, daß nur der Verlust der göttlichen Gnade uns von jener unverdienten Seligkeit trennen kann« (*Grisar* 1966, S. 612ff.).

So lautet der Brief, den Maria Ward noch in ihrer römischen Zeit geschrieben hat. Offensichtlich war sie sechs Wochen zuvor in einer anderen Stadt gewesen, denn sie bezieht sich gleich zu Anfang auf die eingegangenen Wochenbriefe. Sie hält Kardinal Bentivoglio für den Urheber des fatalen Gebots, St. Omer aufzuheben. Bentivoglio war

Nuntius in Flandern, als Maria Ward und ihre allerersten Gefährtinnen anfingen, in St. Omer ihre Lebensweise zu gestalten. Damals bescheinigte Bentivoglio der 26jährigen Maria Ward »einen hohen moralischen Stand, Klugheit und gute Lebensführung« (*Grisar* 1966, S. 181). Warum hält Maria Ward ihn jetzt für einen Widersacher, der bewirkt haben könnte, ein Aufhebungs-Dekret nach St. Omer zu senden? Möglicherweise war es die von Gerüchten, halb ausgesprochenen Andeutungen vergiftete Atmosphäre in Rom, die sie zu dieser unbewiesenen (von ihr unbewiesenen) Behauptung hinriß. Sie ermahnt die Gefährtinnen, gehorsam zu bleiben dem einmal gemachten Versprechen. Und denen, die das Gegenteil von ihnen verlangen würden, »in Bescheidenheit und Demut« zu sagen, daß die Anordnungen wider Wissen und Willen der Kardinäle ergangen und deshalb ungültig seien. Sollte man ihnen gar mit Exkommunikation drohen, so werde sich schon eine Abhilfe finden lassen. Ein Hinweis auf ihre Einflußmöglichkeiten, gewiß, und deshalb eben etwas, das die hohen Herren der Kurie sicher nicht schätzen. Schon einmal – in Prag – hatte sich ja Maria Ward über Exkommunikation geäußert. Da dies eine Frage des kanonischen Rechts war, wollten Vertreter der kirchlichen Macht wohl kaum dulden, daß Frauen dazu eine Meinung hatten und sie dazu auch noch äußerten. Und in diesem Brief also schreckte Maria Ward wieder nicht vor dem Wort Exkommunikation zurück!

Dieser Brief wird zum Stein des Anstoßes, diesen Brief wird die Inquisition schon sehr bald als ein Indiz für Aufsässigkeit und Ungehorsam auswerten. Dreihundert Jahre lang ist er in den Archiven verborgen geblieben, die frühen Biographen haben ihn nicht gekannt. Erst Pater Grisar hat ihn 1927 zum erstenmal veröffentlicht – in den »Stimmen der Zeit«.

Als die Reisenden in München angekommen waren, meldete sich schon bald eine *Persona Espressa* bei der Stifterin: ein eilender Bote aus Lüttich brachte die niederschmetternde Nachricht, daß am 30. April das Haus auf dem Mont St. Martin offiziell aufgelöst worden sei, und daß den Häusern in Köln und Trier das gleiche bevorstehe. Wie war diese Aufhebung vor sich gegangen?

Nuntius Pierluigi Carafa (nicht zu verwechseln mit dem Wiener Nuntius Carlo Carafa!) hatte nach einem angestrengten Briefwechsel mit Rom, dem Kurfürsten Ferdinand in Köln und dem Erzbischof Sötern in Trier die Weisung gegeben, das Dekret durchführen zu lassen. Nun schickt er also seinen Generalvikar Jean de Chokier von

St. Lambert in Lüttich in das Haus der Englischen Fräulein auf dem Mont St. Martin. Er liest den neun Ordensfrauen das Dekret vor und erklärt es ihnen in französischer Sprache. Neun Herren aus dem hohen Klerus haben den Vollzugs-Beauftragten begleitet und sind Zeugen dieses traurigen, denkwürdigen Ereignisses. Der Generalvikar erklärt den Frauen, daß sie keine *religiosae,* keine Ordensfrauen mehr seien, sie dürften das Habit nicht mehr tragen, die Glocke nicht mehr läuten, keine frommen Stiftungen und Almosen mehr empfangen. Sie hätten auch das Recht auf die eigene Begräbnisstätte verloren. Vierzig Tage für den Auszug seien ihnen aber gewährt, um ihre Schulden zu bereinigen. Schulden! 40000 Scudi lasteten auf dem Haus, und in Gemeinschaft sollten diese neun Frauen sie nun abtragen. Wie nur? Darüber gab es keine Verlautbarung, dafür auch kein Rezept. Den hohen Herren war darum zu tun, in der Stadt keinerlei Aufregung zu verursachen. Den neun Frauen wurde der Boden unter den Füßen weggezogen. In dem juristischen Dokument gab es keinen Hinweis dafür, wie sie mit den nun entstehenden praktischen Problemen umgehen könnten.

Als erste faßte Oberin Anna Gage einen Entschluß: sie wollte von ihren Gelübden entbunden werden. Sie sei schon fast 50 Jahre alt und damit zu alt, um in einen anderen Orden aufgenommen zu werden. Sie schreibt an den Papst und Nuntius Pierluigi Carafa leitet diesen Brief nach Rom; er fügt auch noch die Bitte an, man möge der Frau Anna Gage die Gebühren für eine solche Losbindung erlassen, denn sie sei mittellos. Anna Gage ist eine der ersten Gefährtinnen gewesen. Als Maria Ward 1609 das Klarissenkloster in Gravelingen errichete, das sie selbst mit 10000 Gulden ihres eigenen Vermögens finanziert hatte, da war der Vater dieser nun alt gewordenen Anna Gage bereit, das fehlende Geld beizubringen. Es war das Erbteil seiner Tochter; oder wenigstens ein Teil davon. Im Lütticher Haus war zu dieser Zeit, im April 1630, aber von Geld weit und breit keine Spur, es gab nur Schulden.

Fast täglich fragt die Oberin Anna Gage beim Nuntius an, ob die Dispens aus Rom schon eingetroffen sei, ob ihrer Bitte stattgegeben werde. Als sie endlich eintrifft, ist auch ein Brief vom Propagandasekretär Ingoli beigefügt: der Kölner Nuntius möge doch nicht unterlassen, der Bittstellerin heilsame Bußen aufzuerlegen: als ob der Untergang dieses Hauses nicht schon Buße genug sei! Der Prälat in der festgegründeten Kongregation der Propaganda Fide kann sich die seelische und materielle Bedrückung dieser Frau wohl kaum vorstellen. Ob Anna Gage nach England in ihre Familie zurückkehrte, ob sie in Flandern blieb, ob sie gesund war oder krank, ob sie noch fähig war, sich einen Lebensunterhalt zu verdienen – darüber wissen die Biographen nichts. Das hat auch wohl damals niemand ernstlich beschäftigt!

Lüttich ist aufgehoben und Nuntius Carafa meldet es stolz nach Rom, beklagt sich aber gleichzeitig über die säumigen hohen Herren in Köln, Kurfürst und Erzbischof von Köln, Ferdinand von Wittelsbach, Philipp von Sötern, Kurfürst von Trier. Diese Fürsten würden zu Eis, sooft er bei ihnen zur Eile dränge. Zudem sei Ferdinand als Bruder des mächtigen Kurfürsten Maximilian in Bayern doch vorsichtig zu behandeln und nach Rom gewandt habe er sich ja auch, um Aufschub zu bitten und um Milderung des Verfahrens.

Doch alles Bitten half nichts, Rom wünschte die Aufhebung und die wurde vollzogen. Auch der Kurfürst von Trier, Philipp von Sötern, dessen Gebiet jetzt die Truppen Wallensteins umzingelt hatten, hatte fünf Aufforderungen aus Rom unbeantwortet gelassen, ehe er am 26. Juli 1630 melden konnte: Glücklich beendet.

An einem Julimorgen um sieben Uhr wird den dortigen acht Ordensfrauen in deutscher Sprache das Aufhebungs-Dekret vorgelesen. Die Frauen erklären, daß sie sich dem Papst unterwerfen, aber am gemeinsamen Leben festhalten wollen. Sie berufen sich auf den Zivilkontrakt, den sie mit Maria Ward abgeschlossen haben und der ja von Rom nicht aufgelöst werden könne. Sie berufen sich auch darauf, daß in Rom die Ihrigen immer noch zusammen lebten und das Habit tragen dürften. Man erklärt ihnen, daß es dort nur noch vier Englische Fräulein gebe und das Haus in Rom ebenfalls aufgelöst sei.

Eifrig berichtet Carafa in dieser Zeit über alle Schritte und Unternehmungen nach Rom – einer nützlichen Belobigung sicher! Und dann hat er noch eine Sensationsmeldung abzugeben: Ihm ist der Brief Maria Wards vom 6. April 1630 in die Hände gefallen! Auf freundschaftlichem Wege sei ihm, dem umsichtigen Carafa, dieses Schriftstück zugeleitet worden. Es ist zwar nur eine Abschrift und sie ist auch nicht vollständig, da Anrede und Unterschrift fehlen. Aber das Schreiben sei doch der hinreichende und ausreichende Beweis für das, was diese Engländerin plane und zu welchem Ungehorsam sie die Gefährtinnen aufreizen wolle. Nuntius Carafa warnt eindringlich in seinen Briefen an Ingoli vor dem gefährlichen Englischen Fräulein. Und

Ingoli sieht schon gleich die Möglichkeiten, die sich da ergeben: *Das ist ein Schriftstück für die Inquisition.*

Nur: die Inquisition kann immer nur von vollständigen Briefen ausgehen und von Originalen. So schreibt Ingoli umgehend an Carafa, er möge doch das Original dieses Briefes beibringen und das vollständige Schreiben. Carafa weicht aus. Er habe die Abschrift von einer vertrauenswürdigen Person bekommen und natürlich sei Maria Ward die Verfasserin des Schreibens.

Das Original wurde niemals gefunden. Trotzdem nahmen die gerichtlichen Dinge ihren Lauf. Ingoli arbeitet der Inquisition zu und der Nuntius Carafa in Lüttich wiederum ist sein Zulieferer.

Maria Ward im Münchner Frühsommer von 1630 glaubt noch immer, daß die Aufhebungen ihrer Häuser in Flandern auf einem Irrtum beruhen. Sie glaubt, daß man alles noch einmal rückgängig machen kann. Deshalb beschließt sie, Winefrid Wigmore nach Trier, Köln und Lüttich zu entsenden – als Visitatorin. Eine ungewöhnliche Maßnahme zu der Zeit. Klöster wurden von Ordinarien, von Bischöfen oder auch von weltlichen Würdenträgern visitiert, aber niemals von Frauen. Das heißt: im Mittelalter, als in England und auf dem Kontinent in den Doppelklöstern Äbtissinnen die Verwaltung und kulturelle Arbeit leisteten und die Männer die schwere körperliche Arbeit der Siedlung, Organisation und Verteidigung ausführten, hielten auch Äbtissinnen Visitationen in den ihnen unterstellten Klöstern ab. Aber diese Zeiten und diese Bräuche waren jetzt längst vergessen. Daß Maria Ward nun wieder etwas Ungewöhnliches tat, mußte die kirchlichen Instanzen aufs Tiefste verwirren, wenn nicht erzürnen.

Persönlich konnte und wollte sie in Flandern nicht nach dem Rechten sehen; das hätte ihr als Flucht ausgelegt werden können und sie hatte ja in Rom versprochen, daß sie in Wien oder München auf die Bestätigung ihres Instituts warten wolle, auf den Spruch der eigens für ihre Sache eingesetzten Partikular-Kongregation, eingesetzt auf Veranlassung des Papstes Urban VIII.

Zum erstenmal tritt eine ihrer Mitarbeiterinnen aus dem Umkreis der Stifterin, aus der Gruppe heraus. Wenn auch Wigmore, Babthorpe und Poyntz sich als umsichtige Organisatorinnen und Oberinnen auszeichnen, so werden sie doch überragt von der Persönlichkeit Maria Wards. Ihre Mitarbeiterinnen bleiben im Hintergrund. Winefrid Wigmore – sie ging 1621 mit auf die kühne Reise nach Rom, war Zeugin der ersten Audienzen und Verhandlungen dort und wagte dann die Reise nach

Neapel, wo mit großem Erfolg wiederum – wie ja auch in Rom – eine Schule gegründet wurde. Sie wurde in Neapel Schulpräfektin und Novizenmeisterin, entwarf Schulpläne, pflegte ihre erkrankten Mitarbeiterinnen. Als Maria Ward ihr 1628 aus Prag schrieb, sie möge doch das Amt der Vizerektorin in München übernehmen, damit Mary Poyntz nach Prag kommen könne, war sie sofort bereit, Neapel zu verlassen. Als aber dann die Prager Pläne sich zerschlugen – oder vielmehr diese Pläne zerschlagen wurden und Maria Ward wieder einmal auf Romreise gehen mußte, war Wigmore ihre Begleiterin. Sie erlebte dort die unruhigen 17 Monate, begleitete die Stifterin zur Privataudienz nach Castel Gandolfo, wußte über die zahllosen Verhandlungen dieser Zeit in den verschiedenen Kongregationen Bescheid und war auch wohl die erste, die die Gerüchte über die Aufhebungs-Dekrete erfuhr.

Winefrid Wigmore war wie keine andere geeignet, den schwierigen Auftrag einer Visitation zu übernehmen. Ihr Leben und Arbeiten in fremden Städten, ihre Erfahrungen mit Novizinnen, ihr Umgang mit mittellosen Glaubens-Flüchtlingen und verwöhnten Aristokratinnen des Neapolitaner Königreichs hatten sie geprägt. Es ist nur ein einziges Porträt von ihr überliefert. Das mag wohl aus diesem Jahr stammen, es ist das Porträt einer über 60jährigen Frau: Hager ist das Gesicht. Straff spannt sich die Haut über hohen Backenknochen. Sehr kleine, tiefliegende Augen blicken den Betrachter durchdringend skeptisch an. Spitzes Kinn und sehr schmale, eingezogene Lippen. Nüchtern, tatkräftig, unbestechlich – so wird sie gewesen sein. Dazu paßt das Pseudonym, unter dem sie ihre Identität zu verbergen pflegte: Campiana (nach dem Jesuiten-Märtyrer Edmund Campion, der 1580 der Welt noch unter dem Galgen von Tyburn zurief: Wir werden siegen!).

Mit zwei Gefährtinnen macht sich im Sommer 1630 Winefrid Wigmore auf den Weg nach Flandern, zu Fuß natürlich. Vielen Kutschen mögen sie unterwegs begegnet sein: in Regensburg kommen ja die Kurfürsten und der Kaiser zusammen und großes Gefolge ist unterwegs. Allein 30 Jesuiten nahmen an diesen Beratungen teil, Kapuziner auch, vor allem Richelieus graue Eminenz, Père Josef. Es wird über das Restitutions-Edikt, das die Besitzverhältnisse nach konfessionellen Gesichtspunkten neu ordnen soll, verhandelt und über Wallensteins Macht und seine Absetzung und viele andere politisch-militärische und religiöse Fragen. Klöster und Kirchen verfallen, weil es nicht genug Ordensleute und Priester gibt. Aber Frauen, die das Ordensleben erstreben, müssen Jahr um Jahr auf eine Bestätigung warten und müssen sich schlimmer Verdächtigungen erwehren. In Anbetracht dessen ist zu Fuß zu gehen nicht das Schlimmste, auch arm sein nicht. Winefrid Wigmore und ihre Begleiterinnen kommen Ende Juli 1630 in Trier an und ermutigen die acht Frauen, ihre bisherige Lebensweise fortzusetzen. Sie gehen weiter nach Köln und tun das Gleiche. Mitte August sind sie in Lüttich, im Haus auf dem Mont St. Martin, das 1616 mit so viel Zukunftshoffnung gegründet worden war. Sie hatten sich bei der Gründung damals auf den Belobigungsbrief Pauls V. gestützt und hatten eine baldige päpstliche Bestätigung für selbstverständlich gehalten. Pater Gerard hatte ihren Enthusiasmus gestärkt und auch Graf Sackville war dafür gewesen, selbst die Jesuiten. Damals!

Aber jetzt war das Haus auf dem Mont St. Martin in einem so erbärmlichen Zustand, daß Wigmore und ihre beiden Begleiterinnen sich doch fragen mußten, warum es nicht schon längst aufgelöst worden war. Das Lütticher Novizenhaus war ihren Händen schon längst entglitten. Die Häuser in München, Wien und Preßburg waren von Anfang an so viel besser ausgerüstet gewesen und auch jetzt noch erfolgreich. Hatte Maria Ward diese Gründungen in Flandern etwa vergessen – zukunftsorientiert wie sie war? Die flandrischen Häuser waren wie das Haus in London Anlaufstation für junge Engländerinnen, die aus religiösen Gründen die Heimat verließen.

Drei Wochen lang sah die Visitatorin sich in Lüttich um. Es hatte den Anschein, als versenke sie sich in die Schulden-Abrechnungen, 40000 Scudi! Aber am 5. September gab sie sich dann als Visitatorin zu erkennen und ordnete an, daß die Glocken wieder geläutet werden sollten. Die Stimme Gottes, die verstummt war, sollte wieder gehört werden.

Das beunruhigte die Schwestern sehr. Die Oberin, Mary Copley, verläßt heimlich in der Nacht das Haus zusammen mit Elisabeth Hall. Sie beziehen eine Privatwohnung, weigern sich zurückzukehren und schütten dem Beichtvater Pater Ducket im Englischen Colleg ihr Herz aus, beklagen sich bitterlich. Das veranlaßt den Nuntius Pierluigi Carafa, sich unverzüglich in das Haus auf dem Mont St. Martin zu begeben und die Visitatorin zur Rede zu stellen. Wigmore bleibt bei ihrer Auffassung, daß der Papst ihnen allen noch kein Verbot mitgeteilt habe, daß deshalb die Häuser auch weiter bestehen bleiben könnten. Die Gelübde seien unauflöslich, ebenso unauflöslich wie eine Ehe, selbst wenn man die Partner am Zusammenleben hindere. Wigmore ist schlagfertig und unerschrocken, sie hat schon mit so vielen Würdenträgern verhandeln müssen und auch, wie viele englische Katholiken jener Zeit, so große Gefahren durchlebt, daß es ihr nicht schwerfällt, das Lebenswerk Maria Wards, das ja auch sie mit aufgebaut hat, zu verteidigen. Das reizt den verhörenden Nuntius Carafa über alle Maßen. Er gesteht später dem Rektor des Lütticher Jesuiten-Collegs, daß diese Frau ihn in eine solche Weißglut versetzt habe, daß er ihr am liebsten mit seinen eigenen Händen den Schleier heruntergerissen hätte!

Dazu kam es natürlich nicht. Aber zu einem peinlichen Zwischenfall oder vielmehr zu einer unangenehmen Wende kam es dann doch. Winefrid Wigmore, befragt, ob sie diesen Visitationsauftrag von Maria Ward direkt habe, läßt sich zu einem begeisterten Lob auf die Generaloberin hinreißen. Da will Carafa wissen, ob die Generloberin denn überhaupt adlig sei. Wigmore antwortet empört, daß Maria Wards Adel ein Geburtsadel sei, während er, der Nuntius Carafa, ja seinen Adelstitel nur gekauft habe. So erzähle man es sich in Neapel, wo sie es auch gehört habe.

Uns mag die Auseinandersetzung heute peinlich oder gar lächerlich erscheinen, aber in der auf Umgangsformen streng festgelegten Feudalzeit des Barock spielten diese Abstufungen der Gesellschaft eine bedeutende Rolle. Familien, die im Aussterben begriffen waren, wie die Familie Ward zu dieser Zeit, hatten natürlich alle Vorurteile gegen sich, konnten angegriffen und abgewertet werden, hatten keine Verteidiger. Marias ältester Bruder John war tot, ihre Schwestern waren Nonnen geworden und der Bruder Georg Jesuit. Wigmore stellte sich mutig auf die Seite dieser ihr seit der Jugend vertrauten Familie.

Natürlich gab Carafa keine Erklärung betreffs seines Adels ab: er wies keine Familienbeziehungen zu dem strengen Reform-Papst Pius IV. (1560–1565) nach, auch nicht zu dem Kardinal Decius Carafa in Neapel, der den Englischen Fräulein wohlgesonnen gewesen war, oder zu dem Wiener Kardinal Carlo Carafa. Pierluigi Carafa, der 1624 Kölner Nuntius geworden war und jetzt in Lüttich residierte, war einfach empört und wütend.

Er beschloß umgehend, die hartnäckigen, widerspenstigen Jungfrauen *(pertinaces virgines)* streng auf ihre Glaubensgrundsätze und auf ihre Ordensauffassung hin zu prüfen. Sicherlich haben gesellschaftliche Protokollfragen wenig mit Glaubenssätzen zu tun, aber der Nuntius, der schon seit Monaten mit der Aufhebung der Häuser von Rom aus beauftragt worden war, fürchtete die Konsequenzen. Von diesem peinlichen Wortwechsel über Geburtsadel, der in Gegenwart von Zeugen stattgefunden hatte, berichtete er nichts nach Rom – wohl wissend wie schnell und gern sich der Klatsch solcher Kleinigkeiten bemächtigt und sie noch ausschmückt.

Sieben Frauen wurden in Lüttich verhört. Der Beichtvater Ducket dolmetschte. In drei Sprachen – lateinisch, italienisch, englisch – ging es um so subtile Fragen des Kirchenrechts wie die Unauflöslichkeit von Gelübden, die Notwendigkeit von Klausur für Frauenorden, das Fortbestehen der flandrischen und der anderen Häuser, über die Berechtigung Winefrid Wigmores, eine Visitation abzuhalten oder vielmehr um die Berechtigung Maria Wards, eine Visitatorin zu entsenden.

Sie antworteten mit kleinen Abweichungen, daß die Gelübde unauflöslich seien, daß ihrer Meinung nach auch Papst und Bischöfe den Menschen nicht verbieten könnten, Orden zu gründen, daß ihr Stand sich noch zwischen Laienstand und Ordensstand befände, bis zur endgültigen Bestätigung, die ihnen ja versprochen worden sei. Was die Notwendigkeit von Klausur betreffe, so möge er doch Maria Ward persönlich befragen.

Winefrid Wigmore erklärte in ihrem Verhör auch noch, daß Papst und Kardinäle das Institut ja gar nicht kennen würden, daß Maria Ward in Rom darüber nicht vernommen worden wäre, nicht befragt. Das Dekret zur Aufhebung der Häuser sei nur aufgrund falscher Information zustande gekommen.

Da irrte sich die Visitatorin natürlich, aber sie konnte es nicht besser wissen, da keinerlei direkte Mitteilung an die Englischen Fräulein oder gar an Maria Ward in Rom ergangen war. Und hatten sie nicht 17 Monate lang in unmittelbarer Nähe der römischen Kongregationen gelebt? Sie wurde auch dies gefragt: Wie sie denn glauben könne, daß der Heilige Geist einer Gründerin etwas eingebe, was die Kirche so unbedingt verwerfe, wie die Klausurlosigkeit? Wigmore antwortete, die Orden seien von Gott; ob Maria Ward den Auftrag zur Gründung dieses Instituts von Gott erhalten habe, darüber möge man sie selbst befragen.

Sie gab keine ihrer Positionen preis, sie wich nicht, diese Frau, die seit 20 Jahren an der Seite Maria Wards für eine neue Ordensform gestritten hatte. Als Nuntius Carafa das von Maria Ward ausgestellte Visitations-Patent sehen wollte, weigerte sie sich, dieses wichtige, von der Gründerin unterschriebene und versiegelte Dokument zu zeigen. Sie hatte es verbrannt – irgendeine Angst hatte ihr gesagt, daß man ein solches Schreiben als Subordination auslegen könne und damit hätte man eine Handhabe, Maria Ward bei der Inquisition anzuklagen. Sie sagte nur, daß sie auf Befehl der Generaloberin hierher gesandt worden sei und daß sie weiterhin tun werde, was die Generaloberin entscheide, wenn sie auch dem Papst natürlich mehr gehorchen werde als dieser, aber nicht allen Prälaten.

Ende September mußten die Verhöre abgebrochen werden, weil eine der am Verhör beteiligten Personen mit einem Pestkranken in Berührung gekommen war. So konnte Carafa sich an seinen umfangreichen Bericht begeben, seinen Bericht an den Sekretär der Propaganda, Francesco Ingoli – der aber doch auch schon mit dem Blick auf die Inquisition geschrieben ist. In einem Begleitbrief entschuldigte sich der Nuntius für etwaige Unzulänglichkeiten seiner Prüfungen, denn er habe seit vielen Jahren keine Kriminalgeschäfte mehr behandelt. Kriminalgeschäfte! Ein Stichwort, das nur wieder ein anderes Stichwort hervorlocken kann: die Inquisition. In seinem Begleitbrief bestand Carafa auch darauf, daß man die Aussagen der Winefrid Wigmore für Aussagen Maria Wards nehmen solle, da diese Aussagen die »ganze Gefährlichkeit der Maria Ward deutlich« zeigten. Er läßt sich auch gleich in seinem Zorn zu Vorschlägen hinreißen, wie diese Visitatorin und die Gründerin zu bestrafen seien. Er gebraucht die Worte, die dann später in der Bulle Urbans VIII. auftauchen, in der *Pastoralis Romani Pontificis*.

Carafa in Lüttich schreibt: »Um diesen ›Lolch‹ (Unkraut) aus dem Garten der Kirche zu entfernen, sei eine päpstliche Bulle erforderlich, die das Institut der Maria Ward für null und nichtig erkläre, denn Wigmore und Gefährtinnen hofften immer noch, unter einem anderen Pontifikat zu erreichen, was ihnen jetzt verwehrt werde. Als zweite notwendige Maßnahme forderte der Kölner Nuntius, die angebliche Generaloberin einzukerkern und streng abzustrafen, weil sie trotz ihrer Zurückweisung in Rom und der Verwerfung ihres Instituts weiterhin den Titel einer Generaloberin führe, Patente ausstelle, Visitatorinnen entsende und frühere Mitglieder mit irrigen und wenig christlichen Ideen erfülle und damit beweise, daß sie die Stifterin einer *Sekte*, nicht aber eines Frauenordens sei. Er, der Nuntius, werde jedenfalls diese Jesuitinnen, wenn sie sich noch einmal in seine Nuntiatur wagen wollten, zu treffen wissen . . . Es sei auch höchst notwendig, die Häuser des Instituts in Wien und München aufzuheben, denn dort verweile die

Generaloberin, nehme sogar noch Novizinnen auf« (*Grisar* 1966, S. 716).

Ingoli in Rom liest den Bericht sorgfältig und macht sich seine eigenen Gedanken, die den Gedanken Carafas fast ganz entsprechen. Auch er hat genaue Vorstellungen über die Strafen, mit denen man diese unbeugsamen Frauen unschädlich machen könnte. Ingoli schlägt vor, daß man sowohl Maria Ward als auch Winefrid Wigmore einkerkere, daß man Schriften und Siegel beschlagnahme, und daß beiden der Prozeß gemacht werden solle in der Form, wie sie bei der *Inquisition* üblich sei. In fünf Punkten soll man danach sie für schuldig erklären:

(1) daß sie einen Befehl des Papstes, der Inquisition und der Propaganda-Kongregation übertreten hätten;
(2) daß sie Sätze ausgeprochen hätten, die *erronee, temerarie, male sonanti in fede* zu bezeichnen wären (irrtümlich, kühn und dem Glauben nicht entsprechend);
(3) daß sie entgegen den kirchlichen Gesetzen einen neuen Orden gegründet hätten und entgegen päpstlichen Bullen die Klausur beiseite gelassen hätten;
(4) daß sie zeitliche Jurisdiktion ausgeübt hätten, ohne sie zu besitzen;
(5) daß sie Mädchen zum Eintritt in ihre Gemeinschaft gebracht hätten unter Vorgabe einer bereits erhaltenen Bestätigung. (Eine Behauptung, die Wigmore ausdrücklich widerlegt hatte.) Daß sie diese Jungfrauen veranlaßt hätten, entgegen den Befehlen des Papstes und der Kongregation das aufgehobene Institut fortzusetzen oder wieder zu beginnen unter Täuschungen und falschen Distinktionen« (*Grisar* 1966, S. 721).

Sowohl Carafa in Lüttich als Ingoli in Rom sind dafür, daß man in Rom den beiden Frauen so den Prozeß machen solle, daß die eine nichts von der anderen wisse. Auch solle man den Fürsten, die sich noch immer der Aufhebung widersetzten, mit Exkommunikation drohen. Carafas Berichte werden mit Ingolis Begleitschreiben am 22. November 1630 im Beisein des Papstes Urban VIII. in der Propaganda-Kongregation behandelt und *an die Inquisition überwiesen*. Wenige Tage später konnte Ingoli dem Nuntius Carafa den Beschluß der Inquisition mitteilen, die Wigmore einzukerkern. Ihm, dem Nuntius Carafa, sei von den römischen Behörden ob seiner Klugheit hohes Lob gespendet worden.

Die Durchführung dieses Auftrages war schwierig: denn die Flamen, die in blutigen Kämpfen knapp ein Jahrhundert zuvor ihre Bürgerrechte durchzusetzen gelernt hatten, waren bereit und gewohnt, für ihre verbrieften Rechte, wenn nicht mehr auf die Barrikaden, so doch in die weltlichen oder kirchlichen Kanzleien zu gehen. Die Ordensleute, insbesondere auch die, die sich der Erziehung widmeten, waren den Bürgern lieb und wert. Carafa hatte viele Widerstände zu überwinden, ehe er im Februar 1631 eine Vollzugsmeldung nach Rom schicken konnte, daß er die Wigmore gefangen gesetzt habe. – Wofür er belobigt wurde.

Über die Haft der Winefrid Wigmore ist in den Ward-Biographien keine einzige Zeile geschrieben worden. Das Wo und Wie lange und Unter welchen Umständen – das alles verschweigen die Dokumente. In der englischen Vita hat Wigmore nichts davon verlauten lassen. Verständlicherweise, denn die Strafen der Inquisition waren so vernichtend, so ehrenrührig, daß nicht nur der auf diese Weise verfemte Christ allein, sondern auch seine Familie im Ansehen tief geschädigt war. Nichts wissen wir über das Geschick der Frauen aus St. Omer, Lüttich, Köln und Trier. Von Wigmores Haft wissen wir nur, daß sie im Frühjahr 1632, also fast zwanzig Monate später immer noch andauerte. Erst dann kann Maria Ward um die Befreiung aus Kerkerhaft für ihre treue Mitstreiterin bitten. (Urban VIII., der der Inquisition die Erlaubnis gegeben hatte, die Frau einzukerkern, hatte sie wohl längst vergessen, entlassen aus seinen Gedanken und Gebeten.)

Maria Ward hört natürlich durch die Ihrigen, wie schlimm die Dinge sich in Lüttich entwickelt haben, daß die Aufhebungs-Dekrete doch ernst gemeint sind und durchgeführt werden. Sie sind nicht nur eine böse Laune des Kardinals Bentivoglio, wie sie irrtümlicherweise geglaubt hatte. Ist sie in Wien oder in München – zwischen diesen beiden Städten wechselt sie den Aufenthalt. Eine tiefe Sorge verzehrt sie, eine Angst, die viele Heilige und fast alle Mystiker gequält hat: Seelendürre. Sie kann nicht beten, sie hat ihre Unmittelbarkeit zu Gott verloren, sie fürchtet in ihren schlimmsten Verlassenheiten, daß der Teufel ihre Seele beherrscht. Pater Dominikus a Jesu Maria hatte Maria oft in ihrer Verzweiflung getröstet, lehrte sie leiden, frohlocken und schweigen. Seelendürre – das ist Erschöpfung durch diesen nicht enden wollenden Kampf um die Berufung, die sie einst vernommen hat, die sie tapfer und unter Lebens- und Todesgefahren verteidigt hat, die erfahrene Seelenführer ihr bestätigt haben, an die ihre Gefährtinnen glauben. Auch wenn ihre körperlichen Leiden, ihre schmerzhaften

Krankheiten sie immer wieder an den Rand des Todes bringen, hat sie die Pflichten dieser Berufung nie von sich geschoben.

Sie fühlt nach dieser letzten Romreise, nach den umherschwirrenden Gerüchten, dem verhängnisvollen Verlauf der Visitation in Flandern, daß der Untergang ihres Werkes nahe sein könnte. Und sie rafft sich auf, den Papst persönlich zu bitten, ihr Werk nicht zerstören zu lassen. Noch einmal verfaßt sie eine Supplik und schickt sie an ihren vielleicht einzigen aufrichtigen Freund in Rom – an Kardinal Borghese, damit er diesen so wichtigen Brief dem Papst überbringe. Noch einmal zeichnet Maria Ward ihren Lebensweg auf, noch einmal beschwört sie die Berufung, die sie vor 20 Jahren empfangen habe. Gott habe ihr die Gewißheit gegeben, daß ihr Werk fortdauern werde bis an das Ende der Zeit, und daß er, der Papst, es fördern werde. Ihr Gehorsam gegen die Kirche aber habe Vorrang vor allen privaten Offenbarungen, ihr sei wahrlich das Schwerste, was gottsuchenden Menschen auferlegt werden könne, auferlegt worden, da sie einen Auftrag erhalten habe, der sie in einen scheinbar unlösbaren Konflikt mit den festgelegten Statuten stelle. Sie fleht den Papst um Verstehen und Hilfe an und beteuert, wenn Seine Heiligkeit *befehle,* ihre Lebensweise aufzugeben, so werde sie seinem Befehl gehorchen!

Im Begleitschreiben an Kardinal Borghese versichert sie abermals, daß sie sich ganz der Kirche unterwerfen und ihre Lebensweise aufgeben wolle, falls der Papst das von ihr verlange. Diese Supplik verfaßt Maria Ward in Wien. Dort sollte und wollte sie den Bescheid aus Rom abwarten. Aber Kaiser Ferdinand II., dem der Lauf der Dinge nicht behagte, der vor allem die Verleumdungen, mit denen die Englischen Fräulein bedacht wurden, als unbegründet erkannt hatte, gab seinem Mißfallen deutlich Ausdruck. In seinen Augen war Maria Ward eine Heilige; und da schon von Verhaftung die Rede war und der Kaiser sich weigern würde, diese zu erlauben, riet Kardinal Pallotta Maria Ward, die Kaiserstadt zu verlassen und nach München zu gehen. Kurfürst Maximilian I. würde in seiner überängstlichen Gewissenhaftigkeit sich niemals den Befehlen der Inquisition widersetzen. So geht sie auf ihre Gefangenschaft zu, im Gehorsam gegen den zu erwartenden Befehl, im Gehorsam eben gegen Papst und Kaiser und in der Bereitschaft, ihre Berufung zu erfüllen.

Die strenge Bewährungsprobe: Haft, Befreiung und Bulle

»... die Klag ohne That macht keinen schuldig«.

Marcus Fridl (Nr. 268)

»Death or dying life ...«

Limonenbriefe

»Nehmen Sie Maria Ward als Häretikerin, Schismatikerin, Rebellin gegen den Heiligen Stuhl gefangen.« Das befiehlt die Inquisition. Papst Urban VIII. hat das harte Dekret im Januar 1631 unterzeichnet. So wird es am 7. Februar im Münchner Paradeiserhaus ausgeführt. Dekan Jakob Golla von Münchens Liebfrauen-Kirche, Präsident im Geistlichen Rat des Kurfürsten Maximilian I., der erst kürzlich für eben diesen schon allmächtigen Geistlichen Rat Gewalt und Strafbefugnis über Klöster und Kirchen erwirkt hat, begibt sich nachmittags um vier in Begleitung von zwei Kanonikern in das Haus der Englischen Fräulein. Maria Ward muß ihn im Krankenzimmer empfangen, denn die Reise von Wien nach München und die Vorahnung der schlimmen Dinge, die auf sie zukommen, haben ihre Gesundheit schwer angegriffen. Mary Poyntz und Elisabeth Cotton sind zugegen, als Dekan Golla das unheilvolle Dokument verliest.

Die Inquisition hat ihren Spruch gefällt, und damit ist diese Frau gezeichnet. Gezeichnet für ihre Zeitgenossen.

Und doch: Nicht nur für ihre Zeitgenossen – bis auf den heutigen Tag hat dieser Spruch das Andenken der Engländerin verdunkelt, die ihre Heimat aus religiösen Gründen verließ, um in unerschütterlicher Rom-Treue die Heimat für den alten Glauben zurückzugewinnen. In Treue auch zu ihrer Berufung, die sie vor zwei Jahrzehnten, 1611, empfangen hat.

Der Haftbefehl aus Rom ist zwar kein eigentlicher Urteilsspruch: es hat ja kein Verhör, kein Prozeß stattgefunden. Maria Ward gilt nach diesem Dekret aus Rom als *semiplena probata,* das heißt, als der obigen Anschuldigungen »sehr verdächtig«. Verhör, Geständnis, Urteil stehen noch aus. Deshalb behandelt die Inquisition die Verdächtigten, die Angeklagten (gerade auch die anonym Angeklagten) zunächst einmal als Verdächtige und läßt sie sicherstellen.

Für Maria Ward ist dieser Verdacht, diese Gefangennahme, der totale Ehrverlust. Sie wird in den Abgrund von Schande und Verachtung geworfen. Sie weiß, daß der Eiseshauch solcher Verfemung niemals weggeschmolzen werden kann.

Bei der Verlesung des unheilvollen Dokuments bleibt sie ruhig, sie bekreuzigt sich. Hatten die Kanoniker von Unserer Lieben Frau Tränen in ihren Augen? Zitterten dem Dekan Golla die Hände? Alle frühen Biographien vermerken es mit Schaudern, vom 17. Jahrhundert bis zu Chambers. Uns Heutigen kommen Zweifel. Die höchste Behörde in Rom, das Heilige Offizium, hatte gesprochen, und Dekan Golla ist als ein Mann in die Geschichte eingegangen, der streng auf dem Boden des kanonischen Rechts steht, der sein Leben im Angesicht des alttestamentlich geprägten Rächer-Gottes zubringt und der an einem Befehl nicht herumdeutelt. Er hat einen Befehl auszuführen und weiß, was er der Hierarchie schuldig ist. Zudem ist er als (stellvertretender) Präsident im Geistlichen Rat auch den übrigen Mitgliedern Rechenschaft schuldig. Er darf nicht wanken und nicht weichen – wie so viele Befehlsempfänger nicht vor ihm und nach ihm – in allen Zeiten und Zonen. Von Jakob Golla ist ein Porträt erhalten: ein bleiches, scharfkantiges Antlitz auf pechschwarzem Grund, bleich auch die fleischigen Hände. Hart zusammengepreßt der Mund. Freudlos die Augen. Zwei Stunden dauert die Unterredung, die wohl in Italienisch geführt wurde, denn der aus Trient stammende Dekan Golla eignete sich die deutsche Sprache – trotz seiner hohen Ämter – bis zum Lebensende nicht an. Maria Ward spricht wieder und noch einmal von all ihren Bittschriften und Briefen, die sie an drei Päpste, an zahllose Kardinäle gerichtet hat und erinnert an die Audienzen bei Gregor XV. und Urban VIII. Sie kann auf die Schule in Rom verweisen, die geschlossen wurde, obwohl keine Visitation stattgefunden hatte, und sie kann die zwei Visitationen der Wiener Schule erläutern, die keinerlei Beschwerden nach sich gezogen hatten. Sie legt ihre Auffassungen mit derselben Offenheit dar, wie sie es in all den Jahren zwischen St. Omer und München getan hat. Dekan Jakob Golla nimmt alles Schriftliche an sich.

Ist diese Unterredung schon ein Verhör gewesen, ein Verhör im Sinne der »gütlichen Frage«? In einem solchen Verhör hatte ein Mann der Kirche Angeklagte bis an die Schwelle des Schuldgeständnisses zu bringen. War dieses Geständnis fast schon gesichert, konnte der Verdächtigte, der Angeklagte, dem weltlichen Arm übergeben werden und damit der Verhaftung und meistens auch der milden Folter zunächst und der härteren Folter, falls die Richter darauf bestanden.

Golla läßt die Frauen wissen, daß das Dekret schon vor zwei Wochen in München eingetroffen ist, daß er aber noch nach einem passenden Kloster für Maria Wards Haft Umschau halten mußte. Nun werde sie ins Klarissenkloster am Anger verbracht, wo viele heiligmäßige Frauen lebten. Falls sie sich weigere, so habe er die Befugnis, den weltlichen Arm zu Hilfe zu rufen, der sie dazu zwingen könne.

Der weltliche Arm – ein Stichwort für die Angeklagten jener Zeit. Es war das Zeichen, daß nach der »Gütlichen Frage«, nach dem ersten Verhör, nunmehr der Angeklagte den weltlichen Behörden übergeben wurde und damit konnte dann der peinvolle und lebensgefährliche Teil der Prozeß-Prozedur beginnen. Der begann mit Einzelhaft, dem folgte das Zeigen der Folterwerkzeuge und danach kam die Anwendung der Folterwerkzeuge zwecks »Wahrheitsfindung« – was meistens Schuldgeständnis hieß; danach dann der Tod am Galgen oder auf dem Scheiterhaufen unweigerlich. Der weltliche Arm – und Golla läßt durchblicken, daß Kurfürst Maximilian bereit sei, seine Obergewalt anzuwenden – für Maria Ward ist das ein vertrauter Begriff: hat sie doch seit ihrer Kindheit im elisabethanischen England in ihrer eigenen Familie und in ihrem Freundeskreis immer wieder Verhaftungen und Gefangenschaft erlebt. Sie selbst hat erfahren, was Verhaftung heißt, und ihr Schrecken ist dadurch nicht geringer.

Darum sagt sie in äußerer Ruhe und fast heiter: Der weltliche Arm müsse nicht bemüht werden, sie gehe willig in jedes Gefängnis: leiden ohne gesündigt zu haben, ohne schuldig zu sein, falle nicht schwer.

Golla schlägt vor, zur Nachtzeit und in einer Kutsche in das Klostergefängnis zu fahren. Lebhaft lehnt Maria Ward das ab: Sie habe immer das Licht geliebt und ihre Werke im Licht tun wollen. Es müsse als Beeinträchtigung ihrer Unschuld aufgefaßt werden, wenn sie anfange, die Dunkelheit zu suchen. Je mehr von ihrer Gefangennahme erführen, desto besser sei es.

Sie bittet darum, sich von ihren Gefährtinnen im Paradeiserhaus verabschieden zu dürfen: Golla erlaubt es nicht. Mit den acht Novizinnen, die erst kürzlich aus England gekommen sind, befinden sich etwa 30 Klosterfrauen im Hause. Eine Laienschwester, Anne Turner, jedoch darf mit in die Gefangenschaft gehen – schließlich war Maria Ward von adeligem Rang und von ihrer Krankheit immer noch nicht genesen. Noch einmal kniet Maria Ward zu einem kurzen Gebet nieder, dann folgt sie den drei Geistlichen. Vor der Pforte wartet die Kutsche, die Silhouette der nahen kurfürstlichen Residenz liegt schon im Dämmerlicht. Die Verhaftete bittet den Dekan Golla, er möge dem Kurfürsten dafür danken, daß er in den zwei Wochen, in all der Zeit, da das römische Dekret schon in München vorlag, ihr darüber keine Nachricht gegeben habe, denn: »Leiden und Abtötungen sind dann am besten, wenn sie am vollständigsten sind« (*Chambers* 1889, II, S. 282). Sie kann sich der Ironie nicht enthalten angesichts des unnennbaren Unglücks, das über sie und ihre Gemeinschaft gekommen ist und ihr wie grausame Ungerechtigkeit erscheint.

Im Klarissenkloster am Anger erwartet man eine Ketzerin, eine Rebellin, Schismatikerin, Häretikerin, die von der Inquisition gebändigt werden, verurteilt werden muß. Den Klosterfrauen sind schon die Verhaltensregeln eingebläut worden: Sie dürfen keinerlei Umgang mit der Angeklagten haben, vier Schwestern sollen Tag und Nacht vor dem verbarrikadierten Zimmer Wache halten. Es ist ein Tag des Schreckens und des Grauens auch für diese abgeschieden lebenden Klarissen, die dem strengen Schweigen und Fasten hingegeben sind.

Maria Ward hat ihre Gefängniszelle selbst beschrieben: »Wir sind in einem kleinen Zimmer des ersten Stocks eingesperrt, hart über der Gruft, wo sie ihre Toten begraben und wo die verstorbenen Heiligen ruhen. Dies ist das Zimmer, wo sonst die Kranken, die von den Ärzten aufgegeben sind, untergebracht werden. Wir haben – wie es scheint – eine solche Kranke verjagt, die jeden Augenblick sterben kann, schon seit drei Jahren krank ist und bereits ihre ganze Lunge in das Zimmer gehustet hat. Wir müssen in diesem Zimmer allen unseren Verrichtungen nachkommen, und es ist so, daß wir abwechselnd braten und wieder erfrieren. Dazu sind zwei kleine Fenster fast ganz zugemauert und mit Holz vergittert. Die Tür ist mit einem Doppelschloß und einer Kette verriegelt und wird nur geöffnet, wenn unsere beiden Wärterinnen oder die Äbtissin, unsere Oberaufseherin, kommen. Wir wurden von diesen drei Klosterfrauen und zwei Franziskanerpatres, die italienisch sprechen, hereingebracht, und in der Nacht oder vielmehr zur selben Stunde, als wir ankamen, wurden Betten vor unserer Tür zurechtgemacht, wo vier Nonnen Tag und Nacht Wache halten« (*Chambers* 1889, II, S. 293/294).

Dies ist einer der 23 Limonenbriefe, die Maria Ward aus dem Gefängnis geschrieben hat – heimlich, wenn die Klarissen beim Chorgebet sind und die beiden Eingesperrten nicht beobachtet werden. Mit

Zitronensaft haben in England die Gefangenen ihre Briefe hergestellt, die Schrift wird leserlich, wenn man das Stück Papier gegen Kerzenlicht oder Feuerschein hält. Mit solchen Limonenbriefen hat damals, 1597, Pater John Gerard seine Flucht aus dem Tower vorbereitet, mit solchen Briefen aus dem Untergrund der verfolgten Katholiken war Verbindung zur Außenwelt gehalten worden. Maria Ward hat schon Tage vor ihrer Verhaftung ein Fläschchen mit Limonensaft bereit gehalten und dann mitgenommen.

Mit ihren Briefen, den selbstgeschriebenen und diktierten, mit ihren Entwürfen zu Briefen und mit dem einzigartigen Bekenntnis vom 27. März 1631, hat sich die Gefangene auf immer in die Annalen der Unvergessenen eingetragen.

Nie ist sie spontaner, herzlicher, lebensvoller als in diesen Briefen. Einfühlsame Ratschläge schickt sie an die im Paradeiserhaus Zurückgebliebenen, sie ermutigt sie, auszuhalten und an ihre Befreiung zu denken, sich auf eine mögliche Verhaftung vorzubereiten, die Schar zusammenzuhalten, zu beten und sich nicht durch zu wenig Schlaf und Kasteiungen zu schwächen.

Sie schreibt auf Einwickelpapier – denn Essen und Kleidung und Wäsche dürfen aus dem Paradeiserhaus geschickt werden. Alle Nachrichten, die sie auf diese Weise empfängt, werden verbrannt. Die Äbtissin hat die Pflicht, alles Geschriebene und alles Gebrachte zu kontrollieren. So will es die Inquisition, denn vor allem sollen ihre Inhaftierten von der Außenwelt abgeschnitten sein.

Das Papier ist schlecht, zerknittert. Die Zeilen, die beim Schreiben ja unsichtbar bleiben, verrutschen, vor allem auch dann, wenn die Schreibenden hören, wie sich Schritte der Türe nähern oder wenn der Schlüssel in dem Schloß knirscht.

Schlimmer als das erbärmliche Zimmer über der Totengruft des Angerklosters empfindet Maria Ward in der ersten Nacht ihre Verlassenheit. Das Kurfürstenpaar, das ihnen 1627 im Januar einen so begeisterten Empfang geboten hatte, bewahrte Schweigen in diesen ahnungsvollen Tagen, da das Dekret schon in München war.

Kaiser Ferdinand II. in Wien, der ihnen Mitte 1627, also vor vier Jahren erst, eine so hohe Pension ausgesetzt und ein wunderbares, festes Haus überlassen hatte und über ihre 400 und mehr Schülerinnen begeistert war, sie stets belobigt hatte, ist fern. Sie hat die Kaiserstadt verlassen, damit bei ihrer Gefangennahme von allerhöchster Seite kein Einspruch erhoben wird. Dem Kaiser sollte die Peinlichkeit erspart bleiben, daß ein päpstlicher Befehl ein Haus aufheben würde, das auf seinen persönlichen Wunsch gegründet worden war.

Ihr Helfer und einflußreicher Ratgeber, der Karmeliterpater Dominikus a Jesu Maria, der ihr seit der ersten Begegnung in Flandern 1621 die Wege bereitet hat – nach Rom, nach München und Wien –, dieser Visionär und geschickte Unterhändler zwischen allen Kapitalen der Macht, ist vor einem Jahr schon gestorben, in der Wiener Hofburg und mit dem beschwörenden Wort: »Macht Frieden in Italien!«

Ihrem Landsmann und Helfer, Exerzitienmeister und Beichtvater Pater John Gerard, der so oft ihren Manager-Eifer zu zügeln suchte, ist sogar der Briefwechsel mit ihr verboten worden. Er ist weit weg von München in Rom.

Und Papst Urban – der sie so huldvoll stets empfangen und niemals etwas verboten hat? Er kann nicht wissen, was mit ihr geschehen ist, daß die Inquisition sie ins Gefängnis geschickt hat. So glaubt sie, denn sie weiß nicht, daß Dekret und Haftbefehl in seiner Gegenwart beschlossen wurden. Der Papst muß ins Bild gesetzt werden, sie darf sich nicht passiv dem auferlegten Leiden hingeben. Sie muß, sie will kämpfen, so überzeugt sie sich selbst in dieser ersten einsamen Nacht. Auch um der 30 Schwestern willen muß sie kämpfen, die ihr ganzes Vertrauen auf sie gesetzt haben. Erst im Sommer des letzten Jahres sind acht Novizinnen aus der englischen Katholiken-Verfolgung zu ihnen geflohen, sie können nicht zu ihren Familien zurückkehren. Schwer lastet diese Verantwortung auf Maria Ward.

In dieser dunklen Lebensstunde weiß Maria Ward sehr deutlich um die Gerüchte, die nun in der Stadt München umlaufen, zwischen den Klöstern und dem Jesuiten-Kolleg St. Michael, dem größten Kolleg dieses Ordens. Sie könnte viele ihrer Widersacher beim Namen nennen, doch zählt sie sie lieber zu den »Jerusalemern«, zu denen, die sie dem Himmel näher bringen, durch Leid und Schmerz.

Von den Mächtigen der Welt verlassen, von der Inquisition festgesetzt, von Freunden und Gefährtinnen getrennt, von der schon seit zwei Jahren anhaltenden »seelischen Dürre«, der Unfähigkeit zum Beten, ermüdet, ringt sie im glühenden Gebet dieser ersten Nacht um den Mut und den Willen, aus dieser Geschichte des Verrats und des Hasses eine Geschichte der Treue und des Glaubens zu machen. In dieser dumpfen Zelle und schon in dieser ersten Nacht entwirft sie den Plan zu ihrer Selbstbefreiung, entwirft sie Gesuche an Papst und Inquisitions-Kardinäle, die die schwere Ungerechtigkeit wieder aufheben können, nein, müssen. Hier kann nur ein Mißverständnis vorliegen, ihr Institut ist nicht verboten worden. Noch in dieser Nacht glaubt sie, daß unmöglich Papst Urban an diesem Dekret, das von einem Brief seines Bruders Onofriu begleitet wurde, mitgewirkt habe. Sie wird sich wieder an den Papst wenden, der diese Haft aufheben muß. Mary Poyntz, die Rektorin des Paradeiserhauses, und Elisabeth Cotton müssen nach Rom schreiben. Sie wird die Briefe entwerfen. Ihrer aller Leben ist in Gefahr.

Seit ihrer Kindheit weiß Maria Ward um die Schicksale derer, die sich für ihre religiösen Ideale einsetzen und öffentlich dazu bekennen. Kurz sind die Wege von Verhaftung zur Verurteilung, vom Verdacht bis zum Verbrennen. In der stickigen Zelle des Klarissenklosters, im Inquisitions-Verlies, sieht sie dem Tod ins Auge – wenn auch nur in Andeutungen davon die Rede ist, wenn ihr Gottvertrauen und ihr Kampfgeist auch stärker sind. In dieser religiös aufgewühlten Zeit, bei der gewaltsamen Zerstörung von Dörfern und Städten, Klöstern und Kirchen, bei plündernden und mordenden Landsknechtscharen, führen die Lebensläufe dicht an Galgen und Scheiterhaufen vorbei.

An der Jahreswende 1631 ist anonym ein Buch erschienen im Westfälischen, das die dumpfe Angst der Zeit und das himmelschreiende Verbrechen der Hexenverbrennungen anprangert. Es spricht sich schnell herum, daß der Moraltheologe Graf Friedrich von Spee, der selbst von seinen Ordensoberen so sehr angefeindete Seelsorger, der Verfasser dieser *Cautio criminalis* (etwa »Behutsamkeit bei Strafprozessen«) ist. Er schildert die Foltermethoden, die bei den Hexen zu angeblicher Wahrheitsfindung angewandt werden, prangert die Grausamkeit, die gedankenlose Rückständigkeit der Richter an. Zweihundert Hexen hat er als Beichtvater zum brennenden Holzstoß begleiten müssen auf ihrem letzten Gang, hat ihre Beichten gehört und hat »unter 200 nicht eine gefunden, die nicht unschuldig gewesen wäre«. Sein Entsetzensschrei über dieses kollektive Unrecht, über diesen heillosen Massenwahn verhallt nicht ungehört; wenn das Buch auch verboten wird, es geht doch von Hand zu Hand, es wird vernichtet und immer wieder neu aufgelegt. Und immer wieder werden Hexen verbrannt in ganz Europa, noch zwei Jahrhunderte lang. Daß Todesfurcht sie in der ersten Nacht heimsuchte, das hat Maria Ward später ihren Gefährtinnen gestanden, aber auch, daß sie in einen tiefen, erholsamen Schlaf gefallen sei, sobald sie den Entschluß gefaßt habe, ihre Gefangenschaft nicht nur passiv zu erleiden, sondern auch unter Anrufung der kirchlichen und weltlichen Stellen alles zu tun, um sich zu befreien und ihre und ihrer Gefährtinnen Ehre zu retten.

Am nächsten Morgen darf sie sich Bettzeug, Wäsche und Nahrung aus dem Paradeiserhaus bringen lassen. Und damit beginnt der Austausch der Limonenbriefe, dieser heimlichen Korrespondenz, die nicht entdeckt wird. Im Paradeiserhaus wissen nur Mary Poyntz und Elisabeth Cotton davon – Geheimhaltung fällt den englischen Dissidentinnen nicht schwer, sie haben das schon in ihren Familien geübt, bevor sie die Heimat verlassen haben.

Der Briefaustausch hält sie aufrecht. In einem der ersten Briefe schon gilt ihre Sorge Henry Lee, der offenbar in Wien geblieben ist, wo man ihm ein Kanonikat angeboten hat. »Gehen oder bleiben mag gleich gefährlich sein.« Er soll sich auf Gott verlassen und sie alle werden für ihn beten. Jedenfalls soll Mary Poyntz seinen Namen aus dem Brief herausschneiden.

Die Essen-Sendungen aus dem Paradeiserhaus beeindrucken die Klarissen sehr. Aber Maria Ward bittet: »Schicken Sie nicht mehr so viel von allem: ich esse wenig Fleisch, aber Pisto, Brühe und Eier« (*Chambers* 1889, II. S. 290). Täglich wird ein Korb vom Paradeiserhaus ins Angerkloster gebracht, und die Äbtissin beobachtet alles sehr genau. Sie erwähnt auch gesprächsweise, daß Maria Ward schon einmal in einem Klarissenkloster gewesen sei. Maria Ward überhört es: »Ich will nichts davon verstehen und noch weniger zu verstehen geben. Sie hegt die Hoffnung, daß ich hierbleibe. Sie ist ganz eingenommen von meinen Schriften.«

Maria Ward lobt die Äbtissin in vielen ihrer Briefe als eine ebenso kluge wie fromme Frau. »Ich glaube, die Äbtissin ist der Meinung, die Unsern dürften nicht kommen; also je eher Sie kommen desto besser. Wenn sie Ihnen von adeliger Geburt usw. spricht, schlagen Sie das gering an und sagen Sie nie, ob eine adelig sei oder nicht, sondern gehen Sie auf ein anderes Gespräch über.«

Auf diese Weise will Maria Ward die Vorurteile beseitigen. Vielleicht hat sie auch schon von dem unglückseligen Wortwechsel in Lüttich erfahren, wo Winefrid Wigmore den Nuntius Carafa zur Verzweiflung brachte. Das Angerkloster konnte sich aber rühmen, seit seinem Bestehen, also in fast 400 Jahren, zahlreiche Prinzessinnen als Ordensmitglieder gehabt zu haben. Maria Ward, die ja mit den Abgesandten aus dem Paradeiserhaus nicht sprechen darf, warnt aber auch: »Wenn Sie kommen, müssen Sie sich zuerst vergewissern, ob Sie mit der Äbtissin sprechen; sie ist Äbtissin auf Lebenszeit und in der Tat ihres Amtes würdig, wenigstens insoweit ich urteilen kann; was sie von Ihnen erfährt, wird sie auch anderen mitteilen, des seien Sie versichert. Seien Sie ebenso behutsam in Ihren Gebärden wie in Ihren Worten, denn Sie werden auch dann noch im Auge behalten werden, wenn Sie bereits alle fort glauben« (*Chambers* 1889, II, S. 295).

Das System der ständigen Überwachung, diskret und mit einem wohlerzogenen Lächeln – es wird auch bei der Klosterhaft buchstabengetreu ausgeführt, und Maria Ward weiß das, ist darin seit früher Kindheit schon erfahren.

Und deshalb ihr praktischer Rat: »Ihr Besuch kann immer kürzer oder länger sein, je nach Ihrem Belieben, oder je nachdem die Äbtissin Zeit hat. Man lobt hier die Frau Rektorin (Mary Poyntz) wegen ihrer großen Liebe in Besorgung der Nahrung, Kleidung und in allem und allem. Mutter Rektorin kann mir an einem Tag meine schwarze mit Pelz gefütterte Haube schicken, an einem anderen Tag den dünnen Schleier oder ein gutes Stück davon, um so Gelegenheit zu finden usw. . . .« (*Chambers* 1889, II, S. 295). Das soll den Zweifel der Äbtissin zerstreuen, daß die Besuche aus dem Paradeiserhaus vielleicht verboten oder vermindert werden sollen.

Liebenswürdig und klug hat die Verhaftete die Zuneigung ihrer Aufsichtsperson erworben. Manchmal nennt sie ihr Zimmer in der Datums-Überschrift sogar »Palast, nicht Gefängnis«, bietet ihr doch diese Unterbringung die Möglichkeit, zu leiden – für Gott, zu Ehren Gottes und für ihre Anliegen. Einen Brief schreibt sie in Annes Mantel gehüllt, auf einem Sack. Daß Anne Turner gesund ist, teilt sie auch mit: »Anne ist gesund; es geht ihr gut« (*Chambers* 1889, II. S. 294).

Am dritten Tag wiederholt sie nach Aufforderung des Dekans Golla das Rundschreiben an alle ihre Gefährtinnen: daß sie den Befehlen des Dekrets Folge leisten möchten. Das ist offiziell; inoffiziell hat sie es ja schon vor Gollas Besuch getan.

Aber mit Limonensaft schreibt sie die Entwürfe der Briefe, die Mary Poyntz und Elisabeth Cotton an die Kardinäle der Inquisition und an Papst Urban schicken sollen. Sie macht auch ausdrücklich darauf aufmerksam, daß es nicht so aussehen darf, als ob diese Bittschriften von ihr, der Gefangenen, kämen. Sie sollen diese Unterschrift tragen: »von allen denjenigen, welcher Nation nur immer, die unter Mutter Maria Wards Leitung leben« (*Chambers* 1889, II. S. 297).

An die Kardinäle sollten sie schreiben, daß die Beschuldigungen an sich, Beschuldigungen wegen Häresie, Schisma und Rebellion, schon so schwer seien, daß diese Einsperrung in Anbetracht ihres körperlichen Zustands nichts anderes sei, als daß sie gewaltsam ums Leben gebracht werde.

Und an den Papst: »Würdigen sich Eure Heiligkeit deshalb, sie nach Rom zu berufen und ihr zu gestatten, nur noch einmal für ihre Sache einzustehen, da der Fall nun ganz öffentlich geworden ist und die ihr zur Last gelegte Beschuldigung, deretwegen sie eine solche Behandlung erfährt, eine so arge ist. Ihr gesundheitlicher Zustand ist, wenn nicht Tod, so doch ein sterbendes Leben – *death or dying life*« (*Chambers* 1889, II, S. 297).

Maria Ward stehen auch die dramatischen Formulierungen zu Gebote – immer da, wo es sich um ihre Berufung handelt. So lässig ihr die ironischen und auch die freundlichen Bemerkungen zu Gebote stehen und so unsentimental, wie sie Menschen und Ereignisse ihrer Umgebung betrachtet, im religiösen Bereich findet sie Worte von gebieterischem Ernst, da weicht sie in ihrem Anspruch auch vor keinem patriarchalischen oder hierarchisch bestimmten Anspruch zurück. Sie fühlt sich dem Ewigen tiefer verpflichtet als jedem irdischen Titel. Nur Gott ist absolut für sie.

Die Schreiben, die Mary Poyntz und Elisabeth Cotton nach Rom abgefertigt haben, sind anscheinend nicht angekommen. Denn am 17. Februar schreibt sie ins Paradeiserhaus: »Daraus, daß man sagt, ich sei nur im Arrest, erkenne ich, daß man alles, was Sie neulich nach Rom schrieben, unterschlagen, daß man alles, wenn nicht zurückbehalten so doch durchgelesen hat und sich danach richten wird; und man fängt an, einzusehen, daß die an Seine Heiligkeit und die Kongregation (der Inquisition) gerichteten Bittschriften, wären sie nur rechtzeitig abgeschickt worden und eingetroffen, im allgemeinen mehr ausgerichtet hätten als alle fürstlichen Empfehlungsschreiben oder was sonst bisher eingereicht worden . . . Sie können jetzt nichts anderes tun, als sie so rasch wie möglich noch einmal abschreiben just wie zuvor« (*Chambers* 1889, II, S. 299).

Sie gibt dazu noch genaue Anweisungen, wie diese Bittschriften nunmehr nicht von München, sondern von Augsburg abgeschickt werden sollen, damit die Aufpasser, unter deren Aufsicht sie wohl alle in München stehen, nichts merken. Man soll die Schreiben auch erst am Stadtrand dem Boten übergeben. Bis in die letzte Sekunde vor Abgang der allgemeinen Post soll gewartet werden, damit eben niemand dazwischen kommt. Gleichzeitig aber soll man mit der gewöhnlichen Post noch Duplikate abschicken, damit kein Verdacht aufkommt. Die Oberin in Rom soll sich zur Postzeit immer bereithalten. »Mutter Elisabeth Keyes soll, wenn Eure Bittschrift erst einmal in den Händen des Papstes ist, mit solchen an die Kardinäle nicht sparsam sein. Laßt sie nur flink und still beflissen und eifrig in dieser Angelegenheit sein. Schnelles und entschlossenes Handeln ist alles was man tun kann, und ist das geschehen, dann empfehlen Sie die Sache Gott . . . (17. Februar; *Chambers* 1889, II, S. 299ff.).

Die Inhaftierte organisiert alles bis ins Kleinste. Sie kennt die Wege der Post, wie sie die Wege der Reisenden kennt. Und am allerbesten von allen irdischen Unzulänglichkeiten kennt sie die Techniken der Geheimdienste. Deshalb werden in diesem intensiven, fast täglichen Briefwechsel auch Pseudonyme benutzt: Mary Poyntz wird Peter genannt, Elisabeth Cotton James. Beiden legt sie immer wieder ans Herz, daß niemand von den Limonenbriefen wissen darf.

Die Kurfürstin heißt Besse oder auch Billingsgate. (Letzteres ist der Name des Londoner Fischmarktes, eine nicht eben schmeichelhafte Bezeichnung, wenn man an die Gerüche denkt, die solche Märkte an sich haben.) Den Kurfürsten nennt sie Herzog, das Paar zusammen ergibt »Die Großen«.

Nur mit Zurückhaltung sollen ihre Gefährtinnen diesen Großen begegnen. Zur Kurfürstin nur dann gehen, wenn sie sie dazu auffordert. »Wenn sie aber dazu auffordert, dann seien Sie recht vertrauensvoll, liebreich und liebenswürdig und ungezwungener als je – denn sie ist leidend. (Und auf demselben Zettel mit Tinte:) Verschwenden Sie da keine Worte, wo die Werke nicht damit übereinstimmen, und bereiten Sie sich auf das Ärgste vor. Vale« (13. Februar; *Chambers* 1889, II, S. 294).

Das eisige Schweigen des Kurfürstenpaares vor ihrer Verhaftung schmerzt sie sehr, ein Vertrauen, das grenzenlos war, ist enttäuscht worden. Als nach einer Woche Haft ein hohes Fieber, Katarrh und Husten einsetzen, kommt der Arzt, Dr. Dirmer. Die Fürsorglichkeit überrascht Maria Ward, und sie kann nicht umhin zu denken und zu schreiben: »Die zwei Großen fürchten nicht meinen Tod, sondern, daß ich *hier* sterbe, bevor ich außerhalb ihres Staates bin. Deshalb wurde der Arzt gerufen. Aber ich kann mich auch täuschen« (13. Februar; Mater Immolata Wetter 1979, S. 29).

Und einen Tag später: »Ich bin an der einen Hüfte wie gelähmt, seitdem ich hier bin; hatte gestern und vorgestern starke Anfälle meiner alten Krankheit; diesen Morgen habe ich sie wieder und trotzdem mehr als genug Gesundheit und Kraft zur Arbeit für meinen Herrn und Meister und zu seinem Dienste. Schleppt man mich nach Rom, wird es mich nicht umbringen, das darf man sicher glauben. Wer weiß, was Gott mit allem bezwecken will . . . ich will nichts anderes tun als den Willen Gottes« (*Chambers* 1889, II, S. 295).

Nur in ihrer unerschütterbaren Beziehung zu Gott und nur in dem Willen, ihrer Berufung zuliebe alles auf sich zu nehmen, kann sie die Leiden ihres Körpers und die Intrigen, die in ihrer Umgebung gesponnen werden und die sie nur ahnen kann, aushalten. Sie weiß, daß die Gerüchte in der Stadt, die Verleumdungen, die man einer vermeintlichen Ketzerin anhängt, um das Wort Campo Fiori kreisen, um den römischen Platz, wo Galgen ragen und Scheiterhaufen geschichtet werden. Die Verbrennung des unerschütterbaren Dominikanermönchs Giordano Bruno hat ja dieses Jahrhundert eingeläutet. Ja, sie denkt an Rom. Unweit des Campo Fiori ist die Via Monserrato, wo sie die erste Schule errichtet haben. 1623, mit Genehmigung Gregors XV. Die erste Schule.

Sie denkt an Rom und an Bedrohung: »Was mein Kommen nach Rom betrifft, seien Sie unbesorgt, wenn es geschieht, wird es zum Besten sein« (*Chambers* 1889, II, S. 300). Auch für diesen Fall möchte sie vorbereitet sein. Deshalb will sie alle schriftlichen Unterlagen, die Dekan Golla damals im Paradeiserhaus am 7. Februar an sich genommen hat, zurück haben. Anna Trollin, die bei der Kurfürstin in großer Gnade steht, soll anfragen; auch bei Golla sollen sich die Schwestern erkundigen. Und in Rom soll Oberin Keyes sich darum bemühen. Doch die Äbtissin bedeutet ihr, daß die Schriften jetzt nicht zurückgegeben werden könnten. Die Haft steht unter den Bedingungen der Inquisition.

Im Paradeiserhaus sorgen sich die Zurückgebliebenen auch wieder um die Gesundheit ihrer Generaloberin, und mehr noch darüber, daß sie weder der Messe beiwohnen noch beichten und kommunizieren darf. Vorschrift der Inquisition!

Sie bestürmen Dekan Golla, es der Gefangenen in Anbetracht ihrer guten Führung zu erlauben. Golla schlägt es ihnen ab. Sie wenden sich an Kurfürst Maximilian. Der möchte sich da nicht einmischen, wo die Inquisition gesprochen und gehandelt hat. Schließlich erlaubt Dekan Golla wenigstens den Besuch der Messe. Die schlechte Luft in dem kleinen Zimmer – nicht einmal ein Spaziergang in Hof und Garten ist den Inhaftierten erlaubt – setzt Maria Wards Gesundheit zu. Ein heftiges Fieber schüttelt sie am 18. März. Maria Ward bittet, daß man zur Kurfürstin gehe und den Arztbesuch erbitte.

Dr. Dirmer kommt, erklärt die Krankheit für lebensgefährlich und bei der schlechten Luft in diesem Gefängnisraum werde sie tödlich enden. Die Schwestern im Paradeiserhaus wenden sich in ihrer Verzweiflung an den Kurfürsten: er möge die Kranke ins Paradeiserhaus bringen lassen, sie alle wollten die Haft mit ihr teilen, er könne dann ihr Haus so streng bewachen lassen, wie es nötig sei.

Maximilian, ängstlichen Gewissens und verunsichert durch das Dekret der Gefangennahme aus Rom, befragt die Männer seines Geistlichen Rates. Diese erklären dem regierenden Kurfürsten von Bayern, daß eine solche Erlaubnis außerhalb seiner weltlichen Jurisdiktion liege. Seine Angst vor der Inquisition ist größer als seine Huld. Angst – Fridl nennt dies die »Zärtichkeit seines Gewissens« – die Zartheit seines Gewissens! Maria Ward bleibt ihrem Fieber, ihrer Einsamkeit und der Treue ihrer Gefährtinnen überlassen. Am neunten Fiebertag bestimmt der Arzt, daß man ihr die Sterbesakramente reichen solle. Die Englischen Fräulein erbitten vom Dekan Golla die Erlaubnis. Statt dessen schickt er sie mit einem Memorandum, das Maria Ward unterschreiben soll, zu der Gefangenen. Sie soll widerrufen, sie soll sich schuldig bekennen! Dekan Golla hat das Schreiben vorbereitet, die Todkranke brauche nur noch ihren Namen darunter zu setzen. Sie soll unterschreiben, daß, wenn sie jemals etwas gegen den heiligen Glauben oder gegen die Kirche gesagt oder getan habe, so sei ihr das leid und bereue sie es von ganzem Herzen. – Diese Unterschrift sei die Bedingung für den Empfang der Sterbesakramente.

Maria Ward, schon von Fieber und Schüttelfrost aufs Empfindlichste geschwächt, liest sehr aufmerksam, ganz langsam das Schriftstück und fragt sehr ruhig, ob die Inquisition oder Seine Heiligkeit Papst Urban VIII. von ihr diese Unterschrift verlange. Man sagt ihr, daß alles dem Ermessen des Dekan Golla überlassen sei. Da durchschaut sie die Gefahr! Sie hat trotz Krankheit, Todesfurcht und Heilsverlangen die Geistesgegenwart, den Schachzug des unerbittlichen Mannes zu durchschauen. Sie hat den Mut, trotz ihrer unaufhebbaren Einsamkeit, sich gegen das Unrecht aufzulehnen, das Dekan Golla ihr zumuten will. Ihr Leben, ihrer aller Leben und Zukunft ist in Gefahr. Golla verlangt nichts weniger als ihrer aller Vernichtung.

Maria Ward bringt die Kraft auf zu erklären:»Gott verhüte, daß ich, um läßliche Sünden zu tilgen (das heißt: mir die Erlaubnis erwirke, die Sterbesakramente zu empfangen), eine schwere Sünde begehe und den guten Namen so vieler unschuldiger und würdiger Personen beflecke, indem ich sage: wenn ich etwas gegen die Kirche gesagt oder getan habe. Nein, mit diesem ›Wenn‹ würde ich im Verein mit dem, was bereits von meinen Widersachern behauptet wird, der Welt gerechte Ursache geben, zu glauben, ich litte (in diesem Gefängnis) nicht ohne Grund. Nein, nein – eher will ich mich in die Arme der Göttlichen Barmherzigkeit werfen und ohne Empfang der Heiligen Sakramente sterben« (*Chambers* 1889, II, S. 304).

Jahrelang hat sie Verleumdungen in Kauf genommen, auf sich beruhen lassen. Jetzt, in dieser elendsten Stunde, in dieser dumpfen Zelle, sammelt sie ihre letzte Kraft, um Zeugnis abzulegen für ihre Berufung, Zeugnis auch für die Lauterkeit ihres Lebens. Sie bittet um Papier und Tinte, sie schreibt: »Niemals habe ich etwas, es sei groß oder klein, gegen Seine Heiligkeit (deren Heil. Willen ich mich stets unterworfen habe und auch in Zukunft unterwerfen will) oder gegen die Autorität der Heiligen Kirche gesagt oder getan. Im Gegenteil habe ich während sechsundzwanzig Jahren meine schwachen Kräfte und all mein Können und Mühen gänzlich zu beider Dienst und Ehre verwendet, was wie ich hoffe, durch die Barmherzigkeit Gottes und die Güte Seiner Heiligkeit zur rechten Zeit und am rechten Ort offenbar werden wird.

Und ich möchte auch jetzt nicht um tausend Welten noch um des Gewinnens irgendeines gegenwärtigen oder zukünftigen Gutes willen das geringste tun, was sich mit den wahren Pflichten eines treuen Katholiken oder einer gehorsamen Tochter der heiligen Kirche nicht vereinbaren ließe. Wenn des ungeachtet das Werk, das von dem Oberhaupte der Kirche und der hl. Kongregation der Kardinäle zuerst gestattet und gutgeheißen wurde und bei dem ich nach Maßgabe meiner Armseligkeit der hl. Kirche zu dienen bestrebt und beflissen war, von denjenigen, denen eine solche Entscheidung zusteht (nachdem sie den wahren Sachverhalt werden erfahren haben) als ein solches gekennzeichnet wird, das in irgendeinem Punkte den Pflichten eines wahren Christen und dem Seiner Heiligkeit und der hl. Kirche schuldigen Gehorsam zuwiderläuft, so bin ich und werde ich mit Hilfe der Gnade stets bereit sein,

meinen Fehler anzuerkennen,

wegen des Ärgernisses um Verzeihung zu bitten,

und außer der öffentlichen Schande, die mir schon angetan worden ist, auch mein armseliges und kurzes Leben zur Sühnung für die besagte Sünde aufzuopfern« (*Chambers* 1889, II, S. 305).

Dieses Schreiben ist kein Schuldbekenntnis, wie es hundert Jahre später Papst Benedikt XIV. ausgelegt hat, um damit eine neuerliche Verurteilung, die Konstitution *Quamvis justi* (1749) zu begründen!

Selbstkritik – von Golla befohlen und erwartet, hat nicht stattgefunden! Das Gewissen dieser Gefangenen ist rein, sie weiß sich frei von den ihr zugeschriebenen Verfehlungen, ja, wie könnte sie sich einer Schuld bewußt sein: seit 15 Jahren liegen ihre Ordenspläne zur Bestätigung den kirchlichen Behörden vor. In ihren Audienzen haben die Päpste, weder Gregor XV. noch Urban VIII., ihr nie ein Verbot erteilt. Sie hat stets und ständig ihre Absichten und Pläne offen dargelegt.

Ihr Gewissen ist rein, und ihr Mut ungebrochen! So vermag sie über die ganz menschliche Todesfurcht zu triumphieren, die jeden Eingesperrten beschleichen muß, der sich einer so heimlichen, so stummen Feindseligkeit gegenüber sieht. Sie triumphiert über ihre Menschenfurcht und Todesangst in dieser Stunde und entmachtet die dunklen Intrigen, entmachtet die Inquisition, deren Gewalt über Menschen ja auf Heimlichkeit und Angst beruht. Die Bekenntnisschrift in der Haftzelle des Angerklosters reiht Maria Ward unter die Unvergessenen der Geschichte ein. Mit der Hellsicht, die sehr schwere Krankheit verleiht, hat sie ihre Situation durchschaut – die ja auch die Situation ihrer Gefährtinnen ist.

Die Äbtissin des Klarissenklosters überbringt das Memorandum den Gefährtinnen im Paradeiserhaus, die es Golla geben, der nunmehr einsieht, daß Maria Ward sich nicht in Schuldgefühle hineinversetzen läßt, die sie nicht haben kann. In der Stadt verbreiten sich bald die Gerüchte über ihre schweren Erkrankungen und Fieberanfälle. Böswillige Klatschmäuler führen das auf die Hartnäckigkeit einer Ketzerin zurück, die nicht unterschreiben wollte, was Dekan Golla ihr vorlegte. Sie leide nun unter ihren Gewissensbissen und werde wohl vor Gram sterben.

Gerüchte dringen durch Wände, auch durch Gefängnismauern und Haftzellen – selbst wenn diese im Kloster eines streng zum Schweigen verpflichteten Ordens liegen. Maria Ward bittet die Ihrigen im Paradeiserhaus, eine Abschrift ihres Bekenntnisses auch an die Kurfürstin zu schicken, damit Maximilian auf diesem Wege erfährt, was sich zwischen Angerkloster und Dekan Golla ereignet.

Endlich am 1. April setzt der Arzt durch, daß Maria Ward die Letzte Ölung empfangen darf. Sie läßt sofort ihre Gefährtinnen wissen, daß nunmehr eine Gelegenheit des Wiedersehens möglich wäre: Sie sollen in die Kapelle des Klarissenklosters kommen, sie wird dafür sorgen, daß die Äbtissin ihnen ein kurzes Wiedersehen erlaubt, sie sollen jedoch, wenn sie kommen, darauf bestehen, mit ihr sprechen zu wollen. »Bestehen Sie fest darauf, mit mir reden zu wollen, wenn Sie kommen; ich werde zu Ihnen hinunterkommen, aber nicht zu lange bleiben, um denen kein Ärgernis zu geben, welche der Ansicht sind, der Gram und meine eigene Unvollkommenheit brächten mich um, nicht die Ungesundheit des Ortes. Ich will nun selbst ernstlich um Gesundheit beten und darin, zweifeln Sie nicht daran, mein möglichstes tun. Ich hatte wirklich eine schlechte Nacht, aber nicht wegen der Kopfschmerzen, sondern wegen eines langwierigen, ganz eigenartigen Fiebers« (*Chambers* 1889, II, S. 307).

Sie schwebt zwischen Leben und Tod, aber noch diktiert sie diesen Brief. Zum Empfang der Sakramente versammeln sich einige Klarissen und die Äbtissin in ihrem Krankenzimmer. Ein Franziskaner spendet ihr die Letzte Ölung. Alle Versammelten sind ergriffen und schweigen. Maria Ward liegt mit geschlossenen Augen da. Die Versammelten erwarten fast, daß man ein Zeichen gebe, nunmehr die Gebete für eine Verstorbene gemeinsam zu beten. Da schlägt die Kranke die Augen auf und bittet Anne Turner um ihre Kleider: Sie will aufstehen und unten in der Kapelle ihre Gefährtinnen begrüßen. Inständig bittet sie die Äbtissin, das zu erlauben, was acht Wochen lang verboten gewesen ist. Sie bittet die Klarissen, sie nach unten zu tragen – sie ist zu schwach, um selbst zu gehen. Die Umstehenden sind so verblüfft, daß sie den Wunsch der Schwerkranken erfüllen.

Es ist nur eine kurze Begegnung am Kloster-Sprechgitter. Die Stifterin fordert die Ihrigen auf, keine Bitterkeit gegen diejenigen in ihren Herzen aufkommen zu lassen, die ihr, Maria Ward, alle diese Leiden verursachen. Sie beschwört sie, Mut zu haben, auf Gott zu vertrauen und die Hoffnung nicht zu verlieren, daß sich alles zum Guten wenden möge. Nur kurz und schmerzlich ist dieses Wiedersehen. Die Schwäche überkommt sie wieder, sie wird in ihr Bett zurückgetragen, wo sie zwischen Bewußtlosigkeit und Todesängsten den Nachmittag durchlebt, ehe sie gegen neun Uhr in einen tiefen Schlaf fällt – den Genesungsschlaf.

Am 2. April morgens stellt der Arzt fest, daß sie wieder gesund ist und eilt mit der Botschaft zur Kurfürstin. Er meint: Hätte Maria Ward sich bei ihrem Zustand wo nur immer erholt, es wäre ein Wunder gewesen; aber in diesem Zimmer, das allein schon imstande gewesen wäre, sie bei bester Gesundheit ums Leben zu bringen, wieder gesund zu werden, das sei ein offenbares Eingreifen Gottes, der dadurch ihre Unschuld vor den Augen aller Menschen dartun wollte.

Vielleicht haben die Biographinnen Poyntz und Wigmore diese Worte dem Arzt in den Mund gelegt – in der Hilflosigkeit gegenüber dem Gesetz und der Krankheit blieb den Geschlagenen dieser Zeit als Trost nur die Hilfe von oben. Es ist nicht überliefert, ob die Kurfürstin nun eilends Maria Ward eine Grußbotschaft gesandt hat – wohl nicht. Noch ist und bleibt die einst willkommene Engländerin eine Gezeichnete, eine Gefangene der römischen Inquisition.

Beim Kerzenschein im Paradeiserhaus lesen Poyntz und Cotton folgende Zeilen: »Ich sende Euch hiermit die Nachricht, daß ich vergangene Nacht beinahe ebenso gut schlief, als in jener ersten. Eure vielen heiligen Gebete sind die Ursache, daß ich jene äußersten Kopfschmerzen nicht mehr fühle; im übrigen ist das Fieber noch stark, aber die Zeit meines Todes ist noch nicht gekommen. Alles wird vorübergehen und die Liebe und Besorgtheit aller, aller in diesem Hause ist unglaublich groß, ihre Gebete unablässig usw. Sicherlich gewinnen Leib und Seele bei diesem Handel.«

Je mehr Maria Ward sich kräftigt, desto mehr denkt sie über die Zukunft nach: »Sammelt alles, was auf meine Angelegenheit Bezug hat, schreibt und sprecht darüber, wann und wo es dienlich sein mag und vertraut auf Gott, der alles nach Eurem Willen lenken wird. Gott verzeihe dem Chooman (ein Pseudonym vielleicht für Maximilian oder dessen Beichtvater Pater Adam Contzen) und mache einen Heiligen aus ihm! Euer alter Freund (= der Kurfürst) sollte alles wissen und Billingsgate ... Ich will nicht, daß Ihr Euch über etwas grämt, was Ihr doch nicht ändern könnt und was unser Herr und unsre Liebe offenbar nur zu unserm Besten zuläßt« (*Chambers* 1889, II, S. 310).

Todesangst und Zukunftshoffnung, Körperschwäche und Schaffensfreude – das wechselt ständig bei ihr ab. Die unaufhebbare Einsperrung, die Enge des Raums, stets in Gegenwart der dienenden Laienschwester – das ist eine Einschränkung, die ihrem Charakter wenig angemessen ist, aber die Lebhaftigkeit ihres Denkens und Wollens nicht beugen kann. Die Methoden der Inquisition sind auf seelische Zermürbung angelegt ...

Geheim und mit Limonensaft schreibt sie für ihre Gefährtinnen Entwürfe für die Inquisitionskardinäle in Rom: Sie sollen Beschwerde führen, noch einmal, über die Haftverhältnisse, die der Krankheit Maria Wards nicht würdig seien, über die Verweigerung der Sakramente und sie sollen eine Abschrift ihres Bekenntnisses beifügen.

Für den Fall ihres Todes hat sie ebenfalls Anweisungen zu Papier gebracht: Margaret Genison, die Oberin in Wien, soll über alles unterrichtet werden und sich dann mit Barbara Babthorpe in Preßburg in Verbindung setzen. »Margaret Genison soll Barbara sagen, daß die ganze Angelegenheit meiner Haft oder Befreiung in ihren Händen liegt und sie die Hauptsorge für die Unsern in Italien zu tragen habe. Im Falle auch sie beide verhaftet werden, soll sie sich um ihre Befreiung sowie um die aller der Unsrigen in Italien und anderwärts bemühen; mit Erlaubnis jenes Kardinals (Pázmánys Name wird weggelassen – aus Zensurgründen) außerhalb jenes Ortes als wirkliche Oberin leben; ihm oder Maximilian, was ihm lieber ist, Mutter Brookesby geben, in aller Eile nach München kommen, ausschließlich hier wohnen und besondere Sorge für dieses Colleg tragen; hier soll sie dann weitere Anweisungen erhalten« (*Chambers* 1889, II, S. 306).

Maria Ward rechnet also mit weiteren Verhaftungen und auch mit ihrem eigenen Tod. Abgeschnitten von den Ihrigen bleibt ihr nur das Gebet, die ignatianischen Stoßgebete, wie sie sie seit ihrer Kindheit geübt hat, und außerdem klammert sie sich – wie alle Sterblichen – doch an die Zukunft. Sie möchte – ganz wie Pater John Gerard es ihr schon 1627 empfohlen hat, ihre Gefährtinnen in München zusammenziehen, in diesem ersten der zehn Häuser, das festgegründet schien.

Das Bekenntnis hat sie erschöpft und ein ergreifender Brief ist aufbewahrt: »Ich habe eine sehr schlechte Nacht gehabt. Heute gebe ich mich der Hoffnung hin, im Bette beichten und kommunizieren zu dürfen. Mein Kopf ist so leidend, daß ich nicht viel schreiben kann, zu keiner Stunde bin ich frei von Schmerzen« (*Chambers* 1889, II, S. 306).

Ohnmachtsanfälle und Gebetsstürme, Todesängste und glasklare Tagesbefehle – wenn auch in unsichtbarer Limonenschrift auf zerknittertes Einwickelpapier geworfen. Je länger die Haft dauert, um so höher und weiter gespannt ist diese überwache Reaktionsfähigkeit der Gefangenen, eine Überreiztheit, wie Sterbende sie haben. In der eingezwängten Enge der Klosterzelle gerinnt ihr Denken und Fühlen zu dem einzigen Wunsch und Willen zusammen, daß ihre Sendung, daß der

Ruf, den sie in ihrem Krankenzimmer von St. Omer 1611 empfangen hat, alle Intrigen und alle irdischen Widerwärtigkeiten überleben möge.

Sie weiß nicht, daß der Papst, den sie mit Briefen und in Audienzen beschworen hat, den ihr offenbarten göttlichen Willen zu erfüllen, daß der Papst sie, die Pilgerin aus Yorkshire, die Betende aus St. Omer, der Inquisition überantwortet hat. Und würde man es ihr gesagt haben, in dieser erbärmlichen Einsperrung von München – sie hätte es nicht glauben können.

Dafür war sie viel zu fromm, Gott gehorsam, den sie unter Zittern und Zagen seit ihrer Kindheit in dem von Verfolgung und Ächtung erschütterten Yorkshire gesucht – und gefunden hatte als einzigen Halt in den Gefährdungen der irdischen Welt. Trotz der seelischen Dürre, die zeitweise in diesen Pilgerjahren sie heimgesucht hatte, hat sie diesen tröstlichen Gott in ihrem Herzen bewahrt.

Wenn sie den Papst durch ihre Gefährtinnen im Paradeiserhaus um ihre Befreiung bitten ließ, so geschieht das auch, um den Papst vor einem Fehltritt zu bewahren. Denn: Sind vor Gottes Richterstuhl nicht alle gleich? Auch Prälaten, Päpste, müssen sich dem Willen Gottes beugen.

Für Maria Ward – wie für alle katholischen Engländer – ist der Papst die unantastbare höchste Entscheidungsmacht – Symbol und Garant der Einheit dieser lebenden Christenheit, denn England fiel erst von Rom ab und brach damit aus der Einheit des Glaubens aus, als Heinrich VIII. sich selbst zum Oberhaupt der Kirche ernannte. Und damit die geliebte Heimat spaltete. Während die Hierarchie in Rom das schismatische England beargwöhnt, hängen katholische Engländer mit doppelt bewährter Treue am Papst.

Die Gefangenschaft Maria Wards geht in die neunte Woche: da geschieht endlich das, was Botschaften, Briefe und Memoranden erfleht haben: Papst Urban VIII. hebt die Haft Maria Wards auf!

Die Gefährtinnen eilen zum Angerkloster, sie wollen Maria Ward im Triumphzug heimholen. Aber die so plötzlich Befreite tut wieder einmal etwas, womit keiner rechnet, etwas Verblüffendes: sie bittet darum, den bevorstehenden Palmsonntag noch in dem Klarissenkloster verbringen zu dürfen, denn am Palmsonntag 1609 hat sie vor Pater Roger Lee, dem Ratgeber und Freund der ersten Jahre in St. Omer, Gott das Gelübde der Keuschheit abgelegt. Deshalb will sie den bevorstehenden Sonntag in Gebet und Betrachtung verbringen. Außerdem hat sie in dieser Zeit, die eine Zeit der Strafe und der Buße sein sollte,

Freundschaft mit denen geschlossen, die ihre Kerkermeisterinnen sein sollten. Sie hat unschuldig gelitten, das macht sie unabhängig gegenüber den Großen dieser Welt, das macht sie frei von den Vorurteilen der Mißgünstigen.

Ihr Gewissen ist rein. So kann sie auf den Tag der Befreiung warten und sie kann warten lassen. Der Kurfürstin, die ihr die Kutsche zum Heimfahren ins Paradeiserhaus angeboten hat, läßt sie sagen, daß erst am Montagmittag nach Tisch eine Sänfte angenehm wäre. So fährt sie am 14. April in das Haus zurück, das Kurfürst Maximilian I. ihr und ihren Gefährtinnen zur Verfügung gestellt hat, das Paradeiserhaus – von Jesuiten-Colleg und Residenz gleich weit entfernt.

Und wie die frühen Biographien künden, war die Begeisterung in der Bevölkerung groß.

Die Bulle Pastoralis Romani Pontificis

»Schätze deine Ehre höher als dein Leben; achte es aber gering, beides um der Liebe Christi willen zu verlieren.«

Maria Ward

Am 18. August 1631 wird im Paradeiser-Haus die Bulle verkündet, deretwegen Maria Ward neun Wochen eingesperrt gewesen ist. Am 13. Januar des Jahres war sie von Papst Urban VIII. unterschrieben worden.

Betroffen und erschreckt leisten die Englischen Fräulein Gehorsam: Sie legen die gemeinschaftliche Kleidung ab. Einige müssen sie beibehalten, weil sie zu arm sind, sich weltliche Kleider zu beschaffen. Sie begeben sich ihrer Ämter und nehmen zur Kenntnis, daß es ihnen bei Strafe größerer Exkommunikation verboten ist, zusammenzuleben oder zu Beratungen zusammenzukommen.

Das Institut ist »unterdrückt, aufgehoben, ausgerottet und abgeschafft.« – »Denn diese Frauen oder Jungfrauen haben unter dem Scheine, das größere Heil der Seelen zu fördern, Werke unternommen, die sich dem weiblichen Geschlechte bei der Schwäche seines Verstandes, für die weibliche Bescheidenheit und für die jungfräuliche Sittsamkeit nicht geziemen. Werke, welche kaum ein wohlunterrichteter, geübter und reiflich erprobter Mann ohne Sorge und nur mit großer Umsicht auf sich nähme« (*Leitner* 1869, S. 58).

Was ist Schwäche des Geschlechts und des Verstandes? Diese Frauen waren aus ihrer englischen Heimat aufgebrochen, weil es dort seit 1534 – also seit hundert Jahren schon! – keine Klöster mehr gab. Was die Schwäche des Verstandes angeht, so war Maria Ward gerade von den römischen Kardinälen »auffallende Intelligenz und erstaunliche Beredsamkeit« mehr als einmal bescheinigt worden. Auf der Gegenseite war es der anglikanische Bischof George Abbott, der Maria Wards apostolisches Wirken für erfolgreicher hielt, als das von sechs Jesuiten.

Was ist weibliche Bescheidenheit, ist sie anders als männliche Bescheidenheit und ist sie gleichzusetzen mit der Tugend der Demut, die bei den frühen, den kontemplativen Orden als die höchste Tugend sowohl der Mönche als auch der Ordensfrauen galt? Mangel an weiblicher Bescheidenheit und jungfräulicher Sittsamkeit sind wohl nur aus den Verleumdungen abgeleitet, die seit 1621 schriftlich und mündlich gegen Maria Ward und ihre Gefährtinnen in England, Flandern, Rom, Neapel und dann vor allem in Wien (Klesl) und Prag (Magni) verbreitet wurden. Anhaltspunkte für Verstöße dagegen ergeben sich nicht. Wie schwach sind Frauen, die Tausende von Kilometern zu Fuß zurücklegen (am Ende ihres Lebens hat Maria Ward in Erfüllung ihrer Berufung über 15000 Kilometer zurückgelegt), wie schwach sind Frauen dieses Kriegs-Jahrhunderts, ob Prinzessinnen, Bürgers- oder Bauersfrauen, die zwischen ihrem 15. und 35. Jahr zehn Kinder und mehr zur Welt brachten, während ihre Männer fern von ihnen sich im Krieg oder an Fürstenhöfen, in Kanzleien oder in den Kaufmannszügen abmühen mußten? Ob die Frauen ein klösterliches oder weltliches Leben führten – die Zeit verlangte von ihnen stets große Seelenstärke und Selbständigkeit. Schwach, dumm und auf sündige Lust bedacht – das ist das Klischee der Frau, wie es die frühen Kirchenväter entworfen haben und wie es zu verschiedenen Zeiten immer wieder hervorgeholt werden kann, wenn es gilt, die eine Hälfte der Menschheit, die Frauen, durch Schuldbewußtsein schuldig zu sprechen. Die Bulle verurteilt ein Klischee, das sich seit Jahrhunderten als nützlich erwiesen hat. Die Bulle kann keinen Glaubenssatz zitieren, der von diesen Frauen geleugnet worden wäre. Sie sind weder Ketzerinnen noch Häretikerinnen. Die Bulle kann auch nicht eine einzige sittliche Verfehlung benennen, die sich eine dieser Frauen oder gar mehrere hätten zuschulden kommen lassen. Aber weil sie die Ermahnungen der Kardinäle, insbesondere des Nuntius Carafa, mit arroganter Halsstarrigkeit zurückgewiesen und diese dadurch gekränkt hätten, darum müsse »dieser Lolch, dieses Unkraut aus dem Garten der Kirche mit der Wurzel ausgerottet werden, ehe größerer Schaden entstände. Die Sekte der anmaßenden Frauen-Kongregation müsse für immer unterdrückt, für null und nichtig erklärt werden« (*Leitner* 1869, S. 58ff).

»Lolch« und »Sekte« sind Wörter, wie sie erstmalig im Briefwechsel Carafa – Ingoli auftauchten. Zweimal wird den Englischen Fräulein vorgeworfen, daß sie sich den Namen »Jesuitinnen« angemaßt hätten – doch sind fast alle ihre offiziellen Schreiben und Dokumente mit der Unterschrift »Englische Fräulein« versehen! Beanstandet wird die »auffallende Kleidung« – sie bestand in einem sehr schlichten, gefältelten, bodenlangen, schwarzen Gewand. Daß über alle Häuser gemeinsam eine »Generaloberin mit wohlvorgesehenen Vollmachten ausgerüstet worden sei, in deren Hände auch die Gelübde abgelegt« worden wären, wird streng kritisiert. Und natürlich das »Leben ohne Klausur«, verbunden mit dem freien Herumziehen nach Belieben.

Die ersten beiden Vorwürfe übersehen, daß Maria Ward sowohl die *Ratio Instituti* (1615) als auch das *Institutum* (1622) den Kongregationen vorgelegt hat; es wurde übersehen, daß sie um der kirchlichen Bestätigung willen zweimal nach Rom gegangen ist – zuletzt 1629 auf Anraten Pallottas, und daß sie den Kardinälen in aller Offenheit ihre Absichten erklärt hat, ihre Absichten, die ja von dem intellektuell vernommenen Auftrag diktiert waren. Niemals wurde während ihrer römischen Aufenthalte ein striktes Verbot ausgesprochen, nicht von den Kardinälen, nicht von den Päpsten Gregor XV. oder Urban VIII. Maria Ward wurde in der Erwartung einer Bestätigung gehalten!

Da sie trotz ihrer zahlreichen Audienzen bei Papst Urban VIII. kein endgültiges Nein gehört hatte, erhob sie weiter ihre Stimme für ihre Berufung. Die Bulle will das verhindern, wozu sich nach der Reformation auch die Frauen aufgerufen fühlten: Geistige Mündigkeit, apostolische Verantwortung.

Intelligenz ist ein Privileg, das den Frauen noch nicht zugestanden wird.

Rom – Zeiter Teil: 1632–1637. Almosen aus dem Vatikan und Privat-Verfolger

»O Herr, laß mir durch die Gnade möglich werden, was mir von Natur aus unmöglich scheint.«

Maria Ward

Im Paradeiserhaus gehorchen die Englischen Fräulein der strengsten Bulle, die je gegen einen Orden erlassen wurde. Sie legen ihre Titel ab, sie entäußern sich des Habits. Für Maria aber ist die Zeit der Prüfung noch nicht vorüber.

Die Kardinäle der Inquisition geben noch immer keinen Pardon: Maria Ward wird nach Rom zitiert! In Begleitung eines Kommissars soll sie kommen und eine Kaution hinterlegen. Wiederum hat Jakob Golla vom Geistlichen Rat, der Maria Ward im Februar dieses Jahres 1631 gefangengesetzt hatte, den Auftrag, der im April aus der Haft Entlassenen diese Aufforderung aus Rom mitzuteilen. Er hat das Recht, den Kommissar zu bestimmen, für dessen Reisekosten Maria Ward aufzukommen hat. Ihm, Golla, obliegt es, die Frist für Reise und Ankunft festzusetzen – eine Frist, die streng einzuhalten ist, soll die Kaution nicht verfallen, das heißt zu Lasten Maria Wards gehen.

Dem Nuntius in Köln, Pierluigi Carafa, der mit einer fragmentarischen Briefkopie im Jahr 1630 die Sache Maria Wards an die Inquisition ausgeliefert hatte und dessen Formulierungen in den Text der Bulle eingegangen sind, obliegt es, die Höhe der Kaution festzulegen. In seinem Machtbereich befindet sich auch immer noch Winefrid Wigmore, die er in einer Aufwallung von Zorn und Empörung nach unzulänglichem Verhör in Lüttich einsperren ließ. Carafa kennt die Schuldenhöhe der flandrischen Häuser und die Armut der Englischen Fräulein, aber er hat trotzdem kein Erbarmen.

Die Bedingungen sind für Maria Ward unerfüllbar. Wo sollte sie, die von der Bulle Beschuldigte, wie sollte sie, die Ausländerin in diesem Land, das nun schon vor der immer näher rückenden Bedrohung des Schwedenheeres bangt, einen Bürgen finden? Wo sollten die Englischen Fräulein, denen mit der Bulle alle Einkünfte und Zuwendungen untersagt waren, das Geld aufbringen?

Maria Ward, in unermeßlichem Vertrauen zu Urban VIII., sieht in ihrer Notlage nur den einen Ausweg, sich an den Papst zu wenden. Noch immer ist sie der Überzeugung, daß die Inquisitionskardinäle *ohne* Wissen des Papstes die Bulle gegen sie und ihr Institut geschleudert haben. In ihrem beredten, schwungvollen Italienisch schreibt sie an den Papst: ». . . wenn noch größere Strafe notwendig scheinen sollte, als die ist, als Ketzerin und Schismatikerin und als hartnäckige Rebellin gegen die Hl. Kirche erklärt und als solche ergriffen und eingesperrt, durch das Ungemach, das ich in der Haft neun Wochen hindurch zu ertragen hatte, an den Rand des Grabes gebracht, . . . der Hl. Sakramente beraubt, allerorts als so großer Bosheit schuldig dem Spotte des Volkes preisgegeben, auf Befehl der Hl. Kirche zur Strafe für solche Verbrechen gleichsam dem Tode überliefert gewesen zu sein: – wenn noch mehr erfordert wird, als die Drangsale sämtlicher Institutsmitglieder, welche gegenwärtig, weil sie Heimatland und Eltern verlassen haben, von den Häretikern verhöhnt, von den Katholiken verachtet, von ihren nächsten Verwandten als entehrt angesehen und ihrer jährlichen Einkünfte ungerechterweise beraubt sind, so daß die Mitglieder von vier unserer Collegien sich gezwungen sehen, ihr Brot zu erbetteln, vieler anderer Leiden, welche einzelne von uns treffen, zu schweigen: – wenn das alles zu wenig ist, dann bin ich auch bereit, obendrein noch mein armseliges und kurzes Leben, wenn und wo man es für gut findet, hinzugeben . . . Aber im Vertrauen auf die Barmherzigkeit Gottes und aufgrund Ihrer väterlichen Güte hoffe ich, daß sich alles zum Besten wenden wird . . .« (*Chambers* 1889, II, S. 316ff.).

Maria Ward nennt die Entbehrungen, die Gefahren und Verhöhnungen, denen sie und ihre Gefährtinnen ausgesetzt sind, beim Namen, sagt, daß Golla (»der mich gefangen nahm«) und Carafa die Bedingungen festgesetzt haben und daß sie unmöglich diesen Forderungen nachkommen kann. Der Brief befindet sich im Nymphenburger Institut. Es gibt keine päpstliche Antwort auf dieses Schreiben – mutig wie es ist und erschütternd in seinen Details. Sie hat keine Furcht, sie steht aufrecht vor dem Papst, ja sie weiß, daß sie ihre Mission nur dann erfüllt, wenn sie von dieser höchsten Gewalt der sichtbaren Kirche die Bestätigung bekommt. Sie fühlt sich verantwortlich – auch für ihn.

Und das stellt Maria Ward, die so lange Verfemte und die mit so großem Aufwand vergeblich Totgeschwiegene, in eine Reihe mit Hildegard von Bingen, mit Katharina von Siena und mit Teresa von Avila. Sie alle waren Mahnerinnen in einer Zeit, da gerade die Päpste ihr religiöses Sendungsbewußtsein verloren hatten. Sie hat so viel gelitten, sie ist durch so große Einsamkeiten gegangen, daß sie von Furcht befreit auf die Gerechtigkeit verweisen kann – so wie sie sie in ihrer Schau von der Gerechten Seele seit dem glücklichen Jahrzehnt in Flandern erschaut hat.

Wie gesagt: ein Antwortschreiben des Papstes hat sich bis jetzt in keinem Archiv gefunden. Am 24. Oktober 1631 begibt sie sich auf den Weg nach Rom und wird nur von ihrer Sekretärin Elisabeth Cotton begleitet und von ihrer verläßlichen Betreuerin Anne Turner, der Gefährtin ihrer Gefangenschaft. Der Kommissar ist ihr erlassen worden. Die Kaution hat ein römischer Arzt hinterlegt.

Abschied von München, vom Paradeiserhaus, das sich schon etwas geleert hat. Die Bulle, die ungewisse Zukunft nach dieser harten Verurteilung, hat manche Gefährtinnen vertrieben. Doch Maria Ward hofft immer noch, daß sie die schreckliche Verurteilung rückgängig machen kann, falls sie erst mit Papst Urban gesprochen hat. Sie weiß nicht, kann nicht wissen, daß sie das Paradeiserhaus nie wiedersehen wird. Aber als Mißgünstige ihr schadenfroh ins Gesicht schleudern, daß bald alle die Ihrigen aus München verjagt sein werden, meint sie in einem Anflug ihrer religiös begründeten Sicherheit: »Ich und die Meinigen werden in diesem Hause bleiben; der Kurfürst aber wird aus seinem Palast vertrieben werden« (*Chambers* 1889, II, S. 322). Eine Prophezeiung, die sich nur zu bald erfüllte: Im Mai 1632 hat Gustav Adolfs Soldateska die Isarstadt erreicht, zehn Tage lebte der sieggewohnte Schwedenkönig in der Münchner Residenz. Er fand sie so schön, daß er sie am liebsten – falls sie auf Rädern gestanden hätte – in seine Heimat gerollt hätte. In seiner Begleitung: der Winterkönig Friedrich von der Pfalz, der nicht nur die Schlacht am Prager Weißen Berge, die erste des Dreißigjährigen Kriegs, verloren hatte, sondern damals auch die Kurfürstenwürde an seinen Vetter, Maximilian von Bayern, dessen Residenz er nun ausplündern und anzünden wollte. Doch das verbot ihm der protestantische König Gustav Adolf.

Maximilian und Elisabeth Renata waren mit ihrem Hofstaat, mit der Kasse der Landstände und den Schätzen der kurfürstlichen Familie nach Salzburg geflohen. Maximilian unterstellte sich später dem Kommando des kaiserlichen Heeres.

Maria Ward aber macht sich mit ihren beiden Getreuen auf die Reise nach Rom, die dritte Romreise ihres Lebens. Wenig ist über die äußeren Umstände bekannt. Die Fürstenhäuser am Wege, auch Klöster werden ihnen Unterkunft gewährt haben. Inquisitoren waren benachrichtigt, welche Frauen durch ihre Gebiete reisen würden. In manchen oberitalienischen Staaten herrschte die Pest. Da gab es strenge Reisevorschriften. Quarantäne, Abkapselung gesunder Gebiete von denen, die die unheimliche Krankheit schon ergriffen hatte, war in jener Zeit eines der wirksamsten Schutzmittel.

In Bologna waren die drei Frauen Weihnachten, sie mußten sich dort dem Inquisitor stellen und von ihm die Erlaubnis zur Weiterreise erbitten, denn der Kirchenstaat bestraft mit dem Tode jene Reisenden, die aus Pestgebieten kommend eigenmächtig die Grenze überschreiten. Zur Ungeduld des Wartens gesellte sich die Angst, den vorgeschriebenen Ankunftstermin nicht einhalten zu können. Zehn Jahre zuvor, Weihnachten 1621, hatte Maria Ward zum erstenmal die Heilige Stadt betreten. Ein Jahrzehnt des unerbittlichen Kämpfens lag hinter ihr. Mit welchen hohen Hoffnungen war sie damals nach Rom gegangen. Drei Schulen hatte sie seitdem in Italien gegründet, in Rom, Neapel und Perugia – sie waren aufgelöst. Drei Schulen hatte sie in München, Wien und Preßburg gegründet – wie lange noch würden sie bestehen? Ihr 47. Geburtstag stand bevor – Ignatius von Loyola war 47 Jahre alt, als er begann, seine Konstitutionen in Rom vorzulegen. Seit zehn Jahren lag der Entwurf des *Institutum* den römischen Behörden vor und dem Papst... Im März 1632 sind die drei Frauen in der Ewigen Stadt, und Maria Wards ganze Hoffnung richtet sich auf eine Privat-Audienz bei Urban VIII., dem Papst, der ihr in allen Unterredungen stets Hoffnungen und Vertrauen eingeflößt hat. Über alle Kongregationen, Kommissionen hinweg bleibt der Blick der Engländerin stets auf machtvolle Einzelpersönlichkeiten gerichtet, die über allen beratenden Einrichtungen stehen. Zwar hat sie nicht versäumt, den Kardinälen, die mit ihren Plänen befaßt wurden, Besuche abzustatten und Informationen zu geben. Aber wo es um den Kern ihrer Berufung geht, um diesen Auftrag zum apostolischen Wirken, da sieht sie sich in der absoluten Verantwortung, die ihr niemand abnehmen kann. Der Auftrag Gottes – so empfindet Maria Ward – duldet keine Einengung durch Klauseln. Die absolute Verantwortung kann nur noch vom Papst als dem Stellvertreter Gottes auf Erden mitgetragen werden.

So wie damals in Frascati, 1624, und dann wieder in Castel Gandolfo, 1629, oder mit ihrem letzten Hilferuf im November 1630, dem herzergreifenden Bekenntnisbrief, erwirkt sie sich auch jetzt den Zutritt zum Papst. Diese Audienz hat als erster V. Pageti beschrieben, Sekretär jenes Kardinal Borghese, der bei dieser ungewöhnlichen Begegnung wohl zugelassen war – wenn er sie nicht überhaupt schon herbeigeführt hatte. Pageti beschreibt es so: »Nachdem Maria Ward sich dem Papst zu Füßen geworfen hatte, waren ihre ersten Worte: ›Heiliger Vater, nicht bin ich noch war ich jemals eine Ketzerin!‹ Der Papst ließ sie in seiner väterlichen Güte den Satz nicht vollenden, sondern unterbrach sie mit der Versicherung: ›Wir glauben es, wir glauben es. Lo credemo, lo credemo! Wir brauchen keinen weiteren Beweis; Wir und die Kardinäle sind sehr wohl über Sie, über Ihre Handlungsweise und Ihren musterhaften Wandel unterrichtet; Wir und sie alle sind nicht nur befriedigt, sondern höchst erbaut und Wir wissen, daß Sie Ihr Institut gut geleitet haben‹« (*Chambers* 1889, II, S. 336).

Das Tremolo des aus dem Munde Urbans überlieferten *Lo credemo! Lo credemo!* klingt melodiös durch die Jahrhunderte: Alle Biographen der Engländerin haben es aufgegriffen. Melodie einer Sprache, die für den großen Auftritt, die grandiose Oper wie geschaffen ist. Aber dies ist keine Oper, dies ist ein Bußakt: Eine schuldig Gesprochene, eine Büßerin, eine unschuldig Verurteilte bittet um Gerechtigkeit! Ein Jahr und zwei Monate zuvor hat dieser jetzt von Wohlwollen überströmende Papst die Bulle unterschrieben, die Maria Ward an den Rand des Todes gebracht und ihr Werk zerstört und ausgerottet hat – und jetzt spricht er auf die kniefällig um Vergebung Bittende so herab? Papst Urban ist mit seinen schnell wechselnden Entschlüssen und Urteilen seiner Umgebung, insbesondere aber auch den Diplomaten seines Hofes immer ein Rätsel geblieben. Unberechenbar und unbegreiflich – so gab er sich. In den diplomatischen und kurialen Kreisen wußte man, daß Urban in seinen Audienzen am liebsten sein eigenes Wort hören wollte. Ja, auch das steht in den damals so zahlreichen Geheimberichten, daß er sich zubilligte, besser als alle anderen Kleriker, Diplomaten, Politiker die Dinge dieser Welt zu verstehen.

War Maria Ward überwältigt von so viel Güte und Wohlwollen? Oder war sie verwirrt durch diese Worte? Hätte sie diese Worte als Widerruf der Bulle ausdeuten können? Wahrscheinlich war sie viel zu verwirrt, um nach den langen Monaten und Jahren der Verwerfung einen solch kühnen Gedanken fassen zu können. Befremdend ja auch, wie Papst Urban sein monologisches Gespräch fortsetzt: »Wir haben aber diese Prüfung Ihrer Tugend (das ist die Verhaftung!) zugelassen; Sie müssen es nicht so arg nehmen, einer solchen Prüfung unterworfen worden zu sein; auch andere Päpste haben, um die

Diener Gottes auf die Probe zu stellen, in ähnlichen Fällen ebenso gehandelt« (*Chambers* 1889, II, S. 336).

Empfängt Maria Ward mit diesen Worten, die schon wie die Unfehlbarkeitslehre klingen, die erst 240 Jahre später in Paragraphen gefaßt wird, einen Freispruch? Erfaßt sie jetzt, daß die Bulle gegen ihr Institut mit Wissen und Willen des Papstes erlassen wurde? Darüber verliert Pageti kein Wort und Maria Ward hofft weiter gegen alle Hoffnung, daß die privat gezeigte Huld des Papstes sie vor Verfolgung schützen wird. Gleichzeitig behält sie als vortreffliche Organisatorin, die niemals unvorbereitet in eine Konferenz geht, ihre anderen beiden wichtigen Anliegen im Auge: Sie erbittet die Haftentlassung für Winefrid Wigmore, die nun schon über ein Jahr in Lüttich gefangen gehalten wird, und sie fragt, ob diejenigen ihrer Gefährtinnen, die aus Verfolgungsgründen nicht in die englische Heimat zurückkehren können, nach Rom kommen dürfen.

Urban VIII. gewährt die Haftentlassung für Winefrid Wigmore, gewährt die Zuzugserlaubnis für die Gefährtinnen. Der Papst gewährt, was er in der Bulle verbieten ließ: das Zusammenleben der Engländerinnen. Ist dies ein Freispruch? Ist Maria Ward reingewaschen von ihrer Sündenschuld – oder vielmehr freigesprochen von den Vergehen, die die Verleumder ihr angehängt haben?

Es gibt da einen Brief, den der Sekretär der Inquisition schon bald nach Flandern an den dortigen Nuntius schreiben muß, an Pierluigi Carafa: »daß Donna Maria Della Guardia, die im Verein mit anderen englischen Jungfrauen in hiesiger Stadt (in Rom) lebt, allen Befehlen des Heiligen Vaters betreffs der Unterdrückung ihres Instituts Gehorsam leistet, daß sie aber keines Verstoßes gegen den heiligen und orthodoxen Glauben für schuldig befunden werden noch jemals schuldig gefunden wurden. Daß es aber der Wunsch dieser Hl. Kongregation (das ist: Inquisition) sei, daß man ihnen alles Eigentum, das ihnen im dortigen Nuntiaturbereich genommen sei, zurückerstatte, so daß alle Fürsten oder andere Persönlichkeiten den Fräulein wieder erstatten möchten, was ihnen genommen wurde, damit sie ihre eigenen Bedürfnisse befriedigen könnten« (*Chambers* 1889, II, S. 341).

Dieser Brief befindet sich in einer Abschrift, lateinisch und unvollständig, heute im Nymphenburger Archiv. Ist mit diesem Schreiben die Bulle aufgehoben? Sind die Vorwürfe der Häresie, des Schismas, der Rebellion rückgängig gemacht worden?

Nein, eine Bulle, die einmal ausgesprochen wurde, kann nicht widerrufen werden, auch von keinem nachfolgenden Papst. Das ist Gesetz. Maria Ward aber nimmt mit dem vorlieb, was die Gunst der Stunde ihr bietet: das private Wohlwollen Urbans VIII. Die Englischen Fräulein empfangen eine Pension aus dem Vatikan, sie suchen eine neue Bleibe und finden ein Haus auf dem Esquilin, im schützenden Umkreis der prächtigen Basilika Maria Maggiore. Hier wohnt (bis 1640) auch Lorenzo Bernini, der begnadete Bildhauer und Architekt, der den Petersdom vollendet hatte und nun an jenem gewaltigen Grabmal in Bronze und schwarzem Marmor arbeitet, das den noch lebenden Papst, Urban Barberini eben, verherrlichen sollte und das in der Apsis des Petersdomes Aufstellung gefunden hat. Die Englischen Fräulein besuchen die nahe romanische Kirche, die der Heiligen Praxedes geweiht ist, als ihre Pfarrkirche. Im Paradieses-Gärtlein, einer Seitenkapelle, beten sie vor den unergründlichen byzantinischen Mosaiken. Im Mittelpunkt eine Frauengestalt als »Episcopa«, eine heilige Frau mit bischöflichen Rechten. Die Urkirche, die den Frauen ehrenvolle Rechte und Pflichten gab, ist nah – auch in den Gedanken, die Maria Ward für ihr Institut gedacht hat.

Die Englischen Fräulein leben zurückgezogen, tragen weltliche Kleider und reden sich mit jenen adeligen Titeln an, wie es heimatliche Sitte vorschreibt. Maria Ward verwendet ihr Familiensiegel. Nach der Sitte der Zeit machen sie viel Handarbeit, sticken Meßgewänder für Priester oder Paramente für Kirchen und Altäre. Im Englischen Colleg findet sich noch eine Rechnung für Kelchtücher, eine Quittung, die John Gerard unterzeichnet hat. Die jüngeren Frauen lernen Sprachen – eine Fertigkeit, die in dieser kosmopolitischen Stadt immer nützlich ist. Sie halten ihr Haus offen für englische Besucher, die jetzt in größerer Zahl aus der Heimat fliehen, und von den jungen Mädchen nehmen sie einige in Pension auf. Die Umwelt schaut stirnrunzelnd und mißtrauisch auf dieses Kommen und Gehen. Und die Denunzianten sind schon wieder beim Papst, um Meldung zu erstatten. Doch der wehrt nur lässig ab: Wo könnten sie eher gut werden als in jenem guten Hause?

Übereifrige machen dem Papst Vorhaltungen, daß er die Englischen Fräulein an seinem Hofe empfängt. Er läßt ihnen nämlich die Kutsche seiner Schwägerin Costanza schicken und sie muß die Engländerinnen jeweils zu dritt in seine Audienz führen.

Alle halbe Jahre wird es notwendig, daß Maria Ward die Bäder aufsucht, um ihr Steinleiden zu behandeln. Sie geht nach Anticoli, nach Casciano dei Bagni und einmal auch stellt ihr der Marchese del Monte sein riesiges Schloß in Castagnano zur Verfügung. Aber immer wieder muß Maria Ward feststellen, daß sie von Spionen der Inquisition umgeben ist. Zwar vertrauen italienische Ehemänner ihr, der zurückgezogen lebenden Engländerin, ihre Ehefrauen ohne Argwohn und Eifersucht an, aber es gibt Beichtväter oder Ordensleute, die zur Überwachung abgestellt sind. Mit Schrecken erkennt Maria Ward den Fluch, den unauflöslichen Bannfluch der Bulle. Ein Franziskaner gesteht ihr, daß man in Rom noch immer glaubt, sie wolle nach England fliehen. Und daß die Inquisitoren ringsum in den Städten und Dörfern sie beobachten müssen.

Welchen Triumph verschaffte es der Inquisition, eine Frau zu bewachen oder vielmehr in haftähnlicher Situation zu halten, die das Opfer von Intrigen, von Verleumdungen geworden war? Eine verarmte Adelige zu bespitzeln? Oder aber: war die Persönlichkeit dieser Frau so stark und geheimnisvoll, daß man ihr das Ungewöhnlichste und Verwegenste zutrauen konnte? Hatte sie Macht über die Menschen und fürchteten diejenigen sie, die nur an die eigenen kleinen Pläne und Vorteile dachten? Maria Ward findet wieder einmal den Weg zum Papst, um sich über die Bespitzelung zu beklagen.

»Heiliger Vater, was kann denn die arme Maria Ward noch mehr tun, um ihre Treue und Anhänglichkeit an Eure Heiligkeit und an die katholische Kirche zu beweisen? Muß sie denn auch ihr Leben, ihren guten Namen und ihre Freiheit den Händen der Menschen überlassen, die sich nur allzu leicht bestechen und verführen lassen?«

Papst Urban VIII: »Gib Dich zufrieden, meine Tochter, es soll nicht mehr so sein; von nun an soll es niemandem mehr gelingen, Dir bei uns zu schaden. Wir haben aus dem ganzen Gang der Berichterstattung sowohl Bosheit als auch Torheit herausgefunden« (*Chambers* 1889, II, S. 365ff.).

Welche Berichterstattung meint Urban? Sind es die Informationen, die über die Kongregation der Propaganda Fide zur Inquisition und dann zur Bulle *Pastoralis Romani Pontificis* führten? Zur Zerstörung ihres Lebenswerkes? Oder meinte er die läppischen Berichte, die jetzt noch aus Badeorten oder den Kanzleien übereifriger Inquisitoren ihm zugetragen wurden? Das bleiben offene Fragen, denn eine einmal erlassene Bulle kann nicht aufgehoben werden – wenn auch der impulsive Barberini-Papst einmal meinte, daß der Ausspruch eines lebenden Papstes mehr bewirken könne, als die Satzungen von hundert verstorbenen Päpsten. Was allerdings dem kanonischen Recht zuwiderläuft.

Maria Ward wurde mit kleinen Gaben und Gesten über das erlittene Unrecht hinweggetröstet, hinweggetäuscht: Wein aus dem päpstlichen Keller, Medikamente aus der päpstlichen Apotheke werden ihr zugestanden, Pferde und Wagen sollen ihr stets bereit gehalten werden. Die Pension, die die Englischen Fräulein seit Aufhebung der Schulen bekommen, wird erhöht. Maria Ward mag nach außen hin nicht als Unperson erscheinen durch diese Mildtätigkeiten, aber sie ist doch ausgeschlossen vom tätigen Leben, von der Entfaltung ihrer eigenen Möglichkeiten. Mag auch der begeisterungsfähige Biograph Marcus Fridl schreiben, daß: »Der Heilige Vater sie liebreich umfangen, mit väterlicher Liebe erhalten, mit monatlicher Freigebigkeit ernährt und auf das mildreichste beschützt« habe, so ist doch nicht zu verkennen, daß Maria Ward schachmatt gesetzt worden ist.

Schachmatt gesetzt wie auch Galileo Galilei, der zu dieser Zeit abgeschnitten von der Gelehrtenwelt, über siebzigjährig und fast erblindet, sein Leben auf den Gütern des toskanischen Herzogs fristet. Maria Ward und ihre Gefährtinnen dürfen in Rom leben, aber sie haben keinen Anteil an den Ereignissen dieser gewaltigen Stadt. Sie werden ab 1635 nicht mehr offiziell bespitzelt, aber dennoch mißtrauisch beobachtet. Sie leben weiter nach den geistlichen Maximen, denen sie ihr Leben widmen wollten, und gehören dennoch nicht zum etablierten Ordensleben in der Kapitale der Christenheit. Sie sind wie Verbannte ...

Maria Ward und ihre Gefährtinnen leben in Rom – unter den huldvollen Augen des Papstes und werden dennoch mißtrauisch beobachtet. Sie haben ihr Habit abgelegt und versuchen doch, nach den geistlichen Prinzipien innerlich zu leben. Sie sind Verbannte und haben keinen Anteil am Leben dieser Stadt ...

Dies ist das Jahrzehnt, in dem Urban VIII. das tut, was alle seine Vorgänger getan haben: Er setzt sich und seiner Familie ein Denkmal im Barberini-Palast. Schon im ersten Jahrzehnt seines Pontifikats hat er dieses Palais von den Sforzas erworben, oberhalb der Via Quattro Fontane, am nordwestlichen Abhang des Quirinals. Aber was er aus der dreigeschossigen Stadt-Villa machen läßt, ist ein pompöser Palazzo, der mit oval ausholenden Seitenflügeln die hängenden Gärten der Innenhöfe umfaßt. Dort stolzieren zwischen exotischen Gewächsen Hirsche, Pfauen und Kamele.

Als Urban den goldenen Stuhl Petri bestieg, hatte er seinen älteren Bruder Carlo zum Präfekten des Borgo und zum General der Kirche erhoben. Dieser war ein Florentiner Jurist und wußte, daß »der Besitz des Geldes von dem großen Haufen unterscheidet«, und er hielt es nicht für geziemend, daß Verwandte eines Papstes nach dessen Tode in beschränkter Lage zurückblieben. Er regierte besonnen, starb aber schon 1630 und hinterließ außer seiner Witwe Costanza zwei Töchter, die ins Kloster geschickt wurden, und drei Söhne: Francesco, Taddeo und Antonio. Der Mittlere von ihnen widmete sich den gleichen Aufgaben wie sein Vater, der weltlichen Verwaltung. Francesco übernahm das Amt des Kanzlers der Heiligen Kirche und war der Kardinal, der in allen schwierigen außenpolitischen Fragen entsandt wurde. Auch Antonio wurde Kardinal und baute ein Theater für über tausend Personen in den Familienpalast ein. Mythologische und christliche Dramen wurden aufgeführt, Konzerte gegeben. Francesco sammelte die zweitgrößte Bibliothek in diesem Palast, bewohnte ihn aber nur zeitweilig. Die drei Nepoten hatten ein Einkommen von jährlich einer halben Million Scudi. Beim Tode Urbans war das Familienvermögen auf viele Millionen angewachsen (nach Ranke 105 Millionen, nach Pastor 120 Millionen, nach Grisar 140 Millionen). Noch heute strahlt das berauschte Lebensgefühl dieser Familie dem Besucher entgegen, der die schier endlosen Säle des Palazzo Barberini durchschreitet und dann in den Festsaal kommt, der als die reinste Inkarnation des Hochbarock gilt: Cortona hat das Deckengemälde geschaffen. In wirbelnden Wolkenmassen, sonnendurchschienen, thront Urban als Weltenlenker, mit Tiara und Sternenkranz geschmückt; er hält die Schlüssel der Gewalt in seinen Händen. Die Taten der Nepoten sind in den Seitenfresken verewigt. Ebenso die Papstwahl und Weihe des Petersdomes, die Öffnung der Heiligen Pforte im Jahre 1625, die Trockenlegung der Albaner Seen und die Verteidigung des Kirchenstaates, die Befestigung der Engelsburg (wobei sich der berühmte barberinische Faun fand, der heute in Münchens Glyptothek steht); über die Jahrhunderte hinweg ließen die Barberini das Lob ihres Geschlechts verkünden.

In den Sälen Büsten von Berninis Hand, immer wieder der stattliche Urban mit dem kurzgeschnittenen ViereckSbart und sein asketisch-schmalgesichtiger Nepote Francesco mit den tiefliegenden Augen und der kühn gebogenen Nase. Ein Geschlecht von Tätern und Schönheitssuchern, die Reni und Caravaggio, Raffael und Tizian zu schätzen wußten.

Mit Kunstwerken schmeichelt der Papst auch jenen weltlichen

Fürsten, die ihm wichtig sind. Kisten voller Gemälde werden nach London an den kunstliebenden Karl I. gesandt, den kenntnisreichen Sammler, der immer wieder durch solche Freundlichkeiten an sein Versprechen erinnert werden soll, daß er die Katholiken seines Landes schützen wolle oder daß er selber in die Kirche zurückstrebe. Bernini bekommt den Auftrag, ein Porträt König Karls I. zu schaffen: Van Dyck schickt aus London dafür drei Profilskizzen. »Das traurigste Gesicht, das ich je gesehen habe«, sagt Bernini von dem König, der kaum zehn Jahre später auf Parlamentsbeschluß hingerichtet wird.

Von der Pracht und Schönheit des weltlichen Rom sehen die Englischen Fräulein wohl nur wenig. Ihre Gedanken gehen nach München ins Paradeiserhaus. Maria Ward versucht den Kontakt mit den Zurückgebliebenen aufrecht zu erhalten. Ihre Briefe sind spontan, kurz, treffend und doch so voller Hoffnung, daß eines Tages die Erlaubnis kommen könnte, das Angefangene fortzusetzen. Sie klammert sich an das Paradeiserhaus, als ob diese so erfolgreich und von Kurfürst Maximilian I. so großzügig protegierte Gründung mit päpstlicher Erlaubnis einmal der Anfang von etwas Neuem sein könnte.

Wie immer fürchtet sie die Zensoren, die falsche Interpretation ihres Tuns. Deshalb müssen Pseudonyme all denen den Inhalt der Briefe verdunkeln, die sich unbefugt in deren Besitz bringen.

Sie nennt sich selbst Margery oder »Das alte Weib« – Krankheit, Haft und Enttäuschungen haben ihr – so mag sie selbst empfinden, mehr Lasten aufgebürdet, als die Kalenderjahre ausdrücken mögen. In freundlicheren Stimmungen ist sie »Felice« oder »Philipp« – war sie glücklich in Rom! Felice? Sicher kannte sie diese Stadt besser als die meisten anderen Städte, in denen sie gelebt hatte, wie etwa London oder auch München, wo sie alles in allem kaum zwei Jahre verbrachte.

Das kurfürstliche Paar behält die schon in der Haft benutzten Pseudonyme: »Der Müller und seine Frau« oder aber der »alte Mann und Billingsgate«. Wird Maximilian ihnen das Paradeiserhaus lassen, das »Dach über dem Kopf« bis daß sich alle Unruhe gelegt hat? Die Schrecken der schwedischen Eroberungszüge in diesem nicht aufhörenden Krieg nördlich der Alpen werden auch in Rom besprochen. Man weiß, daß Dörfer und Städte ausgeplündert, die Bewohner vertrieben, die Frauen vergewaltigt und auch Kinder hingemetzelt werden. Man weiß in Rom, daß Klöster verbrannt und Ordensleute von der Soldateska gefoltert und gemordet werden. Wer kann, versucht zu fliehen. Maria Ward warnt und beschwört die Ihrigen, das Paradeiserhaus nicht zu verlassen: »Ned (das ist Mary Poyntz, die in München zurückgebliebene, ehemalige Rektorin, jetzt Leiterin ohne Titel!) soll immer und in allem darauf bedacht sein, wie er (weibliche Personen werden in der Geheimsprache als männliche geführt) festen Boden unter den Füßen behalten kann ... sollte er aber und die seinigen aus der Wohnung ausgewiesen werden (von dem alten Mann) so sollen sie für die Zwischenzeit nach Hall gehen, und sie müssen dort willkommen sein, ob Hall es haben will oder nicht« (*Chambers* 1889, II, S. 339). Maria Ward hatte bei den Ordensfrauen, kaiserlichen Töchtern, die in Hall ein klösterliches Leben unter Leitung der Jesuiten führten, auf ihrer ersten Reise nach München um die Jahreswende 1626/27 Besuch gemacht.

Eine Zeitlang trug Maria Ward sich mit dem Gedanken nach München zurückzugehen, dann aber fehlte es an Geld (»gelbe Seide« genannt) und die Kriegsläufte verdunkelten den Horizont der Zukunft. Es war in dieser Zeit, daß Maximilian I., der geflohene Kurfürst, an seinen Geistlichen Bruder Ferdinand, Kurfürst in Köln und Bischof von Lüttich, schrieb: »Euer Liebden würde unser armes Bayernland nicht wiedererkennen.«

Es wird beschlossen, daß Mary Poyntz nach Rom kommen und Winefrid Bedingfield das Paradeiserhaus halten soll.

Zunächst macht sich Margaret Genison mit Novizinnen aus dem Paradeiserhaus nach Rom auf. Sie hatte das Wiener Haus mit Umsicht geleitet und die beiden strengen Visitationen dort erlebt und durchgestanden, die keinerlei Vorwurf gegen die Wiener Schule erbrachten. Margaret Genison, die Nichte von Pater John Gerard, der seit 1627 als Beichtvater dem Englischen Colleg in Rom zugeteilt war, hatte Maria Wards Herzen immer besonders nahe gestanden. Schon in Neapel waren ihr besondere Aufgaben übertragen worden. Aber Margaret Genison war schon seit längerem unsicher geworden in ihrer Berufung. Sie wollte die Gemeinschaft verlassen. Maria Ward hatte bereits während ihrer Haft von dem Schwanken dieser ihr so lieben Gefährtin gehört. Damals schrieb Maria Ward aus der Gefängniszelle, Margaret Genison möge doch ihrem Onkel schreiben, daß sie es für den einzigen Weg zu einem ruhigen Leben erachte, nach England zurückzukehren und sich um einen guten Gatten oder wenigstens um einen so guten als sie bekommen kann, umzusehen. Wahrlich keine freundlichen Worte!

Und jetzt, da Margaret Genison in Rom angekommen ist, schreibt Maria Ward sehr enttäuscht an die Münchner Gefährtinnen: »Margaret Genison will in die Welt hinaus. Wer weiß, wäre sie bei Euch in

München gestorben, wäre sie glücklicher dran gewesen.« Ein hartes, ein bitteres Abschiedswort, vor allem, wenn man bedenkt, daß zu dieser Zeit schon die Pest in München wütet und die vom Krieg zermürbte Bevölkerung dieser unheimlichen Seuche hilflos ausgeliefert war.

Die Lage im Paradeiserhaus war prekär. Zwar versuchte Anna Rörlin, die erste Deutsche, die in München aufgenommen worden war (wenn auch nur in den zweiten Stand der »Jungfrauen«), in den umliegenden Dörfern Lebensmittel zu sammeln.

Ab Dezember 1631 entfiel die Jahresrente, die Kurfürst Maximilian den Engländerinnen seit 1627 ausgesetzt hatte. Es gab noch eine einmalige Sonderzuweisung, damit die Englischen Fräulein abziehen könnten. Doch das konnten ja nur die wenigsten, nicht alle hatten das Geld für weltliche Kleidung, nicht alle konnten durch das von der schwedischen Soldateska überzogene Land nach England gehen. Der Kurfürst flüchtete mit Elisabeth Renata und dem Hofstaat nach Salzburg, unterstellte sich dann aber dem kaiserlichen Kommando, trotz all seiner Vorbehalte gegen den undurchdringlichen kaiserlichen Feldherrn Wallenstein. Der Kurfürst war weit – zwar sollte es eine mündliche Absprache mit Papst Urban gegeben haben, daß er auch weiter für die Englischen Fräulein sorgen solle und auch wolle. Doch Genaues wußte niemand, weder die Frauen im Paradeiserhaus noch die Gefährtinnen in Rom. Erst im Mai 1633, als die Schweden aus München abgezogen waren, ließ Maximilian den Frauen 150 Gulden zuweisen – »zu besseren ihrer Sustenation«. Ihm wurde gemeldet, daß nur noch sieben Englische Fräulein sich im Paradeiserhaus befänden, drei nur trügen weltliche Kleider, die anderen vier noch das Habit. Im September 1633 – der Kurfürst befand sich nunmehr im Braunauer Exil – gab es 200 Gulden.

Mary Poyntz und Barbara Babthorpe, die das Preßburger Haus Frances Brooksby übergeben hatte – und über Wien nach München gekommen war, begaben sich nach Braunau, um dem Fürstenpaar dafür einen Dank- und Abschiedsbesuch abzustatten. Sie wurden in Rom ja von Maria Ward erwartet. Mit ungeduldigen Briefen plante sie die Übersiedlung der beiden nach Rom. Sie wollte ihnen ein Stück, bis Loreto, entgegengehen, doch das zerschlug sich an den Schwierigkeiten und neuerlicher Erkrankung. Aber sie trug den beiden auf, »zwei zusammengerollte Gemälde und neue Altargegenstände« mitzubringen. Unterwegs sollten sie auch Pater John Gerard, der irgendwo zwischen Florenz und Loreto vorübergehend tätig war, einen Besuch abstatten. Alles das hat sie in so viele geheimnisvolle Pseudonyme und Andeutungen gekleidet, daß der genaue Sinn heute nicht mehr enträtselt werden kann. Mary Poyntz und Barbara Babthorpe, die im Oktober 1633 München verlassen, entkommen der Pest. Es ist die verheerende Pest, die die Oberammergauer veranlaßt, jenes Passionsspiel zu geloben, das bis auf den heutigen Tag alle zehn Jahre aufgeführt wird.

Im Oktober 1633 läßt der Kurfürst »den Englischen Jungfrauen im Paradeiserhaus, die an Lebensmitteln großen Mangel haben, etwas an Getreide, Schmalz, Fleisch und anderes uff die Fünffzig Taller werth erkaufen«. Anfang 1634 leben noch acht Englische Fräulein dort. Am 3. November 1635 waren es noch zwei. Sie erhielten 100 Florin und die gleiche Summe nochmals im Augst 1636. Doch dann stellt Maximilian I. die mehr oder weniger diskrete Frage, ob die Frauen nicht an einem anderen Ort besser zusammenleben könnten als in München. In Rom zum Beispiel. Winefrid Bedingfield, die sich der Hochschätzung des Kurfürsten erfreuen durfte (er hat einmal von ihr gesagt, er hätte sie gern zu seinem Finanzminister gemacht, wenn sie nur ein Mann gewesen wäre!), antwortete in einem mutigen und kühnen Brief, in dem sie ihre Dienste für die Mädchenerziehung und Schule anbot, denn Schulehalten war ja durch die Bulle nicht verboten worden. Am 8. März 1635 erhielt Winefrid Bedingfield die mündliche Erlaubnis zur Wiederaufnahme des Unterrichts. Dieses Datum wird in der Geschichte des Instituts der Englischen Fräulein als Markstein betrachtet, es war die entscheidende Wende – vom krassen Verbot, vom ratlosen Abwarten wieder zurück zum tätigen Leben. Die Frauen hatten sich auf englische Weise durch die unübersichtlichen, dunklen Kriegs- und Hungerzeiten gerettet: *by muddling trough* mit unerschütterlichem Gottvertrauen.

So lautete der Brief, der die Wende herbeiführte: »Mit diesen wenigen Zeilen möchte ich Eurer Hoheit ergebensten Dank für die 200 Florin abstatten, die uns Eure Hoheit für unser besseres Fortkommen gewährt haben, ebenso dafür, daß Sie uns freundlich nahe gelegt haben, ob es nicht besser wäre, daß wir anderswohin gingen, wo mehrere zusammen dem Dienst Gottes sich widmen können, wie wir es wünschen. Wenn Sie mir erlauben, antworte ich darauf, daß uns nichts lieber sein könnte, wenn nicht andere Hindernisse beständen, die nicht von uns ausgehen. In Rom ist die Zahl schon groß, da die Gemeinde aus 23 Personen besteht; wenn auch Seine Heiligkeit in der vergangenen Woche die gewohnte Pension für die Frauen dort verdoppelt hat, sind sie doch für alles, was sich ereignet, nicht zu gut versorgt. Da die gegenwärtige Zeit Eurer Hoheit nicht erlaubt, uns zu helfen, wie Sie es sonst taten, als es um Ihre Angelegenheiten besser stand, sind wir nicht so unüberlegt, Sie um etwas zu bitten, was Sie nicht machen können. Wir bitten nur um das Wenige, was Eure Hoheit aus Güte und ohne Belastung uns geben können. Im übrigen wollen wir völlig zufrieden sein, wenn wir der Not dieser Zeit gleichgestellt sind, daß wir in unserem gegenwärtigen Stand mit Demut und Geduld selbstverständlich erdulden, was auf uns zukommt, wenn wir Gottes Willen beachten. Das ist mein einziger Schmerz, daß wir hier müßig sind, ohne Eurer Hoheit einen Dienst zu leisten, indem wir das Wenige gut tun, das wir mit der Gnade Gottes in der Erziehung der Jugend tun können, als weltliche Personen zum Nutzen der Stadt und zum öffentlichen Wohl, ohne uns dabei gegen die Verbote Seiner Heiligkeit zu verfehlen. Ich und die anderen, die hier geblieben sind, bieten bescheiden unsere Mühen dazu an, in der Hoffnung, daß wir Gehör finden bei Eurer Hoheit.

Das tun wir mit um so größerer Liebe, da wir uns als wahre Töchter unserer Herrin und Mutter Maria Della Guardia erweisen wollen, die Eurer Hoheit und ganz Bayern so ergeben ist, daß ihr nichts lieber sein könnte, als das Wohlergehen beider« (Mater Immolata Wetter, 1979, S. 36ff.).

Als weltliche Personen wollen sie an dem Programm weiterarbeiten, das Maria Ward als notwendig für diese Zeit erachtet hat: Ausbildung der Mädchen zur geistigen Selbständigkeit, sei es in der Ehe, sei es im Kloster. Alle Gründungen, die nach der Verkündung der Bulle *Pastoralis Romani Pontificis* vorgenommen werden, das Haus in Rom, das Haus in München, sind Gründungen für Mädchenerziehung unter dem Schutz der betreffenden Bischöfe. Ob Preßburg und Wien zu dieser Zeit noch bestanden, ist ungewiß. (Kaiser Ferdinand II., der Protektor der Englischen Fräulein, starb 1637.)

Trotz der mündlichen Erlaubnis zum Schulehalten und Wohnen im Paradeiserhaus machte Maria Ward in Rom sich Sorgen um die Gefährtinnen in München: denn die Kurfürstin war Anfang des Jahres 1635 gestorben, nach fast 40jähriger und kinderloser Ehe. Sie starb im Braunauer Exil und wurde in der Gruft der Michaelskirche in München zur letzten Ruhe gebettet. Maximilian heiratete noch im Herbst desselben Jahres, um die Nachfolge in seinem Staat für das Geschlecht der Wittelsbacher zu retten, seine Nichte Maria Anna, die Tochter des

Kaisers Ferdinand II., seines Vetters und Schwagers und seiner Schwester Anna. Die Ehe zwischen dem über Sechzigjährigen und der fünfundzwanzigjährigen Habsburgerin wurde schon bald mit der Geburt eines Sohnes, Ferdinand Maria, gesegnet.

In Rom aber herrschte Sorge: Würde der Kurfürst als überströmende Glücksgebärde der jungen Frau etwa das Paradeiserhaus als Morgengabe zu Füßen legen? Maria Ward schreibt: »Ich möchte gar gerne wissen, was man mit der »Frau Kätzin« (das ist das Pseudonym für die junge neue Kurfürstin!) anfangen wird und wo sie wohnen werden. Ich fürchte, wir verlieren das Paradies; sollte das der Fall sein, wird es dem Jerome (= das ist Winefrid Bedingfield) nicht an einer Wohnung fehlen noch an dem, was er jetzt hat« (*Chambers* 1889, II, S. 362).

Das Paradeiserhaus bleibt ihnen erhalten, die Schularbeit kann begonnen werden, sie soll unentgeltlich sein – wie zuvor; und doch gehen ständig Briefe, Hilferufe aus dem römischen Haus nach München um Geld: »gelbe Seide« genannt oder »Geschenke« oder, recht beziehungsreich »Verluste«.

Anna Rörlin unternimmt es sogar, die durch Krieg und Pest verwaisten Kinder um sich zu sammeln und ein Waisenhaus für sie zu gründen. Trotz Armut und Mangel hat dieses Haus bis zum Zweiten Weltkrieg bestanden.

Mangel wie Großmut hielten sich in allen diesen mutigen Anfängen die Waage. So schreibt Maria Ward noch im Jahre 1636 an Winefrid Bedingfield: »Meine liebe Winn, Jesus verhüte, daß Sie von irgendeinem Kinde, das Sie unterrichten, auch nur einen Pfennig für Feuer, Holz oder sonst irgend etwas verlangen. Wenn Sie dieses Werk der Nächstenliebe ausüben, tun Sie es doch, wie es sich nicht anders von Ihnen erwarten läßt, nicht um des Geldes willen« (*Chambers* 1889, II, S. 367).

Die Haltung dem Geld, dem schnöden Mammon gegenüber, ist – wie schon der Entwurf des *Institutum,* des dritten Ordensplans zeigte, voller Widersprüche und für heutige Maßstäbe auch wohl ein wenig oder eben ziemlich unwirklich. Sie hingen in Rom wie in München von der Huld der Wohlhabenden ab oder dem Zufall.

Der Sommer des Jahres 1637 ist heiß und schwül. Ein anhaltendes hohes Fieber, das nicht weichen will, fesselt Maria Ward wochenlang ans Bett. Eine gefährliche Gesundheitskrise bedroht ihr Leben. In diesen Tagen stirbt Pater John Gerard, 72 Jahre alt.

Maria Ward verliert einen Freund, der ihre Heimat und ihre Familie kannte, der ihr seit der Jugendzeit in Osgodby bei den Babthorpes, in den von Skrupeln gequälten Jahren beigestanden hatte; der ihr in Flandern die Konstitutionen des Ignatius von Loyola gegeben, sie zur Errichtung der Lütticher Häuser und zur Romreise ermutigt hatte: Gerard hatte ihr den Weg gewiesen zu den Tatmenschen der Gegenreformation, Maximilian und Ferdinand, er hatte ihr auch dann seinen Rat zuteil werden lassen, wenn ihnen Briefwechsel und Gedankenaustausch verboten waren. Viel hatte Gerard dafür eingesetzt, daß sie, Maria Ward, einen Orden nach der Weise der Gesellschaft Jesu, im Sinne auch der ihr zuteil gewordenen Berufung gründen könne.

»Gerards Tod wird in keinem jener Manuskripte erwähnt, die mit Maria Wards Geschichte zusammenhängen«, schreibt Chambers, die Biographin, die im vorigen Jahrhundert so unermüdlich nach noch nicht verschütteten Quellen suchte und fährt fort: »Aber wir wissen genug von ihr, um, ohne sie selbst reden zu hören, den Schmerz bemessen zu können, den ihr, bei aller Ergebung in Gottes Willen, die Trennung von einem solchen Freund bereiten mußte« (*Chambers* 1889, II, S. 372).

John Gerard stirbt am 27. Juli 1637. Am 30. Juli ist Maria Ward dem Tode so nahe, daß ihr die Sterbesakramente gespendet werden. Der Papst entsendet den strengen Kardinal Onofriu, seinen Bruder, den unbeugsamen Mann, der sieben Jahre zuvor den unheilvollen Verhaftungsbefehl nach München unterschrieben hatte. Der Kapuziner-Kardinal fordert die Gefährtinnen sogar auf, Gott dafür zu danken, daß er Maria Ward so lange am Leben erhalten habe, bis sie durch Wort und Vorbild andere befähigen konnte, die kleine Gemeinschaft zu regieren. Die Gefährtinnen hören das mit Staunen und denken an die bitteren und dunklen Tage von München und an all die Schwierigkeiten, die ihnen die päpstliche Bulle verursachte.

In diesen Sommertagen wiederholt sich aber auch das, was schon so oft geschehen ist: Maria Ward erhebt sich plötzlich aus schwerster gesundheitlicher Krise und erklärt, daß sie nach Flandern reisen will. In solchen Augenblicken scheint sie wie unter Zwang zu handeln. Es ist, als stände sie dann unter einem höheren Befehl. Ihre eigenen Worte deuten darauf hin: »Ich weiß selbst nicht, was Gott damit will, aber ich muß nach Spa gehen. Menschlich gesprochen muß ich hier sterben, während ich dort vielleicht genesen werde« (*Chambers* 1889, II, S. 372).

Ist es ihre Hoffnung auf Gesundung, daß sie in jenes früher so oft besuchte Bad reisen will? Oder will sie die nunmehr aufgelösten Häuser besuchen oder zurückerwerben? Will sie all das noch einmal zu vollbringen suchen, was ihrem lebenslangen Berater und Seelenfreund zu tun nicht mehr vergönnt ist? Wollte sie nach seinem Tod der römischen Untätigkeit entfliehen und noch einmal dort anfangen in Flandern, wo sie ihre Berufung erfahren und ihr Ordenskonzept entworfen hatte?

Gerards Sterben, sein Tod, war ihr jetzt ein ebensolches Vermächtnis wie sein Leben ihr einmal Hilfe gewesen war. Maria Ward hat darüber kein Wort gesagt. Wie alle echten Gefühle wirkt auch dieses Geheimnis zweier Menschen über Verbot, Verdächtigung und Verleumdung wie eine Gnade fort.

Winefrid Wigmore und Mary Poyntz, die sie als Reisebegleiterinnen ausersehen hat, machen – stellvertretend für Maria Ward – die Abschiedsbesuche am päpstlichen Hof. Urban VIII. fürchtet zwar auch, daß eine solche Reise der kränkelnden Frau den Tod bringen könnte – nach menschlichem Ermessen – doch werde Gott schon wissen, welche Absichten er mit ihr habe. Und ähnlich wie sein Nepote Onofriu läßt er sich zu einer ungewohnten Lobeshymne hinreißen: »Wir halten sie nicht nur für eine Frau von großer Klugheit und von außerordentlichem Mute und großer geistiger Begabung, sondern was viel mehr wert ist: Wir halten sie für eine heilige und große Dienerin Gottes« (*Chambers* 1889, II, S. 373).

Wahrhaft hehre Worte aus dem Munde eines Mannes, der wenige Jahre zuvor die Bulle unterschrieb, die Maria Ward und ihre Gefährtinnen verurteilte, sie als Unkraut aus dem Garten der Kirche ausrotten wollte.

Himmelweit sind die Höflichkeiten des barocken Protokolls von dem kargen Befehl entfernt, dem Maria gehorcht: »Nimm die (Regel) der Gesellschaft (Jesu). Der Pater General wird es nicht erlauben. Geh zu ihm.«

Die lange letzte Reise: Zurück in die Vergangenheit und Tod in fremder Heimat

»Sie ist ihrer Lebtag beständig durch hart und üble Weeg gewandert/ wo es immerzu viel Schnauffen gekostet/ derohalben wolt sie auf die Letzt auch nicht umkehren/ noch einen anderen Weeg suchen.«
Marcus Fridl (Nr. 399)

Heftig und viele Stunden lang regnet es an jenem 10. September 1637 in Rom, als Maria Ward in eine Sänfte gehoben wird und in Begleitung von Winefrid Wigmore und Mary Poyntz die Ewige Stadt verläßt – die sie nie wieder sehen wird. Unterwegs beeilen sich die Fürstlichkeiten, dieser viel besprochenen, viel gerühmten und sehr leidenden Frau die Wege zu bereiten. In Siena läßt Erzbischof Piccolomini ihr ärztliche Hilfe angedeihen, und er stellt ihr einen sehr nützlichen Empfehlungsbrief aus an seinen Bruder Max Piccolomini, den Feldherrn im kaiserlichen Heere. In Florenz, in Bologna und in Turin suchen weltliche und geistliche Fürstlichkeiten das Gespräch mit der vielfach verfolgten Frau, die aber in den letzten fünf Jahren sich der Huld des Papstes erfreuen durfte. Man stellt ihr Sänfte oder Kutsche zur Verfügung.

Am 3. November, schon spät im Jahr, kommt die kleine Reisegesellschaft am Fuße des Mont Cenis an. Zu jener Zeit waren noch berufsmäßige Träger zur Stelle, um die Reisenden über die hohen Pässe in Sesseln und in einer Art Laufschritt hinüberzutragen – wilde Gesellen, die sich in diesen unwirtlichen Gegenden und Wettern auskannten. Beinahe wären sie aber einem Schneesturm zum Opfer gefallen, doch zeigte ein Hündchen ihnen die richtige Schneise. Der Winter war damals trotz allem die bevorzugte Reisezeit, weil die Seuchengefahr viel geringer und die Wege nicht so sehr von beutegierigen Abenteurern belagert waren.

Wie immer, wenn Maria Ward sich auf eine Reise begeben hatte, lag ihr daran, ohne Umwege und bald zum Ziel zu kommen: so wurde auch jetzt nicht viel gerastet. In Paris sollen Wechsel liegen. Doch diese Erwartung wird schmählich getäuscht: es ist überhaupt kein Geld da. Und Freunde, auf die man gesetzt hatte, verhalten sich abwartend. Waren es die vielerlei und schillernden Gerüchte über ihre Gefangennahme und die Bulle *Pastoralis Romani Pontificis,* die Skepsis unter einstigen Freunden verbreitet hatte? Wollte man sie meiden, ehe man nicht ganz sicher gehen konnte? »Sie mußten in Paris bleiben und auch den Winter dort zubringen, weil die alte Krankheit sie mit erneuter Heftigkeit ergriff. Was den Lebensunterhalt anbelangt, so versah sie Gott mit seinem unerwarteten Vorrat. Dieser in Paris verbrachte Winter gereichte ihren Gefährtinnen späterhin zu großem Nutzen« (*Chambers* 1889, II, S. 375).

Wer sich namenlos hinter diesem »unerwarteten Vorrat« verbarg, ist nicht überliefert. Aber sicher war in diesem Kreis der Wohltäter zwölf Jahre später, als die von der verstorbenen Maria Ward verlassenen Englischen Fräulein nach Paris kamen, von neuem Anregung und Rückhalt zu finden.

Erst im Mai 1638 kann Maria Ward sich mit ihren Getreuen auf den Weg nach Spa machen. Ohne Angst reisen sie durch die vom französisch-holländischen Grenzkrieg bedrohten Orte. Wenn Maria Ward sich gerufen fühlt, gibt es einfach keine Hindernisse. Und sie fühlt, daß ihre Mission noch längst nicht zu Ende gebracht wurde.

In Lüttich, wo sie noch einige Tage auf die Öffnung der Bäder in Spa warten müssen, wird ihnen allen bewußt, was hinter ihnen liegt, welchen Verlust sie erlitten haben. Vor zwanzig Jahren haben sie in dieser Stadt das Haus auf dem Mont St. Martin gegründet und ein Jahr später das Novizenhaus auf der Pierreuse – Jahre des Opfermutes und Jahre der Begeisterung waren das! Aber sie finden jetzt kein Haus, das ihnen die Türen öffnen würde, keine Lagerstatt, kein Bett. Dabei hatte doch im Frühjahr 1633 der Sekretär der Inquisition einen Brief nach Flandern geschrieben, man möge, wenn Maria Della Guardia komme, jemals komme, ihr oder den Ihrigen alles Eigentum zurückerstatten! Wo waren die ehemaligen Besitztümer und wer waren die neuen Besitzer? Anna Wivel lebte noch in Lüttich, die Gefährtin, die 1630 Winefrid Wigmore auf der unseligen Visitationsreise von München nach Lüttich begleitet hatte. Eine arme, nicht beachtete Frau.

Es regierte auch noch immer der Geistliche Kurfürst und Fürstbischof Ferdinand von Wittelsbach, Bruder des bayrischen Kurfürsten, der Beschützer und Belobiger ihrer allerersten Anfänge. Maria Ward verhandelt mit ihm über neu zu gründende Schulen, Schulen nach dem Muster des Paradeiserhauses in München. Sie fragt den Weltgewandten, ob es Sinn habe, Mary Poyntz für eine Weile oder für Verhandlungen nach München zu schicken?

Vom verlorenen Eigentum scheint nicht die Rede gewesen zu sein.

Erst Jahrzehnte später stellte man fest, daß der einstige Besitz der Englischen Fräulein an die Sepulchrines übergegangen war, ein Orden, der dann aber in der Französischen Revolution nach England flüchtete, und daß wohl der größte Teil den Benediktinerinnen übertragen wurde – von der Stadt Lüttich. Maria Ward war es nicht gegeben, zurückzublicken. Sie richtete alle Energie auf eine neue Schule in Lüttich. Und als sie sich endlich nach Spa begeben kann, drängen sich wieder so viele Menschen in ihrer Nähe, die medizinische oder seelische Hilfe von ihr erwarten, so daß sie von ihren eigenen materiellen Sorgen abgelenkt wird.

Den Winter 1638/39 verbringt sie in der Nähe der berühmten Benediktiner-Abtei von Stavelot. Maria Ward bedenkt die Zukunft, es überkommt sie auch die Sehnsucht, da sie so nahe ihrer Heimat ist, England wiederzusehen. Es sind fast zwanzig Jahre her, daß sie ihre Heimat verlassen hat, und alles was sie geplant und erlitten hat, alles was sie erstreiten wollte, war die Bekehrung ihrer Landsleute zum alten Glauben. Wie mag England sein – jetzt, nach so vielen Jahren ihrer Wanderschaft? Seit 1624 regiert Karl I., der erste englische König, der in der Staatskirche geboren und aufgewachsen ist, der sich aber, um die Ehedispens vom Papst zu erlangen, mit starken Versprechungen an Rom gebunden hatte. Wie mochte London jetzt aussehen? Verwirrende Gerüchte drangen in die Niederlande.

Noch arbeiteten in London ihre Gefährtinnen von einst und deren Nachfolgerinnen im Untergrund, noch immer gab es Anfeindungen, Hausdurchsuchungen, Verurteilungen. Maria Ward schreibt nach Rom und bittet um die Erlaubnis nach England reisen zu dürfen, bittet um Empfehlungsbriefe – so wie sie vor jeder wichtigen Reise um solche Briefe gebeten hat. Als sie sich in Antwerpen einschiffen wollen, erreicht sie eine schlechte Nachricht: Die geplante Schulgründung habe sich zerschlagen. Maria Ward eilt noch einmal nach Lüttich. Doch Erfolg ist ihr nicht beschieden.

Da nehmen sie den Weg nach Calais und kommen noch einmal durch St. Omer, wo Maria Ward 33 Jahre zuvor mit ihrem religiösen Leben Ernst machte, wo sie Aufnahme begehrte in dem strengsten aller Orden, bei den Klarissen. Die Schöpfer des »Gemalten Lebens« schmücken Maria Wards letzten Aufenthalt in St. Omer mit zwei Erleuchtungen aus. Maria Ward sei ermutigt worden, unermüdlich zu sein, da ihr Ende nahe und ihr Lohn im Himmel groß sein werde. Ein andermal: Ein Bischof – ohne Namen – sei ihr erschienen und habe sich als Freund des Instituts erwiesen.

Berichtet wird in der Englischen Vita, daß Maria Ward sich vor Verlassen des Kontinents zurückgezogen habe, um Briefe zu schreiben. Dabei sei sie von heftigen Tränenausbrüchen überwältigt worden – Tränen sind in dieser Zeit des Barock Zeichen intensiver Geistestätigkeit, bedeuten Erhobensein über das Mittelmaß, Auszeichnung.

Am 20. Mai 1639 kommt Maria Ward mit ihren Gefährtinnen in London an. Die Freude bei ihren Anhängerinnen ist groß, denn irgendwie hat sich das Gerücht hartnäckig gehalten, daß Maria Ward noch immer in Rom in einem Inquisitions-Gefängnis festgehalten werde oder aber sich zumindest in »freier Haft« befinde – das heißt, unter Aufsicht. Überall gibt es eben diese »Jerusalemer«, die aus purer Mißgunst Gerüchte in die Welt setzen, die nicht sterben können. Dabei hatte das Haus der Englischen Fräulein am Esquilin so nahe der Basilika Santa Maria Maggiore allen Gästen aus England offen gestanden. Man hätte sich dort eines besseren belehren können.

Vielleicht wollte Maria Ward mit ihrem Besuch in der Heimat auch eben diese Gerüchte widerlegen, wollte beweisen, daß kein Vorwurf der Häresie gegen sie bestehe –, wenn auch die unglückselige Bulle unaufhebbar war.

London. In dieser Stadt hatte sie ihren Entschluß endgültig durchsetzen können, Ordensfrau zu werden, nach Flandern zu gehen. In dieser Stadt war sie zwischen 1609 und 1619 viele Male unter Gefahr gewesen, hatte zur Regierungszeit des Königs Jakob I. offen oder heimlich für den Glauben gearbeitet, hatte Pensionärinnen und Novizinnen zur Ausreise verholfen und hatte dieses Haus, das auch jetzt noch in London von ihren Anhängerinnen aufrecht erhalten wurde, besucht. Karl I., der Enkel Maria Stuarts, der unvergessenen Königin der Schotten, ist zwar der erste englische König, der in der anglikanischen Staatskirche aufgewachsen ist und nur diese Tradition kennengelernt hat. Aber seinen ästhetischen Neigungen kommen die Gebräuche der katholischen Liturgie entgegen, und er läßt dem Erzbischof von Canterbury, William Laud, freie Hand darin. William Laud betreibt auch gleichzeitig die Stärkung der Bischofskirche, was dem König willkommen ist, denn wie seinem Vater, Jakob I., ist ihm bewußt, daß es ohne Bischöfe auch keinen König geben kann (*no bishop, no king!*), das heißt, wenn man Bischöfe abschaffen kann, lassen sich auch Könige abschaffen. Ein Schicksal, dem Karl I., der Märtyrerkönig der englischen Geschichte, unaufhaltsam entgegengeht. Am Gottesgnadentum hält er fest und versteht die Sprache seiner Generation nicht. Längst geben die Puritaner den Ton an im öffentlichen Leben und in den Familien. Sie verlangen nach einem Leben, wie es ernst und heilig in der Bibel steht, sie sind gegen aufwendigen Zeitvertreib wie Theaterspielen, Trinken und Müßiggang, sie fordern Sparsamkeit und Gottesfurcht vom Hofstaat so gut wie von den Bürgern. Die Puritaner beherrschen das Parlament, das Karl I. mehrmals auflöst. Manche dieser Abgeordneten sind schon in zweiter Generation Parlamentarier, haben Brüder oder Vettern in den Reihen, haben zum allergrößten Teil in Oxford und Cambridge studiert und im Studium in den Inns of Court, den ausgedehnten Justiz-Büros der City of London, ihre Bürgerrechte kennengelernt und wissen diese Kenntnisse und Rechte nun im Parlament – auch gegen den König – durchzusetzen.

Politische Unrast, religiöse Inbrunst und wirtschaftliche Schwierigkeiten brauen eine Zukunft zusammen, die nur einen Namen hat: Bürgerkrieg. London zumal bebt vor Unruhe.

Die Puritaner, die sich gegenseitig belauern, sind in mehrere Sekten aufgespalten. Ihnen allen gemeinsam aber ist die Abneigung gegen die Katholiken, die Papisten, wie sie sie nennen. Argwöhnisch belauern sie auch deshalb die Bemühungen des Königs, die Bischöfe der anglikanischen Kirche zu stärken. Sie hingegen wollen die Bischöfe »mit Stumpf und Stil ausrotten«, verlangen vom König, daß er den Bischof von Canterbury einkerkert und ebenso seinen engsten Berater, den Earl of Strafford, in dem sie ebenfalls einen Anhänger des Gottesgnadentums vermuten. Er wird 1641 hingerichtet, widerstrebend hat der König das Todesurteil unterschrieben. Ein Jesuit, der damals gerade inhaftiert war, wird gleich mit exekutiert. Strafford soll seinen König ermutigt haben, mit Waffengewalt die Unruhe der Straßen und des Landes niederzuschlagen!

Die gefährlichste Belastung für Karl I. aber ist seine Gemahlin Henrietta Maria – von den Puritanern nur »das katholische Weibsstück« genannt. Henrietta Maria – in prachtvollen Gemälden hat Van Dyck uns ihre mädchenhaft kokette Schönheit überliefert. Sie war alles das, wofür die englische Sprache kein Äquivalent hat: *Chic, petite, difficile et dévote*. So hat es ein Zeitgenosse gesagt (schick, zierlich, kapriziös und fromm). Henrietta Maria, aus dem Geschlecht der Medici, einem Geschlecht, das Europa zwei Päpste und zwei Königinnen geschenkt hatte, war die Tochter des französischen Königs Heinrich IV. und seiner Gemahlin Maria von Medici, die Jahrzehnte lang nach Heinrichs IV. Ermordung für Ludwig XIII., ihren unmündigen Sohn, die Regentschaft führte. Henrietta Maria war ihrem Mann, ihrer Familie, aber auch den Künsten, insbesondere dem Theater, innigst zugetan. Urban VIII. hatte große Hoffnungen auf diese eheliche Verbindung gesetzt: Hoffnung auf mehr Freiheit für die Katholiken in England. Er hatte 1624 die Ehedispens gegeben in der Erwartung, daß Henrietta Maria den Enkel der so unvergeßlichen Maria Stuart, Karl I., zum alten Glauben zurückführen könne – und mit ihm ganz England. Hinzu kam Urbans unsterbliche Liebe zu Frankreich überhaupt, zu dem Land, in dem er seine diplomatischen Lehrjahre abgeleistet hatte.

Der Papst wurde von Karl I. enttäuscht: Er hielt sich nicht an die Bedingungen der Ehedispens, nicht an die Abmachungen betreffs Kindererziehung und Religionsfreiheit für die Katholiken. Er gestattete seinem Günstling Buckingham sogar, den französischen Calvinisten, den Hugenotten in La Rochelle zur Hilfe zu kommen, was allerdings ein Mißerfolg war und die Ermordung Buckinghams nach sich zog. König Karl I. schickte den französischen Hofstaat seiner Gemahlin heim mit den meisten der vierzig Kapuziner, weil er sie nicht entlohnen konnte. Henrietta Maria zog ein paar Reifen und Ringe von Armen und Händen, um wenigstens den guten Willen zur Entlohnung anzuzeigen! Und König Karl dachte nicht daran zu konvertieren. Trotzdem trauten ihm die Puritaner nicht. Seine Gemahlin hatte nicht an der Krönungs-Zeremonie für ihn teilgenommen. Und das verziehen ihr die Engländer niemals. Immer wieder wurde die Drohung erhoben, die Königin aufs Schafott zu schicken!

Das England dieser Zeit – in seinen sozialen Verhältnissen, in seinem politischen System, in seinem Denken bis in die Grundfesten erschüttert – ist für Maria Ward eine fremde Heimat geworden. Doch beherzt versucht sie, sich darin zurechtzufinden. Zunächst übergibt sie die wichtigen Briefe, die ihr Urbans Nepote Francesco Barberini ausgestellt hat. Schon am 29. Juni 1639 wird Maria Ward von Königin Henrietta Maria in Audienz empfangen – eine hohe Ehre selbst dann, wenn keine Worte von politischer oder praktischer Bedeutung fallen. Überbrachte Maria Ward auch mündliche Botschaften vom Papst, Botschaften, die nicht schriftlich niedergelegt zu werden brauchten? Darüber gibt es keine Auskünfte.

Botschaften vom Heiligen Stuhl, wenn nicht Anweisungen, überbrachte vier Monate später der neu ernannte Legat Nuntius Graf

Rossetti, der auch von den Barberini gebeten worden war, Maria Ward seine Protektion angedeihen zu lassen. Maria Ward und ihre Gefährtinnen hatten in Martin's Lane, einer damals noch ländlichen Gegend und nahe beim Somerset House, eine Wohnung gefunden. Im Somerset House hatte die Königin sich eine Kapelle einrichten lassen und die Gottesdienste dort für jedermann zugänglich gemacht. Auch in der nahegelegenen französischen Botschaft finden Gottesdienste für alle statt, die sich dem verbotenen Bekenntnis zugehörig fühlen. Trotzdem gab es in den Straßen rundum und auch vor der spanischen und venezianischen Botschaft immer wieder Schlägereien. Hausdurchsuchungen waren an der Tagesordnung.

Graf Rossetti, der öfter zu Gast in Martin's Lane war, lenkte durch seine Besuche die Aufmerksamkeit der Sheriffs schon bald auf dieses Haus. Die hohe Protektion, die die Frauen durch den Besuch des päpstlichen Diplomaten genossen, sprach sich unter den Häschern herum. Andererseits hatte Maria Ward gleich nach Rom geschrieben, man möge das Wirken dieses neu entsandten Legaten vor Klerikern rühmen, denn sie versprach sich für ihre Glaubensgenossen mehr Freiheit durch seine Interventionen. Doch ein gutes Jahr später schon verlangte das Parlament vom König, diesen Diplomaten heimzuschikken: Er war ohnehin mit knapper Not einer brutalen Schlägerei entkommen.

Wie überall, so versucht Maria Ward auch hier in London eine Schule zu errichten – eine Initiative, die neuerdings in London die wohlhabenden Kaufleute oder selbst Handwerker als ihr Privileg betrachten. Die Zeiten haben sich geändert, die Puritaner sind selbstsicher geworden. Maria Ward schreibt nach Rom: »Ich suche durch Gebet und Privatunterhandlungen die Erlaubnis zur Errichtung von Volksschulen in der großen Stadt London zu erwirken, was jedenfalls ohne Wunder nicht geschehen wird; alles andere wird nur wenig nützen, wenn man die undankbare Natur dieses Volkes bedenkt« (*Chambers* 1889. II, S. 390).

Ein erstaunlicher Brief; es ist das erstemal, daß Maria Ward ihren Landsleuten eine negative Eigenschaft zuerkennt. Gehörte es doch zum ungeschriebenen Ehrenkodex der englischen Dissidenten, daß man im Asylland niemals etwas Negatives gegen die eigene, die verlassene Heimat vorbringt – sehr zum Mißfallen der Finanzierer und Protektoren, zum Beispiel der spanischen Habsburger in Madrid und der Päpste in Rom, die den englischen Asylanten in Flandern, Frankreich oder Spanien Pensionen aussetzten.

Und einige Monate später, im Februar 1640, schreibt sie an Papst Urban einen Brief, der nach Heimweh klingt: »Ein viel größerer Trost würde es für mich sein, mich zu den Füßen Eurer Heiligkeit niederzuwerfen, als mich hier in meinem eigenen Land unter meinen Verwandten zu wissen« (*Chambers* 1889, II, S. 392). Ist Maria Ward ihrer weiten Lebenswege müde geworden? Oder ist es der Verlust einer einstigen heimatlichen Vertrautheit? Einsam aber ist sie nicht. Wie immer und in vielen Städten haben Eltern ihr ihre Töchter zur Erziehung anvertraut! »Es zählen darunter viele durch hohe Geburt und Stellung ausgezeichnete Persönlichkeiten, so daß sie trotz der gefährlichen Zeiten immer eine große Familie zu unterhalten hatte. Bei aller Liebe zur Armut wußte sie gar wohl klösterliche Sparsamkeit mit großmütiger Freigebigkeit zu vereinen und sie war der Meinung, daß in der Haushaltung einer nur mittelmäßig großen Familie unvermerkt hundert Pfund im Jahr erspart oder hinausgeworfen werden könnten« (*Chambers* 1889, II, S. 386).

Es ist immer wieder überraschend, wie solche hausmütterlichen Maximen von Maria Ward ausgesprochen werden, wenn man diese gegen ihre Erkenntnisse hält, die sie aus ihren mystischen Einsichten bekommt. Natürlich hätte sie ja auch ohne ihren Realitätssinn die Existenz und die Beweglichkeit ihrer Gemeinschaft nicht aufrecht erhalten können. Mary Poyntz zitiert noch einen Spruch in diesem Sinne: »Man soll die Armut wie eine Königin beherbergen und nicht wie eine Bettlerin.« – Die Englische Vita malt das noch genauer aus: »Maria Wards Kleidung, obschon von geringem Wert und so abgetragen, daß sie beinahe nicht mehr zusammenhielt, stand ihr doch so gut, daß manche sich verwundert fragten, welche ausgesuchte und seltene Kleidung sie trage. Ja, einige meinten, sie kleide sich über ihrem Stand und gingen von dieser Ansicht erst ab, als sie bei näherer Untersuchung und Besichtigung alles alt, ärmlich und ganz geflickt fanden« (*Chambers* 1889, II, S. 385).

Das Jahr 1642 bringt eine jähe Wende: König Karl I. hat die Macht über sein Parlament verloren, er flieht mit seiner Familie nach York und macht diese mittelalterliche Stadt zu seinem Hauptquartier. 80 Lords aus dem Oberhaus folgen ihm, 30 Lords erklären sich für das Parlament. Die Mehrheit des Adels, die Bischofsstädte und alle Katholiken natürlich sind auf der Seite des Königs. Das Unterhaus stützt sich auf die Handelsstädte, vor allem aber auf London. Die Puritaner, in viele Sekten und Parteien zerfallen, werden in der kommenden Auseinandersetzung, die religiös bedingt ist, wie der Krieg, der nun schon seit fast dreißig Jahren auf dem Kontinent tobt, vereint und zäh kämpfen gegen die Königsanhänger, gegen den König und seine Idee vom Gottesgnadentum.

London leert sich und im Mai dieses Jahres 1642 schließt sich Maria Ward dem allgemeinen Aufbruch nordwärts an. Es ist beinahe unmöglich, England zu verlassen, da die Kontrolle in den Häfen strenger ist denn je, und schließlich ist Yorkshire ja ihre Heimat, und wenn auch ihre Eltern verstorben und die noch lebenden Geschwister im Ausland sind, so findet sie vielleicht doch durch ihre Verwandten eine Unterkunft für sich und die Ihrigen und ihre Pensionärinnen. Drei schwerfällige, rumpelnde pommersche Kutschen nehmen die Frauen auf. Vier Mann zu Pferde begleiten die Reisegesellschaft. In Friedenszeiten wird diese Strecke London – York meistens in nur vier Tagen zurückgelegt. Aber jetzt, da die Heere der Independenten, der Ironsides und der Royalisten sich schon in allen Grafschaften zusammenziehen, wird es schwieriger.

Die Landsitze der Ward-Verwandten liegen in einem nordwestlichen Halbkreis an die zwanzig Meilen von York entfernt. Mulwith ist seit dem Brand von 1595 nicht wieder aufgebaut worden. Das Geburtshaus ist noch eine Ruine. Aber im nahen Newby sieht Maria Ward Diener von ehedem wieder. Verwandte und Freunde auch auf dem fest ummauerten Schloß Ripley Castle, das den Inglebys, ihren Vettern gehört. Freudig wird sie auf Osgodby begrüßt, wo sie fünf entscheidende Jugendjahre verbracht hat mit Barbara Babthorpe, die jetzt in Rom das Erbe all ihrer Bemühungen um ein Institut hütet. Die Diener und Verwandten begrüßen sie herzlich, zeigen ihr die liebevoll aufbewahrten Geschenke, die Maria Ward ihnen einst gemacht hat. Sie hingegen erinnert sich, wie sie damals jedes Zimmer einem besonderen Heiligen gewidmet hat. Die Heiligen, die immerwährenden Begleiter ihres Lebens, hat sie sich schon in der Kindheit und Jugend so lebhaft vergegenwärtigt, daß die stete Verehrung auch in den angestrengtesten Unternehmungen später seelische Hilfe für sie war.

Auch Lennard Morris, der namenlose Begleiter durch alle Gefahren, Enttäuschungen und Wagnisse, sieht seine Heimat wieder – und Verwandte. Einmal steht er einem Vetter aus Ploughland, dem Landsitz der Wrights, gegenüber. Doch er gibt sich nicht zu erkennen. Er macht die rätselhaft herbe Entscheidung seines Lebens nicht rückgängig. Er schweigt. Er hat vieles gesehen und vieles erlebt – und den schwerwiegenden Entschluß zu totaler Einsamkeit nie bereut.

Um diese Zeit werden in York zwei katholische Priester gehängt, geschleift und gevierteilt. Einer ist über achtzig, der andere noch keine dreißig Jahre alt. Als der Jüngere vor der Leiter, die zum Galgen führt, zittert, bittet der Ältere ihn vorzulassen, damit er zeige, wie leicht es sei. Aus der gaffenden und erregten Menge werden Unmutsworte laut: Seit 25 Jahren ist in York niemand mehr gehängt worden um des Glaubens willen und jetzt nehmen die Menschen es nicht mehr hin, daß man Männer um eines Bekenntnisses willen tötet, das früher einmal der Glaube aller Engländer war. Die Reliquien dieser Männer geraten später in das Haus der Englischen Fräulein nach Augsburg.

Es ist schon September, als Maria Ward mit ihrer Schar endlich ein Haus in Hutton Rudby beziehen kann, in unmittelbarer Nähe des Karthäuser-Klosters Mount Grace, dessen geduckte, kleinfenstrige Wallfahrtskirche, ganz im strengen normannischen Stil gebaut, noch heute steht. Das Haus hat ihren Verwandten Ingleby und Babthorpe gehört. Es ist sehr einsam hier oben und weit entfernt von der waffenklirrenden Welt dieser undurchsichtigen Gegenwart. Die Frauen richten eine Kapelle ein und beherbergen Priester, falls einmal einer in diese menschenferne Gegend kommt, die nur von armen Katholiken bewohnt wird. In dieser Einsamkeit hat Maria Ward wieder Visionen, von denen sie ihren Gefährtinnen aber nur sehr wenig erzählt. Doch diese Gesichte geben ihr Mut und Vertrauen, Gewißheit über den Weg, den sie alle miteinander gehen müssen.

Maria Ward ist auch jetzt noch fest davon überzeugt, daß eines Tages aus Rom die Bestätigung ihres Instituts kommen wird, daß man ihnen die Erlaubnis zu apostolischer Tätigkeit geben wird. Ihre Sorge ist nur, daß Post aus Rom oder römische Post über München geleitet, niemals in diese Weltabgeschiedenheit von Hutton Rudby kommen könnte. Sei es, daß sie auf dem Kontinent schon abgefangen wird oder in England zwischen kämpfenden Heeren verloren geht.

Als deshalb die Familie Thwing ihnen ihr Manor House Heworth anbietet, greifen sie schnell zu. Heworth liegt nur eine Meile von York entfernt, die Gegend ist belebt. Sie sind froh und ahnen nicht, daß ausgerechnet an dieser Stelle, zwischen Heworth und Bootham Bar in York der Ring der feindlichen Heere, der presbyterianischen Independenten und der Cromwellschen Ironsides, geschlossen wird. Die Royalisten in der Stadt York sind umzingelt, sind belagert. Prinz Rupert, der zweite Sohn des Winterkönigs, der bei seinem englischen Onkel König Karl I. sein Glück machen will, hat sich an die Spitze der königlichen Kavallerie gesetzt.

Maria Ward und die Ihren können sich nur schwer entschließen, ihr Haus in Heworth zu verlassen. Aber alle Nachbarn beschwören sie, aufzubrechen, samt Betten, Hausgerät und Kleidung und sich in den Schutz der Stadt York zu begeben. Innerhalb der Stadtmauern sind sie sicher, wenn auch die Stadt York von Flüchtlingen überfüllt ist. Sie werden auch nicht belästigt, als sie so schwer bepackt durch die Soldatenhaufen ihren Weg suchen.

Sechs Wochen dauert die Belagerung von York. Prinz Rupert wollte die Stadt mit seiner Kavallerie entsetzen, doch Cromwell ist ihm mit seinen disziplinierten Ironsides zuvorgekommen, er hat die Royalisten geschlagen und die erste verlorene Schlacht dieses Bürgerkrieges entscheidet fast schon alles.

Unverletzt und ohne allen Schaden überstehen Maria Ward und alle, die mit ihr kamen, trotz der nahen Kämpfe, die Belagerungszeit. Dann ziehen sie nach Heworth zurück. Viele Zimmer des Hauses wurden während der Abwesenheit ausgeplündert. Daß eine Kanonenkugel, die das Dach streifte, nicht explodierte, empfinden sie als ein gnädiges Wunder. Im Garten sind einige Tote unzulänglich begraben worden, die Luft ist verpestet, die Gräber müssen tiefer ausgehoben werden.

In diesem Sommer 1644 stirbt in Rom Papst Urban VIII. Sehr viel später erst wird die Kunde davon nach Yorkshire kommen. Denn der Krieg der Parlamentsparteien gegen die Anhänger des Königs, der Puritaner gegen die Anglikaner, hemmt den Austausch der Gedanken und Nachrichten. Maria Ward hofft trotz allem auf die Bestätigung, denkt sogar daran, hier, in der Nähe von York, eine Schule einzurichten – trotz ihrer Schmerzen, die von Monat zu Monat heftiger werden.

Um Weihnachten werden die Schmerzen so stechend, daß sie nur mit Aufbietung aller Kräfte die drei Messen mitfeiern kann, die ein Priester, der sich zu ihrem Haus durchgeschlagen hat, für sie alle zelebriert.

Aber trotz dieser Schmerzen gibt sie die Hoffnung nicht auf, daß aus Rom die Bestätigung für ihre Lebensaufgabe kommen müsse, daß es Briefe geben könne in London aus Rom, aus München, aus Flandern. Da beschließt Winefrid Wigmore, nach London zu gehen und Nachrichten einzuholen. Nach Weihnachten bricht sie auf, diese treue, niemals wankende Gefährtin seit nunmehr 33 Jahren. Catherine Smith, ebenfalls schon in jenem Boot mit dabei, das die Frauen 1609 nach St. Omer brachte, begleitet sie. Maria Ward auf ihrem Krankenbett ist in ihren Gedanken und Vorstellungen so stark mit den beiden

Reisenden verbunden, daß sie die Wegstrecken fast genau zu bezeichnen vermag, die die beiden in diesen harten Winter- und Kriegstagen zurücklegen.

Die beiden Frauen kommen eine Woche vor dem Tod Maria Wards zurück – ohne Briefe. Keine Briefe aus München, keine Briefe aus Rom. Maria Ward muß erkennen, daß die Ahnungen, die sie seit 1620 immer wieder überkommen haben, daß sie die Bestätigung ihres Instituts nicht erleben werde, daß sie darüber sterben werde, schmerzliche Wirklichkeit geworden sind. Aber in all diesen Jahren hat sie darum gerungen, die Passion ihres Lebens in ein Wunder des Glaubens, der Hoffnung und der Liebe zu verwandeln.

So war ihr Sterben

»Befleiße dich, so zu leben, daß du
jederzeit zum Sterben bereit seiest.«
Maria Ward

Die Gefährtinnen Maria Wards sind nicht müde geworden, ihr Sterben zu schildern.

Der Tod, das war für die Menschen jener Zeit, die auch im Irdischen stets die atmende Nähe des Jenseits fühlten, das bedeutsame Ereignis. Das war der kleine Schritt durch den Vorhang, der das Hier und Jetzt vom Dort und Ewig trennt. Der Tod war nahe – immer, nicht nur auf den Schlachtfeldern, auch in Wochenstuben, in Prunkpalästen und den Hütten der Armen. Er wurde auf Märtyrergemälden verherrlicht und bei öffentlichen Hinrichtungen verlacht und verhöhnt. Der Tod – ein Übergang zu besserem Leben, wurde ins Heroische gesteigert und war in Christus verklärt.

Es gehörte zum wahrhaft christlichen Leben, den Tod in Freude zu begrüßen, mit Gesang sogar. So wird es denn auch von Mary Poyntz in der Vita E berichtet: »Als Maria Ward merkte, daß ihre tröstlichen Worte die Ihren nur wenig aufrichteten, sagte sie: O, pfui der Schande! Ihr schaut ja noch traurig drein! Kommt laßt uns doch singen und Gott fröhlich preisen ob all seiner unendlich liebreichen Güte. Sie gab selbst das Beispiel und stimmte ein Preis- und Danklied an, das sie vordem oft mit ihnen gesungen hatte. Mit von Schluchzen unterbrochener Stimme fielen ihre Gefährtinnen an ihrem Sterbelager ein. Sie aber fuhr fort, in schmelzend weichen Tönen zu singen, bis ihre Stimme versagte« (*Chambers* 1889, II, S. 414).

Mary Poyntz schreibt nach Rom an Barbara Babthorpe, die im Auftrag der Stifterin das Haus aufrecht erhält für die wenigen Getreuen. Mary Poyntz schreibt unmittelbar nach dem Tod. Ergreifend in seiner Sachlichkeit, anrührend durch die beherrschte Wehmut und erschütternd durch die Verfremdung ist dieser Brief. Aus Angst vor Briefzensur und Spionen wird aus Maria Ward ein Mann gemacht, wird aus der Mutter ein Vater, werden wieder – wie schon so oft – Pseudonyme verwendet: silberne Stecknadel steht für Priester, Blaue Dame für Muttergottes, Kutsche für Sarg, Margery für Maria Ward.

Nach barocken Höflichkeitsformeln lautet der Brief so: »Am 30. Januar 1645 ungefähr um elf Uhr schied mein theuerster Vater aus diesem mühseligen Leben, im Alter von sechzig Jahren und acht Tagen. Der Verfall der Kräfte begann am Fest Allerheiligen. Gegen Weihnachten klagte er über große Schmerzen; es ging rasch abwärts mit ihm; und da er weder Ruhe noch Erleichterung mehr finden konnte, schien sich die Natur nach jener süßen Ruhe zu sehnen, die er nun, des bin ich versichert, durch Gottes Barmherzigkeit genießt.

Am 29. Dezember legte er sich, und ich bemerkte, wie der ganze untere Teil seines Körpers walzenförmig angeschwollen war, so daß er die Füße nicht mehr rühren, noch ein Kleidungsstück anziehen konnte, was sonst selbst in seinen ärgsten Krankheiten nicht der Fall gewesen war. Will (= Wigmore) kam erst am 23. heim. Was er damals vermißte, [die Briefe aus Rom] vermehrte noch sein Leiden; doch wenn wir uns wiedersehen, sollen Sie näheres darüber hören. Am 25. trat in seinem Zustand eine große Veränderung ein und es überfiel ihn die Todesangst. Ich fragte ihn mehrmals, wo er denn Schmerz fühle; er antwortete: ›vom Kopf bis zum Fuß‹. Er hatte mitleiderregend wunde Augen und einen stark geschwollenen Hals, was wir aber erst nach seinem Tod wahrnahmen; gleichwohl war sein Antlitz stets heiter und anmutig mit einem sozusagen halb ernsten, halb scherzhaften Ausdruck. Ned [vielleicht Catherine Smith] sagte: ›Wenn Du stirbst, dann packen wir zusammen und ziehen zu den Heiden.‹ Er antwortete: ›So etwas nur zu denken, würde mir das Herz brechen.‹ Und bei noch andern Gelegenheiten gab er zu verstehen, daß er es als einen großen Beweis der Liebe seiner Kinder ansähe, wenn sie seinen Tod willig hinnähmen und diese Liebe durch Fortführung unseres Handelns bestätigten, und versprach, daß Margery (Maria Ward) bei dem Sohn der blauen Dame für uns bitten würde. Will bat, er möge doch Gott um Verlängerung seines eigenen Lebens bitten. Er gab durch ein Zeichen zu verstehen, daß er es tun wolle; denn er konnte nur schwer reden. Wieder fragte Will [Wigmore], ob er es getan habe. ›Ja‹, antwortete er ›und zwar von Herzen, und mit vollkommener Ergebung‹. Nun erkannten wir, er habe eine genauere Kenntnis von seinem baldigen Tode, als seine zärtliche Liebe zu uns verraten ließ, um uns nicht zu betrüben.

Am 29. sagte er uns, aber nicht um uns die Sache zu erschweren: ›Die Hauptsache ist vergessen worden, nämlich eine silberne Stecknadel‹ [Priester]. Wir willfahrten seinem Wunsche, wenngleich mit halb gebrochenem Herzen, und am folgenden Morgen beschlossen wir, eine holen zu lassen, aber sie sind gar teuer und nur um einen hohen Preis zu bekommen. Es war eine harte Nacht.

Manchmal beraubte ihn der Schmerz und auch die Todesangst, wenn auch nur kurze Zeit, gleichsam seiner Sinne, wenn man aber mit ihm redete, zeigte er sich stets bei vollem Bewußtsein. Um sieben Uhr ungefähr ließ er uns alle zusammenrufen. Will sagte, wir seien alle zugegen. Er antwortete mit dem Ausdruck großen Bedauerns: ›Ich wollte, es wären alle zugegen!‹ [Diese Worte bezogen sich allem Anscheine nach nicht allein auf die abwesenden Mitglieder, sondern auch auf diejenigen, welche ihrem Beruf untreu geworden waren und Maria ganz verlassen hatten]. Dann sagte er: ›Ich hatte mir vorgenommen, noch von andern Dingen zu Euch zu reden, bin aber jetzt nicht mehr fähig dazu. Ich verschob es immer, um Euch nicht zu betrüben, und letzteres war auch der Grund, warum ich nicht um die silberne Stecknadel schickte.‹ Dann legte er es uns recht ans Herz, dem uns von Gott gewordenen Berufe, auch durch getreue Ausübung nachzukommen und zwar mit Eifer, Kraft und Ausdauer, und mit Lust und Liebe in allen Dingen, welche den allgemeinen oder besonderen Zweck desselben betreffen . . .‹

Als er uns hierauf, jedes einzeln, mit innigster Liebe umarmt hatte, schien er uns weiter nicht zu beachten; aber seine Augen und Hände ließen erkennen, daß er sich in süßen, innerlichen und vollkommenen Akten übte. Er gab auch zu verstehen, daß er große Hitze leide, wollte aber nichts anderes zur Erfrischung nehmen als Wasser. [Es war Montag, der Tag, an dem sie jede Woche zur Ehre der hl. Anna gefastet hatte.] Kein Seufzer, kein Stöhnen, kein Röcheln, kein Schweiß, kein Verdrehen der Augen, kein Verziehen des Mundes war bemerkbar; nur das Haupt neigte er.

Sein Leichnam wurde nach herkömmlicher Sitte beigesetzt. Am nächsten Tag um neun Uhr kam die silberne Stecknadel an: ›Niemals mit solcher Leichtigkeit und unter solch günstigen Umständen durch so viele Gefahren gelaufen als am Freitag‹. Der Freund schrieb es den Bemühungen Margerys [Maria Wards] bei dem großen Meister zu und staunte darüber, bis er inne wurde, wo er war.

Vierundzwanzig Stunden nach seinem Tode fiel die Geschwulst, ohne daß man die Haut bersten oder feucht werden sah, mit Ausnahme des einen Fußes, der schon zu seinen Lebzeiten floß und es auch nach seinem Tod noch tat. Die Adern an den Schläfen, Händen, Armen und Füßen waren so schön blau wie gemalt, seine Lippen wie zu Lebzeiten gerötet, kurzum, es war kein Zeichen des Todes vorhanden, als nur die Kälte. Er blieb vom Montag bis zum Mittwoch ausgesetzt und war am letzten Tag schöner als am ersten . . .

Peter [Mary Poyntz] hätte gern seine Kutsche [Sarg] ausgeschlagen – vielleicht mit Blei – konnte aber aus mehr als einem Grunde nicht; was er aber tat, hält her. . .« (*Chambers* 1889, II, S. 415ff.).

Dieser Brief ist ein historisches Dokument, was die Darstellung der äußeren Umstände betrifft, ein literarisches Dokument, was die zupakkende Klarheit und Sachlichkeit angeht – vor allem aber ein ergreifendes Dokument der Freundschaft.

Der gelehrte und viel belesene Marcus Fridl aus Moorenweis verklärt diesen mit Gesang begrüßten Tod so (Nr. 408): »Mir aber ist anderst nicht/ als ob allda im Werk erfüllet worden, was eine sinnreiche Feder in zierlich lateinischen Reimen beschreibet von einer Nachtigall/ und einem Harpffenisten/ die unweit der Stadt Rom an dem Tiber-Fluß mit ihrer Music zusamm gestossen/ und ihre Triller in die Wett geschlagen/ so lang biß endlich die fürnemste Singerin in dem geflügleten Chor/ die Nachtigall nemlich den Athem samt dem Leben verlohren/ und dem Harpffenisten auf seiner Harpfen gefallen. Fast auf gleiche Weiß hat die andächtige Frau mit dem Königlichen Harpffenisten das Lob Gottes öfters in die Wette gesungen/ jetzt aber von dem Athem verlassen/ fallet sie auf eben dise Harpffen . . .«

Stärker als der Tod: die Vision!

»Ich vernahm, zwar nicht mit dem Ton einer Stimme, sondern intellektuell, die Worte und verstand deutlich ›Nimm das Gleiche von der Gesellschaft‹.«

Maria Ward an Albergati (1621)

1621 – zur Weihnachtszeit ist Maria Ward in Rom angekommen, um Papst Gregor XV. das *Institutum,* ihren dritten Ordensplan, vorzulegen, den sie auf Geheiß ihres intellektuell vernommenen Auftrags nach den Satzungen der Gesellschaft Jesu ausgearbeitet hat. Der Plan wird verworfen.

1978 – zur Weihnachtszeit empfängt das Institut Beatae Mariae Virginis (IBMV) in Rom die Konstitutionen des heiligen Ignatius von Loyola als Grundgesetz. Nach mehr als 350 Jahren wird damit das Konzept der Engländerin bestätigt – aber nicht nur das Konzept, sondern: »In der Gabe der Konstitutionen ist eine wenn auch unausgesprochene Anerkennung der Person Maria Wards enthalten« (Mater Immolata Wetter, 1979).

Die 350 Jahre zwischen dieser Gabe der Konstitutionen und der ersten Romreise Maria Wards enthalten himmelstürmenden Idealismus und abgrundtiefe materielle Not; enthalten einen Glauben, der Berge hätte versetzen können, aber die Vorurteile der Zeit nicht zu mildern vermochte; enthalten mühselige Verhandlungen um Paragraphen des Kirchenrechts und mutige Gründungen neuer Schwesternhäuser und Schulen; enthalten von innen auferlegte Beschränkungen und von außen verhängte politische Verbote, von denen die Säkularisation 1803 (bzw. 1808) im Gefolge der Großen Französischen Revolution und das Verbot der Erziehungstätigkeit (1937–1945) im Dritten Reich die nachhaltigsten waren.

In der Mitte dieser dreieinhalb Jahrhunderte steht das granitene Verbot Papst Benedikt XIV., Maria Ward als Stifterin des Instituts zu bezeichnen: 160 Jahre lang – von 1749–1909 – ist es Gesetz geblieben! Die Konstitution *Quamvis iusto* (»Wiewohl durch Gottes gerechte Fügung«) verbietet den Englischen Fräulein »die Maria Ward oder Della Guardia als ihre (geistliche) Mutter oder Stifterin anzuerkennen oder ihr eine öffentliche Verehrung zu erweisen, die als Bestätigung ihrer angeblichen Heiligkeit angesehen werden könnte« (*Leitner*, 1869, S. 251). Am Anfang dieser Konstitution wird sogar noch einmal das angeblich abträgliche Beispiel der Isabel Roser beschworen, jener couragierten spanischen Kaufmannswitwe, die zu Lebzeiten des Ignatius von Loyola nach seinem Vorbild einen Frauenorden gründen wollte, vier Jahre in Rom darauf hinarbeitete (1543–1547), aber vom Stifter der Societas Jesu abgewiesen wurde.

Schweigen senkt sich auf den Namen der Engländerin aus dem Untergrund der elisabethanischen Zeit. Sie wird zur Unperson – hundert Jahre nach ihrem Tod! Die begeisterte zweibändige Biographie des Marcus Fridl kommt auf den Index der verbotenen Bücher und alle anderen Schriften, in denen Maria Ward als Stifterin gefeiert worden ist, ebenfalls. Die 54 (oder bis dahin nur noch 50) Bilder ihres »Gemalten Lebens« müssen in Augsburg von den Wänden verschwinden. Wie viele ihrer Schriften und Briefe sowie sonstige Dokumente in dieser Zeit der gebotenen Vorsicht verlorengingen, ist und bleibt ungewiß.

Und doch hat das Konzept überlebt, hat der Name Maria Wards in unserer Zeit neue Strahlkraft erhalten.

Die Geschichte ihres Überlebens beginnt mit der Treue ihrer Gefährtinnen der ersten Stunde, die Tradition schufen und an die Nachfolgerinnen weitergaben. Generationenlang tauchen dieselben Familiennamen in der Nachfolge Maria Wards immer wieder auf. Als Maria Ward starb, waren es wohl nur noch 15 oder 20 Frauen, die nach ihren Satzungen lebten: in London und Paris, in Rom und München. Auf dem Sterbebett hat Maria Ward ihre Jugendfreundin und Weggefährtin, Barbara Babthorpe, als Oberstvorsteherin in Rom eingesetzt. Mary Poyntz und Winefrid Wigmore, Gefährtinnen der allerersten Stunde, blieben im bürgerkriegsumtosten Haworth und schrieben die Biographie der hier Verstorbenen (Vita E). Sie schrieben aus Trauer und grenzenloser Bewunderung, aber auch in der tief eingewurzelten Angst vor der Inquisition – eingedenk der Bulle *Pastoralis Romani Pontificis*. Sie schrieben wohl auch, um die zerstreute Herde zusammenzuhalten und neue Berufungen zum Ordensstand zu wecken. Als Cromwells Puritaner den Krieg gewonnen und ihren Triumph mit dem Blut König Karls I. besiegelt hatten, wurde den beiden Frauen die Bleibe aufgekündigt. Sie gingen nach Paris, in das Haus, das Maria Ward 1637, von Rom kommend, schon aufgesucht hatte. Nach Paris flüchteten zu dieser Zeit viele englische Royalisten, die ihre Sache für immer verloren glaubten. Sie scharten sich um die Witwe des Märtyrer-Königs, um Henrietta Maria, die unerschütterlich an ihren religiösen Maximen festhielt.

Mary Poyntz hat 500 Golddoublonen in ihrem Reisegepäck – Geschenk eines Verwandten, des Marquis Worcester, dem eine technische Erfindung geglückt war, eine Dampfmaschine. In Paris fertigt Winefrid Wigmore die französische Übersetzung der englischen Vita an, und ungefähr um die gleiche Zeit entsteht eine italienische Vita (Vita I), die erst vor wenigen Jahren im Archiv des kleinen Ortes Veroli südlich von Rom entdeckt wurde.

Als Barbara Babthorpe in Rom stirbt (1654), begibt sich Mary Poyntz in die Ewige Stadt, wird dritte Oberstvorsteherin, versieht ihr Amt aber bald schon von München aus, wo Kurfürst Ferdinand Maria seinen langlebigen Vater Maximilian I. abgelöst hat. Kurfürstin Henrietta Adelheid von Savoyen ist dem Geschlecht der Poyntz verwandtschaftlich verbunden. Ihr widmet V. Pageti, der Sekretär des einst so hilfreichen Kardinals Borghese, sein *Breve Racconto* (»Kurze Erzählung«; 1662) und bringt damit Leben und Werk Maria Wards bei der Fürstin wohlwollend in Erinnerung. Noch ehe das Jahrhundert zu Ende geht, liegen zwei weitere Biographien vor: Der Augustiner-Chorherr Dominikus Bissl stellt das außerordentliche Leben der englischen Emigrantin im klügsten Humanisten-Latein vor: *Vita venerabilis Virginis ac Matris Mariae Warth, Anglae, Fundatricis Anglicarum dictarum* (»Das Leben der ehrwürdigen Jungfrau und Mutter Maria Warth, der Engländerin, Gründerin der sogenannten Englischen«; 1672).

Deutsch schreibt dann 1689 der langjährige Beichtvater im Paradeiser-Haus, Tobias Lohner, *Das Gottselige Leben und die fürtrefflichen Tugenden Donna Maria Della Guardia*. Lohner führt viele wunderbare Begebenheiten an, idealisiert die Gestalt, macht sie überlebensgroß und aus seinem Text werden später die Beschriftungen des »Gemalten Lebens« genommen. Denn dieser Zyklus aus 54 Bildern ist noch vor Ende des Jahrhunderts entstanden. Maria Ward hat nur zwei Bilder bestellt: das Bild vom stillen Krankenzimmer, wo sie ihre Berufung erfuhr, und das Bild vom Guten Engel, der einen Priester wieder auf den rechten Weg brachte (*siehe* den Abbildungsteil in der Mitte dieses Bandes). Aber ihre Nachfolgerinnen, vor allem Mary Poyntz und Catharine Dawson, haben sich um die Vollendung des Zyklus gekümmert. Die Namen der Maler sind unbekannt geblieben. Es müssen den Stilrichtungen nach mehrere gewesen sein; flämische, englische Einflüsse sind sichtbar. Heute würden wir den Stil als naiv bezeichnen – eine Stilrichtung, die uns so köstlich und kostbar anmutet. Auf diesen Bildern erscheinen keine historischen Personen. Es werden weder die Eltern noch die Gefährtinnen mit individuellen Zügen ausgestattet. Die wichtigen Beichtväter P. Richard Holtby, P. Roger Lee und P. John Gerard bleiben schemenhaft. Die beiden Päpste, die Maria Ward in Privataudienzen empfingen, und die weltlichen Fürsten, Statthalterin, Kurfürst und Kaiser, kommen nicht vor. Um so häufiger und ausführlicher werden die inneren Gesichte, Gebets-Erleuchtungen der Stifterin ausgemalt – ganz nach Art des barocken Zeitgefühls. Alles was die Biographen nicht zu schreiben wagten, schmücken die Maler mit zeitgemäßer Wundergläubigkeit aus. Der Zyklus der damals 54 Bilder wurde vor Ende des Jahrhunderts von Rom nach München ins Paradeiserhaus verbracht und kam später nach Augsburg.

Die Konstitution von 1749 verbot auch das Aushängen dieser Bilder. So wurden sie auf dem Speicher versteckt. Alles, was mit Maria Ward zusammenhängt, ist dramatischem Auf und Ab unterworfen – und wenn es auch nur Gegenstände sind wie diese Gemälde.

Um es gleich hier vorwegzunehmen: 1773 wurden sie zum Ehrentag einer Oberin wieder aufgehängt, doch im 19. Jahrhundert neuerlich entfernt, weil ein Bischof in diesen Bildern Zeichen menschlicher Eitelkeit erblickte. Erst der englische Jesuit John Morris, ein Historiker, der für und mit M. C. E. Chambers nach verborgenen, verlorengegangenen Dokumenten aus dem Leben der Stifterin forschte, ließ sie wieder aufhängen, nachdem er sie auf dem Augsburger Speicher entdeckt hatte. Im Zweiten Weltkrieg wurden sie auf ein Fugger-Schloß ausgelagert, um sie vor den Bomben zu retten, und dann in den Siebziger-Jahren so großartig restauriert, daß sie nun in der Schul-Aula des Maria Ward Gymnasiums Augsburg heranwachsenden Menschen, Besuchern und Schwestern zur Freude und Erbauung gereichen.

Doch zurück zu Mary Poyntz: sie hat Rom verlassen, und wirkt wieder vom Münchener Paradeiser-Haus aus. Als fast Siebzigjährige begibt sie sich nach Augsburg, um in der Fugger-Metropole und Freien Reichsstadt ein Haus zu erwerben, was ihr auch schon bald gegen eine Jahrespacht von drei Goldgulden gelingt. Bis heute kennt die Forschung weder Anlaß noch Begründung für diesen mutigen Schritt einer Frau, die wie Maria Ward und die anderen Gefährtinnen, über Länder- und Städtegrenzen hinweg, sich den Anforderungen ihrer Zeit und ihrer inneren Berufung stellte. Das Haus, das Mary Poyntz 1662 erwirbt, ist die Keimzelle des noch heute bestehenden weitläufigen Kloster- und Schulgebäudes in der Karmelitergasse. Die mächtigen Bürgerfamilien der aufgeschlossenen Handelsstadt schickten schon bald ihre Töchter in die Schule und das Internat.

Fünf Gefährtinnen arbeiteten mit Mary Poyntz und unter den Novizinnen waren zwei Großnichten der Barbara Babthorpe, die später nacheinander Oberstvorsteherinnen wurden. Auch Lennard Morris, der treue Diener, der unter fremdem Namen seine wahre Identität verbarg, leistete in Augsburg seinen demütigen Dienst und starb an einem Dezembermorgen über achtzigjährig in der kalten Pförtnerzelle. Im kargen Nachlaß fand sich sein wahrer Name auf einem Bruderschaftszettel – und wurde dann dem Vergessen preisgegeben. Er hatte selbst Mary Poyntz überlebt, der im Schatten des Augsburger Domes ein fürstliches Grab errichtet wurde.

In Rom wurde Catharine Dawson ihre Nachfolgerin (1667–1697). Neue Häuser wurden gegründet, Helen Catesby aus Yorkshire-Adel, das Fräulein mit den schönen Händen, errichtete 1683 das Institut in Burghausen, das heute noch besteht.

Aus München geht Frances Bedingfield, deren Verwandte Winefrid Bedingfield von Maximilian damals die Schul-Erlaubnis erhalten hatte, als alles schon verloren schien, nach England zurück, gründet in der Kathedralenstadt York den Bar Convent, der auch noch heute besteht. Im Enkel Maximilians, in Max Emanuel, ist den Englischen Fräulein ein mächtiger Fürsprecher erstanden. Der jugendliche Held der Türkenkriege, der als 23jähriger die Siege von Wien und Belgrad mit errang, unterhält einen ständigen Vertreter beim Vatikan, der die überarbeiteten Satzungen der Englischen Fräulein zur Genehmigung vorlegt. Außerdem ersetzte Max Emanuel das baufällig gewordene Paradeiserhaus durch ein dreistöckiges Prachtgebäude, das Enrico Zuccalli im Stil seiner pompösen Theatinerkirche entwarf. (In der Säkularisation wurde es Innenministerium, später Polizeipräsidium – bis die Bomben es zerstörten.) Anna Barbara Babthorpe wird 1697 vierte Oberstvorsteherin, verlegt den Amtssitz nach München, erlebt die Bestätigung der 81 Regeln und die endgültige Namensgebung: Institutum Beatae Mariae Virginis – was den Jesuiten endgültig die Angst nehmen mußte, daß dieses Naueninstitut den Namen Jesu für seinen Titel beanspruchen würde! (Aber schließlich: schon der erste Plan Maria Wards war *Schola Mariae* überschrieben!) Mit Agnes Babthorpe (1711–1720) als fünfter

Oberstvorsteherin findet das erste heroische Jahrhundert der Englischen Fräulein sein Ende.

Und schon schickt sich Marcus Fridl an, aus schriftlichen Quellen, die heute nicht mehr existieren, und aus mündlichen Berichten eine zweibändige Biographie zu komponieren, die 1732 bei Martin Happach sel. Erben in Augsburg auf das prachtvollste gedruckt wird. Ihr Titel: *Englische Tugend-Schul Mariae von der Hochgeborenen Frauen, Frauen Maria Ward, Als Stifterin aufgerichteten Edlen Instituts Mariae, insgeheim unter dem Namen der Englischen Fräulein*. Dieser Bauernsohn aus dem kleinen schwäbischen Burgstall, der in Rom zum Doktor beider Rechte promoviert worden war, der Kirchenbauer und begehrteste Leichenprediger seiner Heimat und auch seiner Zeit, stellte die Engländerin in ein Panorama, das mit Gleichnissen aus der Bibel und aus der Antike, mit volkstümlicher Spruchweisheit, mit Gebeten, Hymnen und Gedichten lebendig ausgestattet ist. Marcus Fridl, der weitgereiste Landpfarrer, schafft aus der Fülle des Herzens und dem Reichtum der Information. Und doch klagt er im Vorwort, daß er sich schwer getan habe: viele Dokumente habe er wieder und wieder lesen müssen, ohne Klarheit zu gewinnen; immer wieder hätten sich ihm Hindernisse unerklärlicher Art in den Weg gestellt, daß er schon hätte glauben müssen, sein Buch werde nie vollendet werden. Dabei habe ihn doch die »Schreibsucht« überkommen, die er aber »nur auf eine des Beschreibens würdige Person « habe anwenden wollen!

Die Leuchtkraft dieser Biographie erlischt mit der Konstitution *Quamvis iusto* (1749). Historische Quellen versiegen von jetzt an. Andenken und Briefe gehen verloren, werden wohl auch vernichtet worden sein, um allen Nachforschungen und Konfiskationen zuvorzukommen. Die Dokumente im Nymphenburger Archiv: Maria Wards Notizen aus den Exerzitien, die fragmentarischen Skizzen ihrer Autobiogaphie, die Wochenbriefe, die zwischen den so weit auseinanderliegenden Häusern ausgetauscht wurden, die heute nach den sorgfältigsten archivalischen Methoden aufbewahrt werden, sind lückenhaft und lassen eine unersetzliche Fülle an Informationen nur ahnen!

Von den 35 Briefen aus der Gefangenschaft im Angerkloster können 23 nicht mehr vollständig entziffert werden, obwohl das Palimpsest-Institut in Beuron (1937), das Doerner-Institut in München (1959) und das Istituto di Ristauro Scientifico del Libro (1966) diese Dokumente einer heroischen Zeit bearbeitet haben. Manche andere Schriftstücke scheinen wie von Meerwasser beschädigt zu sein.

Neun Häuser haben die Englischen Fräulein vor der verhängnisvollen Konstitution *Quamvis iusto* in Süddeutschland, in der österreichisch-ungarischen Monarchie und in England (Bar Convent in York, 1686) gegründet. In St. Pölten wird auf Betreiben der Kaiserin Maria Theresia sogar ein eigenes Generalat gegründet (1742). Fünf Häuser erstehen nach der Konstitution – aber im Gehorsam gegen die dort aufgestellten Forderungen. Nur wenige Jahrzehnte aber vergehen, bis die Häuser der Englischen Fräulein in Süddeutschland der Säkularisation (1809) zum Opfer fallen – von den Sonderbestimmungen für Mainz und Augsburg abgesehen. Kirchen- und Klosterbesitz geht an den Staat über. Das neue Paradeiserhaus wird Innenministerium, das Generalat aufgelöst, die Schwestern werden vertrieben. Selbst der Friedhof des Paradeiserhauses wird von den sich so aufgeklärt dünkenden Kloster- und Kirchenstürmern umgegraben. Eine Handlungsweise, die an die Verbrennung von Ketzerleichen und -knochen im Mittelalter erinnert!

Doch das 19. Jahrhundert mit der heraufziehenden Industrialisierung stellt neue Anforderungen an die Zeit. Schulen werden wichtig, Ausbildung nicht mehr nur für einige wenige, sondern für viele. Einer der ersten, der das erkennt, ist König Ludwig I. von Bayern. Er ruft die Englischen Fräulein zurück (1835). Und da ihnen Haus und Besitz genommen ist, überläßt er ihnen den Nordflügel seines Nymphenburger Schlosses. Hier entsteht neu das Bayerische Generalat, von hier gehen Missionsbestrebungen später nach Indien. Und vor allem: hier wird wieder Schule gehalten. In diesen Jahren entsteht die Grundlage für das heutige Mädchen-Gymnasium an der Maria Ward-Straße. Es wird Aufbau-Arbeit geleistet, die sich sichtbar in Organisation und Gebäuden aus Stein ausdrückt. Der Historiker Ludwig von Pastor (1854–1928) sieht das so:

»Maria Ward ist eine der größten Frauen der neueren Kirchengeschichte. Für die weiblichen Lehrorden wurde ihre Tätigkeit *bahnbrechend:* sie hat den Weg bereitet für die *Organisation* dieser Genossenschaften unter einer Generaloberin, die, trotz Klausur nach Gutdünken die einzelnen Hilfs- und Lehrkräfte von einer Niederlassung zur anderen schicken kann.«

Der Name Maria Ward aber ist nach wie vor tabu! Sie darf auch im 19. Jahrhundert nicht als Stifterin bezeichnet werden, wenn auch 1870 das Institut als solches zu einer Kongregation des Päpstlichen Rechts erklärt wird.

Erst eine Außenseiterin bringt den Namen Maria Wards wieder ins

Bewußtsein: Mary C. E. Chambers, eine anglikanische Nonne, die zum Katholizismus konvertierte und im Institut Ascot Mitglied geworden war, wagt es, nach den Spuren ihrer mutigen Landsmännin zu suchen. Acht Jahre lang forscht sie in englischen Archiven, in Klöstern und Staatsarchiven auf dem Kontinent. Viele Hindernisse werden ihr in den Weg gelegt. Die risikoreiche Arbeit findet in zwei umfangreichen Bänden ihre Erfüllung: *Leben der Maria Ward* (1888, 1889). Die deutsche Übersetzung wird in Regensburg, New York und Cincinnati gleichzeitig gedruckt.

Mit dieser zweibändigen Biographie, die bis auf den heutigen Tag ein Standard-Werk geblieben ist, beginnt ein neuer Abschnitt in der Maria-Ward-Forschung oder vielmehr: wird die Forschung nach dieser ungewöhnlichen Frau der Gegenreformation überhaupt erst wieder angeregt. Ludwig von Pastor, der als österreichischer Gesandter beim Vatikan das bis dahin nicht zugängliche Päpstliche Geheimarchiv benutzen konnte, schreibt in seiner *Geschichte der Päpste seit dem Ausgang des Mittelalters* ausführlich über diese wagemutige Frau.

Fast gleichzeitig erforscht der amerikanische Historiker Peter Guilday die Geschichte der englischen Glaubensflüchtlinge auf dem Kontinent zwischen der elisabethanischen Zeit und der Französischen Revolution (*The English Catholic Refugees on the Continent from 1585–1795*). Er darf erstmalig Akten aus der Propaganda-Kongregation benutzen und er widmet Maria Ward und ihren Gefährtinnen ein ausführliches Kapitel. Guilday wagt darin die Feststellung, daß die Bulle *Pastoralis Romani Pontificis,* die weitgehend auf den Verleumdungen des englischen Weltklerus beruht habe, nur deshalb nicht als Fehlurteil anerkannt werde, weil niemand an die Verworfenheit *(depravity)* katholischer Priester und Laien glauben könne oder möge, und daß darüber hinaus die Konstitution *Quamvis iusto* das größte Hindernis zur echten Einschätzung Maria Wards sei. Aufsätze englischer Jesuiten greifen das Thema auf.

Peter Guilday warf die ironische Frage auf, wie es möglich sei, daß eine Schwesterngemeinschaft, die auf drei Kontinenten (inzwischen gab es Häuser in Nord- und Südamerika und auch in Indien) 200 Häuser unterhalte, in denen 6000 Schwestern 70000 Schülerinnen unterrichteten, keine Stifterin habe.

Endlich hob Papst Pius X. im Jahre 1909 das granitene Verbot von 1749 auf, Maria Ward als Stifterin zu bezeichnen. Nach 160

Jahren wird der Engländerin aus dem katholischen Untergrund, wird ihrem Namen der Glanz zurückgegeben, der ihm gebührt!

Durch das lange Totschweigen ist die Forschung kompliziert geworden. 1927 begannen der Historiker Pater Josef Grisar (SJ), Professor an der Gregoriana, und sein Forscherteam, Mater Theodolinde Winkler (IBMV), Mater Edelburga Eibl (IBMV) und Mater Immolata Wetter (IBMV) mit der Arbeit. Sie entwirren die bürokratischen Fäden, mit denen Maria Wards Leben an die römische Kurie und deren Kongregationen gefesselt war.

»In Belgien, Deutschland, Österreich, England und Italien wurden an Stellen, wo Maria Ward und ihre Genossenschaft geweilt, bei Familien, mit denen sie Verbindung hatten, Nachforschungen vorgenommen. Die Zahl der durchsuchten Faszikel und Bände dürfte in die Tausende gehen.« Schon in seiner ersten Veröffentlichung (1927 in *Stimmen der Zeit*) geht Grisar auf Maria Wards schmerzliche Frage an den Papst Urban VIII. ein, warum sie noch immer von den Inquisitoren überwacht werde, noch immer für schuldig erkannt werde, wobei im Gespräch Urban VIII. zugibt, daß »Unsinnige und unredliche Dinge in der Prozeß-Vorbereitung geschehen seien«. Grisar kommentiert: »Ein für den sehr wortgewandten und auch empfindlichen Barberini-Papst erstaunliches Zugeständnis.« Grisar hat erstmalig jenen verhängnisvollen Brief vom 6. April 1630 veröffentlicht, der als Fragment, mißgedeutet, zum Anstoß für die Bulle *Pastoralis Romani Pontificis* wurde und damit zur Inhaftierung von Maria Ward und Winefrid Wigmore und zur Aufhebung der Häuser führte.

Auch Grisar und sein Team beklagen, daß es heute noch Dokumente gibt, die nicht zur Forschung freigegeben werden, so daß auch die vorhandenen Quellen nicht restlos zu deuten sind: »Die vorhandenen Quellen bereiteten einige Schwierigkeiten, weil sich hier Zeugen von erstem Rang gegenüberstehen, von denen die einen Maria Ward als hartnäckige Person, die wirre und gefährliche Pläne verfolgt, die anderen sie als erleuchtete Führerin, ja, als Heilige bezeichnen« (*Grisar* 1966)).

Grisars Verdienst bleibt es, die Verleumdungen des englischen Weltklerus, die zum Untergang der Stifterin führten und die jahrhundertelang in der offiziellen englischen Geschichtsschreibung als alleinige Informationen zitiert wurden, auf ihren verleumderischen Ursprung zurückgeführt zu haben. In seinem Werk *Die ersten Anklagen* (*Grisar* 1959) weist er deren Hinfälligkeit temperamentvoll nach.

Die archivalisch so hervorragend gepflegten Dokumente im Nymphenburger Archiv, die handgreiflichen Gegenstände ihres Alltags, die Reise-Utensilien in Altötting, die so lange verschollene Platte vom Grab in Osbaldwick, die jetzt dort in einer anglikanischen Dorfkirche aufgestellt ist, und die Vortragszyklen in den Instituten: je reicher die sachlichen Informationen fließen, je sinnfälliger die Zeichen ihres Lebens dargestellt werden, desto deutlicher wird die Gestalt dieser Frau und doch auch noch dringender die Frage: wer war sie nur, diese Maria Ward? Wie war sie möglich zu ihrer Zeit?

Wie konnte eine Frau ohne Vermögen (sie hatte es in Gravelingen verbaut), ohne männliche Protektion (sie war weder Ehefrau noch fürstliche Mätresse gewesen) und ohne irdische Macht (ihre Familie war im Aussterben begriffen) ihre eigene Zeit so bewegen, daß sie weder beseitigt noch verbrannt wurde und daß ihr Name die Zeiten überdauerte, trotz Schweigegebot? – Maria Ward gibt darauf selbst die Antwort:

»Ich sehe in unserm Institut mehr als ich sagen kann, und ich weiß ganz gewiß, daß mehr darin enthalten ist, als ich sehen kann.«

Ihre Vision war stärker als der Tod!

Literatur

Anstruther, G., OP: *Vaux of Harrowden, A Recusant Family*. Newport 1953.

Ariès, Philippe: *Geschichte der Kindheit*. München 1978.

Auclair, Marcelle: *Vinzenz vom Paul, Genie der Nächstenliebe*. Freiburg 1978.

Bainton, Roland: *Women of the Reformation in Germany and Italy*. Minneapolis 1971.

Bainton, Roland: *Women of the Reformation in France and England*. Minneapolis 1973.

Baillon, Charles de: *Henriette-Marie de France. Etude, suivi de ses lettres inédites*. Paris 1884.

Bassett, Bernard: *The English Jesuits. From Campion to Martindale*. London 1967.

Bingham, Caroline: *James I of England*. London 1981.

Bireley, Robert, SJ: *Maximilian von Bayern, Adam Contzen S. J. und die Gegenreformation in Deutschland von 1624–35*. Göttingen 1975.

Bossy, John: *The English Catholic Community 1570–1850*. London 1976.

Brodrick, James: *Die ersten Jesuiten*. München 1976.

Caraman, Philip: *Henry Garnet and the Gunpowder Plot*. London 1964.

Caraman, Philip: *The Years of Siege. Catholic Life from James I to Cromwell*. London 1966.

Chambers, Mary Catharine Elizabeth, IBMV: *Leben der Maria Ward*. Hrsg. von H. J. Coleridge. Regensburg 1888, 1889.

Dotterweich, Helmut: *Der junge Maximilian*. München 1962.

Eckenstein, Lina: *Women under Monasticism*. New York 1914.

Edwards, Frances, SJ: *Guy Fawkes. The real Story of the Gunpowder Plot?* London 1969.

Edwards, Frances, SJ: *The Elizabethan Jesuits*. Edited and translated Historia Missionis Anglicanae Societatis Jesu (1660) of Henry More. London 1981.

Egenter, Richard: *Wagnis in Christo. Maria Ward und die Idee der christlichen Selbstständigkeit*. Regensburg 1936.

Eibl, Edelburga, IBMV: *Die erste Schule der Englischen Fräulein in Rom*. Jahrbuch 1957/58. München 1958.
Eder, Karl: *Die Geschichte der Kirche im Zeitalter des konfessionellen Absolutismus*. Wien 1949.
Fink, Humbert: *Auf Pilgerstraßen durch Europa*. München 1980.
Fraser, Antonia: *Maria, Königin der Schotten*. Hamburg 1969.
Flemming, W.: *Handbuch der Kulturgeschichte*. Band 6: Barock. Konstanz 1960.
Fridl, Marcus: *Englische Tugend-Schul*. Zwei Theile. Augsburg 1732.
Friedenthal, Richard: *Luther. Sein Leben und seine Zeit*. München 1967.
Franzl, Johann: *Ferdinand II., Kaiser im Zwiespalt der Zeit*. Köln 1978.
Gagern, Elisabeth v., IBMV: *Nur Frauen. Die Ordensidee Maria Wards*. München 1949.
Görres, Ida Fr.: *Maria Ward. Eine Heldenlegende*. Salzburg 1932.
Gerard, John, SJ: *Meine geheime Mission als Jesuit*. Luzern 1954.
Gerard, John, SJ: *Narrative of the Gunpowder Plot*. Edited by John Morris, SJ. London 1871.
Glaser, Hubert (Hrsg.): *Um Glauben und Reich: Kurfürst Maximilian I*. Katalog II, 1. München 1980.
Glaser, Hubert (Hrsg.): *Wittelsbach und Bayern*. Katalog II, 2. München 1980.
Grisar, Josef, SJ: Das erste Verbot der Ordensgründung Maria Wards. In: *Stimmen der Zeit 113* (1927), 34–51.
Grisar, Josef, SJ: Die ersten Anklagen in Rom gegen das Institut Maria Wards (1622). In: *Miscellanea Historiae Pontificiae*, Vol. XXII. Roma 1959.
Grisar, Josef, SJ: Varii tentativi di Maria Ward di fondare scuole femminili a Napoli (1623–1628). In: *Studi in onore di Riccardo Filangieri*, vol. II. Napoli 1959, 525–549.
Grisar, Josef, SJ: »Jesuitinnen«. Ein Beitrag zur Geschichte des weiblichen Ordenswesens von 1550–1650. In: *Reformata Reformanda. Festgabe für Hubert Jedin*. Hrsg. von E. Iserloh und K. Repgen, Teil II. Münster/Westfalen 1965, 70–113.
Grisar, Josef, SJ: *Maria Wards Institut vor Römischen Kongregationen*. Rom 1966.
Guilday, Peter: *The English Catholic Refugees on the Continent, 1558–1795*. London 1914.
Haidacher, A.: *Geschichte der Päpste in Bildern*. Heidelberg 1965.
Hammes, Manfred: *Hexenwahn und Hexenprozesse*. Frankfurt 1977.
Hauser, Arnold: *Sozialgeschichte der Kunst und Literatur*. Zürich 1978.
Heimbucher, Max Joseph: *Die Orden und Kongregationen der katholischen Kirche*. Paderborn 1933/1934.
Hüttl, Ludwig: *Das Haus Wittelsbach*. München 1980.
Hibbard, Howard: *Bernini*. London 1965.

Hill, Christopher: *Reformation to Industrial Revolution*. London 1969.
Hubensteiner, Benno: *Bayerische Geschichte*. München [6]1977.
Hocke, Gustav René: *Die Welt als Labyrinth*. Hamburg 1957.
Huizinga, Johan: *Herbst des Mittelalters*. Stuttgart 1919.
Huxley, Aldous: *Die Pforten der Wahrnehmung, Himmel und Hölle*. München 1970.
Hollis, Christopher M.: *A History of the Jesuits*. London 1968.
Ignatius von Loyola: *Der Bericht des Pilgers*. Freiburg 1977.
Ignatius von Loyola: *Die Exerzitien und aus dem Tagesbuch*. München 1978.
Jedin, Hubert: *Das Konzil von Trient*. Rom 1948.
Jedin, Hubert: *Krisis und Abschluß des Trienter Konzils*. Freiburg 1964.
Knoll, A. M./Winter, E. K.: *Dominicus a Jesu Maria. Festschrift*. Wien 1930.
Kenyon, J. P.: *Die Stuarts*. London 1967.
Krämer-Badoni, Rudolf: *Galileo Galilei*. München 1983.
Leitner, Jakob: *Geschichte der Englischen Fräulein und ihrer Institute seit ihrer Gründung bis auf unsere Zeit*. Regensburg 1869.
Lilje, Hans: *Luther*. Hamburg 1965.
Mann, Golo: *Wallenstein*. Frankfurt 1971.
Marcuse, Ludwig: *Ignatius von Loyola* (Amsterdam 1937). Zürich 1973.
McConica, James: *Thomas More*. London 1977.
Morris, Joan: *Against Nature and God*. Oxford 1974.
Morris, John: *The troubles of our Catholic Forefathers*. Farnborough 1970.
Morris, John: *Die englischen Märtyrer*. Berlin 1893.
Nymphenburger Schriften: Ungedruckte Briefe, Aufzeichnungen der Maria Ward, Exerzitienbetrachtungen, Autobiographisches (= N.S.).
Oman, Carola: *Henrietta Maria*. London 1976.
Pastor, Ludwig von: *Geschichte der Päpste im Zeitalter der Katholischen Restauration und des Dreißigjährigen Krieges*. Bd. XII, Bd. XIII, Abtl. 1 und 2. Freiburg 1927 und 1929.
Petrocchi, Massimo: *Roma nel Seicento*. Bologna 1975.
Pfandl, Ludwig: *Philipp II*. München 1938.
Philip, Mary, IBMV: *Companions of Mary Ward*. London 1939.
Rahner, Hugo, SJ: *Ignatius von Loyola. Briefwechsel mit Frauen*. Freiburg 1956.
Rahner, Hugo, SJ: *Ignatius von Loyola als Mensch und Theologe*. Freiburg 1964.
Ranke, Leopold v.: *Die Römischen Päpste in den letzten vier Jahrhunderten*. 2 Bände, Stuttgart 1953.
Ravier, André, SJ: *Ignatius von Loyola gründet die Gesellschaft Jesu*. Würzburg 1982.
Ritter, Joachim F.: *Friedrich von Spee. 1591–1635*. Trier 1977.

Rubens, Peter Paul: *Die Briefe des P. P. Rubens*. Übers. von Otto Zoff. Wien 1918.
Schücking, Levin L.: *Die puritanische Familie*. Bern/München 1964.
Schudt, Ludwig: *Italienreisen im 17. und 18. Jahrhundert*. Wien, München 1959.
Scupoli, Laurentius: *Der Geistliche Kampf*. Regensburg 1925.
Shahar, Shulamith: *Die Frau im Mittelalter*. Königstein/Ts. 1981.
Spee, Friedrich von, SJ: *Cautio Criminalis oder Rechtliche Bedenken wegen der Hexenprozesse*. Weimar 1939.
Stacpoole, Alberic, OSB: *The Noble City of York*. York 1972.
Stuart, Maria: *Ich flehe, ich fordere, ich bekenne. Der Königin Briefe*. Leipzig 1940.
Teresa von Avila: *Die innere Burg*. Zürich 1979.
Teresa von Avila: *Gotteserfahrung und Weg in die Welt*. Hrsg. von Ulrich Dobhan. Olten 1979.
Trevelyan, G. M.: *Kultur- und Sozialgeschichte Englands*. Hamburg 1948.
Wedgwood, C. V.: *Der Dreißigjährige Krieg*. München 1967.
Wetter, Immolata, IBMV: *Maria Ward in München*. München 1979 (unveröffentlichter Vortrag).
Winkler, Theodolinde, IBMV: *Hundert Jahre im Dienste der Höheren Mädchenbildung*. München 1935.
Wesemann, Paul: *Die Anfänge des Amtes der Generaloberin*. München 1954.
Zeeden, Ernst W.: *Das Zeitalter der Gegenreformation von 1555–1648*. Freiburg 1949.
Zeeden, Ernst W.: Hegemonialkriege und Glaubenskämpfe 1556–1648. In: *Propyläen* Weltgeschichte: *Geschichte Europas*. Band 2. Frankfurt 1977.

Zeittafel

1585: Am *23. Januar* wird Maria Ward in Mulwith bei Ripon (Yorkshire) geboren.

1606: Sie reist in der Obhut von Mrs. Bentley nach St. Omer. – Sie tritt bei den wallonischen Klarissen als Laienschwester ein, verläßt das Kloster im April 1607 wieder.

1607/1608: Maria Ward gründet ein englisches Klarissenkloster in Gravelingen, dem sie sich jedoch nicht als Nonne anschließt.

1609/1610: Sie fährt im Sommer 1609 nach England, findet Gefährtinnen und gründet nach ihrer Rückkehr ein eigenes Institut in St. Omer.

1611: Maria Ward erkennt, daß die Regel des Jesuitenordens Richtlinie des von ihr erstrebten Ordenslebens sein soll.

1615: *19. März:* Bischof Blaes verteidigt die Englischen Fräulein öffentlich. – *Herbst:* Der Entwurf *Ratio Instituti* wird an Papst Paul V. übersandt.

1616: *10. April:* Der Entwurf wird gelobt und eine Bestätigung in Aussicht gestellt. – *November:* In Lüttich, auf dem Mont St. Martin, wird eine Niederlassung gegründet.

1618: In Lüttich wird ein Noviziat eröffnet (Pierreuse).

1620/1621: In Köln und Trier werden Niederlassungen gegründet.

1621: *21. Oktober:* Mit fünf Gefährtinnen begibt sich Maria Ward von Lüttich nach Rom. Am *24. Dezember* treffen Maria und ihre Gefährtinnen in Rom ein. – *28. Dezember:* Papst Gregor XV. empfängt die Englischen Fräulein zur Audienz. Das *Institutum I* wird übergeben.

1622: Anfang *Januar:* Das *Institutum I* wird an die Kongregation der Bischöfe und Regularen übergeben. – Die Anklageschriften des englischen Klerus gegen die Englischen Fräulein kommen nach Rom und werden verbreitet. – *Mai:* Maria Ward bittet um Bestätigung unter einschränkenden Bedingungen. – *Juli:* Sie bittet um die Erlaubnis, in Rom eine Mädchenschule zu eröffnen. Die Mädchenschule wird in der Via Monserrato (Ecke Via Montoro) eingerichtet.

1623: Eine Niederlassung und Schule werden in Neapel eröffnet.

1624: Eine Niederlassung und Schule werden in Perugia eröffnet. – *5. März:* Der Geistliche Kurfürst Ferdinand von Wittelsbach in Lüttich erkennt die Englischen Fräulein als Religiosae an. – *23. Juli:* Erstes Dekret der Propaganda Fide gegen die »Jesuitinnen«. – Vor dem *27. Oktober* begibt sich Maria Ward zu Papst Urban VIII. in Frascati, überreicht eine Supplik und den Plan des *Institutum II.*

1625: *Frühjahr:* Auf Maria Wards Wunsch wird eine Partikular-Kongregation ernannt, die die Angelegenheit der Englischen Fräulein prüfen soll. – *11. April:* Die Regularenkongregation erläßt ein Dekret, die Häuser der Englischen Fräulein in Italien aufzulösen. – *Sommer:* Die Schule in Rom wird geschlossen. – *12. November:* Der Kardinalvikar erläßt ein Dekret zur Aufhebung der römischen Niederlassung. – *16. Dezember:* Die Regularenkongregation fordert neuerlich, die Häuser in Neapel und Perugia aufzuheben. Die Niederlassung in Perugia geht im folgenden Jahr zugrunde.

1626: *10. November:* Maria Ward verläßt Rom und reist nach Norden.

1627: *7. Januar:* Mit ihren Gefährtinnen kommt Maria Ward in München an. – *27. April:* Kurfürst Maximilian I. legt Gehälter und Privilegien der Englischen Fräulein in München fest und überläßt ihnen das Paradeiser-Haus. Maria Ward erwägt in dieser Zeit eine Gründung in Catania (Sizilien), läßt aber den Plan wieder fallen. – *Juni:* Die Ursulinen von Pruntrut möchten sich den Englischen Fräulein in München anschließen, doch der Vorschlag wird nicht angenommen. – Ende *Juni:* Maria Ward geht nach Wien und gründet dort eine Niederlassung. – *17. November:* Im Wiener Haus in der Gasse »Stoß am Himmel« läßt die bischöfliche Behörde eine Visitation abhalten.

1628: *25. Januar:* Kardinal Melchior Klesl kehrt aus Rom in seine Wiener Diözese zurück. Zwischen Februar und Mai schreibt er vier Berichte über die Englischen Fräulein (die »Jesuitinnen«) an die Kongregation der Propaganda Fide. – *März:* Maria Ward geht nach Preßburg und gründet dort eine Niederlassung und Schule. – *Mai bis Juli:* Maria Ward geht nach Prag, versucht auch dort eine Gründung und macht nach mißglücktem Bemühen eine Badekur in Eger. – *15. Juli:* Die Kongregation der Propaganda Fide weist die Nuntien in Neapel, Wien und Brüssel an, die Häuser der »Jesuitinnen« zu unterdrücken. – *17. August:* Papst Urban VIII. plant schon jetzt eine Bulle gegen die Englischen Fräulein ausarbeiten zu lassen. – Ab *August:* In Belgien werden Nachforschungen über die Englischen Fräulein angestellt. – Mitte *September:* Maria Ward reist aus Eger nach Wien ohne noch einmal nach Prag zu gehen. Kardinal Klesl schreibt neuerlich Beschwerdebriefe an die Propaganda Fide nach Rom. – Maria Ward geht im Oktober von Wien nach München und wird vom Außerordentlichen Nuntius Pallotta im *November* nach Wien beordert. – *21. November:* Maria Ward geht nach München zurück.

1629: *2. Januar:* Maria Ward beginnt ihre zweite Rom-Reise. Kurfürst Maximilian I. von Bayern verwendet sich für die Englischen Fräulein bei Kardinal Francesco Barberini. – *21./22. Januar:* Urban VIII. erwähnt zum erstenmal seine Absicht, das Glaubensgericht (die Inquisition) mit der Angelegenheit der Englischen Fräulein zu befassen. – Vor dem *10. Februar* trifft Maria Ward in Rom ein. – *25. März:* Maria Ward richtet eine lange Supplik an Papst Urban VIII. – Mitte *Mai:* Maria Ward wird in Audienz bei Papst Urban VIII. in Castelgandolfo empfangen. – *28. Juli:* Erzbischof Pázmány verwendet sich in einem langen Brief für die Englischen Fräulein. – *Juli/August:* Der Leibarzt der Statthalterin in Flandern, Isabella Klara Eugenia, übersendet seine *Scriptura. – 2. Oktober:* Die Propaganda Fide beschließt, auch im Bereich der Kölner Nuntiatur die Unterdrückung der Englischen Fräulein in Angriff zu nehmen. – *7. Oktober:* Das Wiener Haus im »Stoß am Himmel« wird zum zweitenmal visitiert. – *30. November:* Die Propaganda Fide veröffentlicht einen Erlaß gegen englische »Jesuitinnen« in Flandern. – *19. Dezember:* Die Propaganda Fide weist den Kardinalvikar an, mit den englischen »Jesuitinnen« in Rom zu verhandeln. Um die Jahreswende wird eine Partikularkongregation zur Bearbeitung der Angelegenheit eingesetzt. Maria Mard hofft, daß ihr Werk gerettet werden kann.

1630: *14. Januar:* Ingoli stellt ein Compendium gegen die Englischen Fräulein zusammen. – Das Haus der Englischen Fräulein in St. Omer wird im Laufe des *Januar* aufgehoben. – *6. April:* Maria Ward schreibt an ihre Gefährtinnen in den nördlichen Häusern. – *30. April:* Das Haus auf dem Mont St. Martin in Lüttich wird aufgehoben. – *April/Mai:* Maria Ward geht von Rom nach München. – *Mai:* Das Haus in Köln wird aufgehoben. – Ende *Juni:* Winefrid Wigmore wird als Visitatorin von München nach Trier, Köln und Lüttich entsandt. – *20. August:* Das Haus in Trier wird aufgehoben. – *5. September:* Winefrid Wigmore ist in Lüttich und führt die Hausordnung wieder ein. – *6. bis 8. September:* Der Kölner Nuntius stellt Wigmore zur Rede. – *18. September:* Die Mitglieder des Lütticher Instituts werden verhört. – *27. September:* Das Protokoll des Verhörs wird nach Rom, an den Sekretär Ingoli geschickt. – *22. Oktober:* Die Propagandakongregation überweist das Protokoll an das Glaubensgericht. – *30. November:* Maria Ward richtet noch einmal eine Supplik an Papst Urban VIII.

1631: *13. Januar:* Unterzeichnung der Bulle *Pastoralis Romani Pontificis.* – *7. Februar:* Maria Ward wird im Auftrag der Inquisition in München gefangengenommen. Im selben Monat wird Winefrid Wigmore in Lüttich gefangengenommen. – *15. April:* Maria Ward wird aus der Klosterhaft am Anger in München entlassen. – *Herbst:* Maria Ward reist zum dritten Mal nach Rom.

1632: Mit päpstlicher Erlaubnis dürfen die Englischen Fräulein in einem Haus nahe der Kirche Santa Maria Maggiore wohnen.

1637: Maria Ward erkrankt gefährlich und beschließt, die Bäder in Spa aufzusuchen. Sie reist mit ihren Gefährtinnen zunächst nach Paris.

1638: Am *20. Mai* erfolgt die Abreise von Paris. Maria Ward besucht die Bäder von Spa; sie kommt danach nach Lüttich und Köln. Die erstrebten Schulgründungen zerschlagen sich jedoch.

1639: *20. Mai:* Maria Ward und ihre Begleiterinnen treffen in London ein.

1642: *Mai:* Übersiedlung nach Yorkshire, wo sie zunächst in Hutton Rudby und später in Hewarth Unterkunft finden.

1644: *Sommer:* Der Bürgerkrieg zwingt sie, für mehrere Wochen die Geborgenheit der Stadt York zu suchen.

1645: Maria Ward stirbt am *30. Januar* in Hewarth.